Ernst Cassirer und Benedetto Croce

Sarah Dessì Schmid

Ernst Cassirer und Benedetto Croce
Die Wiederentdeckung des Geistes

Ein Vergleich ihrer Sprachtheorien

Deutsche Übersetzung von Reinhard Meisterfeld

Mit einem Vorwort von Jürgen Trabant

A. Francke Verlag Tübingen und Basel

Bibliografische Information der Deutschen Bibliothek

Die Deutsche Bibliothek verzeichnet diese Publikation in der Deutschen Nationalbibliografie; detaillierte bibliografische Daten sind im Internet über <http://dnb.ddb.de> abrufbar.

Autorin und Verlag bedanken sich bei der Frankfurter Stiftung für deutsch-italienische Studien für die Unterstützung bei der Übersetzung dieses Buches.

© 2005 · Narr Francke Attempto Verlag GmbH + Co. KG
Dischingerweg 5 · D-72070 Tübingen

Das Werk einschließlich aller seiner Teile ist urheberrechtlich geschützt. Jede Verwertung außerhalb der engen Grenzen des Urheberrechtsgesetzes ist ohne Zustimmung des Verlages unzulässig und strafbar. Das gilt insbesondere für Vervielfältigungen, Übersetzungen, Mikroverfilmungen und die Einspeicherung und Verarbeitung in elektronischen Systemen.
Gedruckt auf säurefreiem und alterungsbeständigem Werkdruckpapier.

Internet: www.francke.de
E-Mail: info@francke.de

Titelabbildungen: Susanne Höfler, Tübingen
Druck und Bindung: Ilmprint, Langewiesen
Printed in Germany

ISBN 3-7720-8137-1

Für Daniel

Inhalt

Vorwort von Jürgen Trabant 11

Zur Entstehung der Arbeit 15

Einleitung: Die Wiederentdeckung des Geistes 19

1 Historische und historiographische Rekonstruktion 27
    1.1   *Linguistic turn*: (Neu-) Definition der Grenzen 27
    1.2   Zwei Lebenswege 28
    1.2.1   Ernst Cassirer: Ein deutsch-jüdisches Intellektuellenschicksal....29
    1.2.2   Croce, Neapel und die Geschichte 33
    1.3   Hauptlinien der Rezeptionsgeschichte 36
    1.3.1   Ein erster Vergleich 36
    1.3.1.1 Zwei Unterschiede 36
    1.3.1.2 Cassirer als Sprachphilosoph und die ‚zwei Seelen' Croces.....37
    1.3.2   Das Schicksal des Croceschen Werkes 41
    1.3.2.1 Die Rezeption Croces in Italien und Deutschland 41
    1.3.2.2 Croce als Linguist: Hermeneutische Zugänge 44
    1.3.3   Das Schicksal der Cassirerschen Schriften 47
    1.3.3.1 Vom Vergessen zur *Renaissance* 47
    1.3.3.2 Der Ausnahmefall Italien 52
    1.4   Die Werke: Periodisierung und Einteilung 56
    1.4.1   Die fünf Schaffensperioden Cassirers 56
    1.4.2   Systematische und historische Werke:
              Die klassische Einteilung der Croceschen Schriften 59
    1.5   Die gegenseitige Kritik 61
    1.5.1   Die Stellen der Kritik 61
    1.5.2   Die Themen der Kritik 64
    Originalzitate 65

2 Der reine Begriff. Die Attacke auf den Positivismus und die Wissenschaftsauffassung 71
    2.1   Für eine antipositivistische Logik: Zwei Perspektiven...............71
    2.1.1   Vom kantianischen Widerstand gegen den Positivismus
              zum Begriff als Funktion: Die Leidenschaft Cassirers
              für die Naturwissenschaften 71
    2.1.2   Der reine Begriff der Logik und die Pseudokonzepte der
              Wissenschaft: Croces Krieg gegen den Positivismus.................73
    2.2   Von der Negation des Positivismus zur Affirmation des
              (reinen) Begriffs 75

2.2.1	*Substanzbegriff und Funktionsbegriff:* Die Eigenschaften des Funktionsbegriffs	75
2.2.2	*Logik als Wissenschaft vom reinen Begriff:* Der reine Begriff und die Pseudobegriffe	80
2.2.2.1	Croces *Filosofia dello Spirito*	81
2.2.2.2	Nochmals zu Croces Logik	84
2.2.2.3	Die Charakteristika des reinen Begriffs, die Funktion der Pseudobegriffe	86
2.3	Das Problem der Vermittlung der Wissenschaft: Affine und diskordante Elemente der Auffassung vom Begriff	90
2.3.1	Form und Materie als Phasen des Atmens	90
2.3.2	Der metaphysische Dualismus der ersten Schriften Croces	91
2.3.3	Die Wissenschaft als Vermittlerin der Einheit des Allgemeinen und des Besonderen	94
2.3.4	Cassirer gegen Croces Interpretation der Wissenschaft	96
2.3.5	Die Rezension aus dem Jahre 1943: Gegen den Begriff Cassirers	100
Originalzitate		104

3 Die Sprache. Autonomie und Abhängigkeit von der Kunst ... 107

3.1	Die Sprache als Ausdruck des Geistes	107
3.1.1	Die idealistische Auffassung von der Sprache: Züge der Gemeinsamkeit und der Unterscheidung	107
3.1.2	Intuition und Ausdruck	114
3.1.2.1	Intuitiv erfassen heißt ausdrücken: Croces Definition der Kunst	114
3.1.2.2	Geistiger Ausdruck als symbolische Funktion: Cassirer und die Kulturkritik	121
3.2	Die Arten der Objektivierung des Geistes: Die symbolischen Formen und die vier Aktivitäten des Geistes	124
3.2.1	Die Modalitäten der Objektivierung des Geistes	124
3.2.2	Der Begriff der symbolischen Form. Rekonstruktion der Quellen und Definition	127
3.2.2.1	Das Problem der Quellen	127
3.2.2.2	‚Symbolische Form' als Energie des Geistes	130
3.2.3	Die Identität von Ästhetik und allgemeiner Sprachwissenschaft	134
3.2.3.1	Die Gleichsetzung von Kunst und Sprache und ihre theoretischen Voraussetzungen	134
3.2.3.2	Die ‚wahre' Sprache und die ἐνέργεια: Der Nachhall Humboldts bei Croce	139
3.2.4	Die symbolische Form Sprache	142
3.2.4.1	Cassirer, Humboldt und die Sprache als Vermittlerin zwischen Subjektivität und Objektivität	142

3.2.4.2	Die Entwicklungsphasen der Sprache: Sinnlicher, anschaulicher und begrifflicher Ausdruck	146
3.2.5	Denken und Sprache: Eine Zwischenbilanz	150
3.3	Die Polemik zwischen Croce und Cassirer um die Sprache	154
3.3.1	Zwei unvereinbare theoretische Welten?	154
3.3.1.1	Cassirer und die Kritik an der Identifizierung von Kunst und Sprache	155
3.3.1.2	Cassirer und die Gattungen der Kunst	157
3.3.1.3	Croces Selbstverteidigung	161
3.3.2	Alterität, Objektivität, Empirie: Ein Epilog	165
Originalzitate		168

4 Die Korollare der Sprachtheorie: Die Sprache als Zeichensystem und überindividuelle Entität, die Kommunikation 173

4.1	Definition und Rolle der Korollare	173
4.2	Das Zeichen und seine Beziehung zur Sprache	174
4.2.1	Zur Definition des Zeichenbegriffs	174
4.2.2	Die drei Phasen der Croceschen Semiotik und die Symbiose von Zeichen und Symbol in der Cassirerschen Semiotik	176
4.2.2.1	Die erste Phase der Croceschen Semiotik: Die *Tesi fondamentali* und die erste Ausgabe der *Estetica*	179
4.2.2.2	Der Status des Cassirerschen Zeichens: Semiotik als ‚Symbolik‘	184
4.2.2.3	Der Begriff der ‚symbolischen Prägnanz‘	189
4.2.2.4	Die zweite Phase der Croceschen Semiotik: Die dritte Ausgabe der *Estetica* und die *Logica*	197
4.2.2.5	Die dritte Phase der Croceschen Semiotik: *La Poesia* und die Schriften der Reifezeit	202
4.3	Die Sprache als objektive überindividuelle Institution und das Problem der Kommunikation	209
4.3.1	Der soziale Aspekt der Sprache	209
4.3.2	Croce und die Entdeckung der Kommunikation	210
4.3.3	Die transzendentale Begründung der Kommunikation: Cassirer und die Alterität	218
4.4	Das Individuum und das Soziale: Ein Epilog	221
Originalzitate		224

Schlußbemerkungen: Die Wiederentdeckung des Geistes 231

Originalztitate 236

Abkürzungen............237

Schriften von Ernst Cassirer 237

Schriften von Benedetto Croce 237

Bibliographie **239**

Schriften von Ernst Cassirer 240
Schriften von Benedetto Croce 243
Sekundärliteratur und Schriften anderer Autoren 246

Personenregister **271**

Vorwort

Daß bisher so gut wie keine Arbeiten zum Verhältnis und Vergleich zwischen Ernst Cassirer und Benedetto Croce vorliegen, ist eine überaus erstaunliche Tatsache: Die beiden großen Philosophen waren nicht nur fast über die ganze Spanne ihres langen Lebens hinweg Zeitgenossen. Auch ihr Denken hat tiefe Gemeinsamkeiten. Sie waren scharfe Kritiker des Positivismus des ausgehenden 19. Jahrhunderts, dem sie einen neuen – allerdings jeweils ganz verschieden ausgeprägten – Idealismus gegenüberstellten. Für beide Denker waren menschliche Geschichte und Kultur die zentralen Gegenstände ihres Nachdenkens. Bei beiden spielt die Sprache eine entscheidende Rolle. Und beide Philosophen haben sich in ihren Schriften aufeinander bezogen, zunächst vor allem Cassirer auf Croce, schließlich dann auch Croce auf Cassirer, eine interessante und problematische Begegnung. Dies alles hätte durchaus schon früher zur wissenschaftlichen Gegenüberstellung der beiden Philosophien führen können. Daß dies bisher nicht geschehen ist, hat verschiedene Gründe. Croce ist, seitdem sich die italienische Geisteswelt von seiner Omnipräsenz befreit hat, in Italien nicht mehr der unumgehbare philosophische Bezugspunkt, wenngleich er natürlich als ein Klassiker der italienischen Philosophie angesehen wird. Und Cassirers philosophische Wirkung ist durch die Emigration in der Nazizeit und durch den Triumph Heideggers in Deutschland doch stark geschwächt worden. Erst in neuester Zeit gibt es eine Cassirer-Renaissance. Durch die Wiederentdeckung Cassirers in den Vereinigten Staaten ist auch hierzulande das Interesse neu angeregt worden. Cassirer spielt heute nicht nur in der Philosophie, sondern vielleicht mehr noch in der nach theoretischer Begründung suchenden ‚Kulturwissenschaft' eine immer wichtigere Rolle. Sicher aber hat zu der Forschungslücke auch schlicht die Tatsache beigetragen, daß deutsche Philosophen höchst selten Italienisch können und daß deutsche Romanisten, die Italienisch können, sich nur selten an philosophische Themen heranwagen.

Daß nun eine junge Sprachwissenschaftlerin und -philosophin, die in beiden Sprachen zu Hause ist, eine vergleichende Analyse eines Kernbereichs des Denkens der beiden Philosophen, nämlich ihrer Sprachtheorien, vorlegt, ist daher ein ausgesprochener Glücksfall. Die Arbeit von Sarah Dessì verdankt sich nicht nur der philosophischen und kulturwissenschaftlichen Aktualität Cassirers (und übrigens auch einer erneuten Diskussion der Croceschen Ästhetik), sondern bedient auch das Interesse von Linguistik und Sprachphilosophie an ihrer Geschichte und an ihren – ‚ewigen' – systematisch-theoretischen Grundfragen: Sprache und Denken (Kognition), Sprache und Kommunikation, Sprache und

Kultur, Sprache und Kunst, Sprache und die anderen Zeichen des Menschen etc.

Die Gemeinsamkeiten und Differenzen zwischen Croce und Cassirer erwachsen aus dem je unterschiedlichen Bezug auf die gemeinsame philosophische Tradition. Cassirer knüpft bekanntlich entschieden an Kant an, Croces Denken basiert vor allem auf Hegel. Schon in der jeweiligen Auffassung des ‚Begriffs' fokussiert sich diese Opposition, die sich dann in Cassirers Begriff der *symbolischen Formen* einerseits und in Croces Begriff des *Ausdrucks* (*espressione*) andererseits semiotisch weiter differenziert. Gegenüber Croces radikal idealistischer Ästhetik-Linguistik und der Überhöhung der Kunst hält Cassirer an der Materialität des Signifikanten und an der Gleichrangigkeit verschiedener symbolischer Formen fest. Die Termini ‚Ausdruck' und ‚symbolische Form' rufen in unseren semiotischen Zeiten die systematische Frage nach dem ‚Zeichen' und nach der Kommunikation hervor. Auf der gemeinsamen Basis einer Auffassung von Sprache als schöpferischer Energie beantworten beide Philosophen diese Fragen grundlegend anders.

Entlang dieser Koordinaten stellt Sarah Dessì mit großer Präzision und darstellerischem Geschick die beiden Denker gegenüber und diskutiert dabei scharfsinnig die Grundfragen von Sprachphilosophie überhaupt, nämlich die Stellung der Sprache in der Erkenntnis, das kommunikativ-kognitive Wesen der Sprache, die Frage des Verhältnisses der Sprache zur Kultur bzw. zu den anderen ‚symbolischen Formen', damit natürlich auch die Frage der Stellung der Thematisierung von Sprache im Ensemble der Wissenschaften, die Frage des Verhältnisses von Natur- und Kulturwissenschaften. Hier wird also nicht nur philologisch gearbeitet, sondern hier werden mit Cassirer und Croce systematische Fragen jeder Beschäftigung mit Sprache aufgeworfen – und hier wird mit sympathischer Offenheit Stellung bezogen.

Besonders erfreulich ist auch, daß die Arbeit, die ursprünglich auf italienisch geschrieben wurde, zuerst in deutscher Übersetzung erscheint. Sie scheint mir für die deutsche philosophische Szene fast noch wichtiger zu sein als für Italien, wo es ja – zumindest bei den Philosophen – eine selbstverständliche Kenntnis Croces und durchaus auch eine kontinuierliche Auseinandersetzung mit Cassirer gibt. In ihrer deutschen Version schlägt die Arbeit für die hiesige Sprachwissenschaft eine Brücke zur Grundlagen-Diskussion der Kulturwissenschaft, von der sie sich ja – nicht zu ihrem Vorteil – immer weiter entfernt hat. Sarah Dessì weiß natürlich, daß keine unmittelbaren Lehren für die Sprachwissenschaft aus dem philosophischen Vergleich der beiden großen Philosophen des 20. Jahrhunderts gezogen werden können. Sie hält aber doch zwei Einsichten zu Recht für die Linguistik für zukunftsträchtig: eine ernsthafte und substantielle Diskussion der Sprache als ‚Aktivität des Geistes' und die Notwendigkeit, Philosophie in die Sprachwissenschaft hineinzutragen, also angesichts des *linguistic turn*, der ‚sprachlichen Wende', der

Philosophie auch eine philosophische Wende der Sprachwissenschaft vorzunehmen. Sie nennt diese Wende eine *riscoperta dello spirito*, eine Wiederentdeckung des Geistes. Der Erkundung dieses wiederentdeckten Kontinents durch Sprachphilosophen und Sprachwissenschaftler kann man nur viel Erfolg wünschen.

Berlin, im Juni 2005   Jürgen Trabant

Zur Entstehung der Arbeit

Die erste Idee zu dieser Arbeit, die im Februar 2003 als philosophische Dissertation von der Neuphilologischen Fakultät der Universität Tübingen angenommen wurde, entstand in der intensiven und begeisternden wissenschaftlichen Diskussion mit Brigitte Schlieben-Lange. Nachdem mein Interesse für die Philosophie Cassirers während meines Studiums in Rom erwacht war, nahm ich es als Zeichen, daß Brigitte Schlieben-Lange gleich nach meiner Ankunft in Tübingen in ihrem sprachwissenschaftlichen Kolloquium am Mittwochabend die *Philosophie der symbolischen Formen* behandelte.

Aus dieser gemeinsamen Lektüre und aus eigenen späteren Untersuchungen entwickelte sich im Frühjahr 2000 der Plan eines Vergleichs der Sprachtheorien Cassirers und Croces, dem eine Reihe besonderer Umstände zugute kam: Zum einen fehlte bisher in der philosophischen Historiographie eine thematische Gegenüberstellung der sprachbezogenen Theorien Cassirers und Croces, wie auch ein Vergleich ihres Denkens im allgemeinen; zweitens ist es nach einer langen Zeit des Vergessens (besonders in Deutschland) in den letzten Jahren in Europa zu einer regelrechten Blüte kritischer Literatur zum Werk Cassirers gekommen, dessen thematischer Reichtum und dessen philosophisch wie kulturhistorisch zentrale Stellung sich immer deutlicher abzeichnen; drittens bot die Hundertjahrfeier der Croceschen *Ästhetik* auch für Italien, das sich nach Jahren kultureller Hegemonie von seinem nunmehr ‚überwundenen' Croce befreit sehen wollte, die Gelegenheit, die thematischen Prioritäten in der Betrachtung seiner Philosophie neu abzustecken und dementsprechend ihre weiterhin aktuellen Elemente zu überdenken.

Ein weiterer Grund für diesen Vergleich war aber auch der Wunsch nach der Versöhnung der unterschiedlichen Welten, in denen ich mich bewegte: die der Sprachphilosophie und der Sprachwissenschaft, die der Philosophie und der Romanistik, die Italiens und Deutschlands. Verschiedene wissenschaftliche und kulturelle Welten zu verbinden war eine große Fähigkeit von Brigitte Schlieben-Lange, der ich diese Arbeit so gerne überreicht hätte. An sie, um derentwillen ich mich für die Romanistik in Deutschland entschieden habe und deren Fehlen ich immer schmerzlich empfinden werde, an die Wissenschaftlerin und Frau, an ihren Scharfsinn und ihr mütterliches Lächeln werde ich immer mit tiefstem Respekt, mit größter Dankbarkeit und Zuneigung denken.

Großzügig und ohne zu zögern bot mir später Jürgen Trabant die Betreuung meiner Arbeit an. Ihm, der mich kundig, aufmerksam, diskussionsfreudig und herzlich begleitet hat, gilt mein ganz besonderer Dank. Ich durfte seine außerordentliche sprachphilosophische und sprachwissenschaftliche Kompetenz und seinen brillanten Intellekt diesmal nicht nur aus seinen Büchern, sondern von ihm selbst erfahren. Ebenso hilfsbereit stand mir Peter Koch zur Seite, der mit seinem kompetenten und stets präsenten Rat trotz des unterschiedlichen wissenschaftlichen Arbeitsschwerpunktes immer die richtigen Fragen stellte und immer richtige Antworten suchte und gab. Für all dies und dafür, daß er mich täglich an seinem enormen Wissen, an seiner Menschlichkeit und Klugheit teilhaben läßt, bin ich ihm ganz besonders dankbar. Auch Barbara Job und Richard Waltereit, der mir jeden Tag ein Beispiel und eine Hilfe ist, haben mit wichtigen Hinweisen, Ratschlägen und Korrekturen zur Entstehung nicht nur der Endfassung der Arbeit entscheidend beigetragen. Dafür und für ihre stetige freundschaftliche Unterstützung möchte ich mich bei beiden sehr herzlich bedanken.

Wertvolle Anregungen und bibliographische Hinweise, nicht zuletzt ermutigende Worte verdanke ich auch Heidi und Max Aschenberg, Maria Moog-Grünewald und Franz Penzenstadler. Viele meiner früheren und jetzigen Kollegen und Freunde am Romanischen Seminar der Universität Tübingen haben mit Kommentaren, fruchtbaren Diskussionen und unterstützender Nähe einen Beitrag zur Entstehung dieses Buches geleistet. Genannt seien hier nur Gabriele Berkenbusch, Klaus Böckle, Lony Dauber, Roberta Marini, Daniela Marzo, Wiltrud Mihatsch, Rosina Nogales, Ilona Pabst und Esme Winter. Ihnen, aber auch allen anderen ehemaligen und heutigen Teilnehmern des sprachwissenschaftlichen Kolloquiums am Mittwochabend, bei dem ich mein Projekt wiederholt vorstellen durfte, danke ich herzlich und in Freundschaft.

Ohne meine sprachphilosophische und ganz allgemein wissenschaftliche Ausbildung und Prägung in Italien wäre diese Arbeit in dieser Form nicht entstanden. Besonderer Dank sei an dieser Stelle deshalb auch an meine italienischen Lehrer gerichtet: an Tullio De Mauro, von dem ich sehr viel gelernt habe und der mich ermutigte, nach Deutschland zu gehen, an Donatella Di Cesare, die mir ihre Leidenschaft für die idealistische Sprachphilosophie vermittelte, und an Lia Formigari, von der ich auch durch unsere Diskussionen über Croce und Vossler viel lernen durfte.

Diese Arbeit wurde ursprünglich in italienischer Sprache geschrieben. Sie wurde ins Deutsche übersetzt, um den Kreis ihrer Leser nicht von vornherein auf ein romanistisches Publikum zu beschränken. Reinhard Meisterfeld hat sich mit einer seltenen Fähigkeit in die verwobene Welt der idealistischen Sprachtheorien und in die noch verwobenere meiner Syntax einfühlsam hineinversetzt und die Arbeit ins Deutsche übertragen. Für seine Geduld, Genauigkeit und Gelehrtheit bedanke ich mich besonders herzlich. Wir haben die Übersetzung in vielen fruchtbaren Sitzungen in jeder Phase ihrer Entstehung miteinander besprochen und abgestimmt. Auch die italienischen Zitate wurden weitgehend von ihm ins Deutsche übertragen; nur im Falle der Croce-Zitate wurden die vom Autor autorisierten publizierten Übersetzungen verwendet, sofern solche vorliegen. Alle übertragenen Zitate sind mit römischen Zahlen gekennzeichnet und am Ende jedes Kapitels im Originaltext nachzulesen.

Eine Arbeit in zwei Sprachen bedarf einer enormen Menge an Korrekturen und einer noch größeren Menge an Präzision und Geduld. Hierfür bedanke ich mich sehr herzlich bei Gertrud Schmid und Tobias Schmid, die das deutsche Manuskript in kürzester Zeit Korrektur gelesen haben, bei Aurora Bellucci, Irene Dessì und Alessandro Sanzo, die die Korrektur des italienischen Manuskripts auf sich genommen haben, und bei Frank Allmendinger, Reinhild Steinberg und Birgit Umbreit, die die Bibliographie und den Index bearbeitet haben. Ein besonderer Dank gilt Andrea Fausel, die nicht nur mit mir das Abenteuer der Promotion geteilt, sondern auch das deutsche Manuskript kritisch durchgesehen hat.

Der „Frankfurter Stiftung für deutsch-italienische Studien", insbesondere Salvatore A. Sanna bin ich für einen großzügigen Zuschuß zu den Übersetzungskosten zu besonderem Dank verpflichtet, ebenso dem Verlag Gunter Narr für die Publikation und die freundliche und kompetente verlegerische Betreuung.

Für ihre Zuneigung und Unterstützung, für ihr geduldiges Zuhören, für ihr sonniges Lächeln danke ich sehr herzlich meinen Freunden und meiner italienisch-deutschen Familie. Einige davon habe ich bereits genannt, ganz besonders danke ich noch meinen Eltern, Alessandra, Alessandro und Luca, Eva und Nicoletta. Ohne meinen Mann Daniel hätte diese Arbeit nicht entstehen können: Liebevoll und unermüdlich stand er mir sachlich und moralisch stets zur Seite. Wie dankbar ich ihm bin – gesteht die Sprachwissenschaftlerin beschämt –, vermögen selbst Worte nicht auszudrücken.

Einleitung
Die Wiederentdeckung des Geistes

Es ist eine Zeit der Logik, eine Zeit des Geistes; es ist eine Zeit des Interesses für die Sprache, eines Interesses, das immer dringlicher und grundlegender wird, und zwar aus philosophischer und naturwissenschaftlicher, aus ästhetischer und philologischer Sicht. Es ist die Zeit des Kampfes zwischen Positivismus und Idealismus, die Zeit eines neuen Kant, eines neuen Hegel, einer Philosophie, die immer mehr in den Bann der Sprache gerät, die Zeit einer immer naturwissenschaftlicheren Linguistik. Und es ist die goldene Zeit der romanischen Philologie: Es sind die ersten drei Jahrzehnte des 20. Jahrhunderts, der Schauplatz ist Deutschland, Italien und – ein paar Jahre später – die Neue Welt.

Wenn man die dezidiert idealistischen Züge des Geisteslebens dieser Zeit näher betrachtet, so treten zwei bedeutende Gestalten in den Vordergrund, welche durch den Reichtum und die Originalität ihres Denkens die kulturelle und politische Geschichte Deutschlands und Italiens mitgeprägt haben, wenn auch auf je verschiedene Weise: Ernst Cassirer und Benedetto Croce. Seltsamerweise aber gibt es bis heute keine eingehende Untersuchung des intellektuellen Dialogs beider Philosophen, der sich zwischen ihnen bei allen Zeichen von Kälte, Zweideutigkeit und Kommunikationsverweigerung im rassistischen und gewalttätigen Umfeld des zweiten Weltkriegs entspann. Ebensowenig hat eine gründliche Reflexion der Beziehungen zwischen dem Denken Cassirers und Croces im allgemeinen stattgefunden.[1] Noch weniger erklärlich erscheint dieses Fehlen, wenn man bedenkt, daß es schon seit langem von der kritischen Historiographie bedauert wird.[2]

Diese Lücke zu füllen, hat sich die vorliegende Arbeit zum Ziel gesetzt. Sie möchte – durch die Analyse der Textstellen, in denen der eine Autor zum Denken des anderen kritisch Stellung nimmt – den philosophischen Dialog, der faktisch und ideell zwischen Cassirer und Croce stattfand, rekonstruieren. Die Untersuchung konzentriert sich im wesentlichen auf die sprachphilosophischen und semiotischen Aspekte des spekulativen Denkens Cassirers und Croces.

---

[1] Ausnahmen bilden ein Artikel von Leander (1966) und einer von Henry (1993), auf die noch einzugehen sein wird.

[2] Nachdem er erwähnt hat, daß schon 1934 Heinrich Levy das Fehlen einer solchen Untersuchung bedauert und sich ihre baldige Verwirklichung gewünscht hatte, beklagt Lazzari (1995, 897), daß eine eingehende Untersuchung der nicht wenigen und keineswegs marginalen Stellen, an denen der Neukantianer das Denken Croces diskutiert, weiterhin aussteht.

Neben der offenkundigen Tatsache, daß beide Autoren natürlich von theoretischem und historischem Interesse sind, möchte diese Arbeit gerade ihre Bedeutung für die gegenwärtige Debatte um die Sprache zeigen. Denn sie behandeln Themen von irritierender Aktualität: die Frage des kommunikativ-kognitiven Wesens der Sprache und ihrer Stellung in der Erkenntnis, die Frage des Verhältnisses von Sprache und Kultur bzw. allgemeiner von Natur- und Kulturwissenschaften. Sowohl Cassirer als auch Croce betrachten die Sprache als Manifestation, als Tätigkeit des Geistes und ordnen sie ein in ein – semiotisch oder philosophisch verstandenes – ‚System' der Formen des menschlichen Geistes (die *Philosophie der symbolischen Formen* und die *Filosofia dello Spirito*). Zwar dürften bei dem großen Teil der gegenwärtigen Sprachphilosophie, der analytisch inspiriert und orientiert ist, geistige Konzeptionen der Sprache, wie es die Cassirers und Croces sind, nicht viel Zustimmung finden. Doch könnten diese im Bereich der Konzeption des Geistes, auf die sich die kognitive Semantik stützt, ein ganz anders geartetes Interesse auslösen und vielleicht aussichtsreiche Wege eröffnen.

Die vorliegende Arbeit stellt sich durch die Wahl ihres Gegenstandes, ihrer Methode und ihrer Ausrichtung in eine Schnittstelle verschiedener Disziplinen. Es ist eine Arbeit zur Sprachtheorie in ihrem weitesten und meiner Auffassung nach ursprünglichsten Sinne, einem Sinne freilich, der heute nicht mehr besonders *en vogue* ist: denn es ist eine philosophische, eine linguistische, eine ästhetische und eine historische Arbeit zugleich. Und nicht zuletzt ist es auch eine romanistische Arbeit. Dies zumindest in zweifacher Hinsicht: Durch die Analyse der Croceschen Theorie behandelt sie ein zentrales Kapitel des italienischen Geisteslebens;[3] und dadurch, daß sie unter anderem auf die Beziehung zwischen Croce und Vossler eingehen muß, stellt diese Untersuchung auch ein Stück allgemeiner romanistischer Fachgeschichte dar.[4] In diesem Sinne wendet sie sich an ein Publikum mit

---

[3] Im folgenden wird eingehender zu sehen sein, welch große Rolle Croce in der Praxis von Kultur, Universität und Schule in Italien gespielt hat. Denn dieses wurde von ihm nicht nur beeinflußt, sondern es wurde durch die Crocesche Philosophie grundlegend umstrukturiert, und zwar historisch dauerhaft. Gleichwohl sind bis heute gerade diejenigen Aspekte der Sprachtheorie Croces häufig unberücksichtigt geblieben, die jenseits der Formeln seines Systems die modernsten Züge seines Denkens zeigen.

[4] Es ist nicht zu übersehen, daß sich die Romanisten in letzter Zeit immer öfter auf die Suche nach Spuren ihrer Geschichte begeben, die ihnen helfen sollen, die Grundkonturen ihrer Disziplin neu zu definieren, welche unter dem Ansturm der sprachlichen Globalisierung und der Abwertung der politischen und sozialen Rolle der Geisteswissenschaften immer mehr verblassen. Vgl. etwa die Tagung zur Hundertjahrfeier der Romanistik an der Universität Frankfurt (18.–20.4.2002): *Romanistik zwischen Tradition und Entgrenzung. Praxis und Perspektiven*; das dieser Thematik gewidmete monographische Heft der Leipziger Zeitschrift *Grenzgänge* (16, VIII, 2001); das Heft der Zeitschrift *La Corónica* (31.2, 2003, mit Beiträge von Dworkin, Craddock, Echenique-Elizondo, Kabatek, Koch, Loporcaro, Lüdtke, Pellen, Penny, Rini, Smith, Wanner, Wireback, Wright zum Thema „Historical Romance Linguistics:

unterschiedlichen Interessen, dem sie aktuelle und vielversprechende Elemente einer bestimmten Form des linguistischen Idealismus zeigen möchte, an ein Publikum, das sie mitnehmen möchte auf einen Weg der Wiederentdeckung des Geistes.

Das bedeutet freilich nicht, daß einer Rückkehr zur idealistischen Philologie der ersten Jahrzehnte des vergangenen Jahrhunderts *tout court* das Wort geredet werden soll. Vielmehr sollen einerseits die weniger beachteten innovativen Elemente herausgestellt werden, die man – jenseits der bekannten Formeln – im spekulativen Denken Croces im Zusammenhang mit seiner Auffassung der Sprache als fließender Schöpfung des Geistes feststellen kann, andererseits die modernen Züge des sprachtheoretischen Idealismus Cassirers. Eine Analyse, welche sich nicht blenden läßt von den gleißenden Formeln, welche das Crocesche System vor sich herträgt, vermag in seinem Gefüge in der Tat das Gespür des Autors für das Sprachliche zu entdecken, insofern es mit dem menschlichen Handeln verbunden ist, mit der Kommunikation und dem Gebrauch der Wörter, in dem letztendlich ihre Bedeutung zu finden ist. Und eine solche Analyse kommt auch nicht umhin hervorzuheben, daß der Idealismus Cassirers eher methodischer als systematischer Art ist, und daran zu erinnern, welches Gewicht und welche Funktion bei ihm die Empirie und die konkreten sprachlichen Einzelphänomene haben, und zwar gerade auch bei einer Auffassung der Sprache als geistiger Entität. Es fällt auch nicht schwer, in der Cassirerschen Theorie eine transzendentale Begründung der Pragmatik zu finden. Im Urakt des Dialogs zwischen Ich und Du erkennen und begründen sich beide selbst sowie auch die Welt der Gegenstände. Die Sprache ist das Medium, welches im Dialog die Brücke zwischen Subjektivität und Objektivität errichtet. Eine Analyse, die sich von willkürlichen Etiketten nicht festlegen läßt, kommt also nicht umhin, auch Croce und Cassirer unter die Autoren einzureihen, die für jene dezidierte *Rückkehr zur Sprache* stehen, welche das philosophische und linguistische Panorama des vergangenen Jahrhunderts kennzeichnet: „Die Sprache [ist] ein zentrales Thema der Philosophie unseres Jahrhunderts geworden […], als sich nach einem Jahrhundert der Sprachvergessenheit philosophisches Denken – vor allem in Deutschland, aber auch in Italien (Croce) und Frankreich – wieder der Sprache zuwendete." (Trabant, 1997, 9)

Neben der Untersuchung solcher Themen des Vergleichs zwischen Cassirer und Croce, mit denen Linguisten und Sprachphilosophen bereits besser vertraut sind – zu denken ist hier an die Identifizierung von Sprache und Kunst, an die Einreihung der Sprache in eine komplexe

---

the Death of a Discipline?"), von dem ein weiteres Heft zum Thema im Druck ist; Band I,1 des *Lexikons der Romanistischen Linguistik* (2001); ferner Schlieben-Lange 1999, Trabant 1999, Hausmann 2000 und 2001 und Gumbrecht 2002, der im Gegensatz zu der vorliegenden Arbeit der Meinung ist, „daß die große Zeit dieses Faches unwiederbringlich vergangen ist" (2002, 21).

Phänomenologie symbolischer Formen, an die vorgenommene (oder zurückgewiesene) Einteilung der literarischen Kunstgattungen –, möchte diese Arbeit die Aufmerksamkeit auch auf weniger bekannte Aspekte des Denkens der beiden Autoren lenken, die mit den oben genannten untrennbar verbunden sind: den Wissenschaftsbegriff (der wiederum mit dem Kampf gegen den Positivismus zusammenhängt) und die Frage nach dem Wesen des Begriffs. Die Behandlung dieser Themen scheint geboten, denkt man an die aktuelle Polemik zur politischen und sozialen Funktion der Geisteswissenschaften und die Überlegungen bezüglich ihrer Beziehung zu den Naturwissenschaften und der Praktibilität eines intra- und interdisziplinären Dialogs. Diese ‚Wiederentdeckung des Geistes' will daher nicht etwa vorschlagen, die reichhaltigsten und innovativsten Teile des sprachtheoretischen Denkens Cassirers und Croces als schlichte Wiederholung wieder aufzugreifen. Vielmehr möchte sie sich in offener, hermeneutischer und aktualisierender Weise in eine Tradition stellen.

Die Untersuchung erfolgt parallel und themenorientiert und berücksichtigt neben der theoretischen Hauptlinie einige historische und historiographische Rekonstruktionen. Dieses methodische Vorgehen gestattet es einerseits, sowohl die Stellen, an denen sich die Theorien beider Autoren nahekommen, wie auch die, an denen zwischen ihnen ein unüberwindlicher Gegensatz besteht, besser herauszustellen; andererseits lassen sich dadurch auch die Wandlungen erfassen, die ihre Positionen in unterschiedlichen Werken und im Laufe der Jahre erfuhren. Im Sinne dieser thematischen Vorgehensweise sollen die Textstellen, in denen sich Cassirer und Croce wechselseitig kritisiert haben, nicht so analysiert werden, daß jeder Text in seinem linearen Ablauf verfolgt wird, sondern systematisch, so daß jeweils thematisch zusammengehörige Passagen aus den Texten herausgelöst und zusammengestellt werden. In der Tat entspricht jedes Kapitel dieser Untersuchung einem begrifflichen Kern, in dem die Überlegungen Cassirers und Croces sich in besonderem Maße treffen oder sich stoßen. Dabei werden die jeweiligen Themen in den verschiedenen Werken sowohl ‚synchronisch' innerhalb eines einzelnen Werkes analysiert, als auch ‚diachronisch', indem auf Veränderungen oder Verlagerungen hingewiesen wird, denen die Theorien beider Autoren im Verlauf der Jahre unterlagen.

Alle ausgewählten Themen hängen eng sowohl miteinander zusammen als auch mit dem Denken der beiden Autoren im allgemeinen: die Auffassung von der Wissenschaft und vom Wesen des Begriffs (Kap. 2), die Sprache und ihr Verhältnis zur Kunst (Kap. 3), das Zeichen und die Sprache als überindividuelles Zeichensystem (Kap. 4). Die Analyse der einzelnen Aspekte muß daher mit der Behandlung einiger Gesichtspunkte und Schlüsselbegriffe einhergehen, die für das Denken Croces und Cassirers insgesamt charakteristisch sind: der Idealismus in systembezogener oder in methodischer Hinsicht, die Dialektik im Hegelschen oder in einem davon abweichenden Verständnis, die Wissenschaft, die Geschichte, der Geist und sein Verhältnis zur sinnlichen Erfahrung. Das Thema der Geschichte wird nur indirekt zur Sprache kommen, da sich die Arbeit auf die sprachtheoretischen Aspekte des Croceschen und Cassirerschen Denkens konzentriert. Ebenso wird die Untersuchung auf Logik, Begriff und Wesen der Wissenschaft nur insofern eingehen, als diese im Zusammenhang mit dem Thema ‚Sprache' stehen. Letzteres wiederum steht im Falle der hier diskutierten Sprachtheorien in einem engen Verhältnis zu dem der Kunst. Auch dieses wird vornehmlich in semiotischer Hinsicht behandelt werden. Die Arbeit liefert ferner, wenn auch nur in indirekter Weise, eine Skizze zweier der wichtigsten theoretischen Schulen des vergangenen Jahrhunderts, des sogenannten Neu-Idealismus und des Neu-Kantianismus.

Nun zum Gang der Arbeit im einzelnen: In Kapitel 1 konzentriert sich der Vergleich zwischen den beiden Autoren eher auf die historische Perspektive und untersucht zum einen die intellektuellen und politischen Beziehungen zwischen Cassirer und Croce und ihren Nationen. Dabei müssen auch die hieraus resultierenden existentiellen Folgen für beide – nämlich das unterschiedliche Geschick bzw. Mißgeschick ihrer biographischen und historiographischen Lebenswege – betrachtet werden. Zum anderen geht es um die Rezeption der Werke und Ideen des einen im eigenen Land und in dem des anderen und um die Beziehung beider zu ihren geistigen Leit- und Vorbildern: Vico, Leibniz, Kant, Humboldt, Hegel. Auf diesen Punkt, der im ersten Kapitel nur kurz zur Sprache kommt, wird dann in den folgenden Kapiteln näher eingegangen werden, jeweils im Zusammenhang mit den dort behandelten Themen. Eine eingehende Analyse der Frage, welches Erbe die beiden Autoren ihren historischen Meistern verdanken, brächte indes diese Darstellung zu weit von ihrer einmal gewählten Spur ab. Eine Übersicht über die Themen und die Stellen, an denen Cassirer seine Kritik an Croce – und umgekehrt – äußert, schließt das erste Kapitel ab und leitet zum zweiten über.

Kapitel 2 der Arbeit handelt von Cassirers und Croces Auseinandersetzung mit dem Positivismus und von einem eng damit zusammenhängenden Thema: der Logik und ihrem elementaren Gegenstand, dem Begriff. Die Art, wie ein Autor den Begriff auffaßt, der gleichsam als der philosophische Gegenstand *par excellence* angesehen werden kann, ist ganz entschieden geeignet, seine gesamte philosophische Ausrichtung zu kennzeichnen. Und in noch allgemeinerer Hinsicht liegt das Problem des Wesens und der Bildung von Kategorien und Begriffen jeder Reflexion über das Verhältnis zwischen Sprache, Denken und Wirklichkeit zugrunde. Auch deswegen kann man den überwiegend theoretischen Teil der Untersuchung mit einer Analyse der Merkmale und Aufgaben des Begriffs beginnen lassen. Diese sozusagen klassischen Gründe sind indes nicht die einzigen. Die Analyse des Begriffs ‚Begriff' gestattet es nämlich, einerseits die verschiedenen Positionen der beiden Autoren gegenüber der Wissenschaft darzustellen, andererseits aber auch – unter einem vielleicht weniger bekannten Gesichtspunkt – zu vergleichen zwischen einem überholten systematischen Idealismus, welcher der Wissenschaft jeden Erkenntniswert abspricht, und einem modernen methodisch orientierten Idealismus, der die Wissenschaft als eine symbolische Form neben die anderen stellen möchte. Ein weiterer Grund findet sich schließlich in dem Stellenwert, welchen beide Autoren der Theorie vom Begriff innerhalb ihres Werkes ausdrücklich beimessen. In Croces *Filosofia dello Spirito* teilt sich die Logik mit der Ästhetik den theoretischen Bereich des Geistes und nimmt daher einen besonderen, eng mit der Sprache verbundenen Platz ein. Jenseits dieses Bereichs ist für Croce alles Pseudobegriff und Gebiet der Praxis, ist alles praktischer Bereich des Geistes. Die Unterscheidung zwischen (reinen) theoretischen ‚Begriffen' und praktischen ‚Pseudobegriffen' ist zentral für den Aufbau des ganzen Croceschen Systems. Ähnlich zentral ist die Rolle des Begriffs innerhalb der *Philosophie der symbolischen Formen*. Diese wird nämlich von Cassirer geradezu als Erweiterung und Vertiefung seines Nachdenkens über die theoretischen Grundlagen des Begriffs angesehen, der nun aber nicht mehr substanzialistisch, sondern funktionell interpretiert wird. Und wenn er anstelle des letztlich aristotelischen Gattungs- und Substanzbegriffs für einen Funktionsbegriff auch in den Geisteswissenschaften plädiert, nimmt Cassirer ausdrücklich alle Wissenschaften in den Blick, einschließlich der Naturwissenschaften, von denen er sich methodologisch leiten läßt.

Kapitel 3 und 4 hängen unmittelbar miteinander zusammen. Kapitel 3 hat ein eher linguistisch-philosophisches Thema zum Gegenstand – welches Philosophen und Philologen in Deutschland durch Vossler besser bekannt ist –, nämlich das der Sprache und ihrer Relation (als Autonomie oder Abhängigkeit) zur Kunst, bzw. das der Identität oder Trennung von Linguistik und Ästhetik. Einig sind sich Cassirer und Croce in ihrer Ablehnung einer instrumentalistischen Auffassung der Sprache und in ihrer Interpretation als Aktivität des Geistes. Ein fundamentaler Unterschied – und eines der Hauptargumente ihrer Kritik aneinander – besteht jedoch darin, daß Croce im Rahmen der von ihm genau begrenzten Zahl der Aktivitäten des Geistes die Sprache mit der Kunst identifiziert und ihr darin eine hierarchisch ausgezeichnete Stellung zuweist, während Cassirer die Sprache als eine den anderen gleichwertige autonome Form aus der unabgeschlossenen Zahl symbolischer Formen ansieht. Durch eine Analyse der Begriffe ‚Intuition' (oder ‚Anschauung') und ‚Ausdruck', ‚symbolische Form', ‚Individuum' und ‚Alterität' – aus der auch hervorgeht, wie unterschiedlich die Humboldtsche Vorlage von beiden interpretiert wird – wird gleichwohl offenkundig, daß es gerade ihr verschiedenes Verständnis des Idealismus ist, welches die Sprachtheorien beider Autoren voneinander trennt.

Kapitel 4, in dem es um das Zeichen, um die Sprache als überindividuelles Zeichensystem und um die Kommunikation geht, stellt sozusagen eine Behandlung der Korollare der ‚linguistischen Theoreme'

Croces und Cassirers dar, die im dritten Kapitel benannt und analysiert wurden: die von Croce behauptete Identität von Linguistik und Ästhetik aufgrund einer allgemeinen und absolut genommenen Theorie des Ausdrucks und die Konstitution eines Systems – und einer Methode – der symbolischen Formen, bei dem Cassirer die Sprache gleichberechtigt neben Kunst, Mythos und Technik stellt. Rein terminologisch verwenden beide Autoren den Ausdruck ‚Zeichen' in einem vorsaussureschen Sinne, also mit Bezug auf das Ausdrucksmittel. Bei Croce ist dieser Terminus sogar Indiz für die Trennung von Ausdrucksmittel und Inhalt und steht damit, als dem pseudobegrifflichen Bereich angehörig, gegen die Einheit von Ausdruck und Inhalt, für die Croce den Terminus *espressione* reserviert. Bei Cassirer ist das wahrnehmbare Zeichen integrale Komponente des Symbols und steht für den Anteil der Empirie bei der Symbolisierung, es stellt jedoch gerade nicht nur ein materielles Äußeres des Gedankens dar. Über das Konzept der symbolischen Prägnanz wird gerade sichergestellt, daß Sprache Organ der Artikulation der Welt ist, womit Geist und Empirie nicht getrennt gedacht werden können. Die Behandlung von Zeichen und Symbol – die eine Analyse der Sprache als Zeichen- und Kommunikationssystem einschließt – gestattet es, die Entwicklung der Theorien beider Autoren im Verlauf der Jahre zu verfolgen und nachzuweisen, welche durchaus modernen und subtil differenzierten Aspekte sie jenseits der behaupteten Formeln und Theoreme enthalten. Dabei wird sich zeigen, daß diese Entwicklung einerseits zur Auflösung der Croceschen Gleichung von Kunst und Sprache führt, andererseits zur progressiven Verlagerung des Cassirerschen Forschungsinteresses auf eine immer deutlicher humanistisch geprägte Ebene.

In jedem Kapitel wird explizit oder implizit auch auf diejenigen Themen eingegangen, die man normalerweise als Angelpunkte traditioneller philosophischer Vergleiche ansieht: die Konzeptionen von Geschichte, Dialektik, Geist und Empirie. Ihnen wird aber kein spezieller Raum gegeben, zum einen aufgrund des sprachphilosophische Zuschnitts meiner Arbeit, zum anderen auch, um zu verdeutlichen, daß diese Themen in viel stärkerem Maße mit den eigentlich semiotischen zusammenhängen, als dies die kritische Hermeneutik, insbesondere die des Croceschen Werks, bisher hat wahrhaben wollen. Ohne ihre zentrale Stellung prinzipiell zu leugnen, wird also lediglich behauptet, daß diese Themen mit dem Gegenstand dieser Untersuchung untrennbar verbunden sind. Die Analyse wird zeigen, daß der Kern des Gegensatzes zwischen Cassirers und Croces Konzeption von Sprachtheorie, Ästhetik und Logik in der verschiedenen Auffassung vom Wesen des Geistes und seiner Beziehung zur sinnlichen Erfahrung zu suchen ist.

In einigen abschließenden Bemerkungen werden die zentralen Ergebnisse der Arbeit festgehalten, und es wird noch einmal versucht, der Frage nach ihrer Relevanz und nach ihrem Nutzen für die aktuelle Diskussion über die Sprache in der Sprachphilosophie und in der

Sprachwissenschaft – als Kulturwissenschaft oder als an Kognition interessierter Wissenschaft – nachzugehen.

1 Historische und historiographische Rekonstruktion

1.1 *Linguistic turn*: (Neu-) Definition der Grenzen

Wenn man wirklich von einem *linguistic turn*, einer Wende hin zur Sprache, sprechen will – der englische Ausdruck, der sich über ganz Europa verbreitet hat, erhellt bereits den Deutungsrahmen, dem er entstammt[1] –, dann muß man zumindest darauf achten, die Kehre nicht zu eng und zu abrupt zu fassen. Man darf nicht versäumen, mittlere Haltepunkte zu benennen, thematische Zusammenhänge und wichtige Leitfiguren. Sonst könnten auch Linguisten und Kulturphilosophen in den heutzutage bei aller idealistischen und historistischen Tradition selbst in Europa häufigen Irrtum verfallen, Autoren, Themen und Fragestellungen, kurz die Umrisse der gesamten Sprachphilosophie, auf diejenigen der analytischen Philosophie zu reduzieren und den Anfang der philosophischen Reflexion über die Sprache, zumindest den ihres als beachtenswert angesehenen Teils, erst bei Gottlob Frege zu sehen. Dieser Irrtum würde indes einesteils unerklärlich machen, wie es überhaupt zu einer solchen ‚Wende' kommen konnte, anderenteils aber auch, warum es angemessen erscheint, sie so zu nennen. Denn gerade, daß die Sprache für die Erkenntnis und den philosophischen Diskurs überhaupt im 20. Jahrhundert so bestimmend wird und daß dies bei so vielen verschiedenen Denkern geschieht, ist tatsächlich etwas Neues in der Geschichte der Sprachphilosophie und der Grund, aus dem man überhaupt von einer ‚Kehre', von einer Wende zur Sprache sprechen darf.

Wenn man also wirklich von einem *linguistic turn* sprechen will, der sich innerhalb eines analytischen und pragmatischen Doppelhorizonts bewegt[2] und welcher im 20. Jahrhundert nach Herkunft und Stil ganz unterschiedliche Denker mit sich führte, so darf man einerseits sicherlich nicht ignorieren, welche Rolle die amerikanische Tradition darin spielte. Andererseits aber

---

[1] Intentionell in diesem besonderen Sinne verwendet den Ausdruck zuerst Richard Rorty 1967 im Titel eines von ihm herausgegebenen Sammelbandes. Dort schreibt er in der Einleitung: „The history of philosophy is punctuated by revolts against the practices of previous philosophers and by attempts to transform philosophy into a science – a discipline in which universally recognized decision-procedures are available for testing philosophical thesis. [...] The purpose of the present volume is to provide materials for reflection on the most recent philosophical revolution, that of linguistic philosophy. I shall mean by „linguistic philosophy" the view that philosophical problems are problems which may be solved (or dissolved) either by reforming language, or by understanding more about the language we presently use." (Rorty 1967, 1–3)

[2] Vgl. zu dieser Interpretation des *linguistic turn* Trabant 1997 und zu der Thematik im allgemeinen Bublitz 1994.

darf man keinesfalls übersehen, welcher Anteil dabei auch der europäischen Tradition zufällt, insbesondere denjenigen Autoren, welche unerklärlicherweise jahrelang im Schatten des Vergessens verblieben sind.

Daß Ernst Cassirer und Benedetto Croce bei diesem Denkprozeß, welcher die Sprache im vergangenen Jahrhundert wieder ins Zentrum nicht nur des philosophischen Interesses stellte,[3] entscheidend mitwirkten und daß ihre diesbezüglichen Überlegungen eine überaus reiche Quelle von Anregungen für den gegenwärtigen Diskurs um die Sprache darstellen, möchte diese Arbeit zeigen. Sie beginnt mit einer biographischen Skizze beider Autoren und einem historischen Abriß ihrer Wirkungsgeschichte in Italien und Deutschland.

1.2 Zwei Lebenswege

Schon der schlichte historische Blick auf die Biographien Cassirers und Croces führt unmittelbar zu Kontrast und Differenz. Und das, obwohl beide gegen die gleichen wissenschaftlichen Gegner kämpften und, wenn auch auf völlig unterschiedliche Weise, Zielscheibe gemeinsamer politischer Feinde waren.

Auf der einen Seite steht eine Existenz, die in der Tradition des liberalen jüdischen Bildungsbürgertums gegen Schwierigkeiten, aber mit brillantem Erfolg im deutschen Universitätsleben ihren Weg findet und dann im Drama der Rassenverfolgung und des Exils zerbricht; ein Leben, das der Kultur in der gesamten Breite ihrer Erscheinungsformen gewidmet ist, einem ‚humanen Projekt', flexibler, aber zugleich auch gründungsmächtiger als ein System; ein Wanderleben im Dienste der Erforschung des Menschen und seiner Symbole, des Ichs und des Anderen, der Geschichte und des Geistes; ein Leben und ein Werk, das in der Philosophie der Nachkriegszeit und ihrer Historiographie kaum Spuren hinterließ und erst in den neunziger Jahren des vorigen Jahrhunderts den Platz errang, der ihm gebührt.

---

[3] „Cassirers *Philosophie der symbolischen Formen* von 1923 ist der glänzende Auftakt jener Denk-Bewegung, die in den zwanziger und dreißiger Jahren geradezu einer Explosion philosophischer Sprachreflexion in systematischer und historischer Hinsicht gleichkam und zu der – in chronologischer Reihenfolge – Autoren wie Vossler, Buber, Ammann, Heidegger, Funke, Fiesel, Hankamer, Ipsen, Weisgerber, Bühler, Stenzel, Kainz, Hönigswald etc. beigetragen haben. Mit dem Hinweis auf diese sprachphilosophischen Bemühungen stelle ich den *linguistic turn* der Logik in einen größeren Kontext, in dem sich seine – vor allem in angloamerikanischen Publikationen vertretene – Exklusivität beträchtlich relativiert. Durch die Erinnerung an die bedeutsamen Hinwendungen in anderen philosophischen Disziplinen, in anderen Ländern und anderen philosophischen Richtungen – wie Neu-Kantianismus, Neuidealismus, Lebensphilosophie, Phänomenologie, Existenzphilosophie – wird der Topos vom *linguistic turn* im ersten Drittel dieses Jahrhunderts bedeutend stärker und viel dramatischer, als wenn er auf Logik und Erkenntnistheorie beschränkt bleibt." (Trabant 1997, 9–10)

Auf der anderen steht ein – zumindest seinen äußeren Umständen nach – friedliches, gemächliches und bequemes Leben zwischen Neapel und Pescasseroli; das Leben eines Gelehrten, der den Verlockungen von Lehrstuhl und akademischer Karriere widerstand, um in der Zuflucht seiner stillen Stube zu lesen und zu schreiben von Geschichte und Literatur, den Gegenständen seiner Leidenschaft, und der stets bestrebt war, nicht etwa zum „Philosophen von Beruf" zu werden; die Existenz eines Mannes, der als einer der wenigen seine kritisch-liberale Stimme gegen den Faschismus erhob, wenn auch nicht sofort und nicht immer konsequent; ein Leben, das Verkörperung und zugleich Projektionsfläche einer besonderen Art des spekulativ-verabsolutierenden – aber doch dem historischen *Handeln* des Menschen und seiner Poesie nicht abgewandten – Kulturverständnisses war, welches das italienische Geistesleben zu und nach seiner Zeit durchdrang.

Wenn man hingegen das wissenschaftliche Werk Cassirers und Croces betrachtet, so fallen zunächst mehrere Übereinstimmungen auf: die ungewöhnliche und fachübergreifende Spannweite ihrer Themen und Untersuchungsgegenstände; ihr unbeirrbarer Widerstand gegen den Positivismus im Namen eines Idealismus, der seinem klassischen Vorläufer im Deutschland des 19. Jahrhunderts kein geringes Erbteil verdankt; die Begeisterung für die Geschichte, auf deren Bühne sich das *Handeln* des Menschen vollzieht. Das historische Element, ob theoretisch thematisiert oder in Anwendung auf einen spezifischen Gegenstand, spielt im Denken beider Autoren stets eine tragende Rolle.

1.2.1 Ernst Cassirer: Ein deutsch-jüdisches Intellektuellenschicksal

„Ein Klassiker der Sprachphilosophie im Wartestand": mit dieser provokativen Charakterisierung beschließt Dominic Kaegi (1996, 363) seinen Ernst Cassirer gewidmeten Beitrag in dem von Tilman Borsche herausgegebenen Sammelband *Klassiker der Sprachphilosophie*. Bezeichnend an dieser Charakterisierung ist zweierlei: Zum einen unterstreicht sie, daß man bei der Erwägung, Cassirer unter die Klassiker des Denkens aufzunehmen, ihn jedenfalls eher als Sprachphilosophen im Sinne hat, denn als theoretischen Denker im allgemeinen und Philosophen *tout court*. Zum anderen läßt sich daraus die nunmehr doch etwas erstaunliche Überzeugung ablesen, daß Cassirer bisher nicht als Klassiker der Philosophiegeschichte angesehen wird und daß in Europa erst die sogenannte Cassirer-Renaissance[4] der neunziger Jahre des vergangenen Jahrhunderts zu einer Aufwertung seines Werkes geführt hat. Als Neukantianer abgestempelt und diskreditiert fand er schon vor seinem Exil wenig Wirkungsspielraum, und gleiches galt für sein Werk auch nach 1945, wofür nicht zuletzt der Erfolg der radikal anders orientierten Philosophie Heideggers verantwortlich war. Daß man ihm im Deutschland der zwanziger Jahre diese Schuletikettierung anheftete, ohne die

---

[4] Vgl. dazu Figal/Rudolph 1992, 163 und Ferrari 1994, 111.

zutiefst semiotische Natur seines Denkens zu bemerken, war Cassirer übrigens selbst bewußt:

> Ich selbst bin oft als ‚Neu-Kantianer' bezeichnet worden und ich nehme diese Bezeichnung in dem Sinne an, daß meine gesamte Arbeit im Gebiete der theoretischen Philosophie die methodische Grundlegung voraussetzt, die Kant in der *Kritik der reinen Vernunft* gegeben hat. Aber viele der Lehren, die [...] in der philosophischen Literatur der Gegenwart dem Neu-Kantianismus zugeschrieben werden, sind mir nicht nur fremd, sondern meiner eigenen Auffassung diametral entgegengesetzt. (Cassirer, WiS, 201-202)

Jenseits der Diskussion darüber, ob es legitim ist oder nicht, Cassirer der Marburger Schule zuzuordnen,[5] ist nicht zu leugnen, daß seine Philosophie thematisch und methodisch in den kritizistischen theoretischen Rahmen hineingehört und daß seine Beziehung zum Marburger Neu-Kantianismus, wenn auch nicht direkt von filiativer, so doch von essentiellerer Art ist, als ein Teil seiner Interpreten annimmt. Ebenso unbestritten ist jedoch, daß die Vertreter des Neu-Kantianismus nicht nur in ihrer theoretischen Orientierung, sondern auch in Persönlichkeit und Charakter voneinander sehr verschieden waren. Hierauf spielt Toni Cassirer anekdotisch an, als sie in ihrer Autobiographie *Mein Leben mit Ernst Cassirer* ein Dictum von Hermann Cohen wiedergibt:

> Während der siebzehn Jahre, die diese Freundschaft dauerte, gab es so manche divergierende Anschauung zwischen Ernst und Cohen, und es war eine Quelle des Staunens für mich, mit welcher Wucht Cohen seinen Standpunkt Ernst gegenüber vertrat, und wie unbeirrbar und ruhig Ernst den seinigen verteidigte. Eines Tages sagte Cohen zu mir: „Sehen Sie, liebe Frau Cassirer, das ist eben das Schöne in unserer Marburger Schule, daß alle Temperamente in ihr vertreten sind – von der ungestümen Jugend bis zum abgeklärten Alter. Wobei" – schloß er schmunzelnd – „ich natürlich die Jugend und ihr Mann das Alter vertritt." (Toni Cassirer 1981, 90)

Mit den Lehrern und Kollegen der Marburger Schule teilt Cassirer eine nicht nur akademische, sondern auch kulturelle und religiöse Tradition. Seine Biographie abzuschreiten, bedeutet auch, das Schicksal vieler jüdischer Intellektueller zu betrachten, deren Leben in eine schwierige, ja dramatische Epoche des politischen Geschehens in Deutschland fiel: in die dreißig Jahre des konvulsiven Wechsels vom Kaiserreich Wilhelms II. zur Weimarer Republik und zur Nazidiktatur.[6]

Die Stadt, mit der sich Cassirer, der 1874 im schlesischen Breslau geboren worden war, in seiner Jugend am meisten verbunden fühlte, ist wohl Berlin. In Berlin verbringt er den größten Teil seiner Jugend- und Ausbildungsjahre, wenn man einmal von einigen Studiensemestern in Leipzig und Heidelberg

---

[5] Man wird im folgenden sehen, daß sich die beiden Hauptlinien der gegenwärtigen Cassirer-Interpretation gerade durch die jeweilige Stellungnahme bezüglich dieser Zuordnung unterscheiden.
[6] Vgl. hierzu Hassler/Wertheimer 1997 sowie Hausmann 2000 und 2001.

und den drei allerdings für ihn grundlegenden Marburger Jahren[7] absehen will. Berlin ist in kultureller Hinsicht für ihn eine ‚familiäre Stadt', und das ist hier auch ganz persönlich gemeint: seine Vettern, der Galerist Paul Cassirer, der Verleger Bruno Cassirer, der Neurologe Richard Cassirer und der Dirigent und Komponist Fritz Cassirer sind herausragende Vertreter des Geisteslebens der Stadt. In Berlin zeichnen sich Themen und Grundorientierung seiner philosophischen Reflexion ab, welche sich (vermutlich um 1917[8]) im Projekt seiner Philosophie der symbolischen Formen konkretisieren.

Erst in Hamburg jedoch, wohin er 1919 nach seiner Berufung auf einen ordentlichen Lehrstuhl gezogen war, erreicht Cassirer in einem sehr liberalen universitären Umkreis den Höhepunkt seiner Karriere.[9] Dort kann er mit Kollegen gemeinsamer kultureller Provenienz zusammenarbeiten, wie Bruno Snell und Erwin Panofsky. Vor allem entdeckt er dort die 1902 gegründete Bibliothek Aby Warburgs, eine außerordentlich reichhaltige, aber gerade auch ‚in der richtigen Weise' reichhaltige Bibliothek, wie geschaffen für Cassirers philosophische Bedürfnisse:

> Als buchstäblicher Glücksfall für seine eigene Arbeit erwies sich die Tatsache, daß Aby Warburg eine privat finanzierte Bibliothek und Sammlung wichtiger Bücher und Materialien im Umfeld von Philosophie, Astrologie, Magie, Kunst und Literatur aufgebaut hatte. Als Cassirer 1920 diese Bibliothek kennenlernte, die ganz auf Interdisziplinarität und Komparatistik hin angelegt war, glaubte er seinen Augen nicht zu trauen: Es war ihm, als hätte Warburg während dreißig Jahren genau auf das Projekt der Philosophie der symbolischen Formen hingearbeitet. (Graeser 1994, 15)

Viele seiner Schriften aus dieser Zeit sind in fruchtbarer Zusammenarbeit mit dem Warburg-Institut entstanden.[10]

> Erst nach seinem Antritt in Hamburg erfuhr Ernst von der Existenz von Aby Warburg, dem Besitzer und Gründer der „Bibliothek Warburg" – einer eigenartigen kulturgeschichtlichen Sammlung; [...] Ernst arbeitete damals an dem ersten Band der symbolischen Formen, und man riet ihm an maßgebender Stelle, sich die Bibliothek Warburg genau anzusehen, da sie anscheinend das Material enthielt, das er für seine Studien benötigte. Leiter der Bibliothek war – so erfuhren

---

[7] Cassirer war zwischen 1896 und 1899 in Marburg. In jenen Jahren schrieb er bei Hermann Cohen seine Dissertation: *Descartes' Kritik der mathematischen und naturwissenschaftlichen Erkenntnis* (1899). Obwohl Cohen ihn gern als Mitarbeiter bei sich behalten hätte, ging Cassirer aus Furcht vor dem in der Provinz virulenteren Antisemitismus nach Berlin zurück, wo er seine Universitätslaufbahn nicht ohne Schwierigkeiten fortsetzte.

[8] Dimitry Gawronsky berichtet die seltsame Episode, nach der Cassirer die Idee zur Philosophie der symbolischen Formen 1917 bei einer Straßenbahnfahrt gekommen sei (vgl. Gawronsky a1949, 25).

[9] Damals erreichten Cassirer nicht nur Rufe der Universitäten Frankfurt, Berlin und Köln, sondern auch die einiger ausländischer europäischer und amerikanischer.

[10] Die Bibliothek wurde zu der Zeit von Fritz Saxl geleitet. Warburg selbst litt an einer Nervenkrankheit, die ihn einige Jahre lang von der Arbeit fernhielt.

wir – während Warburgs Abwesenheit einer seiner Schüler, ein junger Österreicher, Fritz Saxl.
Ich erinnere mich, wie Ernst nach dem ersten Besuch der Bibliothek in einer für ihn sehr ungewöhnlichen Erregung nach Hause kam und mir erzählte, daß diese Bibliothek etwas unerhört Einmaliges und Großartiges wäre, und Dr. Saxl, der sie ihm gezeigt hatte, ein äußerst merkwürdiger, origineller Mann zu sein schien, daß Ernst ihm aber nach der Führung durch die langen Bücherreihen gesagt habe, daß er nie wiederkommen würde, da er sonst ganz sicherlich in diesem Labyrinth verloren gehen würde. [...] Die Entdeckung der Bibliothek Warburg glich der Entdeckung einer Fundgrube, in der Ernst einen Schatz nach dem anderen zu Tage förderte. Saxl war glücklich, daß er jemanden gefunden hatte, der die Fragestellung, auf der die ganze Sammlung aufgebaut war, sofort erfaßt hatte. [...] Ein Blick auf diese Sammlung und Ernstens Anteil an ihr wird am besten aufzeigen, wie wechselseitig und fruchtbar sich die Beziehung zwischen ihm und der Bibliothek Warburg gestalteten. (Toni Cassirer 1980, 125–127)

Heiter und glücklich sind jene Hamburger Jahre für Cassirer, in denen sich wissenschaftliche und philosophische Berufung, akademische Erfolge und familiäres Glück zusammenfügten.[11] Die Universität, deren erster jüdischer Rektor er im Jahre 1929[12] wird, ist allerdings die gleiche, die er nach der nazistischen Machtübernahme verlassen muß. Sein im Frühsommer des Jahres 1933 beginnendes Exil wird mit Etappen in England, Schweden und Nordamerika sein gesamtes übriges Leben lang andauern. Die akademische Tätigkeit, die für Cassirer nicht nur Forschung, sondern auch Lehre umfaßt,[13] bestimmt auch die reifen Jahre seines erzwungenen Wanderns. In Oxford lehrt er am All Souls College, in Schweden erhält er nach kurzem Aufenthalt in Uppsala eine Professur an der Universität Göteborg. Seine Zeit in Schweden stellte für Cassirer eine regelrechte akademische Herausforderung dar, insbesondere durch die Auseinandersetzung mit dem Werk Axel Hägerströms. Möglicherweise ergab sich hieraus die Akzentuierung seines Interesses an Fragen der praktischen Philosophie. Im Jahre 1941 veranlaßte ihn die Furcht vor einer Invasion Schwedens durch die Nazitruppen, sich nach Amerika abzusetzen, wo ihm die Yale University einen Zweijahresvertrag als *visiting professor* angeboten hatte. Die letzten Lebensjahre Cassirers sind bei allen existentiellen Wechselfällen[14] Jahre des intensiven Erlebens und der Aufgeschlossenheit für das Neue, vor allem aber Jahre, in denen

---

[11] Die ersten Hamburger Jahre sind allerdings für ihn durch den Tod einiger Familienangehöriger auch Jahre der persönlichen Trauer.

[12] In diesem Jahr findet übrigens auch das stets legendär genannte Treffen Cassirers mit Heidegger in Davos statt.

[13] Zur pädagogischen Konzeption Cassirers, wie auch zu deren Modifikation unter dem Einfluß der amerikanischen Universität und ihrer Studenten finden sich interessante Bemerkungen in Toni Cassirer 1980 (vgl. insb. der Paragraph „Yale University – September 1941 bis Juli 1944").

[14] Cassirer konnte in Yale nicht bleiben und ging daher an die Columbia University, New York City, die ihn für ein Jahr eingeladen hatte. Auch von dort hätte er wieder aufbrechen müssen, um eine ebenso auf ein Jahr befristete Anstellung an der University of California, Los Angeles, anzutreten. Er starb jedoch vorher.

sich sein Denken immer mehr zur Kulturphilosophie hin entwickelt und sich immer entschiedener dem Menschen und seinem *Handeln* zuwendet.

1.2.2 Croce, Neapel und die Geschichte

> Das Schicksal des Croceschen Denkens gehört zur Dialektik und zum Geschehen seiner Zeit und innerhalb seiner Zeit zur Dialektik und zum Geschehen ihrer vielen Momente und Aspekte. Aber es gehört ebenso zur Dialektik und zum Geschehen jeder anderen Zeit, wie es bei der Reflexion derjenigen zu gehen pflegt, welche die Erfahrung ihrer Zeit gleichsam repräsentativ und mit charakterisierender Wirkung erlebt haben; derjenigen also, denen das Problem ihrer Zeit „zu eigen war", die ihm zur authentischen und maßgeblichen Stimme wurden und zugleich zu einem schöpferischen Faktor der Vertiefung und Entwicklung. Sie haben Geist und Identität einer Kultur, einer bürgerlichen und sozialen Welt, einer Tradition und eines ethisch-politischen Raums vermittelt und zugleich befördert. [...] Und wenn das geschieht, so kann man sagen, daß diese Protagonisten ihrer Zeit Klassikerstatus erlangen: daß sie Klassiker werden. Dies ist nun in offensichtlicher und unleugbarer Weise bei Croce der Fall. (Galasso 1990, 469)¹

Der ‚Klassikerrang' Croces steht also nicht in Frage. Selbst seine schärfsten Kritiker, selbst diejenigen, welche sein Denken entschieden für überholt, für unwiderruflich vergangen und untergegangen halten, würden nicht zögern, Croce zu den großen Klassikern der italienischen Kultur zu zählen. Ein Etikett – um den Faden des Vergleichs von Ähnlichkeiten und Unterschieden zwischen Croce und Cassirer wieder aufzunehmen –, ein sogar gleichfalls mit ‚Neu-' gebildetes Etikett heftet die Kritik allerdings auch Croce an: ‚Neuidealist'.[15] Und auch der offizielle Crocesche Protest gegen alle Neu-Bildungen in der Philosophiegeschichtsschreibung vermag dagegen nichts auszurichten (vgl. Croce 1942/1993, 23). Wie im Falle Cassirers sind auch bei Croce die Beziehungen zu einer Schule zu komplex, um mit einem Etikett gekennzeichnet zu werden.

Das geistige Leben Neapels, eines der Hauptzentren der liberalen Kultur des *Risorgimento*, war in der zweiten Hälfte des 19. Jahrhunderts ganz von der Hegelschen Philosophie durchdrungen.[16] Mit Neapel, mit jenem idealistischen Neapel, in dem er sein Leben lang verbleiben sollte, scheint

---

[15] „Man nennt Benedetto Croce einen Neuhegelianer [...] und warum ist die Form, in der die Hegelsche Philosophie vor dreißig Jahren in diesen Neapler Jüngling eingemündet ist, heut dazu gediehen, eine ganze italienische Generation geistig zu erschaffen und zu bestimmen, durch diese Generation einem Volke ein neues Bewußtsein seiner selbst zu geben, seiner selber wohlgemerkt ebensosehr als eines europäischen Volkes wie als Volkes schlechthin [?] [...] Heidelberg, Oxford und Harvard [wetteifern] darin, den Autor mit ihren klassischen Ehren zu krönen – wen? einen Neuhegelianer? oder was und wen sonst?" (Borchardt 1925/1957, 16-18) Zum kulturellen Einfluß des Neu-Hegelianismus in Italien und zum Verhältnis Croces dazu vgl. auch Galasso 1990.

[16] Hier seien die beiden Hauptlinien des italienischen Hegelianismus genannt: die eine (orthodoxe) wurde im wesentlichen von Augusto Vera (1813-1885) vertreten, die andere (kritische) z.B. von Bertrando Spaventa (1817-1883).

der Name Croces, der 1866 in dem Abruzzendorf Pescasseroli das Licht der Welt erblickt hatte, untrennbar verbunden zu sein. Zu Croces erster ideellen Begegnung mit De Sanctis kam es schon in seinen Gymnasialjahren, in denen seine bis in die Kindheit zurückreichende Liebe zur Geschichte immer leidenschaftlicher wurde:

> Meine ganze Kindheit hindurch trug ich immer gleichsam ein zweites Herz im Herzen; und dieses, meine innerste und gehätschelte Neigung, war die Literatur, oder vielmehr die Geschichte. (Croce, BKM, 5)[II]

Auch in dieser Hinsicht ist Vico für Croce einer seiner wichtigsten Lehrer. Nicht weit vom Idealismus weg sollten ihn die Jahre führen, die er nach dem Tod der Eltern bei Silvio Spaventa, dem Cousin des Vaters, in Rom verbrachte (1883–1886). In dieser Zeit kam Croce (der sich ebenso wie Cassirer zunächst für das Studium der Jurisprudenz eingeschrieben, dieses Fach aber bald wieder aufgegeben hatte) über die Vorlesungen von Labriola in Kontakt mit der Herbartschen Ethik. Nach Neapel zurückgekehrt, widmet er sich vorwiegend historischen Studien, und aus Anlaß der Polemik Labriolas gegen das marxistische Denken versenkt er sich in die Schriften von Karl Marx. Von der anfänglichen Begeisterung für Marx bewahrt er indes nur die allgemeine Lehre einer auf die historische und politische Realität bezogenen Philosophie:

> Aus dem Aufruhr jener Tage verblieb mir als eine wertvolle Errungenschaft die Erfahrung an menschlichen Problemen und der wiederbelebte philosophische Geist. Die Philosophie nahm von da an einen immer breiteren Raum in meinen Studien ein, auch weil in der Zwischenzeit, während ich mich geistig einigermaßen von Labriola entfernt hatte, der mir gewisse Folgerungen, die ich aus seinen Voraussetzungen zog, nicht verzeihen konnte, mein brieflicher Verkehr und meine Zusammenarbeit mit Gentile begonnen hatte [...] Mit Gentile verbanden mich außer einigen Verwandtschaften im praktischen Leben vor allem die Ähnlichkeit unseres geistigen Entwicklungsganges wie unsere Bildung [...] So erneute sich also in mir, bei erweitertem Geist und in einer weit bessern intellektuellen Gemeinschaft als die mir in meiner Jugend in Neapel zuteil geworden war, das Bedürfnis, bevor ich andere bestimmte Arbeiten unternähme, meinen alten Betrachtungen über die Kunst feste Form zu geben; hatten sie mich doch unter so vielen Unterbrechungen und Ablenkungen beständig, schon seit den Lyceumsjahren begleitet, in denen ich De Sanctis las, und ihren vereinzelten und monographischen Charakter eingebüßt, als sie mit den übrigen Problemen des Geistes in Verbindung traten. (Croce, *BKM*, 19–20)[III]

Das erste Jahrzehnt des 20. Jahrhunderts steht für Croce denn auch ganz unter dem Vorsatz, „eine Ästhetik und eine Geschichte der Ästhetik zu schreiben", es ist bestimmt von seinem Ringen um das System. Gleichwohl fällt in diese Jahre auch die Gründung – zusammen mit Giovanni Gentile – des Ausdrucksorgans der ‚anderen Seele' Croces (s.u.): 1902 wird das Programm der Monatsschrift *La Critica* veröffentlicht. Neben der Begegnung mit Gentile steht eine zweite sowohl in philosophischer wie in persönlicher Hinsicht entscheidende im Jahre 1899 gleichsam symbolisch am Anfang jener Phase des Croceschen Werks, in der sein System der *Filosofia dello Spirito* Gestalt annimmt: es ist die Begegnung mit Karl Vossler. Welche Bedeutung diese für die Beziehungen Croces zur deutschen Kultur und für die Crocesche Sprachtheorie haben sollte, wird im folgenden an mehreren Stellen zu erläutern sein.

Den Jahren der Arbeit am System folgen diejenigen, in denen Croce wieder beginnt, „sein Leben zu leben" (vgl. CCM, 64)[17] und sich mehr historischen und literaturwissenschaftlichen Untersuchungen zuwendet. Die Beziehung zwischen Theorie und Praxis und die philosophische Neubewertung der Praxis sind die Themen seiner Schriften in jener Zeit, welche vermutlich unter dem Einfluß seiner Reflexion über den Krieg entstanden. Der Aufstieg des Faschismus und die Errichtung der Diktatur[18] lasten gewaltsam und schmerzhaft auf jenem gedanklichen Prozeß, den Croce durchlebt, und tragen ihrerseits dazu bei, daß er gewisse Züge seines Systems revidiert und die Achse seines Denkens immer mehr hin zur Geschichte und zur Praxis des Menschen verlagert. Daß es Croce mit der Akzentuierung der sozialen und politischen Verantwortung des Individuums in der Geschichte ernst meinte und er fest daran glaubte, wird u.a. daran deutlich, daß er am politischen Leben Italiens vom Sturz des Faschismus[19] [IV] bis zu den letzten Tagen seines Lebens im Jahre 1952 aktiv teilnahm und verschiedene Ämter bekleidete.

> Nicht im entferntesten hätte ich daran gedacht, daß sich Italien die Freiheit, die zu gewinnen es so viele Mühen und so viel Blut gekostet hatte und die meine Generation als eine Errungenschaft für immer ansah, erneut den Händen würde entwinden lassen. Aber das Unvorstellbare geschah, und der Faschismus blieb keineswegs nur eine vorübergehende Episode, sondern er schlug Wurzeln und festigte seine Herrschaft. So trat ich in der zweiten Hälfte des Jahres 1924 nach einer Zeit trügerischer Versprechungen und vergeblicher Hoffnung auf die Wiederherstellung der Freiheit offen auf die Seite der Opposition; und 1925 schrieb ich auf Bitten von Giovanni Amendola das *Manifest* der Antifaschisten. [...] Nach dem Sturz des Faschismus [...] wandten sich zahlreiche Liberale mit der Bitte um Hilfe an mich, und so wurde ich Vorsitzender der Liberalen Partei Italiens und Mitglied des Befreiungskomitees. [...] Bei der Betrachtung meines Lebens als Wissenschaftler und Literat, das ich während der Zeit des Faschismus und der Ereignisse nach seinem Sturz weiterführte [...], reicherte ich mein philosophisches Denken im ständigem Kontakt mit der Forschung zur politischen

---

[17] 1914 heiratet er die Studentin Adele Rossi.
[18] In dieser Zeit kommt es auch zum endgültigen Bruch der Freundschaft und Zusammenarbeit mit Gentile. Allerdings hatte sich die zunehmende Unstimmigkeit zwischen beiden schon im ersten Jahrzehnt des Jahrhunderts bemerkbar gemacht wie Croces Schrift *Una discussione fra filosofi amici* (1913) bezeugt.
[19] „Müde hatte ich mich um 23 Uhr zu Bett gelegt, als Signorina Elena di Serracapriola mir durch einen Anruf aus ihrem Landhaus mitteilte, daß Mussolini abgetreten und General Badoglio vom König mit den Regierungsgeschäften betraut worden war. [...] Ich empfinde ein Gefühl der Befreiung von einem Übel, das in der Mitte der Seele lastete: es bleiben die von ihm herrührenden Übel und Gefahren; aber dieses eine wird nicht wiederkehren." (Croce 1943–1947/1993 1, 195)

und literarischen Historie an. [...] Ich hatte meine philosophischen Werke einfach *Philosophie des Geistes* genannt. Aber die Schlußfolgerungen, zu denen ich bezüglich der Geschichte und ihrer Beziehung zur Philosophie gelangte, legten mir auf eine fast zwingende Weise den Titel *Historismus* nahe, dem ich zur Bezeichnung seines Charakters noch das Adjektiv *absolut* hinzufügte. (Croce, CCM, 99–102)[V]

1.3 Hauptlinien der Rezeptionsgeschichte

1.3.1 Ein erster Vergleich

1.3.1.1 Zwei Unterschiede

Auch wenn man die Etappen und Hauptlinien der Rezeption Croces und Cassirers in Italien und Deutschland betrachtet, zeichnen sich bald zwei grundlegende Unterschiede ab. Der eine betrifft das historiographische Schicksal beider Autoren im engeren Sinne, jeweils im eigenen Land und im Lande des anderen. Der andere ist eher theoretischer Art und hängt mit der Charakterisierung zusammen, welche Cassirer und Croce je nach der angenommenen Bedeutung der Sprache in ihrem Denken erfahren.

Bezüglich des ersten Unterschiedes, der im folgenden noch genauer behandelt werden soll, ist vorab festzustellen, daß dem Fehlen von Untersuchungen über Cassirer in Deutschland bis Ende der achtziger, Anfang der neunziger Jahre in Italien kein vergleichbares Desinteresse entsprach.[20] Dabei hat man sich aber hauptsächlich mit dem Cassirerschen Werk der akademischen Jahre und kaum mit dem aus der Zeit seines Exils beschäftigt, welches vielmehr auch in Italien erst nach der allgemeinen europäischen Cassirer-Renaissance zur Kenntnis genommen und untersucht wurde.

Demgegenüber scheint die Rezeptionsgeschichte Croces einen umgekehrten Verlauf zu nehmen: Auf den beispiellosen Erfolg seines Werkes bis hinein in die fünfziger, sechziger Jahre des vergangenen Jahrhunderts folgte ein Erkalten der Begeisterung und ein allmähliches Versiegen der Flut der ihm gewidmeten Untersuchungen. Und schon seit den dreißiger Jahren und zunehmend in der Folgezeit kommen auch kritische Stimmen zu Werk und Person Croces auf, gleichsam als Aufbegehren gegen eine über Jahrzehnte ausgeübte kulturelle Hegemonie. Heute gilt Croce für einen großen Teil der Kritik schlichtweg als überholt (vgl. hierzu Galasso 1990). Erst in allerjüngster Zeit bemerkt man wieder Zeichen des Interesses an Croce (so etwa 2002 aus Anlaß des hundertsten Jahrestages der Veröffentlichung der *Estetica*). Paradoxerweise konzentriert sich nun die heutige Beachtung Croces – und hier überschneidet sich der erste der genannten Unterschiede mit dem zweiten – hauptsächlich auf den Croce des Sprachdenkens (vielleicht sogar, um den Croce des Systems bewußt zu ignorieren), also eben auf jenen Croce,

---

[20] Schon in den dreißiger Jahren erscheinen in Italien nicht nur Rezensionen, sondern auch Übersetzungen von Werken Cassirers.

den der Leitstrom der italienischen Hermeneutik meist hatte beiseite liegen lassen.

Anders in Deutschland: Hier war das Interesse an Croces Geschichts- und Geistesphilosophie nie übermäßig groß. Jedenfalls aber war es keineswegs mit dem Erfolg zu vergleichen, welcher der Croceschen Sprachphilosophie dank Vosslers Vermittlung beschieden war. Diese Vermittlung hat im übrigen eine eigentümliche Einordnung der Croce-Rezeption zur Folge gehabt. Denn mehr als im traditionellen philosophischen Bereich spielte sie sich innerhalb der Romanistik ab. Es versteht sich daher von selbst, daß der im akademischen Deutschland bekannte Croce nur der Croce der Kunst, der Literatur, und der Sprache sein kann, und zwar sowohl in den dreißiger Jahren des vergangenen Jahrhunderts als auch im heutigen Deutschland, sofern dort von ihm überhaupt noch die Rede ist. Ebenso klar ist aber auch, daß es sich wiederum hauptsächlich um jenen Croce handelt, der Sprachwissenschaft und Ästhetik miteinander identifiziert.

Der Zuschnitt dieser Arbeit bedingt auch in diesem Kapitel eine gewisse Beschränkung. Bezüglich einer umfassenderen und allgemeineren Rekonstruktion der Wirkungsgeschichte der beiden Autoren, auch was die Thematik der Sprache angeht, verweise ich auf die Arbeiten von Krois (1987), Galasso (1990), Raio (1991), Ferrari (1994), Lazzari (1995), Deneckere (1983), Bonetti ([5]1996). Zu der oben genannten thematischen Differenz soll indes noch ein Wort gesagt werden. Denn hinter den Etiketten, die man den beiden Autoren angeheftet hat, wie ‚Philosoph der Unterscheidung', oder ‚Sprachphilosoph', ‚Kulturphilosoph' oder ‚Geschichtsphilosoph', ‚Anthropologe' oder ‚Linguist' verbergen sich Probleme und Ansätze, welche für diese Arbeit von Belang sein werden.

1.3.1.2 Cassirer als Sprachphilosoph und die ‚zwei Seelen' Croces

Daß Cassirer trotz der immensen Vielfalt seiner Interessen und der von ihm behandelten Themen bei der Renaissance seiner Rezeption in neuerer Zeit hauptsächlich als Kultur- und Sprachphilosoph angesehen wird, ist unbestritten. Zwar gibt es auch Stimmen, die davor warnen, sich unbedacht nur der einen oder anderen Linie der Cassirer-Interpretation anzuschließen (vgl. Ferrari 1994), und dazu auffordern, *alle* wichtigen Aspekte seines Werkes zu berücksichtigen (auch etwa die Analyse der Einzelwissenschaften), indem man sowohl das Spezifische des Cassirerschen Denkens als auch seine Bindung an die Marburger Schule erfaßt. Doch hält man im allgemeinen die linguistisch-semiotische Seite zweifellos für grundlegend und zentral.

Bei Croce dagegen verging geraume Zeit, bis man überhaupt anfing, von einer Sprachtheorie oder Sprachphilosophie in seinem Werk zu sprechen.[21][VI] Und im Vergleich zu anderen Aspekten seines Denkens gibt es hierzu immer noch wenige Untersuchungen. Dies mutet um so seltsamer an, wenn man die historischen Lehrer und Leitbilder beider Philosophen betrachtet: Vico, Leibniz, Kant, Humboldt, Hegel, Marx. Keiner würde sicher etwas einwenden wollen, wenn man auf den hohen Stellenwert der Sprache in der Philosophie Vicos hinwiese und darauf, daß Vico das Sprachdenken Croces ersichtlich beeinflußt hat.[22] Keiner würde Leibniz' Beitrag zur Sprachreflexion leugnen, ebensowenig seinen Einfluß auf Cassirers Symbolbegriff. Ebenso läßt sich die bestimmende Rolle der Humboldtschen Auffassung der Sprache als ἐνέργεια bei beiden Autoren nicht übersehen. Und auch wer dagegen halten wollte, daß sich Hegel gar nicht ausführlich mit der Sprache befaßt habe – und noch weniger Kant –, müßte doch nach einer gewissenhaften Reflexion zugeben, daß die häufig implizite aber gar nicht so verborgene Berücksichtigung, welche die Sprache zwischen den Zeilen der *Vorlesungen über Ästhetik* und in den Paragraphen der *Enzyklopädie der philosophischen Wissenschaften im Grundrisse* erfährt, von ihrer enormen Bedeutung bei Hegel zeugt.[23] Vielmehr liegt eben hierin ein Hinweis auf das Problem, welches dieser ebenso zentrale wie heikle Gegenstand für Hegel darstellt. Gerade in der Sprache faßt Hegel jenes geistige *Quid*, welches das Moment des Universellen und das des Einzelnen im dialektischen Verfahren des Systems zu vermitteln vermag. Daß schließlich das Kantsche Schweigen das bedeutsamste in der Geschichte der Sprachphilosophie darstellt, ist hinreichend oft gesagt worden.[24] Und doch bleibt Croce im allgemeinen Bewußtsein der Philosoph der Ästhetik und der Geschichte, sei es daß man sich von seiner Formel der Gleichsetzung von Sprache und Kunst zu sehr hat blenden lassen (vgl. Kap. 3), sei es, daß man die Änderungen seines Sprachdenkens im Verlauf der Jahre nicht genügend zur Kenntnis genommen bzw. daß man sie bisher nicht genügend untersucht hat.

Viele seiner Interpreten legen Wert auf die Feststellung, im Denken Croces herrsche ein ‚Geist des Systems'. Dieser koexistiere jedoch mit einem

---

[21] Ob Croces Sprachauffassung als ‚Sprachtheorie' oder als ‚Sprachphilosophie' anzusehen ist, ist eine klassische Frage der Croce-Interpretation. Vgl. etwa Deneckere: „Der Moment ist gekommen, ein Gesamturteil darüber abzugeben, was wir gewählt haben die ‚Ideen Croces zur Sprache' zu nennen was oft ziemlich unangemessen seine ‚Sprachphilosophie' genannt wird." (Deneckere 1983, 244) Vgl. aber Salucci: „Die Sprachphilosophie Croces (wie die Gesamtheit seiner Ideen zur Sprache richtiger genannt werden sollte) darf [nicht] einfach als Nebenertrag seiner philosophischen Hauptgedanken angesehen werden." (Salucci 1987, 11)

[22] Hierzu gibt Croce selbst Auskunft (*Est*, 277–295).

[23] Zum Thema der Sprache bei Hegel vgl. Bodammer 1969, Cook 1973, Derbolav 1959, D'Angelo 1989, Derrida 1972, Dessì 1998, Liebrucks 1964, Bd. 5 und Bd. 6,1-3, Hoffmann 1996, Negri 1975, Simon 1966 und 1971, Lindorfer/Naguschewski 2002.

[24] Zum Thema der Sprache bei Kant vgl. Hogrebe 1974, Liebrucks 1964, Bd. 3 und 4, Markis 1982, Riedel 1982, Simon 1981 und 1996.

experimentierenden Geist, der voller Leidenschaft für die Geschichte sei, und gern Abstecher in die Welt der Empirie unternehme. Schön sind hierzu wiederum die Zeilen von Eugenio Garin:

> Nachdem Croce einmal den Weg des Systems und des Idealismus gewählt hatte, war er durch die innere Logik des Werkes zu einer Art der Arbeit gezwungen, welche, sogar in der Gliederung der theoretischen und historischen Teile, nicht frei von Zügen der Scholastisierung ist und nicht stets und in jeder Hinsicht überzeugt. Sicher nicht ohne Gewicht war in jenen Jahren auch die Zusammenarbeit mit Gentile, deren Wirkung im Guten wie im weniger Guten sich erahnen läßt, indem sie ihn nämlich zur Auseinandersetzung mit den großen Denkern veranlaßt hatte, wahrscheinlich aber auch in seinem Plan seiner systematischen Abhandlung bestärkt hatte. An deren Ende […] steht die zufriedene Feststellung, ein Programm erfüllt zu haben [aber auch] die Erklärung der Vorläufigkeit jeder Systematisierung. […] „Kein philosophisches System ist definitiv, denn das Leben selbst ist niemals definitiv." Wer sich die Mühe machen wollte, alle sprachlichen Wendungen jener berühmten Seiten Croces detailliert und pedantisch zu untersuchen, würde sehen, wie sich in den Wörtern seine beiden Seelen ausdrücken: die des Historikers, der die Unerschöpflichkeit des Lebens feiert, das leuchtend hinaufzieht zu „immer geheimnisumgebenen Höhen"; und die des „Logikers", um nicht zu sagen „Metaphysikers", der im Banne der Hegelschen Terminologie sich doch an einer hegelianisch gesehen recht wenig orthodoxen Position beständig stoßen muß. (Garin 1955, 262–264)[VII]

Einige der Interpreten folgen der Deutung Gentiles und stellen den Croce der gebotenen Einheit des Systems dem des Experiments entgegen, den Croce der kanonischen Werke dem Croce der Zeitschrift *La Critica*. Andere möchten, nach dem Vorbild Garins, differenzierter verfahren, und der Verflechtung beider Aspekte im Werk und in der Person Croces nachgehen: Gerade in seiner menschlichen Erfahrung, in seinem *iter spirituale*, liege in letzter Instanz das Prinzip der Erklärung des Systems.[25] [VIII] In der Tat: Wollte man die systematischen Schriften[26] von der Croceschen Essayistik, den historischen Arbeiten und den Artikeln in *La Critica* trennen, so hieße dies, sich selbst den Verständnisweg zu jenem komplexen philosophischen und kulturellen Phänomen zu versperren, welches das Crocesche Werk darstellt.

Exemplarisch gilt dies für seine Sprachtheorie, die ebenso einen grundlegenden und charakteristischen Zug seines Werkes ausmacht, wie sie auch mit dessen übrigen Aspekten untrennbar verwoben ist. Damit soll nicht gesagt sein, sie stelle nur einen Nebenertrag dessen dar, was man als Croces philosophische Hauptthesen zu betrachten pflegt. Zweifellos verweist jeder Teil eines philosophischen Systems auf das Ganze, und nur in Bezug auf

---

[25] So etwa Deneckere (1983); und Tullio De Mauro schreibt: „Zweifellos lassen sich die letzten Gründe im Bereich der Sprachwissenschaft nur in seinem Bedürfnis nach Systematisierung finden, im Bedürfnis, die Fragen, die sich ihm nach und nach stellten, aus der Perspektive eines Systems, seines Systems, zu klären." (De Mauro a1964, 100)

[26] Gemeint sind die drei großen Werke, welche das Lehrgebäude der *Filosofia dello Spirito* darstellen: *Estetica come scienza dell'espressione e linguistica generale* (1902), *Logica come scienza del concetto puro* (1909) und *Filosofia della pratica* (1909).

dieses läßt er sich richtig verstehen. Wollte man aber die Crocesche Sprachtheorie nicht als etwas Besonderes zur Kenntnis nehmen, so verzichtete man auf eine der interessantesten und aktuellsten Seiten seiner Philosophie. Daß eine so naheliegende Feststellung überhaupt getroffen werden muß, zeigt, daß die Hauptlinie der Croce-Rezeption der Sprachtheorie dieses Autors nur selten eine herausgehobene autonome Stellung einräumt. „Il y a donc, incontestablement, une lacune à combler" könnten wir mit den Worten Marcel Deneckeres (1983 1, 3) sagen. Und das gilt noch bis heute. Zwar hat die geistesgeschichtliche Historiographie einige Beispiele der Rekonstruktion und der Interpretation der Sprachtheorie Croces geliefert.[27] Aber wichtige Aspekte dieser Seite seines Denkens sind noch immer nicht untersucht worden. Dies mag daran liegen, daß man oft nicht über die Pauschalität von Formeln hinausgekommen ist und die Sprachtheorie Croces auf das Element, welches man für ihr typischstes hielt, die Identifizierung von Linguistik und Ästhetik, reduziert hat. Soweit man aber die Thesen und methodischen Ansätze der bekannteren Textstellen Croces und Vosslers zum linguistischen Idealismus wirklich untersucht und kommentiert hat, wurde ihre Bedeutung für den heutigen Diskurs in Linguistik und Sprachphilosophie nicht genügend gewürdigt.

Dieser letzte Gesichtspunkt hat im übrigen selbst bei der kritischen Behandlung der Sprache als symbolischer Form bisher zu wenig Beachtung gefunden. Zwar wurden in der jüngeren Literatur durchaus Züge der Cassirerschen Philosophie herausgestellt, welche für den aktuellen Diskurs fruchtbar sein können, doch neigte man dabei stets dazu, Cassirer eher als Vorläufer denn als eigentlichen Protagonisten der ‚Rückkehr zur Sprache' im 20. Jahrhundert darzustellen. Auch handelt es sich meist um Texte, welche sich weniger auf Cassirers Semiotik als auf seine Konzeption des Menschen im allgemeinen beziehen, seine ethische und soziale Konzeption. Ebenso hat die Frage nach dem Stellenwert der Sprache in der Theorie der symbolischen Formen wenig Beachtung gefunden: ob sie nämlich gegenüber den anderen Formen wirklich gleichrangig ist, oder nicht doch privilegiert.

Das Sprachdenken beider Autoren hat jedoch ganz eindeutige sachliche Bezüge zu folgenden Themen: zur Bestimmung des Verhältnisses zwischen Natur- und Geisteswissenschaften, zu Fragen semantischer und pragmatischer Aspekte der Sprache, zur Definition des Verhältnisses zwischen Linguistik und Semiotik, zur sozialen Funktion der Kommunikation, schließlich zur universalen Funktion der Symbolisierung. Eine Analyse dieser Themen mag zur aktuellen Diskussion über die Sprache aus der Sicht

---

[27] Man denke an die schon berühmte Interpretation De Mauros in seiner *Introduzione alla semantica* (a1964) mit der Polemik gegen die Deutungen Devotos (1953) und Coserius (1952/1975), an die große zweibändige Monographie Deneckeres *Benedetto Croce et la linguistique* aus dem Jahre 1983, ebenso an Salucci (1987), der sich mit dem Zeichenbegriff bei Croce beschäftigt. Hingewiesen sei auch auf das Buch von Fabrizia Giuliani (2002), die eine transversale Rekonstruktion der Sprachtheorien Croces erstellt. Eine kurze Vorstellung der neueren Arbeiten zu Croce findet man in 1.3.2.2.

der kognitiven Wissenschaften, wenn nicht nachgerade eine Alternative, so doch Anregung und Anlaß zur Reflexion bieten.

1.3.2 Das Schicksal des Croceschen Werkes

1.3.2.1 Die Rezeption Croces in Italien und Deutschland

> Ständig präsent in jeder Diskussion, bald als auszuschaltender Gegner, bald als zum Zeugnis angerufene Instanz, trat ein erneuerter philosophischer Idealismus in Erscheinung, der sich seit 1903 in Croces *La Critica* sein wirksamstes Instrument geschaffen hatte, um auf jedes Wissensgebiet vorzudringen. Sein Einfluß auf die Entwicklung des italienischen Denkens dieses Jahrhunderts ist kaum zu überschätzen; und mag man daraus auch folgern, daß er sich zuweilen für die Behandlung anderer nicht weniger wichtiger Themen als Hindernis erwies, so muß man doch anerkennen, daß es sich um eine Orientierung handelte, die überall bestimmend war, von den Geisteswissenschaften bis zu den Naturwissenschaften. (Garin 1955, 187–188)[IX][28]

Zweifellos war Croce, insbesondere der Croce der *Filosofia dello Spirito*, die maßgebende Stimme im vorfaschistischen Italien und in späterer Zeit noch über viele Jahre hinweg eine der angesehensten und charakteristischsten, auch gerade, weil es eine Stimme war, die sich gegen den Positivismus erhob.[29] Gerade Gentile erkennt die Bedeutung und die Originalität der Croceschen Ästhetik an. Unbestreitbar ist Croces Originalität für den Bereich der italienischen Kultur. Doch darf nicht übersehen werden, daß diese Originalität keineswegs aus dem Nichts entsteht, sie fügt sich vielmehr ein in eine europäische idealistisch-ästhetische Reflexion: Ein Beleg dafür ist, daß die Crocesche Ästhetik in Wirklichkeit einem ziemlich verbreiteten Bedürfnis entsprach, sich von den Denkschemata des Positivismus freizumachen; dafür spricht auch, daß sie alsbald mit einem in der Ideengeschichte seltenen Enthusiasmus aufgenommen wurde, und zwar nicht nur in Italien, sondern auch in Deutschland.[30] Daß indes zwischen dem Croceschen Idealismus und Antipositivismus und dem Giovanni Papinis, Adriano Tilghers und Giuseppe Antonio Borgeses – welchen Garin „trüb und orgiastisch" (*torbido e orgiastico*), nennt –, eine enorme Distanz besteht, läßt sich schon an der oberflächlichen und ephemeren Begeisterung dieser Autoren für das Denken Croces ersehen: Innerhalb von kaum zehn Jahren

---

[28] Vgl. diesbezüglich auch Gramsci 1948/1971, 213, Rossi 1974, 49–50, Contini 1989, 51.
[29] Die fast fünfzigjährigen kulturellen Hegemonie Croces prägte die Schul- und Universitätspolitik entscheidend, verstärkte sich seltsamerweise und auf vielerlei Art auch unter dem Faschismus. Sie durchdrang die Schulbücher und die Lehre, nicht so sehr diejenige der philosophischen, wie vielmehr der literarischen Fächer und des Italienischen, sowie die Aktivität von Kritikern, Journalisten und große Teile der peripheren und provinziellen mittleren Kultur und fand dadurch immer weitere Verbreitung und Verankerung. Vgl. dazu Garin 1955.
[30] Hier eben besonders von Karl Vossler (vgl. 1904 und 1905). Zu Vosslers Einstellung zu Croces Ästhetik- und Sprachtheorie vgl. den Briefwechsel Croce – Vossler (1951).

wird Papini vom großen Bewunderer Croces zum Verfasser des *Sciocchezzaio crociano*, des ‚Verzeichnisses Crocescher Albernheiten'.³¹ ˣ

Aber im zweiten Jahrzehnt des 20. Jahrhunderts tritt dem Widerspruch, den Croce aus den Reihen der italienischen Avantgarde und aus dem Kreis um Gentile erfährt, zunehmend eine positive internationale Resonanz auf seine Philosophie entgegen: in England durch Herbert Wildon Carr und Robin George Collingwood, besonders aber – durch die Vermittlung Vosslers – in Deutschland, wo seine wichtigsten Werke übersetzt werden und sich nicht wenige kritische Arbeiten mit seinem Denken beschäftigen. Darunter sind zu nennen die Arbeiten von Ernst Troeltsch (a1922, b1922), von Alexander Maria Fraenkel (1929) und natürlich die Bemerkungen Cassirers zur Philosophie Croces, auf die im folgenden genauer einzugehen sein wird.

An der Schwelle des Übergangs von den zwanziger zu den dreißiger Jahren waren Ugo Spirito und Guido Calogero, zwei Schüler Gentiles, die namhaftesten Widersacher Croces und übten großen Einfluß auf die nachfolgende kritische Rezeption seiner Ideen aus. Damit soll freilich nicht gesagt sein, daß in den dreißiger Jahren – in denen die kulturelle Hegemonie des Idealismus in Frage gestellt wird – keine Belege mehr für das Einwirken Croces auf die historische und literaturwissenschaftliche Forschung anzutreffen wären. In Italien ist sein Einfluß auf die Arbeiten von Federico Chabod, Arnaldo Momigliano, Giuseppe Citanna, Luigi Russo, Francesco Flora, Natalino Sapegno, Mario Fubini zu nennen, in Deutschland auf die von Erich Auerbach, Leo Spitzer, Rudolf Borchardt, Eugen Lerch und Werner Günther.

In den vierziger Jahren kommt es zu einer authentischen Krise des Idealismus, gegen den nun andere (wieder aufgegriffene oder neue)

---

31   „Dieser Millionärsgottvater, dieser Zensussenator und Großmann aus eigenem Willen und von Gnaden der allgemeinen Schafsköpfigkeit und Eselei hatte das Bedürfnis, Italien ein System zu geben, eine Philosophie, eine Doktrin, eine Kritik. Dieser erhabene Lehrer derer, die nicht wissen, hat, um sein System zusammenzubringen, Hegel kastriert, und ihn dabei um die Möglichkeit gebracht zu schaden, aber auch um die, zu befruchten – für seine Theorie hat er die Lesebücher der dritten Volksschulklasse herangezogen – und für seine Kritik hat er es sich in den Kopf gesetzt, Nachfolger De Sanctis' zu sein, dem er so ähnelt wie ein auf eine Kulisse gemaltes Bild vom Meer dem wahren Ozean."(Papini b1913/⁴1988, 601) Vgl. auch Papini a1913/⁴1988.
Einige Jahre vorher hieß hingegen: „Ich habe diese *Logik* mit einem Verlangen und einer Ungeduld erwartet, die sich nur diejenigen vorstellen können (und ich hoffe, es sind viele), die wissen, mit welcher Genialität und Gelehrsamkeit, mit welcher Lebhaftigkeit und welchem Feinsinn Croce die Themen mit neuem Leben zu erfüllen vermag, die er halb erstickt aus den imponierenden Volumina und ermüdenden akademischen Memoiren der Berufsphilosophen herauszieht. [...] Seit wie langem habe ich kein so frisches, gefälliges und flüssig geschriebenes Buch gelesen! [...] Die Leichtigkeit des Stils, die Anmut der Bilder, die Würze des Scharfsinns, die Subtilität der Ironie, die Besonderheit der Aussagen, die Treffsicherheit der Kritik nötigen so sehr zu Aufmerksamkeit und Bewunderung, daß es nicht leicht fällt, sich davon zu lösen."(Papini 1906/⁴1988, 581)

ideologische Strömungen ihren Einspruch erheben: die marxistische, die psychoanalytische, die soziologische Weberscher Prägung. Von den Stimmen, welche die Crocesche Philosophie aus dem Bereich dieser neuen Ideologien heraus kritisierten, seien die von Galvano Della Volpe (1940), Antonio Gramsci (1948/1971) und Enzo Paci (1949, 1950, 1957) als die einflußreichsten genannt. Ihre Interpretation bezeichnet nach der Auffassung vieler einen Wendepunkt in der Geschichte der Rezeption und Kritik Croces und wird auch für diese Untersuchung von großer Bedeutung sein. Sie macht im Begriff des ‚Vitalen' das krisenhafte, aber zugleich innovativ auf die Gegenwartskultur bezogene Element des Croceschen Systems aus[32] und öffnet den Weg zu Deutungen, welche Croce sozusagen in zwei aufspalten: den Croce des Systems der *Filosofia dello Spirito* und den der *La Critica*. Auf dieser Linie liegen die Arbeiten von Carlo Antoni (1955), Norberto Bobbio (a1955, b1955) und Eugenio Garin (1955), „die eine erste ernsthafte und umfassende kritische Bilanz des Croceschen Werkes seitens der besten italienischen Kultur" (Bonetti [5]1996, 174) darstellen. Die wichtigsten kritischen Untersuchungen der Croceschen Sprachtheorie berufen sich, wie wir sehen werden, auf diese ‚trennende' Interpretation.

Die sechziger Jahre besiegeln nämlich den endgültigen Abschied von Croce als dem Philosophen der Geschichte und des Geistes, die endgültige Ablehnung der historistischen Ideologie.[33] Bemerkenswert und kurios ist jedoch das folgende: Während man einerseits den Croce der Geschichtsphilosophie und des idealistischen Systems in das hinterste und staubigste Regal der kritischen Auseinandersetzung verbannt, verlagert sich andererseits der Schwerpunkt des interpretativen Interesses immer mehr hin zu den ästhetischen und sprachbezogenen Aspekten des Croceschen Denkens.

Denn auch auf die Sprachwissenschaft hat Croce seit Mitte der zwanziger Jahre eingewirkt. Von Croce inspiriert ist die sogenannte neulinguistische Schule (Matteo Bartoli, Giulio Bertoni), welche im Gegensatz zum Schematismus der Junggrammatiker und zu den materialistischen Erklärungen der Vorgänge bei Entwicklung und Wandel der Sprache eine einheitliche Deutung der sprachlichen (lexikalischen wie phonetischen) Fakten für notwendig hält und dabei die schöpferische Freiheit der Sprecher herausstellt.[34] Bis zur Entstehung einer nachidealistischen Sprachwissenschaft in Italien sollte geraume Zeit vergehen. Einen entscheidenden Schritt auf dem Weg zur Schaffung einer Linguistik als autonome Disziplin stellt die Croce gegenüber oft kritische Sprachtheorie Antonino Pagliaros dar (1952, 1956, 1963, 1973).

---

[32] Vgl. diesbezüglich auch die Interpretation Abbagnanos (1956).
[33] Aus der nicht besonders umfangreichen Croce-Literatur dieser Zeit seien die Beiträge von Negri (1966), Franchini (1964 und 1966), Valentini (1966) und Lombardi (1964, 1967) genannt.
[34] Kritik an der neulinguistischen Auffassung übt 1946 Giovanni Nencioni. Auch De Mauro (a1964) betont, wie wenig die Neulinguisten im Grunde von der Croceschen Sprachtheorie verstanden hätten.

Ich möchte mich hier auf die Vorstellung einiger kritischer Interpretationen der Croceschen Sprachtheorie beschränken, welche auf größere Resonanz stießen und zum Teil durch gegenseitige Polemik miteinander verflochten sind, nämlich die von Giacomo Devoto (1950, 1951 und insbes. 1953 und 1966), die von Tullio De Mauro (1954, a1964, b1964), die von Eugenio Coseriu (1952/1975), die von Marcel Deneckere (1983), auf die man überhaupt als die ausführlichste Untersuchung zur Rezeption des Croceschen Sprachdenkens, der nichts Vergleichbares zur Seite steht, verweisen kann.[35] Vor der Erörterung des Inhalts dieser Arbeiten sei noch eine kurze Bemerkung gestattet: Auch wenn sich das Interesse für Werk und Person Croces im letzten Viertel des vergangenen Jahrhunderts stark vermindert hat, so sind doch in dieser Zeit auch grundlegende Untersuchungen zu seinem Denken und zur Bestimmung seines hermeneutischen Horizonts entstanden. Genannt seien hier davon nur die von Gennaro Sasso (1967, 1975) und Giuseppe Galasso (1969, 1990). Aus der jüngeren deutschen Historiographie, welche Croce im allgemeinen zu ignorieren pflegt, sei die Dissertation von Karl-Egon Lönne erwähnt: *Benedetto Croce als Kritiker seiner Zeit* (1967) sowie seine späteren Beiträge (1994 und 2002).

1.3.2.2 Croce als Linguist: Hermeneutische Zugänge

Bei seinem kritischen Bericht über die Meinungen Devotos und Coserius betont De Mauro (a1964, 93) zutreffend, daß ihre Gemeinsamkeit darin besteht, daß sie versuchen, das Positive an der Sprachauffassung Croces herauszuarbeiten, um so zu einer möglichen historistisch orientierten allgemeinen Theorie der Sprache zu gelangen, zu einer Sprachtheorie mithin, die unabhängig von der Kunsttheorie ist, sich aber nicht notwendigerweise als anticroceanisch darstellt.

Devoto (1953) unterscheidet eine „agrammatische", eine „prägrammatische" und eine „grammatische *parole*". Die erste enthalte alle Möglichkeiten des Ausdrucks und sei charakteristisch für das nicht in Worte gefaßte Denken; über die zweite gelangten die Möglichkeiten des Ausdrucks hin zu bestimmten sprachlichen Mitteln; die dritte schließlich stelle das Sprachliche im engeren Sinne dar. Devoto ist nun der Ansicht, Croce habe eine Theorie liefern wollen, welche die *parole*, den individuellen Ausdrucksakt, nicht als etwas schon in bestimmten grammatischen Formen Verwirklichtes versteht, sondern als etwas noch in agrammatischem Zustand Befindliches, und daß er sich mit den beiden anderen Modalitäten überhaupt nicht befaßt habe. Folglich könnte man, unabhängig von einer Theorie des ästhetischen Ausdrucks, zusätzlich eine Theorie des grammatikalischen Ausdrucks, also eine Linguistik, entwerfen, womit Croce sich zwar nicht beschäftigt hat, die aber dennoch nicht unbedingt anticroceanisch wäre.

---

[35] Für eine historiographische Rekonstruktion der Kritik am Sprachdenken Croces in den sechziger Jahren vgl. de Simone 1967.

In ähnlicher Weise betont Coseriu bei seiner Interpretation, daß es Croce nicht darum gehe, eine Theorie bezüglich all dessen auszuarbeiten, was die komplexe Realität der Sprache (der *ganzen* Sprache) ausmacht. Vielmehr gelange Croce zu seiner Identifizierung von Sprache und Kunst, nachdem er von der Sprache bereits alle Elemente subtrahiert habe, welche sich nicht auf Dichtung zurückführen lassen. Mit ‚Sprache' meine er nämlich nur, was er – in seiner Theorie – darunter verstehe:

> Denn es handelt sich hier nicht um „Sprache" und um „Sprachwissenschaft" als Gegenstände, sondern nur darum, was Croce „Sprache" und „Sprachwissenschaft" nennt. Diese beiden Begriffe werden vom ihm also nur im eingeschränkten Sinne verwendet (Croce nennt nicht „Sprache", sondern nur „praktische Auswirkung" oder „bloßen Klang", was nicht dichterischer Ausdruck ist, und nicht „Sprachwissenschaft", sondern einfach „Lehrtätigkeit", was nicht Theorie der Sprache, seiner Sprache, d.h. Ästhetik ist), so wie auch der Terminus „Ausdruck" bei ihm das meint, was besser „Äußerung" hieße (vgl. Bühlers Kundgabe), d.h., nur eine Funktion des sprachlichen Ausdrucks trifft. (Coseriu 1952/1975, 29–30)

Die Art, wie De Mauro Croce als Sprachtheoretiker liest und interpretiert, hat in der jüngeren Ideengeschichte den meisten Anklang gefunden. Er stellt sich gegen die Interpretation Coserius, indem er die Tatsache betont, daß Croce zumindest in der ersten Phase seiner Sprachreflexion durchaus die Absicht hatte, eine Theorie zu entwerfen, die die *ganze* Sprache umfaßt.[36] Er begründet damit auch die Unterscheidung eines ‚ersten' und eines ‚zweiten' Croce. Denn De Mauro weist Motive nach, welche Croce, entsprechend seiner Neubewertung des Verhältnisses zwischen Theorie und Praxis und seiner (Neu)definition der Natur und der Rolle von Sitten und Institutionen, auch zur Revision der von ihm angenommen Relation zwischen dem Sprechen als ästhetischem Ereignis und als Akt der Kommunikation brachten und damit zur Aufspaltung seiner Reflexion über die Sprache in zwei Phasen.

Insofern stimmen die Interpretationen von De Mauro (a1964) und Deneckere (1983) überein. Sie unterscheiden sich jedoch dadurch, daß sie entweder die Diskontinuität oder die Kontinuität in der inneren Entwicklung des Croceschen Denkens stärker betonen. Die erste Form der Croceschen Sprachauffassung findet sich nach De Mauro in seiner Ästhetik und seiner Logik. Hier erscheint die sprachliche Äußerung verabsolutiert als etwas unwiederholbar Individuelles, als ganz in sich beschlossen und ohne jede Beziehung zu anderen Äußerungen, als vollkommen in ihrer Bedeutung, da mit ihrem Inhalt unauflösbar verbunden und im Gegensatz stehend zu ihrem praktischen und kommunikativen Aspekt (vgl. De Mauro a1964, 108). Im Vorstellungsrahmen dieser ersten Phase ist die Verwendung des Begriffs der Sprache als objektive Institution ausgeschlossen, und auch der Begriff der Sprache als Zeichensystem löst sich auf:

---

[36] Zu den Details dieser Polemik vgl. 4.2.2.5.

> Daß jede Ausdrucksform ihrem Inhalt eindeutig entspricht, garantiert ihr zwar den vollen Umfang der Bedeutung und die formale Vollkommenheit; aber es verschließt ihr auch die Möglichkeit, in der Welt der Menschen und mit menschlichen Kräften verwendet zu werden. [...] Den Menschen ist es gegeben, ihre vollkommenen Ausdrücke zu bilden, aber nicht, sie zu verstehen. Das Licht der vollständigen Ausdrückbarkeit, welches das gesamte Crocesche Universum durchstrahlt, verwandelt sich so durch eine ungewollte dialektische Wendung in das geheimnisvolle und unergründliche Schattendunkel der Nichtmitteilbarkeit. (De Mauro a1964, 111)[XI]

Von dieser ersten Phase des Croceschen Sprachdenkens unterscheidet De Mauro die zweite, welche, ausgehend von den Überlegungen zum Begriff der Gewohnheit in der *Filosofia della pratica* (1909) eine endgültige Formulierung in *La Poesia* (1936) finde. Im Gegensatz dazu betont Deneckere Elemente und Aspekte der Kontinuität im Sprachdenken Croces und möchte lieber von einer Entwicklung als von einer Revision seiner Auffassung sprechen. Scharfsinnig ist seine Analyse der ersten Schriften Croces über die Sprache, wo er im Dialog mit Vossler – m. E. zu Recht – einen der Gründe für die Weiterentwicklung seiner Sprachtheorie findet. Daß das Stadium der *Filosofia della pratica* (1909) eine besondere Rolle bei dieser Entwicklung spielt, wird auch von Deneckere anerkannt: Gerade in Croces Ausarbeitung des Begriffs der *Praxis* in der *Filosofia dello Spirito* sieht er einen wichtigen Wendepunkt auch in Hinsicht auf die Sprache. Denn hierin würden die Konnotate des kommunikativen Moments der Sprache und deren Relation zu dem ihres Ausdrucks neu definiert und damit zugleich die Passagen in *La Poesia* vorbereitet, in denen die Linguistik zur Geschichte der Praxis wird.

Am Ende dieses Überblicks seien noch die Arbeiten von Marco Salucci (1987) und von Fabrizia Giuliani (2002) erwähnt. Beiden gemeinsam ist die Tendenz, gleichfalls schon beim frühen Croce Ansätze und Ausgangspunkte für die spätere Revision seiner Sprachtheorie zu suchen. Salucci rekonstruiert innerhalb des Croceschen Sprachdenkens die Entwicklung des Zeichenbegriffs, dessen Präsenz er, wenn auch in besonderer und fluktuierender Gestaltung, schon in der frühesten Phase feststellen möchte. Giuliani nimmt eine akribische und scharfsinnige Untersuchung der zahlreichen und komplexen Stellen vor, an denen Croce sich – mehr oder weniger explizit – mit der Sprache beschäftigt. Sie kommt zu einer Interpretation, der sich diese Arbeit anschließen kann:

> Selbst im Verlauf des begrifflichen Entwicklungsfadens, welcher von den *Tesi* zur *Estetica* und den beiden Folgebänden führt [...] finden sich Reflexionen über die Sprache – über den Sinn und den Gebrauch der Wörter – über Kommunikationspraktiken, über die Rolle des Gedächtnisses, in denen man den theoretischen Kern dessen zu erkennen vermag, was Croce in den folgenden Jahren ausarbeiten sollte. (Giuliani 2002, XXI)[XII]

1.3.3 Das Schicksal der Cassirerschen Schriften

1.3.3.1 Vom Vergessen zur *Renaissance*

In Europa – vornehmlich in Deutschland, Frankreich und Italien –, aber auch in den Vereinigten Staaten von Amerika erlebt das Werk von Ernst Cassirer gegenwärtig eine Renaissance, die nicht allein auf das Feld der philosophischen Disziplinen beschränkt ist, sondern die auch Fächer wie die politische Theorie, die Sprachwissenschaften, die Ethnologie, die Religionswissenschaften und die Religionsphilosophie und vor allem auch die Physik betrifft. Im Zuge dieser Wiederentdeckung seiner Philosophie wird Cassirer als originärer und systematischer Philosoph wahrgenommen, dem eine ausschließliche Charakteristik durch die Strömung des Neu-Kantianismus nicht gerecht wird. Einem seiner wichtigsten und berühmtesten Werke, der *Philosophie der symbolischen Formen*, kommt zur Dokumentation dieser Einschätzung der Authentizität der Philosophie Cassirers dabei ebenso eine Schlüsselrolle zu wie einem Großteil seiner philosophiehistorischen Untersuchungen, in denen sich die Methodik der Philosophie der symbolischen Formen zugleich als hermeneutischer Leitfaden erweist. (Figal/Rudolph 1992, 163)

Auf diese Renaissance hat man freilich lange warten müssen, und vieles wird noch zu tun sein, bis Cassirers Werk den ihm gebührenden Platz in der Geschichte des abendländischen Denkens einnehmen kann.

Die Rezeption der Cassirerschen Schriften unter seinen Zeitgenossen erfolgte in verschiedenen Phasen, die sich zum Teil aus ‚inneren' Gründen (nämlich den behandelten Themenkreisen), zum Teil aus ‚äußeren' Gründen (dem jeweiligen Aufenthaltsort Cassirers) ergeben. Bis zum ersten Weltkrieg werden seine Arbeiten im wesentlichen auf den gedanklichen Horizont des Neu-Kantianismus Hermann Cohens und seiner Schule zurückgeführt. Betrachtet man aber die Schriften dieser Zeit etwas genauer, so zeigen auch sie schon Merkmale und Methoden, welche für das Cassirersche Denken charakteristisch sind, etwa die durchgängige Begleitung seiner Thesen durch ihren historischen und historiographischen Hintergrund und die funktionalistische Auslegung der Begriffstheorie. Als in den zwanziger Jahren die *Philosophie der symbolischen Formen* erscheint, wird die kritische und hermeneutische Rezeption differenzierter: Panofsky, Levy, Heidegger, Rosenzweig liefern hierzu wichtige Beiträge und eröffnen sozusagen „die Hauptrichtungen der kritischen Rezeption: Panofsky die Linie von Interpretation und Forschung, welche den Begriff der symbolischen Form und des Symbolismus zum Zentrum haben (Marc-Wogau, Hamburg, W. Marx, Orth); Levy die hegelianische Interpretation Cassirers (Verene); Heidegger die Deutung der Philosophie der symbolischen Formen als Kulturphilosophie mit der Frage von Grundlage und Einheit (Lugarini, Verene, Krois); Rosenzweig die auf den Vergleich mit Heidegger gerichtete Interpretation (Declève, Doherty, Aubenque)" (Raio 1991, 194). In der Tat kann gesagt werden, daß die thematische Weite des Cassirerschen Denkens dazu geführt hat, daß es nur selten in nichtsektorieller Weise rezipiert wurde, jedenfalls aber, daß die fundamentale Einheit der Cassirerschen

Philosophie bei aller Vielfalt der von ihr behandelten Aspekte meist zu wenig herausgestellt wird.

In den dreißiger Jahren kommt es durch Übersetzungen zu einer ersten Verbreitung des Cassirerschen Denkens im Ausland. Gleichzeitig erringt es die Anerkennung der internationalen Fachwelt. Maßgebend hierfür war insbesondere die von Raymond Klibansky und Herbert J. Paton herausgegebene Festschrift zu Cassirers 60. Geburtstag: *Philosophy and History. Essays presented to Ernst Cassirer* (1936).[37]

> Die Tatsache, daß die Festschrift 1936 in englischer Sprache publiziert wurde, bedeutet nicht weniger einen Bruch in Cassirers persönlicher Odyssee [...] als in der Wirkungsgeschichte seines Denkens im deutschen Kulturraum. Das Vergessen in Deutschland wurde nun durch das ‚glückliche Los' seiner Philosophie in Amerika kompensiert. Dieses wurde sicher begünstigt durch Cassirers Fähigkeit, sich unvoreingenommen auf die neue kulturelle Umgebung einzulassen, trotz eines gewissen Unbehagens angesichts des „Kontaktes (wo nicht Konfliktes) mit einem angelsächsischen Positivismus, der jeder abstrakten Spekulation prinzipiell mißtraute." Mit den Themen der *Philosophie der symbolischen Formen* vertraut wurden die amerikanischen Forscher vor allem durch den 1944 erschienen *Essay on man*, lange bevor Cassirers Werke der zwanziger Jahre ins Englische übertragen wurden. Dieses Umstands gilt es, sich stets bewußt zu sein. Denn die ganze erste Phase der amerikanischen Cassirer-Rezeption stand im Zeichen der anthropologischen Wendung, welche seine Formenlehre im *Essay on man* genommen hatte, wo das Zentrum der Argumentation dazu neigte, sich von den unpersönlichen Strukturen der einzelnen Gestaltungsaktivitäten wegzuverlagern, hin zu ihrem gemeinsamen und „funktionalen" Subjekt. (Lazzari 1995, 890–891)[XIII]

In den vierziger Jahren und in der ersten Zeit nach Cassirers Tod entwickelte sich in Amerika, anfangs vor allem befördert von Susanne K. Langer (1942), eine neue kritische Rezeption, welche sich der Vielfalt seines Werkes bewußt ist, aber mit der Einsicht in dessen innere Einheitlichkeit noch ihre Schwierigkeiten hat. Ein Beleg dafür ist der von Paul Arthur Schilpp herausgegebene Sammelband, *The philosophy of Ernst Cassirer* (1942), der auch eine bis 1946 aktualisierte Bibliographie der Cassirerschen Schriften enthält.[38] Von diesem erscheint 1966 die deutsche Ausgabe, die jedoch keine einfache Übersetzung darstellt: Die Sammlung wird in ihrem Umfang reduziert und in ihrem Inhalt in einigen Teilen weit mehr verändert, als dies der Herausgeber im Vorwort darstellt. Ein signifikantes – und für diese Untersuchung äußerst wichtiges – Beispiel ist der Artikel von Folke Leander,

---

[37] Beiträge verfaßten u.a. Huizinga, Calogero, Gilson, Gentile, Bréhier, Saxl, Panofsky, Wind, Ortega y Gasset. Die Themen betrafen hauptsächlich die Geschichte und die Historiographie. Die Festschrift enthielt auch ein Verzeichnis der bis dahin erschienenen Schriften des Jubilars.

[38] Zu den bemerkenswertesten Beiträgen der Sammlung zählen in der Reihenfolge, in der sie darin erscheinen, die von Gawronsky, Hamburg, Swabey, Stephens, Felix und Fritz Kaufmann, Hartman, Leander, Langer, Urban, Gutmann, Kuhn und Gilbert. Von Hamburg vgl. auch 1956, von Langer vgl. auch 1942 und 1953.

der sich in der Ausgabe von 1949 mit einigen problematischen Aspekten der Philosophie der symbolischen Formen beschäftigt:

> These introductory remarks may serve to explain the nature of the following pages, which are intended primarily to point to further problems suggested by Cassirer's philosophy. The problems suggested are: 1) the unification of the prescientific symbolic forms; 2) more careful distinction between form and material; 3) an analysis of the logic of history and the logic of philosophy. I will try to show how these desiderata grew out of Cassirer's own philosophy. (Leander 1949, 337)

Gerade diese allgemeinere Perspektive wird vom Autor in der Ausgabe von 1966 aufgegeben und die behandelten Themen – das einheitliche geistige Prinzip, das der Pluralität der symbolischen Formen unterliegt, und die Konzeption der Logik der Philosophie – werden neu analysiert, interpretiert und neuer Kritik unterzogen. Dies geschieht gerade über den Vergleich mit dem Werk Croces – der in dem Artikel von 1949 vollkommen fehlte –, welches Leander gegenüber dem Werk Cassirers entschieden favorisiert:[39]

> Es scheint mir, daß in der Philosophie der Gegenwart wenigstens zwei Gedanken vorliegen, die *nicht* in die „Philosophie der symbolischen Formen" aufgenommen worden sind und die doch zur Klärung ihrer Probleme hätten Wesentliches beitragen können. Mir sind sie vor allem aus Benedetto Croces und Theodor Litts Büchern bekannt. Sie beziehen sich auf zwei Fragenkreise: 1. die Einheit der vorwissenschaftlichen symbolischen Formen, und 2. die Logik der Philosophie. (Leander 1966, 229)

In den sechziger und siebziger Jahren sind es weiterhin vor allem Amerikaner[40] und Italiener, die sich mit Cassirer beschäftigen.[41] Aber seit den siebziger Jahren lebt in Europa wie auch in den Vereinigten Staaten die Diskussion um die Philosophie Cassirers sichtlich auf. In Frankreich publiziert Aubenque im Jahre 1972 die französische Übersetzung des Resümees der berühmten Davoser Debatte zwischen Cassirer und Heidegger im Jahre 1929, und aus Anlaß seines hundertsten Geburtstages widmet die *Revue internationale de philosophie* dem Philosophen ein monographisches Heft (1974).[42] Aus Deutschland seien die Beiträge von Hübner (1963),

---

[39] Schon der Titel zeigt, wie sehr der Artikel von 1966 („Über einige offene Fragen, die aus der Philosophie der symbolischen Formen entspringen: Cassirer – Croce – Litt") sich von seiner ursprünglichen Version unterscheidet („Further Problems Suggested by the Philosophy of Symbolic Forms").

[40] Interessant ist der Unterschied, den Krois (1987, 6-13) zwischen der amerikanischen und der kontinentalen Interpretation der Cassirerschen Werke feststellt; einer der Unterschiede bestehe in der Tatsache, daß die eine sich mehr auf die Beziehungen Cassirers zur neukantianischen Philosophie und allgemein mehr auf die früheren Schriften konzentriere, während die andere sich mit der Beziehung zwischen seiner Philosophie und dem amerikanischen Pragmatismus und eher mit den späteren Werken beschäftige.

[41] Zur Rezeption Cassirers in Italien vgl. 1.3.3.2.

[42] Ausnahmen von dem allgemeinen Fehlen Cassirers in der französischen kritischen Literatur bis zu den siebziger Jahren bilden die anerkennenden Beurteilungen von Maurice Merleau-Ponty 1945 und von Paul Ricoeur 1965.

Wolandt (1964), Liebrucks (1964 1, 364–418), Neumann (1973), Blumenberg (1974) und Marx (1975) genannt.[43]

In jene Jahre fallen auch die Untersuchungen Donald Phillip Verenes zum Werk Cassirers in Amerika. Diese mündeten 1979 ein in sein einführendes Essay zu dem von ihm herausgegeben Band mit zuvor unveröffentlichten Schriften Ernst Cassirers aus den Jahren 1935-1945: *Symbol, myth, and culture*, welcher eine neue Phase in der Rezeptionsgeschichte des Philosophen eröffnete. Die Interpretation Verenes läuft im wesentlichen darauf hinaus, den typischsten und innovativsten Kern der Cassirerschen Philosophie von der Tradition der Marburger Schule abzuspalten.[44] Während dadurch einerseits die Originalität des Cassirerschen Denkens besonders herausgestellt wird und auch einige seiner bisher meist übersehenen Verbindungslinien mit einer bis dahin vernachlässigten Tradition (zum Beispiel die auf Vico und Hegel hinweisenden), so ergeben sich andererseits daraus Konsequenzen, welche es nicht eben erleichtern, das komplexe Denken Cassirers als einheitlich, als *Unicum*, zu verstehen. Verene reduziert nämlich die Beziehung Cassirers zur Marburger Schule praktisch auf eine (wenn auch nicht unwichtige) Episode und kümmert sich überhaupt nicht um Cassirers Behandlung der Wissenschaftstheorie, insbesondere die der Physik.

Die achtziger und besonders die neunziger Jahre bringen dann eine regelrechte Renaissance der ‚kontinentaleuropäischen' Beschäftigung mit der Philosophie Cassirers.[45] Von fundamentaler Bedeutung hierbei sind die Arbeiten von John Michael Krois[46] und Ernst Wolfgang Orth. Doch gibt es darüber hinaus eine Vielzahl weiterer wichtiger Beiträge, von denen hier nur einige Autoren genannt seien: Hans-Jürg Braun, Fabien Capeillères, Pierre Caussat, Massimo Ferrari, Silvia Ferretti, Thomas Göller, Andreas Graeser, Helmut Holzhey, Dominic Kaegi, Thomas Knoppe, Heinz Paetzold, Jens-Peter Peters, Alexis Philonenko, Enno Rudolph, Hans Jörg Sandkühler, Oswald Schwemmer, Jean Seidengart. Das Gesamtbild läßt sich etwa wie folgt charakterisieren:

> Wenn man die in den letzten Jahren reich erblühte kritische Cassirer-Literatur überblickt, so bemerkt man unschwer, daß sich zwei alternative Globaldeutungsmuster abzeichnen, welche wie zwei ‚Pole' die hauptsächlichen, wenn auch nicht exklusiven Linien der aktuellen Forschung bestimmen:

---

[43] Wenn diese Autoren sich auch nicht sehr umfangreich mit Cassirer auseinandersetzen, sind die Interpretationen Habermas' (1968, 125) und Apels (1976, 188–89) doch auch sehr wichtig.

[44] Donald Phillip Verene, „Introduction. Cassirer's thought 1935-1945", in Verene 1979, 1–45.

[45] Eine ausführliche Zusammenstellung der Ernst Cassirer gewidmeten Tagungen, Sonderhefte von Zeitschriften und sonstigen Publikationen findet man in den beiden schon genannten Beiträgen von Ferrari (1994) und Lazzari (1995).

[46] Krois ist ein Schüler von Verene und wird von vielen als entscheidender ‚Vermittler' zwischen der amerikanischen und der europäischen Cassirer-Forschung angesehen.

Auf der einen Seite löst man Cassirer – den Cassirer der *Philosophie der symbolischen Formen*, welche man weniger als abgeschlossenes Werk denn als Begründung und Ausformung einer neuen Philosophiekonzeption begreift – aus der Bindung an die neukantianische Tradition der Marburger Schule. Statt dessen möchte man ihn im Lichte einer ‚Bedeutungskritik' und eines ‚semiotischen' Ansatzes neu problematisieren. Dieser wird als eine Art transzendentale Hermeneutik aufgefaßt, welche sich im wesentlichen auf den Begriff der ‚symbolischen Prägnanz' beruft, welche von Cassirer im dritten Band der *Philosophie der symbolischen Formen* entwickelt wurde und sich als „Transformation" (im Sinne Karl-Otto Apels) der kantianischen und neukantianischen Tradition darstellt. Dazu bedient man sich gewisser Anregungen, die von Peirce her stammen und, ganz allgemein, von der Kritik an jener Bewußtseins-Philosophie, der man üblicherweise zu Unrecht den Problemhorizont Cassirers zuschreibt.

Auf der anderen Seite und ganz im Gegensatz zu dieser Linie der Interpretation nimmt man den Status der Transzendentalität für die *ganze* Philosophie Cassirers in Anspruch. Denn diese bleibe, auch beim Übergang von der „Kritik der Vernunft" zur „Kritik der Kultur", doch einem an der Anwendung der transzendentalen Methode auf die verschiedenen Bereiche der geistigen Objektivierung orientierten Forschungstyp stets treu und damit auch der Kantschen Idee einer „Wissenschaftlichkeit" der Philosophie als Grundthematik der Logik des reinen Denkens Hermann Cohens. Aus dieser Sicht darf selbst die reife Kulturphilosophie nicht als Überwindung der ursprünglichen Erkenntnistheorie der Marburger Prägung betrachtet werden, sondern vielmehr als ihre vollendete Entwicklung. (Ferrari 1994, 117–118)[XIV]

Die Weise, wie John Michael Krois die Cassirersche Philosophie auffaßt, kann man exemplarisch zur ersten dieser beiden Interpretationslinien stellen, in die sich auch Rudolph und Figal einordnen lassen, welche beide, wenn auch etwas anders als Krois, die hermeneutische Seite Cassirers herausstellen. Gegen die Annahme, Cassirer sei schlicht vom Neu-Kantianismus zur Hermeneutik hinübergewechselt, wendet sich Ernst-Wolfgang Orth. Seiner Ansicht nach vollzieht das Denken Cassirers eher eine Wende in Richtung hin zu einer philosophischen Anthropologie, welche, nach dem Abschied von der traditionellen Metaphysik, eine Art *Prima philosophia* darstelle (wobei die theoretische Ebene bei Cassirer, eben weil sie die gesamte Kulturwelt des Menschen einschließt, eine grundontologische Charakterisierung erfahre).[47]

Schwarzschild, Holzhey und Ferrari können dagegen der zweiten Interpretationslinie zugeordnet werden, wenn auch nicht ohne die folgende Klarstellung: Die Kontinuität zwischen dem Denken Cassirers und der Marburger Schule darf nicht als passiv und unreflektiert verstanden werden, sondern eher als eine „Kontinuität des Fragens".

Diese Rekonstruktion des historiographischen Bildes der Cassirer-Forschung hat nun – dies wurde auch in Bezug auf Croce gesagt – keines-

---

[47] Von Orth haben wir übrigens auch einige hochinteressante Vergleiche zwischen Cassirer und der philosophischen Literatur seiner Zeit (Simmel, Husserl, Hönigswald), vgl. Orth 1989, 1990, a1991, b1991.

wegs den Anspruch, vollständig zu sein. Abschließen möchte ich sie mit einem Hinweis auf die Kernthemen, um die sich heute das wachsende Interesse am Dialog mit der Cassirerschen Philosophie anordnet:

- Der kulturphilosophische Aspekt mit einem Kulturbegriff, welcher als der Natur keineswegs entgegengesetzt und als das Ergebnis der schöpferischen Kraft des Menschen angesehen wird.
- Der naturwissenschaftliche Aspekt oder die Rolle der Cassirerschen Philosophie im Diskurs der Wissenschaftstheorie der Naturwissenschaften (insbesondere der Physik).
- Der hermeneutische Aspekt, hier nicht verstanden als ein spezifisches Problem der Geisteswissenschaften, sondern als das des interdisziplinären Brückenschlages zwischen den Natur- und Geisteswissenschaften.
- Der historiographische Aspekt, unter dem man Cassirer als Kritiker der Moderne liest (und häufig die Positionen von Heidegger und Habermas zum Vergleich heranzieht).

Aber diese Ansatzstellen der Deutung und Forschung könnten ohne weiteres erweitert werden, und zwar zumindest um einen Aspekt, der nicht nur die Sprachphilosophie angeht, sondern auch die Linguistik im engeren Sinne. Denn mit dem Verhältnis von Linguistik und Semiotik in der Cassirerschen Theorie, wie auch mit der komplexen transzendentalen und zugleich pragmatischen Dimension der Kommunikation, bzw. einer idealistischen Theorie des Geistes, welche sich zum Menschen und seinem sozialen Raum hin gerade über das Dialogische öffnet, hat man sich bisher nicht genügend beschäftigt. Nur sporadisch untersucht worden (und längst nicht unter allen möglichen Aspekten) ist auch das Verhältnis der Philosophie Cassirers zu anderen semiotischen Theorien, insbesondere der von Charles Sanders Peirce und Karl Bühler.[48] Diesen Weg einzuschlagen, könnte daher zu grundlegenden Ergebnissen für die Sprachwissenschaft führen, und die Schriften Cassirers unter diesem Gesichtspunkt transversal zu lesen, wie es Massimo Ferrari (1994, 129) vorgeschlagen hat, erscheint essentiell und geboten.

1.3.3.2 Der Ausnahmefall Italien

Von der allgemeinen Vergessenheit, der das Werk Cassirers in der Nachkriegszeit anheimfiel, bildet seine Rezeption in Italien eine Ausnahme.[49] Allerdings wurde Cassirer dort damals und auch in den folgenden Jahren noch lange hauptsächlich als neukantianischer Philosophiehistoriker

---

[48] Vgl. etwa zum Vergleich mit Peirce Hamburg 1956, Krois 1984 und zum Vergleich mit Bühler Schlieben-Lange 1997.
[49] Vgl. hierzu Raio 1991, insbesondere 194–196, Ferrari 1994, Centi 1995, Lazzari 1995.

gesehen. Daß zu seinen ersten in Italien bekannt gewordenen Werken *Individuum und Kosmos in der Philosophie der Renaissance* (1927) und *Das Problem Jean-Jacques Rousseau* (1932) gehörten, und daß seine Schrift *Das Erkenntnisproblem in der Philosophie und Wissenschaft der neueren Zeit* (1906–1920) unter dem irreführenden italienischen Titel *Storia della filosofia moderna*, [‚Geschichte der neuzeitlichen Philosophie'] erschien, sind dafür klare Belege. Jedenfalls aber darf man die Tatsache nicht übersehen, daß Cassirer und sein Werk damals und später nie unbeachtet blieben und daß man ihn keineswegs zu den *philosophi minores* zählte.[50] Sicherlich wurde in Italien auch vieles an Cassirer mißverstanden oder es kam zu Interpretationen aus der Sicht bestimmter ‚Schulen' (auf Rezensionen Cassirers aus der Feder von Croceanern wird noch einzugehen sein), aber es fehlen auch nicht Beispiele dafür, daß man versuchte, sich ernsthaft auf Cassirers Philosophie einzulassen und sich in umfassender Weise mit ihr auseinanderzusetzen. Zu nennen sind hier Banfi (1926/1967 und 1950, 110–168)[51], Paci (1950, 1969) und Preti (1970, 1973).[52] Die Interpretation Pacis hat verschiedene Auswirkungen gehabt. Vor allem fordert sie dazu auf, das Denken Cassirers mit dem Vicos zu vergleichen. In der Tat dient Pacis Beitrag aus dem Jahre 1969 Donald Phillip Verene zum Ansatzpunkt seiner eigenen Untersuchungen (vgl. u.a. 1976 und 1985). In einer zweiten Hinsicht schlägt Paci eine phänomenologische Lesart der Cassirerschen Formenlehre vor, welche das Problem der Transzendentalphilosophie mit dem der lebendigen Form beziehungsweise Funktionalismus und Strukturalismus miteinander verbinden soll. Preti legt hingegen den Schwerpunkt auf den Kantianismus Cassirers und ordnet ihn ein in eine komplexe Reihe der Beziehungen mit neuen Formen der Wissenschaftstheorie: Cassirer bleibe immer im eigentlichsten Sinne des Wortes Kantianer und übernehme nirgends die Epistemologie der logischen Empiristen, wenngleich er sich der zeitgenössischen Epistemologie durchaus bis zu einem gewissen Grade öffne und einige ihrer Positionen und Resultate aufgenommen habe.[53]

An der Schwelle von den sechziger zu den siebziger Jahren erscheinen die Arbeiten von Leo Lugarini (a1967, b1967, 1968, 1983) mit einer Interpretation, welche neuerlich dazu neigt, die Beziehung Cassirers zur Marburger Schule zu vertiefen:

---

[50] Im Gegenteil: Im Jahre 1934 schrieb Heinrich Levy auf Veranlassung von Gentile einen längeren Artikel über die Philosophie Cassirers, in dem unter anderem eine vergleichende Untersuchung zur ihr und den Thesen Croces und Gentiles angeregt wurde.
[51] Wobei er sich hauptsächlich mit der neukantianischen Schule im Allgemeinen befaßte.
[52] Vgl. auch Cantoni 1941 und Papi 1990 über den Einfluß des Neu-Kantianismus auf Banfi, Cantoni und Preti, insbesondere über Cassirer als philosophische und epistemologische Quelle von Banfi.
[53] Hierauf hatte schon Hans Reichenbach in einem Beitrag aus dem Jahre 1921 hingewiesen und diese Öffnung Cassirers zugleich als sein großes Verdienst bezeichnet: Er habe damit die Neukantianer aus ihrem ‚dogmatischen Schlaf' geweckt.

Indem er 1983 seine vorausgehenden Untersuchungen hierzu in eine Buchveröffentlichung einmünden ließ, gab Lugarini eine ausführliche Darstellung davon, wie sich der Horizont der Cassirerschen Transzendentalphilosophie im Verlauf seiner Forschung schrittweise erweiterte und stellte heraus, daß Cassirer dabei eine Integration Kants mit dem Hegel der *Phänomenologie* vornahm. Die „einheitliche" Interpretation der verschiedenen Phasen des Cassirerschen Denkens legte es ihm nahe, beim Übergang von der „Kritik der Vernunft" zur „Kritik der Kultur" eine zunehmende Ausdehnung und Umgestaltung der neukritizistischen Motive anzunehmen. (Lazzari 1995, 903)[XV]

Auf der Linie derjenigen Interpretationen, welche die komplexen Beziehungen zwischen der Cassirerschen Philosophie und dem Erbe der Marburger Schule untersuchen, liegen auch die Arbeiten von Massimo Ferrari (1988, 1996). Ferrari wendet sich gegen alle Deutungen, welche sich auf Cassirer als Kulturphilosophen konzentrieren und seine „vielen, eindrucksvollen und fundamentalen" epistemologischen Analysen außer acht lassen, ebenso wie diejenigen, welche sich mit seiner Erkenntnistheorie oder seiner Theorie der modernen Physik beschäftigen, ohne die Beziehung zu untersuchen, welche die Erkenntnis als symbolische Form mit anderen symbolischen Formen (nämlich denen der Kultur in ihrer Gesamtheit) verbinden. Vielmehr betont er die Notwendigkeit einer „transversalen Lektüre" der Cassirerschen Schriften:

> Gerade als Philosoph der Pluralität und der Totalität, der Kultur in ihren verschiedenen Ausprägungen, darf Cassirer nicht zu sektoriell interpretiert werden. Wie immer man seine Analysen des Mythos und dessen Wiederaufleben im modernen Totalitarismus [De Launay], die der Sprache [Marcondes], die der historischen Welt und der historischen Erkenntnis [Göller] verstehen mag, man kommt nicht umhin, sie auf ihr „geistiges Zentrum" zu zurückzuführen – um einen von Cassirer bevorzugten, Ausdruck zu benutzen, den man sich allerdings nicht immer adäquat bewußt macht –, also auf ihre gegenseitige Verbindung, auf die ursprüngliche begriffliche Instrumentierung, welche sie zusammenhält. Um das, was Cassirer 1931 Heidegger vorwarf, frei zu paraphrasieren, muß man sich vor dem Irrtum hüten, von der „gesamten Extension des Gedankenuniversums" [sc. Cassirers] nur eine „partiellen Aspekt" herauszugreifen ohne den „gesamten Problemkreis" zu durchlaufen: denn dies würde bedeuten, dem „Stilprinzip" zu widersprechen, das es leitet und der „geistigen Atmosphäre", welche es umgibt. (Ferrari 1994, 128–129)[XVI]

Zur Abrundung dieser Skizze der italienischen Cassirer-Rezeption sei zumindest noch auf die Arbeiten von Silvia Ferretti (1984), Marco Lancellotti (1974 und 1982) und Irene Kajon (1984) hingewiesen, ebenso auf den Artikel, den Barbara Henry (1993) einem „möglichen Vergleich" von Cassirer und Croce widmet. Diese Schrift ist daher für diese Untersuchung von Bedeutung, auch wenn sie auf einer entschieden anderen Interpretation gründet.

Henry ist zutiefst von der Zugehörigkeit Cassirers und Croces zu „zwei radikal unterschiedlichen idealen Welten" überzeugt und hält es aus diesem Grund wiederholt für notwendig, die Wahl einer Gegenüberstellung zu rechtfertigen,[54] [XVII] von der sie annimmt, daß sie manchem erzwungen erscheinen könnte. Obwohl die Autorin zu Beginn ihres Artikels den Anspruch auf eine allgemeine Analyse der Polemik zwischen Cassirer und Croce erhebt, konzentriert sie sich danach auf einen ihrer Aspekte, den Stellenwert der Wissenschaft, und betrachtet dabei vor allem die Divergenzen in ihren Theorien:

> Croce und Cassirer waren die Protagonisten einer Episode in der Kulturgeschichte: In den ersten Jahrzehnten des Jahrhunderts entzündete sich zwischen ihnen eine Polemik, die sich über die folgenden Jahrzehnte hinzog. Die Konfrontation, die im Übrigen nicht zu endgültigen Ergebnissen führte, entwickelte sich in wechselseitigem Unverständnis, was verhinderte, daß ein sachlicher Dialog zustande kam. Gleichwohl teilten die beiden Philosophen zumindest ein gemeinsames Interesse, in sofern sie die Diskussion um ein Problem herum konzentrierten, das man für beide als grundlegend bezeichnen darf: Dieses betrifft im Allgemeinen den Stellenwert der Wissenschaft und im Besonderen den Einfluß der praktischen Dimension der Erfahrung auf die begriffliche Ausformung der wissenschaftlichen Disziplinen. (Henry 1993, 115)[XVIII]

Henry hat zweifellos damit recht, daß sich darin einer der wichtigsten Aspekte der Gegenüberstellung zwischen Cassirer und Croce finden läßt. Hierauf hat bereits Leander (1966) hingewiesen, und auch diese Arbeit wird dem große Aufmerksamkeit widmen. Dennoch müssen hier einige Betrachtungen hinzugefügt werden, die, ohne die interessanten Aspekte ihrer Arbeit leugnen zu wollen (vgl. dazu Kap. 2), Kritik an Henrys Interpretation üben und zugleich den Ansatz der vorliegenden Untersuchung stützen.

Zunächst einmal muß betont werden, daß die Konzeption der Wissenschaft sicher nur eines von vielen Interessen darstellt, die die beiden Philosophen teilen, und nur eines der vielen Probleme, um die herum sie die Diskussion konzentrieren. Problematisch ist auch die isolierte Untersuchung des Einflusses der praktischen Dimension der Erfahrung auf die begriffliche Ausformung der wissenschaftlichen Disziplinen: Dieses Thema ist mit der jeweiligen Konzeption der Kunst und der Sprache so eng verbunden, daß seine Betrachtung ohne einen allgemeineren Vergleich des Denkens der beiden Autoren kaum möglich scheint. Weiter geht Henry in ihrem Artikel einen sehr indirekten Weg. Ihre Analyse konzentriert sich weniger auf die Stellen, an denen sich Cassirer und Croce einander kritisieren und auf die

---

[54] „Wir sind uns jedoch der Tatsache bewußt, daß auch die Hypothese einer begrenzten Affinität einige Verwunderung hervorrufen mag. Um den Verdacht zu zerstreuen, daß die vorgeschlagene Gegenüberstellung rein willkürlich ist, ist es vielleicht nützlich, auf die allgemeinen Voraussetzungen hinzuweisen, von denen wir ausgegangen sind." (Henry 1993, 116)
„Mit diesen kurzen Hinweisen hoffe ich, das Mißtrauen oder vielleicht das Unbehagen zerstreut zu haben, die ein Vergleich, der sehr weit voneinander entfernte ideale Konstellationen nebeneinanderstellt, im Leser hervorgerufen haben mag." (Henry 1993, 117)

beiden Autoren selbst, [55] sondern zunächst auf De Ruggieros Rezension der Cassirerschen Schrift *Substanzbegriff und Funktionsbegriff*[56] und dann auf die Betrachtungen Cassirers und Croces zu Emil Lask, der gleichsam zum theoretischen Mittler zwischen beiden wird: „Wo die Distanz zwischen Cassirer und Lask am größten ist, reduziert sich die zwischen Lask und Croce auf ein Minimum." (Henry 1993, 128).

1.4 Die Werke: Periodisierung und Einteilung

1.4.1 Die fünf Schaffensperioden Cassirers

Auf Grund der Untersuchungen von Verene, Krois und Orth wird das Werk Ernst Cassirers gewöhnlich in fünf Perioden unterteilt, die man nach den jeweiligen Mittelpunkten seines Lebens, seiner akademischen Tätigkeit und seines philosophischen Schaffens vor und zu der Zeit seines Exils zu benennen pflegt. Diesen kann man eine vorbereitende Phase der Ausbildung voranstellen:[57]

- Jugend und Bildung (ca.1892–1903)
- Berliner Periode (1903–1919)
- Hamburger Periode (1919–1933)
- Oxforder Periode (1933–1935)
- Schwedische Periode (1935–1941)
- Amerikanische Periode (1941–1945)

Schon die ersten Arbeiten Cassirers verweisen auf eine der Hauptrichtungen seines späteren Denkens, vor allem aber bezeugen sie schon den Kontakt mit dem Interessenbereich der neukantianischen Forschung sowie, durch deren Vermittlung, auch die persönliche und direkte Auseinandersetzung mit dem Kritizismus (mit Kant selbst).[58] 1899 legt Cassirer in Marburg seine Dissertation vor: *Descartes' Kritik der mathematischen und naturwissenschaftli-*

---

[55] So wird z.B. die Rezension Croces zu Cassirers *Zur Logik der Kulturwissenschaften* kaum analysiert.

[56] Zu Recht unterstreicht Henry, daß die Rezension De Ruggieros an Croce inspiriert sei und daß dies verstehen lasse, daß die Gleichgültigkeit Croces Cassirer und seiner Kritik gegenüber zumindest verdächtig sei.

[57] Krois (1987, 13) nennt sie „Cassirer's Early Years". Aber er grenzt sie chronologisch nicht so präzise ab wie die anderen Perioden. Die universitäre Ausbildung Cassirers beginnt mit dem Jurastudium, das er jedoch bald abbricht, und führt ihn von Berlin über Leipzig nach Heidelberg und wieder zurück nach Berlin (1894), wo er mit Ausnahme der Marburger Jahre (1896/99) bei Cohen und des Münchener Aufenthalts (1902/03) lange Zeit bleiben sollte. Von den Jugendjahren unterscheidet Krois die Berliner und die Hamburger Jahre und die sogenannten Exiljahre („The Émigré Years"), die ihrerseits in „England", „Schweden" und „Vereinigte Staaten" unterteilt werden.

[58] Zu den Beziehungen des jungen Cassirer mit der Marburger Schule vgl. Ferrari 1988.

chen Erkenntnis. 1902 erscheint *Leibniz' System in seinen wissenschaftlichen Grundlagen*.

In der Berliner Periode entstanden wichtige Publikationen: eine kritische Ausgabe Leibnizscher Werke (vgl. Cassirer 1904–1906), die ersten beiden Bände von *Das Erkenntnisproblem in der Philosophie und Wissenschaft der neueren Zeit* (1906 und 1907), *Substanzbegriff und Funktionsbegriff* (1910), die kritische Ausgabe der Werke Kants in zehn Bänden (vgl. Cassirer 1912–1922)[59] mit *Kants Leben und Lehre* (1918) als elftem Ergänzungsband[60] und *Freiheit und Form* (1916). Nicht unerwähnt soll schließlich eine Arbeit aus dieser Zeit bleiben, die hier von besonderem Belang ist: *Erkenntnistheorie nebst den Grenzfragen der Logik* (1913). Die Themen, die Cassirer in diesen Schriften behandelt, betreffen die Wissenschaftstheorie, die Einschätzung der Erfahrung und das Wesen des Begriffs, und zwar des als Funktionsbegriff gesehenen, der aus einer besonderen Art der Abstraktion gewonnen wird und nicht aus der traditionellen Abstraktion, welcher der Begriff der aristotelischen Logik entstammt.

Sie stellen den ersten Schritt auf dem Weg zu jenem Projekt der *Philosophie der symbolischen Formen* (1. Bd. 1923, 2. Bd. 1925, 3. Bd. 1929)[61] dar, deren gleichnamige Monographie, zumindest in der europäischen Kritik, als bedeutendstes Werk der Hamburger Jahre angesehen wird. Aber in der Hamburger Periode entsteht noch eine ganze Anzahl weiterer Arbeiten von grundlegender Bedeutung: der dritte Band des *Erkenntnisproblems* (1920), *Zur Einsteinschen Relativitätstheorie* (1921), der zu wenig beachtete Aufsatz *Die Kantischen Elemente in Wilhelm von Humboldts Sprachphilosophie* (1923), *Individuum und Kosmos in der Philosophie der Renaissance* (1927), *Das Symbolproblem und seine Stellung im System der Philosophie* (1927), *Erkenntnistheorie nebst den Grenzfragen der Logik und Denkpsychologie* (1927),[62] *Zur Theorie des*

---

[59] Die Ausgabe ist Frucht der Zusammenarbeit Cassirers mit Hermann Cohen (der 1912 als Emeritus nach Berlin gezogen war, wo er bis zu seinem Tode im Jahre 1918 verblieb), Artur Buchenau, Otto Buek, Albert Görland, Benzion Kellermann und Otto Schöndörffer und erschien bei dem Verleger Bruno Cassirer.

[60] „The last major work to appear during Cassirer's years in Berlin was *Kants Leben und Lehre* […]. This work, which examines Kant's entire corpus, attributes unusually great importance to the *Critique of Judgement* and to Kant's historical writings. Cassirer says that although the latter seem to be brief, quickly written, occasional pieces, their contribution to the conception of the state and history in German idealism is in fact hardly less important than that made by the *Critique of Pure Reason* itself in the sphere of its problems […]. The historical writings, Kant's ethical works, and the *Critique of judgement* together form a general teleological system of philosophy […]. On this view, Kant's system coheres as a philosophy of historical life; it is not essentially a theory of knowledge." (Krois 1987, 21)

[61] Der vierte Band wurde postum aus dem Nachlaß Cassirers herausgegeben vgl. Cassirer 1995.

[62] „In 1927 Cassirer published two essays that are of particular importance for the understanding they provide of his general philosophical position. One of these (*The Problem of the Symbol and ist Place in the System of Philosophy*) offers Cassirer's briefest statement of the organization of his philosophy o symbolic forms. The other […]

Begriffs (1928), *Die Sprache und der Aufbau der Gegenstandswelt* (1932) und *Die Philosophie der Aufklärung* (1932). Der Plan zu einer Philosophie der symbolischen Formen – welche Cassirer keineswegs als Erkenntnistheorie auffassen möchte, vielmehr als kulturphilosophisches Projekt, als eine Theorie der Formen des Weltverständnisses mittels der Sprache, des Mythos usf. – nimmt im Verlauf der Jahre immer präzisere Gestalt an. Cassirer entwirft diesen Plan hauptsächlich in der *Philosophie der symbolischen Formen* selbst, aber nicht nur darin. Daneben stehen Monographien zu bestimmten historischen Epochen und Aufsätze, die sich mit Einzelaspekten der Symbolik beschäftigen, welche man kaum außer acht lassen oder isoliert von seinem großen Projekt betrachten kann. Denn sie tragen in hohem Maße zum Verständnis des Cassirerschen Denkens bei, besonders in Bezug auf die Geschichte und die Rolle, welche in ihr das Individuum spielt.

Die Jahre des Exils sind für Cassirer existentiell und persönlich harte Jahre, aber sie sind doch wissenschaftlich ebenso reich und produktiv wie die, welche ihnen vorangingen. Die in dieser Zeit entstandenen Werke stellen sich thematisch und methodisch zu Cassirers symbolisch-philosophischer Konzeption und bezeugen stets deutlicher sein analytisches Interesse für das, was wir heute (nicht zuletzt dank dem Wirken Cassirers selbst) ‚Kulturphilosophie' nennen würden, sowie für Anthropologie, Ethik und Politik, also für all das, was die Welt des Menschen in ihren vielgestaltigen Ausdrucksformen ausmacht. Auf die amerikanischen Jahre gehen die wichtigsten der humanistischen Schriften zurück, an welche die überseeische Cassirerrezeption besonders gebunden ist. Von den größeren Arbeiten aus der Exilzeit seien folgende genannt: *Determinismus und Indeterminismus in der modernen Physik* (1937), *Zur Logik des Symbolbegriffs* (1938), *Axel Hägerström* (1939), *Was ist ‚Subjektivismus'?* (1939), *Zur Logik der Kulturwissenschaften* (1942) und *An essay on man* (1944).

Unter den postumen Schriften sei neben den schon seit längerem bekannten – *The myth of the State* (1946), *Structuralism in modern linguistics* (1946a), *The problem of knowledge. Philosophy, science, and history since Hegel*, (1950)[63] – auf die noch im Entstehen befindliche und auf 20 Bände veranschlagte Ausgabe seines handschriftlichen Nachlasses verwiesen: *Ernst Cassirer, Nachgelassene Manuskripte und Texte*.[64]

(*Theory of Knowledge and borderline questions of logic and the psychology of thought*), like a similarly titled paper published fourteen years earlier, gives Cassirer's reflections and critical comments on recent philosophical movements." (Krois 1987, 24)

[63] Letzteres ist die englische Übersetzung des vierten Bandes des *Erkenntnisproblems*, dessen deutsches Original 1957 publiziert wurde.

[64] Erschienen sind bisher Band 1: *Zur Metaphysik der symbolischen Formen* (1995), Band 2: *Ziele und Wege der Wirklichkeitserkenntnis* (1999), Band 3: *Geschichte. Mythos. Mit Beilagen: Biologie, Ethik, Form; Kategorienlehre, Kunst, Organologie, Sinn, Sprache, Zeit* (2002), Band 5: *Zur Kulturphilosophie und zum Problem des Ausdrucks* (2005), Band 11: *Goethe-Vorlesungen (1940–1941)* (2003).

1.4.2 Systematische und historische Werke: Die klassische Einteilung der Croceschen Schriften

Zum Zweck der klassischen Einteilung der Croceschen Schriften, welche gleichsam die schon erwähnte ‚Spaltung der Seele' Croces widerspiegelt, muß man vor allem die systematischen Schriften einerseits von den historischen und denen zur Literaturkritik andererseits trennen; in zweiter Linie ist festzustellen, daß die ersteren oft in der Form eines vollständigen Buches vorliegen, während die zweiten[65] meist Artikel sind, die zuerst in der Zeitschrift *La Critica* erschienen und dann in Sammelbänden wiederabgedruckt wurden. Beim Durchgang durch die Hauptetappen seiner Biographie wurde schon erwähnt, daß Croce in einigen Phasen seines Schaffens vor allem systematische Werke verfaßte, während in anderen die historischen Arbeiten überwiegen. In Wirklichkeit aber sind beide Aspekte bei ihm stets eng miteinander verflochten, und zwar in zweierlei Hinsicht: Nicht nur schrieb Croce spezifisch philosophische Werke auch in den sogenannten historisch-literaturkritischen Zeiträumen, sondern auch innerhalb jeder einzelnen seiner Schriften sind die beiden Elemente unauflösbar miteinander verbunden, wie dies ja auch im Werk Cassirers der Fall ist.

Auf die Zeit, in der sich Croce mit Marx beschäftigte und – ebenso wie Sorel und Bernstein – an der internationalen Debatte über die Krise des Marxismus teilnahm, gehen verschiedene Schriften zurück, die zwischen 1895 und 1900 entstanden und in dem Band *Materialismo storico ed economia marxistica* (1900) zusammengestellt wurden. Davon genannt seien hier nur: *Sulla forma scientifica del materialismo in Italia*, *Per l'interpretazione e la critica di alcuni concetti del marxismo* und *Come nacque e come morì il marxismo teorico in Italia*.

Das erste Jahrzehnt des 20. Jahrhunderts kann man zu Recht als *die* ‚systematische Periode' im Schaffen Croces bezeichnen. Es sind die Jahre, in denen Croce seine Überlegungen zur Ästhetik, die sich anfangs auf den Bereich der Kunst beschränkten (in den *Tesi fondamentali di un'estetica come scienza di espressione e linguistica generale*, 1900), zunehmend erweitert, der allgemeinen Perspektive eines Systems zuordnet und schließlich zur Begründung seiner *Filosofia dello Spirito* gelangt: 1902 erscheint in Neapel die erste Auflage seiner *Estetica come scienza dell'espressione e linguistica generale*, 1909 ebendort die *Logica come scienza del concetto puro* und die *Filosofia della pratica*. Von den vermittelnden Schriften, welche Übergangsstadien zur endgültigen Form des Werkes darstellen und oftmals die Entwicklungsphasen des Croceschen Denkens erkennen lassen, seien die *Lineamenti di una logica come scienza del concetto puro* (1905), genannt, welche die erste Ausgabe

---

Schon 1979 hatte Verene eine Sammlung von einigen der unveröffentlichten Schriften Cassirers herausgegeben, die vor allem deshalb wichtig ist, weil sie zugleich einen ersten Vorschlag zu ihrer Klassifikation enthält.

[65] Sicherlich nicht alle; zum Beispiel bildet *La Poesia* (1936), ein Werk, das für die Entwicklung der Croceschen Sprachtheorie wesentlich ist, eine Ausnahme.

der allerdings vollkommen überarbeiteten *Logica come scienza del concetto puro* darstellt. Ferner ist hier daran zu erinnern, daß die Auflage der *Estetica*, auf die man sich bezieht, wenn man die Gleichsetzung von Linguistik und Ästhetik bei Croce untersucht, die dritte aus dem Jahre 1907 ist. Dazu fällt etwa in den gleichen Zeitraum nicht nur die Entstehung der Zeitschrift *La Critica*, die Croce zusammen mit Gentile herausgibt und deren Programm 1902 und erstes Heft im Folgejahr erscheint, sondern auch noch die wichtiger Schriften wie *Ciò che è vivo e ciò che è morto nella filosofia di Hegel* (1907), *Problemi di estetica* (1910), *La filosofia di G.B. Vico, Saggi sulla letteratura italiana del seicento* (beide 1911), *Saggio sullo Hegel* und *Breviario di estetica* (beide 1913), welche wesentliche Etappen im sich wandelnden Denken Croces bezeichnen.

Im nächsten Zeitraum seines Schaffens widmet sich Croce vorwiegend historischen Studien, mit zunehmender Intensität aber auch verschiedenen anderen Themen, darunter eben auch dem der Sprache. Diese nimmt in der Tat einen zunehmend größeren Raum in seinem Denken ein und wird jetzt nicht mehr immer nur im Zusammenhang mit und in Abhängigkeit von der Ästhetik betrachtet, vielmehr nun besonders in Hinsicht auf ihre sozialen Aspekte. Von den bedeutenderen Schriften dieser Zeit seien hier die folgenden angeführt: *Teoria e storia della storiografia* (1917), *Conversazioni critiche* (erste und zweite Reihe, 1918, dritte und vierte Reihe 1932, fünfte Reihe 1939), *Storie e leggende napoletane* (1919), *Pagine sparse* (Serie I, *Pagine di letteratura e di cultura*, Serie II, *Pagine sulla guerra*, 1919, Serie III, *Memorie, schizzi biografici e appunti* 1920, Serie IV, *Politica e letteratura* 1927), *Nuovi saggi di estetica* (1920), *La poesia di Dante* (1921), *Storia d'Italia dal 1871 al 1915* (1928), *Aesthetica in nuce* (1929), *Storia d'Europa nel secolo decimonono* (1932), *La poesia. Introduzione alla critica e storia della poesia e della letteratura* (1932) und *La storia come pensiero e come azione* (1938).

Seine letzte Schaffensperiode in der Nachkriegszeit widmet Croce fast ausschließlich historischen Studien und politischen Schriften, von denen namentlich die folgenden zu erwähnen sind: *Per la nuova vita d'Italia* (1944), *Pensiero politico e politica attuale* (1946), *Due anni di vita politica italiana* (1948) und *Filosofia e storiografia* (1949). Daneben finden sich aber auch noch Schriften mit vorwiegend philosophischer oder literarischer Thematik: die Sammelbände *Pagine sparse* (Band 3, 1943) und *Discorsi di varia filosofia* (1945), ferner eine Schrift, die äußerst nützlich ist, um sich ein Bild von der Entwicklung der Croceschen Sprachtheorie zu machen, *Letture di poeti e riflessioni sulla teoria e la critica della poesia* (1950). Aus philosophischer Sicht bedeutsam sind die *Indagini su Hegel e schiarimenti filosofici* (1952), weil Croce hier seine Hegel-Interpretation in einigen wichtigen Punkten revidiert. Schließlich erschien kurz nach dem Tod Vosslers im Jahre 1949 der *Carteggio*

Croce – Vossler (1899–1949) (1951), wenig später als *Briefwechsel Croce – Vossler* (1955) auch in deutscher Sprache.[66]

1.5 Die gegenseitige Kritik

1.5.1 Die Stellen der Kritik

Die Textstellen, an denen Cassirer das Crocesche Denken kritisch diskutiert, begleiten fast den gesamten Zeitablauf seines sprachphilosophischen Schaffens (von 1913 bis 1944), für dessen Interpretation als Ganzes sie denn auch von nicht zu unterschätzender Bedeutung sind. Hingegen läßt eine eigentliche und regelrechte Antwort Croces auf die Cassirersche Kritik auf sich warten. Sie erscheint erst 1943 mit seiner Rezension von Cassirers *Zur Logik der Kulturwissenschaften* in der Zeitschrift *La Critica*. Vorausgegangen war ein langes – bei genauerem Hinsehen verdächtiges – Schweigen, das nur von einigen kurzen Repliken unterbrochen worden war. Gleichwohl steht außer Zweifel, daß sich gerade aus dem Vergleich – und zuweilen der Kollision – seiner Theorie mit der Cassirers einige sowohl der fruchtbarsten wie auch der problematischsten Punkte seines Denkens isolieren lassen. Daß es zwischen beiden einen authentischen intellektuellen Dialog gab, in dem die Zeiten des Schweigens ebenso bedeutsam sind wie die der gegenseitigen Kritik oder der ausdrücklichen Bezugnahmen des einen auf den anderen und daß dieser Dialog, obwohl „aus der Ferne geführt", um es mit den Worten Croces zu sagen,[67] [XIX] den inneren und wesentlichen Kern des Denkens beider betraf, können wir bei beiden Autoren ohne weiteres selbst feststellen.

Die erste der kritischen Bemerkungen Cassirers zum spekulativen Denken Croces erscheint 1913 in seiner *Erkenntnistheorie nebst den Grenzfragen der Logik* in den *Jahrbüchern der Philosophie* und bezieht sich speziell auf die Konzeption der Croceschen Logik. Eine Analyse der Ästhetik Croces und vor allem die Kritik an der von ihm vorgenommen Identifizierung von Linguistik und Ästhetik als Wissenschaft des Ausdrucks im allgemeinen – an der sogenannten Gleichsetzung von Sprache und Kunst – findet sich hingegen zum ersten Mal 1923, und zwar in dem der Sprache gewidmeten Band der *Philosophie der symbolischen Formen*. Auf das letztgenannte Thema zusammen mit seiner Kritik an Croces Weigerung, die Unterteilung in

---

[66] Zu den Schriften, in denen Croce das Thema der Sprache in der ganzen Vielfalt seiner Aspekte behandelt, vgl. Deneckere (1983 2, 273–296), der, allerdings nicht eng thematisch klassifizierend, über zweihundert verzeichnet. Es ist daher schlicht unerklärlich, daß man die Tatsache, daß die Sprache im Denken Croces eines der wichtigsten Themen darstellt, heute immer noch ausdrücklich betonen muß.

[67] „Mich schmerzt es persönlich, aus der Ferne auf die Zwiesprache antworten zu müssen, die er mit mir aufgenommen hat, da mich seine neue Publikation aus dem fernen Schweden erreicht, von wo der Autor nach Amerika abgereist ist" (Croce, *ReC*, 95)

künstlerische und literarische Gattungen anzuerkennen, kommt Cassirer dann noch mehrfach zurück: in *Zur Logik der Kulturwissenschaften* (1942) und in *An essay on man* (1944).

Was nun die Antworten Croces angeht, so läßt sich ein thematisch präziser Kern der Kritik leichter bei seinen Kurzrepliken identifizieren, als in seiner einzigen von größerem Umfang, in welcher er mehrere theoretische Ebenen vermischt. In der *Pretesa rivendicazione del Settecento* erscheint eine kritische Bemerkung zu Cassirers Interpretation der Aufklärung, die er drei Jahre später in *La Storia come pensiero e come azione* (1938/2002, 64 und 66) wieder aufnimmt:

> Der Mangel dieses Buches besteht darin, daß Cassirer nicht begriffen hat, daß ‚Aufklärung' eine ideelle Kategorie ist und kein Faktum oder eine historische Epoche. [...] Dieser methodische Fehler, der heute von vielen begangen wird, [muß vermieden werden], damit man keine Entdeckungen macht, die keine Entdeckungen sind oder Bilder entwirft, die in Wirklichkeit völlig willkürlich sind. (Croce a1935, 317)[XX]

In einer Fußnote seines Artikels *Intorno allo Hölderlin e ai suoi critici* macht Croce eine wenig freundliche Bemerkung zur Hölderlin-Interpretation Cassirers, den er indirekt zitiert: [68]

> Eine solche [inhaltsleere Bewunderung] scheint mir auch der kuriose Einfall Cassirers zu sein, daß bei Hölderlin „an die Stelle der Dialektik des Begriffs immer reiner und bestimmter die Dialektik des Gefühls trete" und daß, wiewohl die gewaltige logische Anstrengung Hegels bewundernswert sei, „stärker und persönlicher uns doch die Grundempfindung Hölderlins berührt, die keine Lösung dieses Widerstreits liefert, sondern ihn nach seiner ganzen Tiefe dichterisch ermessen und darstellen will." [...] Mir scheint dies ein Bewundern- und Sich-begeistern-Wollen um jeden Preis zu sein, bis hin zur Niederschrift sinnloser Sätze. (Croce 1941, 211)[XXI]

---

[68] Bei Cassirer heißt es: „Noch einmal erschließt sich für uns in diesem letzten Zug das innerliche Verhältnis, in dem Hölderlin zu seiner Zeit und zu den intellektuellen Mächten dieser Zeit steht. Der Pantheismus, den er mit ihr teilt, nimmt bei ihm eine neue und eigene Prägung an, weil er aus dem Grunde seiner dichterischen Individualität quillt. Zwar verwendet er zur Darstellung dieses Pantheismus die Begriffe und Kategorien, die der philosophische Idealismus hiefür erschafft; aber sie gewinnen bei ihm, eben weil sie einen anderen Ursprung haben, zugleich eine neue Bedeutung. An die Stelle der Dialektik des Begriffs tritt immer reiner und bestimmter die Dialektik des Gefühls: die zugleich einheitliche und gegensätzliche Weltempfindung des Lyrikers. [...] Wenn Hegel in rastloser gedanklicher Arbeit die Dialektik des Allgemeinen und Besonderen, des Endlichen und Unendlichen zu lösen versucht, so bewundern wir dieses gewaltige Ringen, das die ganze Breite des geistigen Lebens umspannt und sie scheinbar aus der reinen Bewegung des Gedankens hervorgehen läßt: aber stärker und persönlicher berührt uns doch die Grundempfindung Hölderlins, die keine Lösung dieses ursprünglichen Widerstreits vortäuscht, sondern ihn nur nach seiner ganzen Tiefe dichterisch ermessen und darstellen will." (Cassirer 1917-1918 und 1919-1920/2001, 387-388)

Es muß hier allerdings gesagt werden, daß die Abwesenheit von Kommentaren zu Cassirer bis zum Jahre 1935 – mit Ausnahme des Briefes an Vittorio Alfieri vom November 1928 (vgl. Croce 1976) – keineswegs zu der Vermutung Anlaß geben darf, Croce habe sich bis dahin nicht mit dem Denken Cassirers beschäftigt. Einerseits nämlich wird die Ablehnung Croces gerade an seiner Nicht-Reaktion deutlich, an seiner vorgeblichen Indifferenz gegenüber der Cassirerschen Kritik. Andererseits darf man nicht übersehen, daß dem Schweigen Croces zu Cassirer und den Neukantianern[69] keineswegs eine generelle Indifferenz in Italien entsprach: Es hatte dort schon seit den ersten Jahrzehnten des Jahrhunderts Rezensionen der Schriften Cassirers und der Neukantianer gegeben, von denen einige deren Inhalt gerade im Namen der Croceschen Philosophie recht heftig kritisierten und manche darüber hinaus der Feder erklärter Croceaner entstammten.[70]

In seiner Rezension aus dem Jahre 1943 gibt Croce endlich seine Gleichmut auf, die er bisher so hartnäckig zu Schau gestellt hatte.[71] Und nun scheint er gleichsam entschlossen, all die verschiedenen Vorwürfe, die Cassirer ihm im Laufe der Jahre gemacht hat (und die er sehr persönlich nimmt), mit einem großen Gegenschlag zurückzuweisen. Daher zitiert er die Bereiche des Denkens vor die Schranken, an denen sich der Unterschied der beiden Autoren am offenkundigsten erweist, nämlich Logik und Ästhetik, welche letztere für Croce den Bereich der Sprachphilosophie mit einschließt. Der aggressive Ton und die (für eine Rezension untypische) Gedankenführung, welche sich nicht auf die kritische Auseinandersetzung mit der zu besprechenden Schrift konzentriert, sondern die Zentralbegriffe und methodischen Züge des Cassirerschen Denkens in Frage stellt, ohne ihm mit philosophischen Argumenten entgegenzutreten,[72] zeigen den polemischen Charakter seines Textes und rechtfertigen den Verdacht, daß Croces vorangehendes Schweigen alles andere als zufällig, vielmehr intentionell von feindseligem Charakter war. Doch ist auch daran nochmals zu erinnern, daß Croce selbst es war, der erklärte, Cassirer habe schon seit langem einen Dialog mit ihm aufgenommen. Croce allerdings nahm über Jahre hinweg an diesem nur mehr als stummer Partner teil.

---

[69] Das Schweigen zur neukantianischen Schule im allgemeinen wird von Croce schon 1917 unterbrochen, als seine Rezension zu Cohens *Ästhetik der reinen Vernunft* erscheint.

[70] Vgl. die Rezensionen von De Ruggiero zu Cassirers *Substanzbegriff und Funktionsbegriff* (1911) und zu *Die Philosophie der Aufklärung* (1933) und die von Giuseppe Lombardo Radice zu *Platos Ideenlehre* von Natorp (1903).

[71] Er unterbricht sein ostentatives Schweigen, „il suo ostentato silenzio" (Henry 1993, 123).

[72] Croce bringt nämlich keine Gegenargumente, sondern er beschränkt sich darauf, diejenigen Punkte bei Cassirer, die seinem eigenen Ideengefüge widersprechen, als Mängel zu bezeichnen.

1.5.2 Die Themen der Kritik

In der Einleitung wurde schon darauf hingewiesen, daß die theoretischen Kernbereiche, um die herum das spekulative Denken Cassirers und Croces besonders aufeinandertreffen und miteinander kontrastieren, zumindest bei ihrem expliziten wechselseitigen Vergleich, die folgenden sind:

- die Auffassung vom Stellenwert der Wissenschaft und die damit zusammenhängende Auffassung von der Logik, die sich an der Abgrenzung der Merkmale und der Aufgaben des Begriffes zeigt;
- die Auffassung von Sprache und Kunst und von der Beziehung beider zueinander und zum Geist;
- die Bewertung der Aufklärung und ihre Auffassung als Denkkategorie oder historische Epoche.

Es wurde auch angemerkt, daß dies Aspekte sind, die ihrerseits mit allgemeineren thematischen Bereichen im Denken beider Autoren zusammenhängen, insbesondere mit ihrer unterschiedlichen Weise, den Idealismus aufzufassen (systematisch oder methodologisch), die Dialektik (hegelianisch oder nicht), die Geschichte, den Geist und seine Beziehung zur Empirie. Eine eingehende inhaltliche Untersuchung der kritischen Textpassagen, die einer der Autoren jeweils dem anderen widmet, gestattet die Rekonstruktion sowohl ihres effektiven intellektuellen Dialogs als auch des latenten, im Ton und in den Themen mehr oder weniger expliziten.

Eine solche Untersuchung möchte ich auf den folgenden Seiten unternehmen. Am Anfang der Betrachtung von Affinität und Diskordanz der Theorien Croces und Cassirers soll die Behandlung der Logik stehen und die ihres privilegierten Gegenstandes, des Begriffs. Dies aber bedeutet zugleich die Aufdeckung einer wichtigen Analogie: Das, was die beiden Autoren zu einer grundverschiedenen Auffassung von Logik und Begriff hinführt und in der Folge davon zu einer divergenten Auffassung von Rolle und Aufgaben der Wissenschaft, hat seinen Ursprung gerade in einem Ziel, das beide wiederum vereint, in beider entschiedener Gegnerschaft zum Positivismus.

Originalzitate

I Le sorti del pensiero crociano appartengono alla dialettica e alla vicenda del suo tempo e, nel suo tempo, alla dialettica e alla vicenda dei suoi molti momenti e dei suoi vari aspetti. Ma appartengono pure alla dialettica e alla vicenda di ogni altro tempo, così come accade per la riflessione di coloro che del proprio tempo hanno vissuto l'esperienza in maniera effettivamente rappresentativa e con effetti realmente caratterizzanti. Che hanno, cioè, posseduto il problema del proprio tempo, ne sono stati una voce autentica e rilevante e, insieme, un fattore creativo di approfondimento e di svolgimento. Che hanno interpretato e, insieme, promosso lo spirito e l'identità di una cultura, di un mondo civile e sociale, di una tradizione e di uno spazio etico-politico. [...] E quando ciò accade, può dirsi che i protagonisti del tempo attingano la classicità: diventano classici. Che è, appunto, evidentemente e innegabilmente, il caso di Croce. (Galasso 1990, 469)

II In tutta la mia fanciullezza ebbi sempre come un cuore nel cuore; e quel cuore, quella mia intima e accarezzata tendenza, era la letteratura o piuttosto la storia. (Croce, *CCM*, 16)

III Del tumulto di quegli anni mi rimase come buon frutto l'accresciuta esperienza dei problemi umani e il rinvigorito spirito filosofico. La filosofia ebbe da allora parte sempre più larga nei miei studi, anche perché in quel mezzo, distaccatomi alquanto intellettualmente dal Labriola che non sapeva perdonarmi certe conclusioni che io traevo dalle sue premesse, cominciò la mia corrispondenza e la mia collaborazione col Gentile [al quale] oltre alcune affinità pratiche, mi stringevano affinità di svolgimento mentale e di cultura [...] Così, con animo ampliato e con compagnia intellettuale assai migliore di quella che mi era toccata in giovinezza a Napoli, si rinnovò in me il bisogno di dare forma [...] alle vecchie mie meditazioni sull'arte, che fra tante interruzioni e distrazioni mi avevano pur accompagnato costantemente già dagli anni del liceo in cui leggevo le pagine del De Sanctis, e che nel corso dei miei più recenti studi avevano perso il loro carattere isolato e monografico, entrando in relazione con gli altri problemi dello spirito. (Croce, *CCM*, 35–36)

IV Stanco, mi ero messo a letto alle 23 quando una telefonata della signorina Elena di Serracapriola dalla sua villa mi ha comunicato la notizia del ritiro del Mussolini e del nuovo governo affidato dal Re al generale Badoglio [...]. Il senso che provo è della liberazione di un male che gravava sul centro dell'anima: restano i mali derivati e i pericoli; ma quel male non tornerà più. (Croce 1943–1947/1993 1, 195)

V Non mi veniva lontanamente nel pensiero che l'Italia potesse farsi togliere dalle mani la libertà che le era costata tanti sforzi e tanto sangue e si teneva dalla mia generazione un acquisto per sempre. Ma l'inverisimile accadde e il fascismo, anziché essere un fatto transitorio, gettò radici e rassodò il suo dominio. Sicché nella seconda metà del 1924, dopo una vicenda di fallaci promesse e di vane speranze nella restituzione della libertà, io passai apertamente alla opposizione; e nel 1925 scrissi anche il Manifesto degli antifascisti per invito di Giovanni Amendola [...] Caduto il fascismo [...] a me si rivolsero moltissimi liberali, chiedendo l'aiuto dell'opera mia, e io mi ritrovai presidente del Partito liberale italiano e componente del Comitato di liberazione [...] Venendo a considerare la vita scientifica e letteraria, che io continuai a coltivare durante il fascismo, e tra le vicende seguite alla sua caduta [...] ho arricchito il mio pensiero filosofico col tenerlo in continuo contatto con le indagini di storia politica e letteraria [...] Avevo intitolato i miei volumi filosofici semplicemente Filosofia dello spirito; ma le conclusioni a cui giunsi intorno alla storia e ai suoi rapporti con la filosofia mi suggerirono, e quasi mi imposero, il titolo di „storicismo", al quale apposi, per indicarne il carattere, l'aggettivo di „assoluto". (Croce, CCM, 99–102)

VI   Le moment est venu de porter un jugement d'ensemble sur ce que nous avons choisi d'appeler les ‚idées linguistiques' de Croce et qu'on nomme souvent, assez improprement, sa ‚philosophie du langage.' (Deneckere 1983, 244)
La filosofia del linguaggio di Croce (come sembra più esatto chiamare l'insieme delle sue idee linguistiche) [non] deve essere ritenuta [...] una mera emanazione delle sue idee filosofiche maggiori. (Salucci 1987, 11)

VII Presa la via del ‚sistema' e dell'‚idealismo', il Croce fu costretto dalla logica interna dell'opera a un lavoro non privo di scolasticizzazione perfino nell'articolarsi delle parti teorica e storica, e non sempre in tutto soddisfacente. Né in quegli anni fu certo senza gran peso la collaborazione col Gentile, di cui s'indovina, nel buono come nel men buono, la presenza: nell'averlo indotto a fare i conti con i grandi pensatori, ma anche, probabilmente, nell'averlo confortato nel disegno del trattato sistematico. Al termine del quale [...] v'è la compiaciuta constatazione di un programma compiuto [ma anche] la proclamazione della provvisorietà delle sistemazioni. Perché è vero che [...] „nessun sistema filosofico è definitivo, perché la Vita, essa, non è mai definitiva". [...] Chi si studiasse di fare una minuta e pedantissima indagine di tutte le espressioni di quelle celebri pagine crociane, vedrebbe, nelle parole, esprimersi le due anime del Croce: quella dello storico, che celebra la Vita inesauribile, che luminosa ascende verso altezze ‚sempre cinte di mistero'; e quella del ‚logico', e verrebbe fatto di dir ‚metafisico', legato a una fraseologia hegeliana in perenne urto con una posizione hegelianamente ben poco ortodossa. (Garin 1955, 262–264)

VIII Senza dubbio le motivazioni ultime [...] in materia di linguistica non si saprebbero rintracciare se non nel bisogno di sistemare, di chiarire nella prospettiva di un sistema, del suo sistema, le questioni che a mano a mano gli si posero. (De Mauro a1964, 100)

IX   Costantemente presente in ogni dibattito, ora come nemico da eliminare ed ora come testimonianza invocata, è apparso un rinnovato idealismo filosofico che de „La Critica" del Croce, dal 1903, si era fatto lo strumento più valido per penetrare in ogni campo del sapere. Sopravvalutarne l'influenza nello svolgimento del pensiero italiano di questo secolo è pressoché impossibile; e se si può anche concludere che a volte esso riuscì d'ostacolo al manifestarsi di temi non meno validi, non si può non riconoscere che si trattò di un orientamento decisivo dovunque, dalle lettere alle scienze. (Garin 1955, 187–188)

X   Questo padreterno milionario – dicevo – senatore per censo, grand'uomo per volontà propria e per grazia della generale pecoraggine ed asinaggine, ha sentito il bisogno di dare all'Italia un sistema, una filosofia, una disciplina, una critica. Questo insigne maestro di color che non sanno, per mettere insieme il suo sistema ha castrato Hegel levandogli la possibilità di far del male ma anche quella di fecondare – per fare la disciplina è ricorso ai libri di lettura di terza classe elementare – e per fare la critica s'è messo in testa di continuare De Sanctis al quale egli somiglia come il mare dipinto sopra uno scenario somiglia all'oceano vero. (Papini b1913/⁴1988, 601)
Attendevo questa *Logica* con quel desiderio e quella impazienza che possono immaginare soltanto coloro (e spero sian molti) i quali sanno con quanta genialità e

quanta dottrina, con quanta vivacità e quanta finezza il Croce sappia rianimare gli argomenti che tira fuori, mezzi asfissiati, dagli imponenti volumi e dalle faticose memorie accademiche dei professionali della filosofia. [...] Da quanto mai tempo non leggevo un libro di filosofia così fresco, piacevole e snello come questo! [...] la disinvoltura dello stile, la grazia di certe immagini, il sale di certe arguzie, la sottigliezza di certe ironie, la singolarità di certe notizie, l'acutezza di certe critiche forzano in tal modo l'attenzione e l'ammirazione che non è facile staccarsene. (Papini 1906/⁴1988, 581)

XI La puntuale rispondenza d'ogni forma espressiva al suo contenuto ne garantisce certo la pienezza significativa e la perfezione formale: ma le preclude la possibilità di essere usata nel mondo degli uomini, con le forze degli uomini. [...] Agli uomini è dato foggiare, ma non intendere le loro perfette espressioni. La luce della totale esprimibilità che penetra tutto l'universo croceano, con indesiderato modo dialettico si converte dunque nell'ombra, misteriosa e insondabile, dell'incomunicabilità. (De Mauro a1964, 111)

XII Nella stessa trama concettuale che dalle *Tesi* porta all'*Estetica* e ai due volumi successivi [...] si rintracciano riflessioni sulla lingua – sul senso e uso delle parole – sulle pratiche comunicative, sul ruolo della memoria, nelle quali è possibile riconoscere il nucleo teorico che confluirà nella rielaborazione di Croce negli anni successivi. (Giuliani 2002, XXI)

XIII Il fatto che la *Festschrift* fosse pubblicata nel 1936 in lingua inglese rilevava una frattura intervenuta non meno nell',odissea' personale di Cassirer [...] che nella vicenda degli effetti del suo pensiero nell'area culturale tedesca. All'oblio tedesco corrisponderà la ,fortuna' americana della filosofia di Cassirer, indubbiamente favorita dalla sua stessa capacità di confrontarsi originalmente con il nuovo ambiente culturale, nonostante il disagio relativo all'entrare in „contatto (e al caso, in conflitto) con un positivismo anglosassone che, per principio diffida di ogni astratta speculazione". [...] Fu soprattutto l'apparizione nel 1944 dell'*Essay on man* a familiarizzare gli studiosi americani con i temi della *Philosophie der symbolischen Formen*, ben prima che l'opera degli anni Venti fosse tradotta in inglese. Questa circostanza va tenuta presente, giacché l'intera prima fase della ricezione americana di Cassirer fu influenzata dalla piega antropologica che subivano i temi della sua *Formenlehre* nell'*Essay on man*, dove l'attenzione tendeva a spostarsi dalle strutture impersonali delle singole attività formative al loro soggetto comune e ,funzionale'. (Lazzari 1995, 890–891)

XIV Scorrendo la letteratura critica fiorita negli ultimi anni, non è difficile accorgersi dell'emergere di due interpretazioni globali ma alternative di Cassirer, quasi due ,poli' che segnano le linee fondamentali (anche se non esclusive) degli attuali studi cassireriani. Per un lato Cassrer – il Cassirer della ,filosofia delle forme simboliche' non tanto come opera conclusa, ma come fondazione e articolazione di un'autonoma concezione filosofica – viene sciolto dai legami con la tradizione neokantiana di Marburgo e riproblematizzato invece alla luce di una ,critica del significato' e di un'impostazione ,semiotica' intesa come una sorta di ermeneutica trascendentale che, facendo leva essenzialmente sulla nozione di ,pregnanza simbolica' elaborata da Cassirer nel terzo volume della *Philosophie der symbolischen Formen*, si configura come una ,trasformazione' (nel senso di Apel) della tradizione kantiana e neokantiana sulla base di suggestioni che vengono da Peirce e, in generale, dalla critica a quella *Bewußtsein-Philosophie* cui a torto verrebbe solitamente ascritto l'orizzonte problematico di Cassirer. Per un altro lato, invece, e in aperto contrasto con questa linea interpretativa, viene rivendicato lo statuto trascendentale dell'*intera* filosofia di Cassirer, che rimarrebbe costantemente fedele, anche nel passaggio dalla ‚critica della ragione' alla ‚critica della cultura', ad un tipo di indagine orientato all'applicazione del metodo trascendentale ai diversi ambiti dell'oggettivazione spirituale e dalla (sic) fedeltà all'idea kantiana di una ‚scientificità' della filosofia nel solco dei temi di fondo della logica del pensiero puro di Hermann Cohen. Da questo punto di vista anche la matura filosofia della cultura non deve essere considerata come un superamento della iniziale teoria della conoscenza di matrice ‚marburghese', quanto piuttosto come il suo compiuto svolgimento. (Ferrari 1994, 117–118)

XV Rifondendo in un libro di 1983 i suoi studi precedenti su questi temi, Lugarini offriva una disamina complessiva del progressivo ampliarsi, nella ricerca cassireriana, dell'orizzonte della filosofia trascendentale e dava rilievo all'integrazione che Cassirer effettuava di Kant con lo Hegel della *Fenomenologia*. L'interpretazione ‚unitaria' delle diverse fasi del pensiero cassireriano, offerta da Lugarini, suggeriva la tesi di una progressiva estensione e trasfigurazione dei motivi neocriticisti nel passaggio della ‚critica della ragione' alla ‚critica della cultura'. (Lazzari 1995, 903)

XVI Proprio perché filosofo della pluralità e della totalità, della cultura nelle sue distinte articolazioni, Cassirer non può essere sottoposto ad analisi esasperatamente settoriali: comunque si vogliano intendere le sue analisi del mito e del suo risorgere nel totalitarismo moderno [De Launay 1992], del linguaggio [Marcondes 1992], del mondo storico e della conoscenza storica [Göller1991], non si può fare a meno di riportarle costantemente – per usare un'espressione prediletta da Cassirer non sempre tenuta adeguatamente presente – al loro ‚centro spirituale', e quindi ai loro nessi reciproci, all'originaria strumentazione concettuale che le sorregge. Per parafrasare liberamente ciò che Cassirer obiettò ad Heidegger nel 1931, occorre guardarsi dall'errore di svolgere, rispetto „all'intera estensione dell'universo di pensiero [cassireriano]", solo „un aspetto parziale" senza percorrerne „l'intera cerchia problematica": perché questo significherebbe contraddire „al principio stilistico" che lo guida e all'atmosfera spirituale" che lo circonda. (Ferrari 1994, 128–129)

XVII Non ci si nasconde tuttavia che anche l'ipotesi di un'affinità limitata possa suscitare alcune perplessità. Per allontanare il sospetto che l'accostamento proposto sia artificioso, è forse utile indicare i presupposti generali dai quali siamo partiti. (Henry 1993, 116)
Con questi brevi cenni, si spera di aver dissipato la diffidenza o forse il fastidio suscitati nel lettore da una formula comparativa che avvicina costellazioni ideali molto lontane fra loro. (Henry 1993, 117)

XVIII Croce e Cassirer furono protagonisti di un episodio della storia della cultura: nei primi decenni del secolo si accese fra loro una polemica, che si protrasse nei decenni successivi. Il confronto, che peraltro non giunse a conclusioni definitive, si svolse in condizioni di reciproca incomprensione, e questo fatto impedì che si instaurasse fra loro un dialogo sereno. Ciò nonostante, i due filosofi giunsero a condividere almeno un interesse, in quanto concentrarono la discussione intorno ad un problema, che può dirsi fondamentale per entrambi: esso riguarda, *in generale*, lo statuto della scienza e, *in particolare*, l'influenza esercitata dalla dimensione pratica dell'esperienza sull'elaborazione concettuale delle discipline scientifiche. (Henry 1993, 115)

XIX Personalmente a me duole rispondere di lontano al dialogo che egli ha iniziato con me, come dalla lontana Svezia, donde l'autore è partito per l'America, mi è pervenuta la sua nuova pubblicazione. (Croce, *ReC*, 95)

XX Il vizio di quel libro [sc. *Die Philosophie der Aufklärung*] sta nel non aver il Cassirer inteso che ‚Illuminismo' è una categoria ideale e non un fatto o un'epoca storica. [...] Questo errore metodologico, che oggi si commette da molti, [va evitato] per non fare poi scoperte che non sono scoperte o per non disegnare, in opposizione ai giudizi ricevuti, quadri che sono affatto arbitrari. (Croce a1935, 317)

XXI Tale [sc. un'ammirazione a vuoto] mi sembra anche la curiosa trovata del Cassirer che nello Hölderlin „in luogo della dialettica del concetto stia, sempre più pura e determinata la dialettica del sentimento", e che quantunque il potente sforzo logico dello Hegel sia ammirevole „più fortemente e personalmente ci tocca il sentimento fondamentale dello Hölderlin, che non appresta nessuna soluzione di questo contrasto, ma vuole misurarlo e rappresentarlo poeticamente in tutta la sua profondità. [...] Mi pare che questo sia un voler ammirare ed entusiasmarsi a forza, fino a scrivere proposizioni prive di senso. (Croce 1941, 211)

2 Der reine Begriff.
Die Attacke auf den Positivismus und die Wissenschaftsauffassung[1]

2.1 Für eine antipositivistische Logik: Zwei Perspektiven

2.1.1 Vom kantianischen Widerstand gegen den Positivismus zum Begriff als Funktion: Die Leidenschaft Cassirers für die Naturwissenschaften

Unter den Philosophen seiner Generation ist Cassirer einer derjenigen, die in besonderer Weise an der Rolle und Entwicklung der modernen und zeitgenössischen Naturwissenschaften Anteil nehmen. Vielleicht aus persönlichem Interesse heraus betrachtet er aufmerksam die Epistemologie und den Neopositivismus, die um ihn herum Gestalt gewinnen.[2] Interesse heißt indes nicht Zustimmung. Denn sein Leben lang bleibt Cassirer überzeugter Kantianer, überzeugter Idealist. Allerdings wahrer *Kantianer* und gerade darum kein wahrer *Neukantianer*: frei von allem Schuldogmatismus, in seinen Idealen überzeugter Revolutionär der kopernikanischen Sache, in den Methoden sich dessen bewußt, daß es diese Revolution weiterzuführen und den Zeiten anzupassen gilt. Er ist ein wahrer Kantianer, der sich gehalten sieht, nicht nur Details, sondern das ganze theoretische Gebäude des Kantianismus gegen die Attacken der Wissenschaft, der neuen Wissenschaft, verteidigen zu sollen und zu wollen. Vielleicht auch aus seinem fundamentalen Kantianismus heraus betrachtet er aufmerksam die Epistemologie und den Neopositivismus. Das Erscheinen der nichteuklidischen Geometrien, der zweiten Relativitätstheorie, mithin die Krise der galileisch-newtonschen Physik, die Entwicklungen der neuen reinen Mathematik bedeuten in den Augen der Neopositivisten das Schachmatt für den Kantischen Kritizismus. Sie bedeuten aus ihrer Sicht die Zerstörung der theoretischen Grundlagen einer Erkenntnistheorie, die auf den Modellen der traditionellen Arithmetik, der euklidischen Geometrie und einer Physik errichtet war, die sich als Verkünderin universaler Gewißheiten verstand, als Naturwissenschaft *par excellence*. Die theoretischen Voraussetzungen des Kritizismus – sowohl der transzendentalen Ästhetik wie der transzendentalen Logik der *Kritik der reinen Vernunft* – sind damit überwunden und hinfällig geworden. So die logischen Empiristen.

---

[1] Auszüge aus diesem Kapitel sind bereits in Dessì Schmid 2003 erschienen.
[2] Vgl. die Beziehungen und die wechselseitigen Äußerungen ‚positiver Kritik' zwischen Cassirer und Hans Reichenbach, einem der radikalsten Vertreter des neopositivistischen Szientismus.

Und doch hat Kant die philosophische Reflexion auf eine neue Stufe des Bewußtseins geführt. Er hat sie veranlaßt, zur Kenntnis zu nehmen, welche Bedeutung und welche Funktion den Formen des Denkens bei der Entstehung jener Bilder zukommt, welche die Wissenschaften und – dies betont nun Cassirer ganz entschieden – auch die Kultur von der Welt entwerfen. Diese kantische Erkenntniskritik ist für Cassirer die erste und tiefste Quelle seiner philosophischen Inspiration. Anstatt sie aber einfach retten zu wollen oder sie angesichts der neuen epistemologischen Reflexion für gescheitert zu erklären, möchte er sie aktualisieren und neu definieren. In seiner Schriftentrilogie *Substanzbegriff und Funktionsbegriff* (1910), *Zur Einstein'schen Relativitätstheorie* (1921) und *Determinismus und Indeterminismus in der modernen Physik* (1937)[3] – zu der man jedenfalls noch die beiden Aufsätze *Erkenntnistheorie nebst den Grenzfragen der Logik* (1913) und *Erkenntnistheorie nebst den Grenzfragen der Logik und der Denkpsychologie* (1927) stellen sollte[4] – sucht Cassirer eine Erkenntnistheorie zu gewinnen, welche den Sinn der neuen wissenschaftlichen und epistemologischen Theorien auf der Grundlage des Kritizismus zu interpretieren vermag. Die Trilogie „stellt in konkreter Weise ein Beispiel der progressiven Nivellierung der symbolischen Formen innerhalb eines und desselben Diskurstyps (des wissenschaftlichen Diskurses) und der Methode der Cassirerschen Wissenschaftsphilosophie dar." (Preti 1973, X) Es ist eine Philosophie, die darauf abzielt, in verschiedenen Phasen des wissenschaftlichen Denkens die verschiedenen Ebenen der symbolischen Aktivität und deren transzendentale Funktion (d.h. deren Funktion bei der synthetisch-apriorischen Bestimmung der formalen und strukturalen Bedingungen der wissenschaftlichen Erkenntnis) nachzuweisen. Vielleicht aus diesen Gründen – aus persönlichem Interesse und aus seinem fundamentalen Kantianismus heraus – kommt Cassirer bei der aufmerksamen Beobachtung der Epistemologie und des Neopositivismus, die sich eruptionsartig um ihn herum etablieren, zu einer radikalen Neudefinition des Begriffs.

---

[3] Zur Überbewertung der einheitlichen Elemente der epistemologischen Kritik Cassirers und zur Unterbewertung der zeitlichen Distanz zwischen diesen drei Schriften vgl. die Interpretation von Raio (1991, 23–24). Denn in diesen Zeitraum vollendet er seine Bewertung des Kantschen Kritizismus und die Ausarbeitung seiner Theorie der symbolischen Formen.

[4] Beide Aufsätze sind von grundlegender Bedeutung für diese Untersuchung, nicht nur, weil sie dem genannten Thema ausdrücklich gewidmet sind, sondern auch, weil der erste davon eine Kritik an Croces Logik enthält. Wie für die Trilogie ließe sich auch für diese beiden Schriften die Zugehörigkeit zu zwei unterschiedlichen Schaffensperioden Cassirers feststellen, nämlich zur Berliner bzw. zur Hamburger Zeit. Gleichwohl sind sie eng miteinander verbunden, nicht nur in historiographischer, sondern auch in theoretischer Hinsicht, da sie eine kontinuierliche Vertiefung der Erkenntnistheorie von *Substanzbegriff und Funktionsbegriff* zur *Philosophie der symbolischen Formen* zeigen, ebenso wie eine kontinuierliche kritische Konfrontation mit den zeitgenössischen Philosophien.

2.1.2 Der reine Begriff der Logik und die Pseudokonzepte der Wissenschaft: Croces Krieg gegen den Positivismus

Die Crocesche Konzeption des Begriffs beruht nicht nur auf einer anderen Auffassung von der Wissenschaft und ihrem Verhältnis zur Philosophie als die Cassirers, nicht nur auf einer Ideologie, einem philosophischen Credo, das sich von dem Cassirers unterscheidet, sondern auch auf einer theoretischen-psychologischen Grundeinstellung, welche der Cassirers ganz entgegengesetzt ist: nämlich auf der des Angriffs. Croce erklärt dem Positivismus den Krieg. Und er führt ihn mit Waffen, Zielen und Methoden, die in engem Zusammenhang mit der Entwicklung seines eigenen Systems stehen. Die Auswirkungen dieses Krieges auf das kulturelle Leben Italiens waren enorm. Denn sie bestimmten das intellektuelle Antlitz des Landes über mehr als eine Generation. Interessant ist in diesem Zusammenhang, wie Croce, mehr oder weniger unbewußt, eine Parallele zu jenem Kampfe zieht, welchen, mehr als zwei Jahrhunderte zuvor, sein großes Vorbild, Giambattista Vico, führte:

> Die erste Form der Lehre Vicos über die Erkenntnis stellt sich als eine unmittelbare Kritik und Antithesis des cartesianischen Gedankens dar, der seit mehr als einem halben Jahrhundert dem europäischen Geiste seine allgemeine Richtung gab und dazu bestimmt war, noch ein weiteres Jahrhundert die Gesinnungen und Gemüter zu beherrschen. [...] So wie Vico die Wissenschaften herabsetzte, die Descartes bevorzugte und pflegte, nämlich Metaphysik, Theologie und Physik, so erhob er andererseits diejenigen Formen des Wissens, die Descartes herabgesetzt hatte: die Geschichte, die naturwissenschaftliche Beobachtung, die empirische Kenntnis von dem Menschen und der Gesellschaft, die Beredsamkeit und die Dichtkunst. [...] Infolge des andersartigen Ursprungs, den Vico der Mathematik zuerkennt, wird auch ihre Wirksamkeit stark eingeschränkt. Die Mathematik steht nicht mehr wie bei Descartes an der Spitze des menschlichen Wissens, als aristokratische [sic! im Originaltext: aristotelische] Wissenschaft, dazu bestimmt, die subalternen Wissenschaften zu erlösen und zu beherrschen. (Croce, *PhGV*, 1–11)[1]

An einer objektiven und sorgfältigen Analyse des logischen Empirismus ist Croce überhaupt nicht interessiert, noch nicht einmal, um etwa seine Fehler aufzuzeigen und die Überlegenheit einer ihm näher stehenden Theorie zu behaupten. Es geht ihm vielmehr um die Ernsthaftigkeit des logischen Denkens, um seine Verteidigung gegen Empirismus und Abstraktionsphilosophie, gegen intuitionistische, mystische und pragmatistische Doktrinen sowie alle anderen, die, zusammen mit dem verhaßten Positivismus, den Umsturz jeder Form der Logizität betreiben (vgl. Croce *LSC*, 8). Croce fühlt sich intellektuell gekränkt von einer Ideologie, die dem logischen Denken als autonomer Form der Erkenntnis jeden Wert abspricht und unfähig ist, die Tiefe jener Poesie und jener Geschichte zu erfassen, welche den Bezugspunkt seines ganzen Denkens und seines Verständnisses der Philosophie bilden. Und so erklärt er dieser, zu Beginn des 20. Jahrhunderts in Italien noch weit verbreiteten, (neo)positivistischen Kultur ausdrücklich den Krieg:

Denn sie reduzierte die Begriffe auf reine Fiktionen,[5] [II] sie verstand die Dichtung einfach als ‚Vergnügen an psychischen Assoziationen'; und die all ihrer Individualität und Konkretheit beraubte Geschichte war für sie nichts weiter als eine monotone Wiederholung einiger politischer, sozialer und institutioneller Schemata, üblicherweise eingefärbt durch die demokratischen Utopien der Zeit und andere Tendenzen praktischer Art.[6]

Croces langer harter Krieg wird geführt im Zeichen eines radikalen Idealismus und in den Zügen eines Systems, das, wenn auch in einigen wesentlichen Zügen davon abweichend (vgl. unten 2.2.2.1), doch deutlich von dem Hegels inspiriert ist. Organisch entwickelt wird es in den drei zwischen 1902 und 1909 publizierten Werken: *Estetica come scienza dell'espressione e linguistica generale* (1902), *Logica come scienza del concetto puro* (1909) und *Filosofia della pratica: economia ed etica* (1909). In ihnen gibt sich Croce nicht damit zufrieden, die Kunst als Akt des Ausdrucks zu definieren, sondern er behauptet und verteidigt mit Entschiedenheit den aktiven Charakter aller geistigen Operationen, und weist jede sensualistische und assoziationistische Theorie weit von sich. Aufgrund dieses seines Wesens sowie aufgrund mancher Anzeichen dafür, daß er einer komplexen inneren Strategie entsprach, nicht zuletzt aber auch wegen der schwerwiegenden Folgen, zu denen er führen sollte, darf Croces Kampf gegen den Positivismus nicht, wie man es oft in allzu simplizistischer Manier getan hat, als Krieg gegen die Wissenschaft an sich interpretiert werden.[7]

---

5   „Ganz anders die Empiristen oder Arbitraristen. Hier haben wir es mit Naturen zu tun, die mehr auf das Praktische eingestellt sind. Als solche verlieren sie sich nicht in Stimmungen und Gefühlen, sondern suchen Formen des Denkens zu finden, die möglichst unmittelbar auf das Handeln anwendbar zu ein scheinen. [...] Wenn sie die Auffassung, die der Aesthetizismus vertritt (der den Hauptwert auf die Vorstellung legt), mit der des Mystikers kombinieren (dem die Handlung alles ist), so stützen sie damit weder die eine noch die andere, sie schwächen vielmehr beide Positionen. Die Poesie der ersteren und die Verzückung der letzteren wird durch ein recht prosaisches Gebilde ersetzt, das auf den noch prosaischeren Namen F i k t i o n hört. Es handelt sich dabei (so behaupten sie wenigstens) um etwas, was über die bloße Vorstellung hinausgeht, und dieses Etwas besteht in einem Willensakt, der der Forderung der Universalität dadurch gerecht wird, daß er die Einzelvorstellungen in die Form von allgemeinen schematischen Ausdrücken oder Symbolen umarbeitet, die zwar der Realität entbehren, dafür aber bequem, die fiktiv aber nützlich sind." (Croce, *LWB*, 9-10)

6   Vgl. das Programm, das Croce in *La Critica* von 1902 aufstellt.

7   Croces Auffassung von der Wissenschaft ist komplexer und facettenreicher, als es auf den ersten Blick erscheinen mag; auf jeden Fall muß sie getrennt von seinem Widerstand gegen den positivistischen Wissenschaftsbegriff betrachtet werden. Vgl. hierzu Croce selbst *DvF*, 165 sowie Garin 1955, 264 und Sasso 1975 und a1996.

2.2 Von der Negation des Positivismus zur Affirmation des (reinen) Begriffs

2.2.1 *Substanzbegriff und Funktionsbegriff*: Die Eigenschaften des Funktionsbegriffs

Als sich Ernst Cassirer mit Fragen der Philosophie der Mathematik beschäftigte und ihre Grundbegriffe ausgehend von der Logik herausarbeiten wollte, stieß er auf die Notwendigkeit, die Funktion des Begriffs selbst sowie ihre Voraussetzungen einer strengen Analyse zu unterziehen, welche der Gegenstand seiner Schrift *Substanzbegriff und Funktionsbegriff* wird (vgl. *SuF*, VII). Denn er hatte feststellen müssen, daß die traditionelle logische Theorie des Begriffs – die der traditionellen Philosophie und Metaphysik – sich als ungeeignet erwies, die Probleme, welche die Prinzipien der Mathematik aufwarfen, auch nur zu formulieren. Den im 19. und 20. Jahrhundert von der exakten Wissenschaft erzielten Fortschritten hatte keine adäquate Entwicklung der Logik entsprochen. Im Gegenteil: die Distanz, welche die Möglichkeiten der Konzeptualisierung und das reale mathematische Wissen voneinander trennte, zeichnete sich immer deutlicher ab:

> Die exakte Wissenschaft war hier [...] zu Fragen gelangt, für welche die Formensprache der traditionellen Logik kein genaues Correlat besitzt. Der sachliche Gehalt der mathematischen Erkenntnisse wies auf eine Grundform des Begriffs zurück,[8] die in der Logik selbst nicht zu klarer Bezeichnung und Anerkennung gekommen war. (Cassirer, *SuF*, VII)

Das Problem beschränkte sich nach Cassirer keineswegs auf die Mathematik, sondern betraf alle exakten Wissenschaften, „denn der Gesichtskreis der modernen Mannigfaltigkeitslehre bleibt nicht auf die rein mathematischen Probleme beschränkt, sondern erweitert sich zu einer allgemeinen Betrachtung, die sich bis in die spezielle Methodik der Naturerkenntnis hinein erstreckt und bewährt." (Cassirer, *SuF*, 1–2). *Substanzbegriff und Funktionsbegriff* versucht daher diese Wissenschaften in der Gesamtheit ihres prinzipiellen Aufbaus zu verfolgen, um hierbei die einheitliche Grundfunktion, von welcher dieser Aufbau beherrscht und zusammengehalten wird, immer bestimmter heraustreten zu lassen. In der Tat ist Cassirer sich dessen klar bewußt, daß die Entwicklung, welche die Naturwissenschaften in den vorangehenden Jahrzehnten genommen haben, problematisch und fruchtbar zugleich für Philosophie und Logik sind. Denn nur in der Logik schien die philosophische Gedankenentwicklung endlich zu einem sicheren Halt gelangt zu sein. In ihr schien ein Gebiet abgrenzbar – und abgegrenzt zu sein – das gegen alle Zweifel, die sich immer wieder gegen die verschiedenen erkenntnistheoretischen Standpunkte richteten, gesichert war (vgl. *SuF*, 1). Der Preis, den die Logik dafür zu entrichten hatte, bestand freilich bei den meisten Erkenntnistheorien in ihrer Isolierung, Abstraktion und

---

[8] Cassirer bezieht sich insbesondere auf den Reihenbegriff und den Grenzbegriff.

Trennung von der Welt der Natur. Wenn nun die Fragen, welche die mathematische Mengenlehre und die Naturwissenschaften aufwerfen, die Logik einerseits aus ihrer Isolierung heraus und konkreten Zielen und Ergebnissen zuführen, so ordnen sie sie doch andererseits in einen systematischen Zusammenhang ein, der Cassirer zufolge zugleich eine neue Überprüfung ihrer Voraussetzungen, ihrer Möglichkeiten und Aufgaben erfordet:

> Der Schein unbedingter Sicherheit schwindet; die Kritik beginnt nunmehr sich auch solchen Lehren zuzuwenden, die selbst gegenüber tiefen prinzipiellen Wandlungen des allgemeinen Erkenntnisideals ihren geschichtlichen Bestand fortdauernd und scheinbar unverändert zu behaupten vermochten. (Cassirer, *SuF*, 2)

Es leuchtet ein, daß ein solches Forschungsvorhaben sich klare Grenzen setzen muß. Cassirer ist Philosoph und kein Naturwissenschaftler im engeren Sinne. Er beruft sich daher auf die schon vorhandenen wissenschaftlichen Arbeiten der Fachgelehrten. Und weit entfernt davon, alle Probleme analysieren zu wollen, die ein so weites Forschungsfeld aufwirft und aufwerfen kann, geht es ihm vor allem darum, daß der spezielle logische Gesichtspunkt, unter welchem sie stehen, im einzelnen bewährt und durchgeführt werden soll. Und da in der Struktur der Erkenntnis die Hauptrolle der Struktur des Begriffs zufällt, müssen „alle kritischen Versuche einer Umformung der Logik sich [...] zunächst auf diesen einen Punkt konzentrieren: die Kritik der formalen Logik faßt sich in eine Kritik der allgemeinen Lehre von der Begriffsbildung zusammen." (*SuF*, 2). *Substanzbegriff und Funktionsbegriff* geht nach dem Muster des *Erkenntnisproblems* von der historischen Entwicklung und der systematischen Darstellung der wissenschaftlichen Doktrinen aus und zielt darauf ab, einerseits die Prinzipien der Begriffsbildung zu analysieren, andererseits die Probleme der Erkenntniskritik im Lichte der neuen Grundform des Begriffs neu zu interpretieren.

Auf der gleichen Zweiteilung des analytischen Horizonts beruht auch die Struktur von *Substanzbegriff und Funktionsbegriff*. Der erste Teil des Werkes (*Dingbegriffe und Relationsbegriffe*) beschäftigt sich mit der Konzeptualisierung (*Begriffsbildung*), der zweite (*Das System der Relationsbegriffe und das Problem der Wirklichkeit*) erarbeitet eine neokritische Theorie der Erkenntnis, welche die Züge eines Systems von Relationsbegriffen annimmt. Sein von Grund auf neokritischer Charakter zeigt sich daran, daß sein Kern das Prinzip der Unauflöslichkeit der logischen Korrelation von Materie und Form der Erkenntnis ist.

Der wissenschaftlichen Theorie des Begriffs vorausgeschickt wird eine Kritik der Abstraktion, welche zu einer funktionalistischen Interpretation des Begriffes führt. Hier sei eine kurze Parenthese eingeschaltet, die es gestatten soll, einerseits den philosophischen Weg zu verstehen, welchen Cassirer bis zur Erarbeitung des Funktionsbegriffs zurückgelegt hat, andererseits die Randlinien des Cassirerschen idealistischen Horizonts zu ermessen. In der Tat sind es die idealistische Interpretation des Subjekts und der Wirklichkeit, auf Grund derer Cassirer behaupten kann, daß der menschliche Geist das Wirkliche nicht vorfindet und abbildet, sondern organisiert und erschafft. Eine solche Haltung impliziert die Ablehnung der traditionellen – realistischen, metaphysischen – Auffassung des Begriffs und ganz allgemein gesagt, das Abrücken von jeder Art des Begriffs, die sich an Genera und Spezies orientiert. Diese Konzeption – die man auf Aristoteles zurückführt – behauptet in der Tat, daß die Begriffe (der Genera und Spezies) das seien, worauf sich die Sachen beziehen, das, was die Sachen gleichsam exemplifizieren, und zwar auf Grund der substantiellen Form die sich in diesen vorfindet: kurz der Begriff ist die Kenntnis des Wesens einer Sache. Es ist klar, daß eine transzendental orientierte Philosophie wie die Cassirers die Idee, die Struktur der Realität könne sich in den Begriffen widerspiegeln und der Mensch könne mittels der Begriffe die Kenntnis der Bestimmungen des Seins erlangen, aufs schärfste kritisieren muß. Doch liegt der innovative Zug der Cassirerschen Begriffstheorie nicht eigentlich darin – auch Croces Begriffsauffassung entfernt sich ja von der Aristotelischen Definition und wählt eine idealistische Interpretation. Vielmehr besteht er, wie schon angedeutet, in der Kritik an der Art der Abstraktion, mittels derer man zum Begriff des Begriffs gelangt.

Auch Cassirer ist der Meinung, daß dasjenige, dem der Begriff seine Existenz verdankt, die Abstraktion ist. Allerdings versteht er diese Aussage in einer Weise, die sich von der herkömmlichen sensualistischen Lehre radikal unterscheidet; Cassirer bezieht sich ausdrücklich auf Husserl, wenn er sagt: „Denn jetzt ist die Abstraktion nicht mehr ein gleichförmiges und unterschiedsloses Bemerken gegebener Inhalte, sondern sie bezeichnet den einsichtigen Vollzug der verschiedenartigsten, selbständigen Denkakte, deren jeder eine besondere Art der Deutung des Inhalts, eine eigene Richtung der Gegenstandsbeziehung in sich schließt." (SuF, 25) Der herkömmlichen Logik des Gattungsbegriffs oder ontologischen Begriffs,[9] die jene reale Form darstellt, welche die kausale und teleologische Verknüpfung der Dinge garantiert, welche aus der Erfahrung durch Abstraktion gewonnen wird und durch die Gesetze der Extension und des Verstehens bestimmt ist, wird die Logik des Funktionsbegriffs entgegengestellt. Dieser ist zweifellos durch die Mathematik geprägt, aber seine Anwendung erstreckt sich auch auf das Erkennen der Natur:

> Vielmehr greift hier das Problem sogleich auf das Gebiet der Naturerkenntnis über: denn der Funktionsbegriff enthält in sich zugleich das allgemeine Schema und das Vorbild, nach welchem der moderne Naturbegriff in seiner fortschreitenden geschichtlichen Entwicklung sich gestaltet hat. (Cassirer, SuF, 20)

---

[9] Auch ‚Substanzbegriff' genannt, weil er auf einer substantialistischen Metaphysik beruht.

Die zwei Arten des Begriffs, der Gattungsbegriff und der Funktionsbegriff, beruhen auf zwei verschiedenen Typen der Abstraktion: der logisch-formalen – welche, wie gesagt, die der aristotelischen Logik ist, wie auch die der neuzeitlichen empiristischen Erkenntnistheorie[10] – und der ‚symbolisch' genannten Abstraktion. Cassirer kritisiert den ersten Typus, bei dem die Abstraktion als Selektion verstanden wird und in gewisser Weise eine ‚Verarmung' des wahrgenommenen Inhalts darstellt:[11] denn der Begriff wird hier in der Tat dadurch erzeugt, daß innerhalb der empirischen Vorstellungen die gemeinsamen und wesentlichen Merkmale ausgewählt werden und die besonderen und akzidentellen entfallen. Aus einem derartigen Abstraktionsprozeß entsteht offensichtlich ein Begriff, den ein hoher Grad extensionaler Universalität, aber auch eine Armut an Bedeutungsmerkmalen auszeichnet. Von einem solchen Begriff aus gelangt man jedoch nicht zurück zur Konkretheit der Erfahrung, und für die Wissenschaft ist er daher ein untaugliches Instrument. Dieser Begriff als Grundstein der klassischen Metaphysik war es, der gezeigt hatte, daß, wenn einerseits die logische Natur der reinen begrifflichen Funktion ihren klarsten Ausdruck und ihre ausführlichste Bestätigung in dem System der Mathematik findet, sie andererseits gerade da, wo die Produktivität des Denkens sich am reinsten entfaltet, ihre ganz besondere Beschränkung erfährt. Das, was der Begriff, das logisch gültige Urteil und die vernünftigen Schlußverfahren erfassen wollen, ist in der Tat die Struktur und die Organisation des Seins und diese entgeht eben den Möglichkeiten der wissenschaftlichen Erkenntnis. Aber:

> Die Scheidung zwischen einer „absoluten" Wahrheit des Seins und einer „relativen" Wahrheit der wissenschaftlichen Erkenntnis, die Trennung zwischen dem, was vom Standpunkt unserer Begriffe und dem, was an sich selbst durch die Natur der Sache notwendig ist, bedeutet selbst bereits eine metaphysische Satzung, die, ehe sie als Maßstab gebraucht werden kann, auf ihr Recht und ihre Geltung zu prüfen ist. (Cassirer, *SuF*, 203)

Das Grundproblem einer Philosophie, die auf der traditionellen Logik beruht, besteht nach Cassirer darin, nicht verstanden zu haben, daß es notwendig ist, zu einer neuen Bestimmung des Begriffs zu gelangen, eines Begriffes, der sich dem Objekt nicht passiv ausliefert, der sich nicht selbst verdinglicht, indem er in seiner eigenen internen Struktur die des Objektes reproduziert.

Der Funktionsbegriff ist dagegen das Ergebnis eines anderen Typus der Abstraktion: bei der Selektion werden die als partikulär und akzidentell identifizierten Merkmale nicht getilgt, sondern symbolisiert, durch Symbole, durch Variablen ersetzt. Der dadurch gewonnene Begriffstyp behält seine wesentlichen Merkmale und fügt zu diesen variable Merkmale hinzu, die ihn nur teilweise bestimmt sein lassen: er nähert sich der Fregeschen Idee

---

[10] Vgl. z.B. die von Locke.
[11] Zur gleichen Zeit wie Cassirer kritisieren auch andere Autoren diese Theorie der Abstraktion, z.B. Husserl.

der ungesättigten oder teilweise unbestimmten Formel, bzw. er ist – um einen Cassirerschen Terminus zu verwenden – ‚Funktion'. Bei der Bildung dieses Typus von Begriff beginnt man nicht damit, das Gegebene durch einen Vergleich in Klassen einzuteilen, deren einzelne Exemplare in gewissen Merkmalen übereinstimmen; vielmehr wird es durch ein gesetzmäßiges Verfahren aus einer ursprünglichen Einheit konstruiert; seine einzelnen Teile werden nicht getrennt und hervorgehoben, vielmehr werden die Zusammenhänge und Beziehungen, auf denen seine systematische Verknüpfung beruht, in der ihnen eigenen Relationsstruktur untersucht (vgl. Cassirer, *SuF*, 210).

Innerhalb dieses neuen Deutungshorizonts besteht die Aufgabe der Wissenschaft nicht mehr darin, einfache (kausale, finale etc.) Implikationsbeziehungen von Substanz zu Substanz (Gattung, Spezies, Individuen) zu bestimmen, sondern Beziehungen der Kovarianz oder der Korrelation zwischen konstanten Symbolen und Funktionsvariablen. Dieser Typus von Begriff – der vielleicht noch abstrakter, noch formaler als der traditionelle ist – ist nicht nur reicher an Bedeutungsinhalt, sondern er gestattet auch die Rückkehr zur Erfahrung, gestattet die Formulierung von Voraussagen, Erklärungen, Beschreibungen, er gestattet die Rückkehr vom logischen Nichts zu den konkreten Einzelfällen. In der Tat ist in ihm das Besondere nicht weggelassen, und die Variablen, durch die das Akzidentelle ersetzt wurde – symbolisiert wurde – und durch welche es (in der Folge des Abstraktionsprozesses) ausgedrückt wird, können ihrerseits stets von neuem durch die von der Erfahrung selbst bereitgestellten Werte ersetzt, gleichsam ‚entziffert' werden:

> Solange man alle Bestimmtheit in konstanten Merkmalen, in Dingen und ihren Eigenschaften erschöpft glaubt, so lange scheint freilich jede begriffliche Verallgemeinerung zugleich eine Verkümmerung des begrifflichen Inhalts zu bedeuten. Aber je mehr der Begriff gleichsam von allem dinglichen Sein entleert wird, um so mehr tritt auf der anderen Seite seine eigentümliche funktionale Leistung hervor. Die festen Eigenschaften werden durch allgemeine Regeln ersetzt, die uns eine Gesamtreihe möglicher Bestimmungen mit einem Blick überschauen lassen. Diese Verwandlung, diese Umsetzung in eine neue Form des logischen „Seins" bildet die eigentliche positive Leistung der Abstraktion. (Cassirer, *SuF*, 22)

Der Funktionsbegriff – behauptet Cassirer, der sich damit bei der Avantgarde befindet, nämlich noch relativ am Anfang jener epistemologischen Bewegung, welche zu einer äußerst eng an den Funktionsbegriff gebundenen Logik führen wird[12] – zeigt sich als einziger wirklich wissenschaftlicher Typus des Begriffs, besser noch: die Wissenschaft selbst erweist sich als Gewebe von Funktionsbegriffen. Es wäre gleichwohl grundfalsch, anzunehmen, daß die exakte Wissenschaft, wegen der Besonderheit, daß sie eben die Begriffe bildet, den Aufgaben, welche die konkrete empirische Existenz

---

[12] Cassirer zitiert die historischen Vorläufer der Lehre vom Funktionsbegriff (Lotze, Lambert etc.).

ihr stellt, nicht gerecht werden könnte. Vielmehr strebt sie danach, sich der Wirklichkeit der Dinge auf einem neuen Wege anzunähern, auch wenn sie sich scheinbar von ihnen entfernt. Denn eben jenen Begriffen, welche keinen bestimmten intuitiven Inhalt mehr enthalten, kommt dennoch eine unentbehrliche Funktion für die Gestaltung und den Aufbau der anschaulichen Wirklichkeit zu.

> Die Bestimmungen, zu deren Ausdruck die naturwissenschaftlichen Grundbegriffe geschaffen sind, haften den empirischen Gegenständen freilich nicht wie wahrnehmbare Eigenschaften, wie ihre Farbe oder ihr Geschmack an; aber sie sind andererseits Verhältnisse eben dieser empirischen Gegenstände selbst. Die Urteile, die hier geprägt werden, sind daher, so wenig sie selbst sich ihrem Inhalt nach in bloße Aggregate von Sinneseindrücken auflösen lassen, in ihrem Gebrauch doch wiederum auf das ganze dieser Eindrücke, dem sie systematische Form zu geben suchen, bezogen. (Cassirer, *SuF*, 249–250)

Der methodische Gegensatz zwischen Begriff und Erfahrungsinhalt wird nie ein metaphysischer; denn das Denken trennt sich von der Intuition nur, um mit neuen Mitteln zu ihr zurückzukehren und sie so zu bereichern. Zwar haben die relationalen Begriffe der Naturwissenschaft kein direktes Abbild in den einzelnen Dingen, und zwar deswegen, weil sie die Kenntnis ihrer einzelnen Relationen ermöglichen und garantieren, nicht aber ihre Anschauung als ‚Sachen', als isolierte Gegenstände: „Die Identität der Reihenform – und diese ist es, die sich hinter jeder Annahme identischer Objekte in der Naturwissenschaft verbirgt – ist nur an der Mannigfaltigkeit der Reihenglieder, die als solche bewahrt werden muß, aufzeigbar." (*SuF*, 250) Der Funktionsbegriff löst das Problem, den Dualismus, der traditionellen Metaphysik an der Wurzel: Es gibt keinen Widerspruch zwischen der allgemeinen Gültigkeit der Prinzipien und der partikulären Existenz, keine Form der Antithetik oder des Wettstreits: Keines von beiden kann versuchen, sich an die Stelle des anderen zu setzen. Denn sie gehören zu verschiedenen logischen Dimensionen. Dem wissenschaftlichen Begriff als solchem aber ist „die Feststellung des Einzelnen keineswegs versagt [...]; wenngleich er andererseits das Einzelne niemals isoliert, sondern nur als besonderes Element einer geordneten Mannigfaltigkeit erfaßt" (*SuF*, 252).[13]

2.2.2 *Logik als Wissenschaft vom reinen Begriff*: **Der reine Begriff und die Pseudobegriffe**

Neben dem Widerstand gegen den Positivismus der Philosophie ist Cassirer und Croce die kritizistische Grundauffassung des Begriffs gemeinsam, der als Verbindung von Allgemeinem und Besonderem, von Materie und Form aufgefaßt wird. Die Unterschiede bei der Auffassung des Begriffs – und der

---

[13] Cassirer versäumt es nicht, das Problem anzusprechen, das in der Unerschöpflichkeit der individuellen Realität besteht. Er bemerkt jedoch, daß der Vorteil des rein relationellen wissenschaftlichen Begriffs gerade darin liegt, daß er die Möglichkeit eröffnet, diese Aufgabe trotz ihrer grundsätzlichen Unerschöpflichkeit anzugehen.

Art der ihn konstituierenden Abstraktion –, welche zwischen beiden gleichwohl ziemlich deutlich in Erscheinung treten, sind dadurch bedingt, daß Grundvoraussetzung, theoretisches Interesse wie auch das eigentliche Ziel der Croceschen Logik sich in ganz anderen Bahnen bewegen als jene, welche die Cassirersche Logik durchläuft. Auch darf man nicht versäumen, darauf hinzuweisen, daß die philosophische Intention Cassirers eine methodologische, die Croces hingegen – so zumindest lautet sein Programm – eine systematische ist.[14] Um Croces Auffassung von der Logik und vom Begriff im einzelnen zu verstehen und sie mit der Cassirers vergleichen zu können, erweist es sich daher als nötig, hier kurz die wesentlichen Züge seiner *Filosofia dello Spirito* vorzustellen bzw. das allgemeine System, auf welchem nach Croce das Leben des Geistes beruht und in dessen Bahnen es nach seiner Lehre sich bewegt.[15]

2.2.2.1 Croces *Filosofia dello Spirito*

Das philosophische System Croces stellt sich dar als eine Form des Idealismus, dessen Zentrum die absolute Historizität des Geistes ist. Die Rationalität des Realen, die Grundlage der Hegelschen Philosophie, übernimmt Croce, aber die Begriffe von Natur und Dialektik denkt er neu. Gegen Hegels Dialektik, die er eine Dialektik ‚des Entgegengesetzten' (*degli opposti*) nennt und die er als fortschreitendes Überwinden der Gegensätze zu einer fortschreitenden Verwirklichung der verschiedenen Momente des Lebens des Geistes hin zur Fülle der vollendeten Rationalität interpretiert, setzt er die sogenannte Dialektik (oder Verbindung) ‚des Verschiedenen' (*dialettica o nesso dei distinti*).[16] Das Leben des Geistes entfaltet sich in seinen Grunddimensionen – Erkenntnis und Handeln, Theorie und Praxis, Vernunft und Wille –, innerhalb derer er partikuläre und universale, besondere und allgemeine Ziele verfolgt. Hieraus entstehen vier unterschiedliche Entwicklungssphären des Lebens des Geistes: die Erkenntnis des Besonderen durch die Intuition[17], die des Universalen als Forschen der Vernunft mittels der ‚reinen Begriffe' oder Kategorien, das Wollen des Partikulären als Wollen des Nützlichen und das Wollen des Universalen als

---

[14] Zur Definition des Croceschen ‚Systemgeists' vgl. Kap. 1, zur kritischen diesbezüglichen Diskussion Kap. 3 und 4.

[15] Zu einer kurzen Einführung in die Cassirersche Lehre der symbolischen Formen vgl. 3.2.2.

[16] Croce kommt im Laufe seines philosophischen Forschens und Schreibens zu verschiedenen Interpretationen der Hegelschen Philosophie, und seine Einstellung ihr gegenüber weist zum Teil beträchtliche Modifikationen auf; stets aber bleibt er bei seiner Unterscheidung zwischen einer Dialektik der Gegensätze und einer Dialektik des Verschiedenen.

[17] Croce verwendet *intuizioni* oder *rappresentazioni* ohne Bedeutungsunterschied; in den verschiedenen deutschen Übersetzungen findet man hierfür ‚Intuitionen', ‚Anschauungen', ‚Vorstellungen', ‚Repräsentationen', die also als Synonyme betrachtet werden können.

das Streben nach dem Guten. Mit diesen Formen des Geistes beschäftigen sich die vier philosophischen Wissenschaften: Ästhetik, Logik, Ökonomie und Ethik. Das System der *Filosofia dello Spirito* könnte man graphisch etwa in der folgenden Weise darstellen:

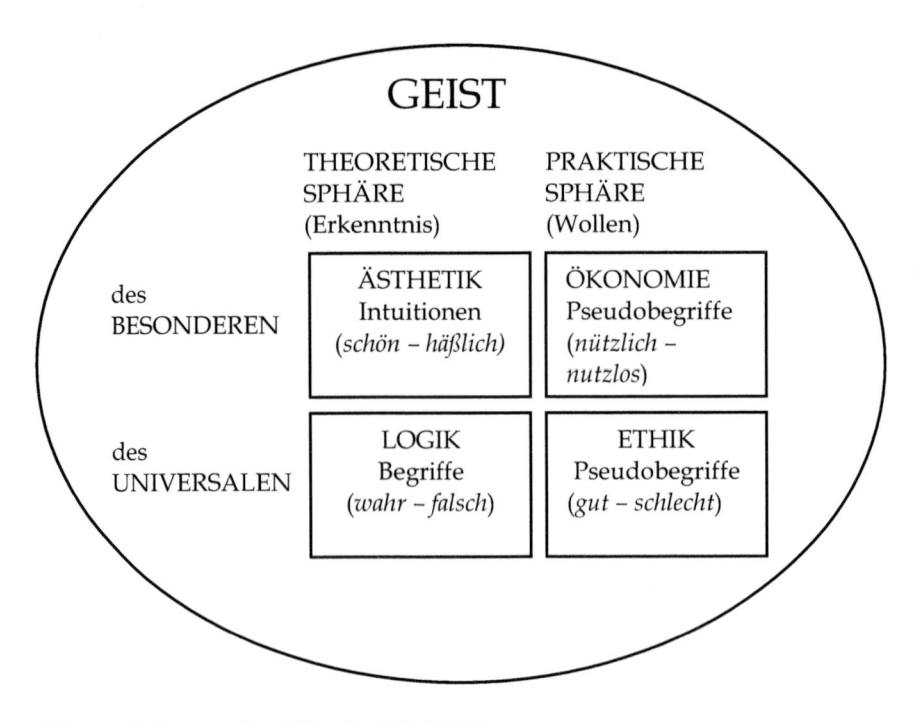

	THEORETISCHE SPHÄRE (Erkenntnis)	PRAKTISCHE SPHÄRE (Wollen)
des BESONDEREN	ÄSTHETIK Intuitionen (*schön – häßlich*)	ÖKONOMIE Pseudobegriffe (*nützlich – nutzlos*)
des UNIVERSALEN	LOGIK Begriffe (*wahr – falsch*)	ETHIK Pseudobegriffe (*gut – schlecht*)

GEIST

Schema 1: System der *Filosofia dello Spirito*

Als Erkenntnis des Partikulären, als reine Intuition, stellt die Kunst für Croce das erste Moment der dialektischen Aktivität des Geistes dar, während die Philosophie, der reine Begriff, die Erkenntnis des Universalen ist. Erkenntnis des Partikulären und Erkenntnis des Universalen stellen zusammen die theoretische Aktivität des Geistes dar: Während die Ästhetik die Intuition in ihren verschiedenen Ausdrucksmöglichkeiten untersucht, analysiert die Logik Natur und Funktion der reinen Begriffe, auch in Beziehung auf das, was Croce die ‚Pseudobegriffe' nennt, welche zur Sphäre des Praktischen gehören (s.u.). Die Ökonomie und die Moral stellen hingegen die praktische Tätigkeit dar, insofern die erstere Wollen des Partikulären, die zweite Wollen des Universalen ist. Allerdings muß hier darauf hingewiesen werden, daß Croce unter die Kategorie der ‚Ökonomie' nicht nur das Ökonomische im engeren Sinne faßt, sondern überhaupt alle menschlichen Tätigkeiten, welche auf praktischen Erfolg und technische Effizienz abzielen. Dazu gehören zum Beispiel die Rechtswissenschaft, die

Politik und selbst die Naturwissenschaften, die, seien sie nun experimentell oder deduktiv, jedenfalls nach Croce verallgemeinernd vorgehen und welche sich – darin liegt einer der Punkte der größten Distanz zu Cassirer – von der authentischen philosophischen Wissenschaft insofern unterscheiden, als sie Pseudobegriffe hervorbringen und verwenden. Die Ethik hingegen stellt sich, zumindest in ihrer ersten Formulierung, als Wissenschaft der universalen Handlungsziele des Menschen dar, welche dazu bestimmt ist, in einer das Individuum transzendierenden Dimension das Leben des Geistes als fortschreitendes Streben nach Freiheit zu verwirklichen. In einem beständig kreisenden Prozeß entfaltet sich der Geist in diesen vier Formen, die ihre Synthese lediglich in der Einheit des Geistes selbst erfahren. Es handelt sich um eine klare Affinität zur Hegelschen Dialektik, an der Croce gleichwohl die Kategorie des Gegensatzes kritisiert, insofern diese in unzulässiger Weise ausgedehnt werde, um nicht nur alle Beziehungen innerhalb der verschiedenen Formen zu erklären, sondern auch die zwischen einer Form und der anderen. Dagegen besteht zwischen diesen Einheit in der Verschiedenheit: Zwischen den vier Formen des Geistes gibt es weder Gegensatz noch Aufhebung der einen in der anderen, sondern nur Unterschied. Denn eine jede dieser Formen kann nicht auf die anderen zurückgeführt werden. Gegensatz gibt es für Croce nur innerhalb jeder Form des Geistes, nämlich zwischen ihrem Wert und dem ihm entsprechenden Unwert. Und nur die interne Dynamik innerhalb dieser vier Sphären – die, wie ich noch einmal betonen möchte, von einander verschieden sind, nicht aber getrennt, sondern in der Einheit des Geistes vereint – ist gekennzeichnet von der Dialektik der Gegensätze: schön – häßlich, wahr – falsch, nützlich – nutzlos, gut – schlecht:

> Daß die konträren Begriffe nicht mit den distinkten identisch sind oder sich ohne weiteres auf sie zurückführen lassen, erhellt, sobald man Beispiele für jede der beiden Formen heranzieht. So ist, um beim System des Geistes zu bleiben, das Verhältnis des praktischen gegenüber dem theoretischen Verhalten das der Distinktion, und subdistinkt sind innerhalb des ersteren utilitaristisches und ethisches Verhalten. Gegensatz aber ist etwas anderes. Der Gegensatz zum praktischen Verhalten, zum praktischen Tätigsein, ist die praktische Untätigkeit; der Gegensatz zur Nützlichkeit ist die Schädlichkeit, der Gegensatz zur Moralität die Immoralität. Sind Schönheit, Wahrheit, das Nützliche, das sittlich Gute distinkte Begriffe, so bemerkt man leicht, daß man ihnen nicht die Häßlichkeit, die Falschheit, die Nutzlosigkeit, die Schlechtigkeit koordinieren oder als Zwischenglieder einfügen darf. Mehr noch: bei näherem Hinsehen findet man, daß der Grund, weshalb die zweite Reihe der ersten nicht koordiniert oder mit ihr vermischt werden kann, der ist, daß jeder der konträren Termini schon seinem Gegensatz inhäriert und daß er ihn begleitet wie der Schatten das Licht. Schönheit ist Schönheit, weil sie die Häßlichkeit negiert, das Gute ein Gutes, weil es das Schlechte negiert und so weiter. Der Gegensatz ist nichts positives, sondern etwas negatives und begleitet in dieser Funktion das Positive. (Croce, *LWB*, 60–61)[III]

Nachdem er die Unterscheidung zwischen den verschiedenen Grundmomenten des Geistes getroffen hat, rekonstruiert Croce die innere Dynamik, kraft welcher der Übergang von dem einen zum anderen in irreversibler Abfolge geschieht. Wie das praktische Handeln stets Erkenntnis voraussetzt, so setzt im theoretischen Bereich der Begriff die Intuition voraus. Denn das Denken ist nur in sprachlicher Gestalt möglich. Die Sprache aber ist stets intuitiven Charakters. In analoger Weise setzt im praktischen Bereich die Ethik die technische Effizienz voraus, wenn sie sich nicht auf einen abstrakten Moralismus reduzieren will. Die Kunst muß hinsichtlich der begrifflichen Erkenntnis autonom bleiben, wenn sie Allegorismus und Lehrhaftigkeit vermeiden will. Dagegen kann die Ökonomie von der Moral ohne weiteres absehen, auch wenn man hierzu sagen muß, daß Croce die Radikalität seiner anfänglichen Position im Laufe der Jahre abschwächt.

An dieser Stelle sei kurz angemerkt, daß in Croces System, anders als in dem Hegels, weder die Natur, noch die Religion einen Platz finden.[18] Durch diese Abwesenheit wird Croces rigoroser Immanentismus noch auffälliger, welchen er zunächst in die bekannte Formel des ‚absoluten Idealismus' gefaßt hatte: die einzige Realität ist der Geist; später dann, etwa ab den zwanziger Jahren, in die des ‚absoluten Historismus': Leben und Realität sind Geschichte und nichts anderes als Geschichte.

2.2.2.2 Nochmals zu Croces Logik

Innerhalb dieses Systems entsteht die logische Aktivität – das Denken – aus dem „bunten Schauspiel der Vorstellungen", dank denen der erkennende Geist den Verlauf des Realen beständig in theoretische Form bringt. Die Vorstellungen, die für Croce zum Bereich der geistigen Aktivität gehören, sind aber nicht die einzige Voraussetzung der logischen Aktivität. Vielmehr setzt diese auch die Sprache voraus. Obgleich dieses Thema im folgenden Kapitel ausführlich behandelt werden soll, sei hier kurz darauf hingewiesen, daß Croce, wenn er von der Sprache als Voraussetzung des Denkens spricht, sich weder auf das bezieht, was „willkürlich auf einige ihrer besonderen Erscheinungsformen beschränkt wurde" – wie „Lautbildung und Aussprache – noch auf das „in einen Komplex von Abstraktionen Umgefälschte", wie die Klassen der Grammatik oder die Wörter des Wörterbuchs (vgl. Croce, *LWB*, 4). Die Sprache „in ihrer ursprünglichen und ungeschmälerten Wirklichkeit" besteht für Croce in ihrer Geistigkeit, in ihrer Ästhetizität, sie ist Intuition und Expression zugleich, sie ist Intuition-Expression (*intuizione-espressione*):

> Die Sprache in dem strengen Sinn, in dem sie hier verstanden wird, ist gleichbedeutend mit Ausdruck, und Ausdruck ist identisch mit Vorstellung, da man sich ebensowenig eine Vorstellung denken kann, die nicht irgendwie einen Ausdruck

---

[18] Den Begriff der Natur faßt Croce als praktische Fiktion auf, welche aus einer ökonomistischen Haltung gegenüber der Welt entsteht; der Religion gesteht er keine Autonomie zu: Er betrachtet sie als Aggregat poetischer, philosophischer und moralischer Motive.

gefunden hätte, wie einen Ausdruck, der keine Vorstellung vermittelte und der damit ja überhaupt bedeutungslos sein müßte. (Croce, LWB, 5)[IV]

Schon an dieser Stelle muß betont werden, wie kompliziert das Verhältnis zwischen Denken und Sprache in der Croceschen Philosophie ist. Wenn man auch in gewisser Hinsicht sagen kann, daß in der Croceschen Philosophie die Begriffe schon sprachlich sind – bzw. daß das begriffliche Denken, die intellektuelle Tätigkeit, die Sprache voraussetzt, wie dies ein Teil der heutigen kritischen Reflexion über die Sprache behauptet –, so gilt doch auch, daß sie es in ziemlich eigentümlicher Weise sind. Die beiden Tätigkeiten, die für Croce die Grundlage der sprachlichen und intellektuellen ‚Produktion' darstellen, die ästhetisch-intuitive und die logisch-begriffliche, werden nämlich voneinander klar unterschieden gehalten. Man wird in den folgenden Kapiteln dieser Arbeit sehen, in welchem Sinne Croce zu der Behauptung gelangen kann, der *Logos* sei Sprache und zugleich doch auch mehr als Sprache.

Nachdem Croce also die vorstellungshafte oder intuitive Natur der Erkenntnis als vorausgesetzt[19] angegeben hat, kommt er zur systematischen Abhandlung jenes ‚Teils' der Philosophie, welcher ‚Logik' genannt wird. Er macht sich nun daran, die Probleme und Hindernisse einer modernen und besser abgegrenzten Form des Skeptizismus zu beseitigen, welche in den Doktrinen des Ästhetiszismus, des Mystizismus oder des Empirismus ihren Ausdruck findet. Denn dieser Skeptizismus beschränkt sich nicht darauf, die Erkenntnis im allgemeinen oder die Intuition zu leugnen, sondern er leugnet die logische Erkenntnis in direkter Weise. Die Leugnung der Logizität, welche „Universalität des individuell Besonderen" bzw. „Einheit der Vielfältigkeit" (vgl. Croce, LWB, 6) ist, impliziert die Behauptung, daß die vorstellungshafte (sinnliche) Erkenntnis die einzige Form der Erkenntnis ist: die universale oder begriffliche Erkenntnis wäre damit illusionär. Entschieden widersetzt sich Croce einer solchen These, und bis ins einzelne analysiert er die „allgemeinen Irrtümer" und die „Halbwahrheiten" der verschiedenen Formen des logischen Skeptizismus. Dessen Widerlegung ist nach Croces Ansicht übrigens alles andere als schwer. Denn offensichtlich attackiert der Skeptizismus den Begriff mit den Waffen des Begriffes selbst. Indem er insbesondere die Empiristen, die Theoretiker der Fiktionen (*delle finzioni e dei fantocci*) kritisiert, merkt Croce ironisch an, wie sie in ihrer Satire von Logizität und Philosophie vergäßen festzulegen, ob ihre Theorie der Begriffe als Fiktionen nicht ihrerseits Fiktion sei. Denn wäre sie dies, so schwächte und widerlegte sie sich selbst; wenn aber nicht, so wäre sie von wahrer, nicht aber von fiktiver Universalität. Sie erwiese sich damit nicht als Vereinfachung oder Symbolisierung von Vorstellungen, sondern als Begriff. Und dies zeigte dann eben, daß die Empiristen in Wirklichkeit selbst Zeugen eines Glaubens den sie leugnen wollten, sind.

---

19 „Bewiesen" (*dimostrata*) sagte Croce in der *Aesthetik*.

Salus ex inimicis ist eine Wahrheit, die für die Philosophie nicht geringere Bedeutung hat wie für das ganze Leben. Sie empfängt ihre schönste Bestätigung in der Feindschaft gegen den Begriff, die vielleicht niemals so heftig gewesen ist wie heutzutage, und in den Bemühungen ihn zu unterdrücken, die nie mit solchem Eifer aufgeboten worden sind. Die Feinde des Begriffs befinden sich in der unangenehmen Lage, ihn nicht unterdrücken zu können, ohne damit zugleich die Grundvoraussetzungen ihres eigenen geistigen Lebens aufzuheben. (Croce, *LWB*, 12–13)[V]

2.2.2.3 Die Charakteristika des reinen Begriffs, die Funktion der Pseudobegriffe

Das Kapitel der *Logica come scienza del concetto puro*, welches der Definition des Begriffs gewidmet ist, weist schon im Titel eine Besonderheit auf. Dieser lautet nämlich: *I caratteri ed il carattere del concetto*, ‚Die Wesensmerkmale und das Wesen des Begriffs'. Croce, der im Gegensatz zu Cassirer den traditionellen Typus der Abstraktion (des Abstraktionsprozesses) übernimmt, zählt zunächst die Merkmale des Begriffs getrennt auf, um dann, auf der Basis des kritischen Prinzips Kants, ihre innere Korrelation oder besser, ihre substantielle Einheit aufzuzeigen. Expressivität, Universalität und Konkretheit sind Wesensmerkmale des Begriffs. Denn dieser ist in der Tat Erkenntnisakt und nicht „stummer Akt des Geistes" (wie es ein praktischer Akt an und für sich wäre) und als solcher wird er ausgedrückt oder ausgesprochen. Das Merkmal der Expressivität ist nun etwas, das der Begriff mit der Vorstellung teilt. Von dieser unterscheidet er sich indessen durch einen Wesenszug, der ihm exklusiv zukommt, nämlich den der Universalität oder der Transzendenz bezüglich der einzelnen Vorstellungen. Er ist also Erkenntnisakt *sui generis*, logischer Akt, und unterscheidet sich daher beträchtlich von der Vorstellung wie auch von Gruppen von Vorstellungen. In der Tat ist zwischen dem Individuellen und dem Universalen – nach Croces wie übrigens auch schon nach Hegels Meinung – nichts Mittleres oder Gemischtes zulässig: Entweder das Einzelne oder die Gesamtheit, in die jedes Einzelne mit allen anderen zusammen eingeht. Und ein Begriff, der sich als nicht universal erweist, ist eben dadurch als Begriff widerlegt (vgl. Croce, *LWB*, 28 ff.). Nicht weniger eigentümlich für den Begriff ist das Merkmal der Konkretheit: Obwohl er universal und transzendent bezüglich der einzelnen Vorstellung in ihrer abstrakten Singularität ist, so ist er doch andererseits allen Vorstellungen immanent, also auch der einzelnen: „Der universale Akt ist zugleich unmittelbares Denken der Wirklichkeit und schließt damit die Möglichkeit aus, ihn als universal und leer, als universal und nichtexistent zu denken." (Croce, *LWB*, 30)

Die Transzendenz des Begriffs ist mithin auch seine Immanenz: zweifellos ist er universal bezüglich der Vorstellungen, aber wenn er nicht in den Vorstellungen selbst wäre – da die Welt der Erkenntnis eine Welt der

Vorstellungen ist –, so wäre er in einer anderen Welt, die man nicht denken kann und die folglich auch nicht ist.

Von Wesensmerkmalen des Begriffs zu sprechen, heißt indes schon, sich an den gemeinen Sprachgebrauch anzupassen, da der Begriff in Wirklichkeit keine Wesensmerkmale aufweist, sondern allein jenes einheitliche Wesen, das ihm eigen ist:

> Und dieses Wesen liegt in seiner universal-konkreten Natur, ein Doppelausdruck, der eine einzige Eigenschaft bezeichnet und der auch sprachlich zu einem einzigen Wort werden kann, nämlich zu ‚Transzendental' […]. Jene anderen Bestimmungen sind keine eigentlichen M e r k m a l e des Begriffs, sondern bezeichnen nur dessen Beziehungen zum geistigen Vermögen überhaupt (wovon der Begriff eine besondere Form ausmacht) und zu den übrigen besonderen Erscheinungsformen dieses Vermögens. Hinsichtlich der ersten Beziehung ist der Begriff ein Geistiges. In seiner Beziehung zum ästhetischen Vermögen ist er kognoszitiver oder expressiver Natur und gehört der allgemeinen theoretisch-expressiven Form an. In seiner Beziehung zum praktischen Vermögen schließlich ist er a l s B e g r i f f zwar weder als nützlich, noch als sittlich zu bewerten, als k o n k r e t e r G e i s t e s a k t aber hat er außerdem noch als Nützliches und Sittliches zu gelten. Eine streng durchdachte Darlegung der Merkmale des Begriffs würde sich zu einer wenn auch kompendiösen Darlegung der gesamten Philosophie des Geistes auswachsen, innerhalb deren der Begriff, seinem einzigartigen Wesen (also s i c h s e l b s t) entsprechend, die ihm gebührende Stelle einnimmt. (Croce, LWB, 32–33)[VI]

An dieser Stelle sei darauf hingewiesen, welchen Kunstgriffs sich Croce bedient, um den Begriff zu definieren, auch wenn es sich, genau besehen, um ein rhetorisches Verfahren handelt, das in seinem spekulativen Denken öfter wiederkehrt.[20] Dies erlaubt zugleich eine nähere Untersuchung der schon genannten Pseudobegriffe, ob man sie nun für sich allein oder aber in ihrer Beziehung zum reinen Begriff betrachten will. Die Definition der Wesenszüge des Begriffes wird, bevor sie in positiver, affirmativer Weise gegeben wird, zunächst einmal negativ und dann erst durch Distinktion gegeben: Jene geistige Form, jener Aspekt der Wirklichkeit, der Gegenstand der Logik ist und ‚Begriff' genannt wird, besteht *nicht* in der Vorstellung oder Intuition, auch *nicht* in verschiedenen zu allgemeinen Schemata zusammengefaßten Vorstellungen; sie ist auch *nicht* praktisch als Mischung oder Verdichtung von Vorstellungen anzusehen. Der Begriff entsteht aus den Vorstellungen als ein Etwas, das ihnen implizit ist und das der Explizierung bedarf, als Bedürfnis oder Problem, dessen Voraussetzungen die Vorstellungen sind, die ihm aber nicht zu genügen, ja es nicht einmal zu formulieren vermögen. Dieser Erfordernis zu genügen, dieses Problem zu lösen, ist Möglichkeit und exklusive Aufgabe der logischen und nicht jener nur vorstellungshaften Form des Erkennens. Und diese kommt ständig, in jedem Moment des Lebens des Geistes zur Anwendung.

---

20 Vgl. z.B. auch seine Definition der Kunst (Kap. 3).

Nach der sozusagen litotesartigen Phase der Definition des Begriffes geht Croce zur oppositiven über und grenzt den Begriff von den ‚begrifflichen Fiktionen' ab. Es wurde gezeigt, daß diese schon in der empiristischen Lehre vorkamen. Bei Croce gewinnen sie jedoch, nun unter dem Namen ‚Pseudobegriffe', eine neue Bedeutung und spielen eine wichtige Rolle sowohl in seinem Denken im allgemeinen als auch speziell in Hinsicht auf den Vergleich mit Cassirer. Der Begriff kann durch die ihm eigene Natur, durch sein Nicht-Vorstellung-Sein nicht ein einzelnes Vorstellungselement zum Inhalt haben, noch sich auf eine oder mehrere besondere Vorstellungen beziehen. Gleichwohl bezieht er sich, gerade weil er universal bezüglich der Individualität der Vorstellungen ist, auf alle und jede einzelne zugleich: Er ist also ultra- und omnirepräsentativ.

> Man betrachte nur irgendeinen Begriff von universalem Charakter: den der Qualität zum Beispiel oder den der Entwicklung, den Begriff der Schönheit oder den des Zwecks. Können wir uns wirklich denken, daß ein Stückchen Wirklichkeit, wie es in der Vorstellung enthalten ist (und sei es noch so umfassend oder schließe es auch Jahrhunderte und Jahrhunderte reichsten geschichtlichen oder Jahrtausende über Jahrtausende kosmischen Lebens ein), in sich die Qualität oder die Entwicklung, die Schönheit oder die Finalität in dem Sinn erschöpfen kann, daß man mit Recht die Aequivalenz dieser Begriffe mit jenem Vorstellungsinhalt behaupten darf? Und betrachten wir andererseits ein noch so kleines, ein noch so atomhaftes Bruchstück vorstellbaren Lebens – können wir uns jemals denken, daß in ihm Qualität, Entwicklung, Schönheit und Finalität vollkommen fehlt? (Croce, LWB, 15)[VII]

Von dem am Ende so – als expressiv, universal und konkret – charakterisierten ‚Begriff' unterscheiden sich nun die ‚begrifflichen Fiktionen' in einem fundamentalen Punkt: In ihrer Konstitution, welche in der praktischen und nicht in der theoretischen Sphäre des Geistes erfolgt, geschieht nicht jenes Zusammentreffen, jene Verschmelzung von Universalem und Partikulärem, welche dem wahren Begriff eigen ist. Sie sind vielmehr entweder vorstellungshaft, repräsentativ, aber ohne Universalität, oder universal, aber von Vorstellung leer, d.h. ohne vorstellungshaften, intuitiven Inhalt. Zu dem ersten pseudobegrifflichen Typus gehören Begriffe wie ‚Haus', ‚Katze', ‚Rose', die Croce ‚empirische Begriffe' nennt: Bei ihnen liefert eine einzelne Vorstellung oder eine Gruppe von Vorstellungen ihren Inhalt. Sie sind also vorstellungshaft, aber nicht übervorstellungshaft, ultrarepräsentativ; denn so zahlreich die Gegenstände auch sein mögen, welche unter den entsprechenden Begriff fallen, ihre Anzahl ist doch stets endlich. Einen analogen, wenn auch entgegengesetzten Mangel weisen die sogenannten ‚abstrakten Begriffe' auf, welche den zweiten pseudobegrifflichen Typus Croces ausmachen. Croce exemplifiziert ihn durch ‚das Dreieck' und ‚die freie Bewegung'. Solche Begriffe sind zweifellos universal gültig, aber ohne vorstellungshaften Inhalt, ohne Wirklichkeit. Begriffe im eigentlichen Sinne des Terminus, also reine Begriffe, können sie deswegen nicht sein, weil nach Meinung Croces ein Gedanke, der nichts Reales zum Gegenstand hat, kein

Gedanke ist.²¹ Croce unterstreicht nachdrücklich, daß die Pseudobegriffe gegenüber den reinen Begriffen von anderer Herkunft sind, unterschiedliche Momente der Konstitution – ein praktisches die einen, ein theoretisches die anderen – aufweisen. Es kommt ihm sehr darauf an festzustellen, daß die Pseudobegriffe keine Entwürfe oder vorbereitende Phasen der reinen Begriffe seien, denen sie sich graduell annäherten. Auch sind sie keine falschen Begriffe. Vielmehr muß man zugestehen, daß sie nützlich, ja unentbehrlich sind. Es sind schlicht und einfach keine Begriffe: Sie sind absolut nicht in der Lage, neue Erkenntnis zu übermitteln, sie haben nicht den geringsten Erkenntniswert. Vielmehr folgen sie den reinen Begriffen als ihrer Grundlage, die sie voraussetzen. Der praktische Geist greift in die – theoretisch – schon erzeugten Begriffe ein, manipuliert sie und macht aus ihnen Pseudobegriffe. Dieser Akt des praktischen Geistes, der Akt begriffliche Einbildungen, intellektuelle Fiktionen zu formen, hat „also weder mit der Erkenntnis etwas zu tun noch mit deren Gegenteil; es handelt sich dabei nicht um einen im logischen Sinn rationalen Akt (aber deshalb auch noch nicht um einen im gleichen Sinn irrationalen). Er ist rational in seinem eigenen, im praktischen Sinn" (Croce, *LWB*, 24), und er vollzieht sich zu Zwecken der Nützlichkeit. Die Pseudobegriffe sind wesentliche Instrumente des menschlichen Handelns, die nicht begrifflich kritisiert oder aufgelöst werden können, denn sie sind der Logik fremd: Sie gestatten es, das Erbe gewonnener Erkenntnisse zu bewahren und sie aus dem Schoß des Kosmos oder des anscheinend Unbewußten oder Vergessenen wieder aufzurufen:

> Der Zweck, den wir mit der Konstruktion jener Instrumente, die wir begriffliche Fiktionen nennen, verfolgen, ist der, daß sie es ermöglichen, vermittelst eines einfachen Namens ungezählte Mengen von Vorstellungen aufzuwecken und zur Stelle zu rufen oder wenigstens mit hinreichender Genauigkeit anzugeben, auf welche Operation man zurückgreifen muß, um diese Vorstellungen wiederzufinden und sich ins Gedächtnis zurückzurufen. (Croce, *LWB*, 24)^VIII

Ihre Beziehung zu den reinen Begriffen ist also weder eine der Identität, noch eine der graduellen Annäherung oder Identifizierung, noch eine der Opposition, sondern einfach eine der Verschiedenheit.

Daß Croce die Pseudobegriffe nicht als etwas Falsches oder Negatives abstempeln möchte, ändert freilich nichts daran, daß sich die Wissenschaft in seinem System in einer schwierigen Lage befindet. Denn sie bedient sich, anders als die Philosophie, nicht der reinen Begriffe, sondern eben dieser Pseudobegriffe. Wir stehen hier vor einer Definition der Wissenschaft, die paradoxerweise in gewisser Hinsicht sogar mit dem logischen Skeptizismus

---

21 Wollte man die Unterscheidung der klassischen Logik zwischen ‚totaler Abstraktion' (die der Gattungsnamen wie ‚Rose', ‚Katze', ‚Haus') und ‚formaler Abstraktion' (die der Verben und Attribute wie ‚Bewegung', ‚Schönheit', ‚Zweck') annehmen, so müßte man sagen, daß nach der Croceschen Auffassung nur die formale Abstraktion (reine) Begriffe zu erzeugen vermag. Ergebnis der totalen Abstraktion wären dagegen die sogenannten Pseudobegriffe.

in Einklang gebracht werden könnte. Denn obwohl Croce die Möglichkeit der logischen Erkenntnis absolut nicht leugnet, ja sich einer solchen Leugnung vehement entgegenstellt, entzieht er doch die Wissenschaft der theoretischen Sphäre und verweist sie in die praktische. Das heißt, ein nützlicher Charakter für das menschliche Handeln wird ihr zugebilligt, jeder Erkenntniswert aber wird ihr abgesprochen.

2.3 Das Problem der Vermittlung der Wissenschaft: Affine und diskordante Elemente der Auffassung vom Begriff

2.3.1 Form und Materie als Phasen des Atmens

Den Begriff funktionell zu interpretieren – wie Cassirer dies tut –, bedeutet die sogenannten reinen Begriffe[22] als Ausdruck eines Geflechts von Relationen zu definieren, die durch höhere Regeln und Prinzipien zusammengehalten werden. Durch Beziehungen von Form und Inhalt, von Allgemeinem und Besonderem, von Wert und Sache, die – dies ist zu unterstreichen – sicher nicht etwas Vermitteltes und a posteriori sind, welches dem intuitiven Grund gleichsam hinzugefügt würde, sondern die eine konstitutive Bedingung eben dieses Grundes bilden (vgl. Cassirer *EGL*). Gerade dadurch, daß er die reinen Begriffe als etwas Relationelles, als Ausdruck von Relationen ansieht, wird nach Cassirers Meinung der grundlegende Mangel aller metaphysischen Erkenntnistheorien überwunden. Denn diese versuchen, angesichts der schwierigen ursprünglichen Beziehung zwischen Form und Inhalt, zwischen Allgemeinem und Besonderem, diese Duplizität der Momente als Duplizität von Elementen zu reinterpretieren. Dagegen ist Cassirer davon überzeugt, daß kein Glied der genannten Gegensatzpaare als Element im eigentlichen Sinne verstanden werden kann, da es zu seinem vollen erfaßbaren Sinne nur durch sein korrelativ Anderes gelangt.

> Nicht derart ist das Urverhältnis zu definieren, daß das ‚Allgemeine' irgendwie neben oder über dem ‚Besonderen', daß die Form irgendwie abgelöst vom Inhalt ‚bestände', und daß beides dann nur vermittels irgendeiner fundamentalen Synthese des Wissens wechselweise miteinander verschmilzt. Die Einheit der gegenseitigen Bestimmung bildet vielmehr hier das schlechthin erste Datum, hinter das nicht weiter zurückgegangen werden kann, und das sich erst für die künstlich isolierende Abstraktion in der Doppelheit zweier ‚Gesichtspunkte' zerlegt. (Cassirer, *EGL*, 152)

---

[22] Die bei Cassirer also *alle* Begriffe sind, seien es die, welche Croce wirklich als solche anerkannte (wie ‚Schönheit', ‚Finalität' und ‚Bewegung'), seien es die, welche er ‚abstrakte' Begriffe oder ‚empirische' Begriffe nannte (‚Dreieck' und ‚freie Bewegung', ‚Haus' und ‚Katze'); entscheidend ist jedoch, sich stets dessen bewußt zu sein, wie sie gewonnen wurden, nämlich durch einen anderen Typus der Abstraktion, eben funktionell.

Auf die Kritik, daß diese Auffassung, einseitig nur den ‚formalen' Faktor der Erkenntnis gegenüber dem materiellen privilegiere, ja darauf abziele, diesen letzteren definitiv zu eliminieren, entgegnet Cassirer, daß eine solche Kritik nur für den Fall gültig wäre, daß man eine sozusagen einfache Materie behauptet hätte, welche in sich nicht eine schon in irgendeiner Weise formale Bestimmung beschlösse. Und nicht nur, betont Cassirer nun mit Entschiedenheit, steht die funktionelle Theorie des Begriffs einer solchen einfachen Materie fern, sondern es wird in ihr gerade nicht einmal das Gegenteil angenommen, nämlich einfach eine leere Form, eine reine allgemeine Form ohne jegliche Determination: Die entgegengesetzten Momente der Identität und der Differenz, der Form und des Inhalts sind gleicherweise notwendige und unentbehrliche Teile innerhalb der Einheit des Denkens selbst. Weit davon entfernt, den doppelten Gesichtspunkt zu leugnen, unter welchem jede Erkenntnis steht und beurteilt werden kann, unterstreicht er ihn vielmehr ausdrücklich. Nur daß diese Verschiedenheit als eine solche des Urteils selbst angesehen wird, welches sich auf diese Weise unter den einheitlichen Zweck der Erkenntnis stellt und sich diesem als Mittel anpaßt:

> Es handelt sich hier nicht um den Gegensatz zwischen einem rein logischen und einem schlechthin alogischen Bestandteil, zwischen dem Denken in seiner reinen Betätigung und einem schlechthin ‚denkfremden' Stoff, auf den es stößt, sondern um jene ewige ‚Systole' und ‚Diastole', die dem Denken, der logischen Funktion als solcher in ihrer Totalität wesentlich ist. Nicht zwei ihrem Ursprung nach getrennte und verschiedenen Gebieten angehörige ‚Faktoren' stehen hier einander entgegen, aus denen sich nur nachträglich ein künstliches Produkt ergibt, das aber die Abstammung aus heterogenen Bestandstücken niemals zu verleugnen vermag: vielmehr bildet die Gesamtbewegung des Erkennens einen einheitlichen Prozeß, dessen verschiedene Phasen sich – um ein Lieblingsbild Goethes zu brauchen – wie Einatmen und Ausatmen wechselseitig bedingen. (Cassirer, *EGL*, 154)

2.3.2 Der metaphysische Dualismus der ersten Schriften Croces

Die Frage des metaphysischen Dualismus gestattet einen interessanten Vergleich mit der Philosophie Croces. Croce selbst sieht sich nämlich, zumindest in der allerersten Phase der Formulierung seines Systems, mit unauflöslichen Widersprüchen konfrontiert, welche durch den Dualismus von Universalem und Partikulärem, von Materie und Form bedingt sind. In den *Tesi fondamentali* und in der ersten Auflage der *Estetica* ist er in der Tat noch nicht zur Ausarbeitung der These von der Zirkularität des Geistes gelangt und hat folglich auch den Dualismus von Natur und Geist noch nicht endgültig überwunden, Form und Inhalt noch nicht zu einer Einheit verschmolzen (vgl. Croce, *CCM*, 56). Die Natur stellt die negative Grenze der geistigen Tätigkeit dar, welcher nur der ästhetische Ausdruck angehört, der ein ‚Faktum der Aktivität' ist und sich von dem ‚natürlichen Faktum' grundsätzlich unterscheidet. Der Geist wird von der Natur dazu angeregt, Ausdrücke zu erzeugen, welche den Eindrücken des Organismus entsprechen, die gleichsam als vermittelndes Element zwischen physischer Natur – die als gegeben genommen wird – und Geist fungiert. Daß Croce diesen Dualismus als Problem erkannte und daß er dieses Problem löste, sollte zu einer der bedeutsamsten Veränderungen an seinem System führen. An erster Stelle zeigt sich diese an der zunehmenden Vergeistigung der ‚passiven Natürlichkeit'. In der Tat wandelt sich die Crocesche Auffassung der Natur zwischen der ersten Auflage der *Estetica* – in der sie gegenüber den *Tesi fondamentali* praktisch unverändert blieb – und der dritten ganz entscheidend. Der Begriff der Materie und der physischen Realität verliert regelrecht seine Physizität und bezeichnet nun nicht mehr eine effektive Wirklichkeit, sondern wird zu einem Begriff, welcher zu einem bestimmten – praktischen – Zweck durch Abstraktion gebildet wurde.[23] [IX] Mit dieser zunehmenden Auflösung des Dualismus zwischen Natur und Geist, die zur Eliminierung der autonomen Naturauffassung aus dem Croceschen System führt, geht die Identifizierung von Eindruck und Ausdruck einher, wobei der erstere von seinen naturalistischen Residuen entschlackt wird, von seiner Passivität.[24]

Diese Auflösung stellt nun eine substantielle Annäherung an die philosophisch-wissenschaftliche Sicht Cassirers dar, zugleich aber eine radikale Trennung von ihr. Denn einerseits impliziert sie die Übernahme der kritischen Auffassung des Begriffs, indem sie ihn als Verbindung des Allgemeinen und des Besonderen, von Materie und Form, versteht, andererseits läßt sie die äußere Natur in der praktischen Dimension des Geistes aufgehen also im Reich der Pseudobegriffe. Wie Cassirer, so verteidigt sich auch Croce vor Kritik oder Deutungen, welche seiner Philosophie die „Leugnung des Faktischen" vorwerfen wollen: Vielmehr könne man den Charakter seiner Logik „als Bekenntnis zum Konkret-Universalen wie als Bekenntnis zum Individuell-Konkreten bezeichnen". Mehr noch, fügt er einige Zeilen vorher hinzu: das Grundmotiv, welches ihn gegen den Positivismus habe Stellung nehmen lassen, ihn zur Kritik der Wissenschaft und zur Formulierung eines Systems der geistigen Aktivitäten veranlaßt habe, sei gerade „von dem Gefühl peinlichsten Respekts vor allem Tatsächlichem [geleitet]; einem Respekt, den man ebenso in den Konstruktionen des Empirismus und der Abstraktionsphilosophie wie in den mit

---

[23] „Daß den physischen Stimuli oder Zeichen die objektive Realität zunehmend entzogen wird, hat als erste Konsequenz, daß die pseudobegriffliche Natur der sprachlichen Verfahren klar wird." (Salucci 1987, 40)

[24] Der Inhalt der Ausdrücke, um einen Terminus zu verwenden, welchen der Croce der *Tesi fondamentali* noch von der Form unterschied, wird der natürlichen Äußerlichkeit entzogen, in den Bereich des Geistes verlagert und mit der Empfindung identifiziert. Vgl. Salucci (1987, 38) über die Vermittlerrolle der *Lineamenti* zwischen den *Tesi* und der dritten Auflage der *Estetica*, wo Croce neben die Bedeutung Natur als unterste Ebene der Realität auch jene der pseudobegrifflichen Einbildung stellt.

ihnen zusammenhängenden Mythologemen des Naturalismus vergeblich sucht und immer suchen wird" (Croce, *LWB*, VI). Anders aber als Cassirer bringt ihn die Kritik an der Wissenschaft zu ihrer endgültigen Eliminierung aus der theoretischen Sphäre, was zu einem der massivsten Streitpunkte der polemischen Auseinandersetzung zwischen Cassirer und Croce werden sollte.

Eine antipositivistische Logik, zwei Perspektiven; ein gemeinsamer Kampf, zwei entgegengesetzte Richtungen: Croce verficht einen reinen Begriff, den er zwar kritisch als Verbindung des Besonderen und des Universalen auffaßt, aber er ignoriert dabei nicht nur den Begriff, welchen die zeitgenössische Wissenschaft verwendet, sondern er geht sogar so weit, diese aus der Sphäre der Begrifflichkeit definitiv auszuschließen. Die Wissenschaft führt zu nützlichem Handeln, zu praktischen Entscheidungen, aber nicht zu universalen Wahrheiten, zu denen vielmehr nur Geschichte und Philosophie hinzuleiten vermögen. Ganz anders Cassirer: Er geht von den Fortschritten der Wissenschaft aus, um die Merkmale eines Begriffes neu zu definieren, der es der Philosophie gestatten soll, ihre problematische ‚Metaphysizität' zu überwinden, und gelangt zu seiner Philosophie der symbolischen Formen. Diese – Cassirer weist an mehr als einer Stelle darauf hin – möchte sich nicht als eine Erkenntnistheorie darstellen. Ihr Thema sind vielmehr die Formen des Verstehens, die Sichtweise der Welt und der Kommunikation, die hier in einem komplexeren, in den kommenden Kapiteln noch genauer zu untersuchenden Sinne verstanden werden soll, und zwar sowohl durch die Sprache als auch durch die anderen symbolischen Formen. Das bezeugt nun einerseits den Einfluß der Humboldtschen Philosophie auf das Denken Cassirers. Andererseits aber erklärt es auch, wie die Cassirersche Philosophie mit einem Terminus Karl-Otto Apels (1976) als regelrechte ‚semiotische Transformation' der Kantschen Transzendentalphilosophie bezeichnet werden kann.[25] Obwohl er von der kritizistischen Perspektive ausgeht und sich dieser zuordnet, geht der philosophische Weg Cassirers über die Erkenntnistheorie hinaus und gelangt zu einer Philosophie der Kultur, welche die Behandlung der Sprache, der Kunst, des Mythos und der Technik als Formen des menschlichen Handelns einschließt.[26] Man kann sich leicht vorstellen, daß dies ein Punkt wurde, an dem sich die

---

[25] „Der zuletzt angedeutete Mangel der Kantschen Vernunftkritik, der bereits durch die Väter der deutschen Sprachphilosophie, Hamann, Herder und W. v. Humboldt, empfunden wurde, konnte zwar in der mit dem amerikanischen Pragmatismus gleichzeitigen Entwicklung des Neu-Kantianismus durch Ernst Cassirer behoben werden, der in seiner ‚Philosophie der symbolischen Formen' gewissermaßen die Zeichenfunktion in die transzendentale Synthesis der Apperzeption einbaute. Von Peirces Konzeption unterscheidet sich diese *semiotische Transformation der Transzendentalphilosophie* indessen dadurch, daß sie, trotz der semiotischen Verleiblichung der Vermittlungsfunktion der Erkenntnis, hinsichtlich der so vermittelten Subjekt-Objekt-Relation die Kantische Voraussetzung eines transzendentalen Bewußtseinsidealismus unverändert stehen läßt." (Apel 1976, 188–189)

[26] Vgl. hierzu die Interpretation von Krois (1987).

Polemik zwischen beiden Autoren in besonderer Weise entzündete, an dem sich Vorurteile, Mißverständnisse oder ganz einfach die theoretische Unvereinbarkeit ihrer Positionen in vollem Umfang zeigte. Denn man muß sich darüber im klaren sein: Wenn man die Wissenschaft in den Bereich des Praktischen verweist, so bedeutet dies nicht nur, ihr den Erkenntniswert abzusprechen, sondern ihr auch jene Aufgabe zu entziehen, welche sie in der Kantschen kritizistischen Theorie des Begriffes besaß, nämlich beim Erreichen der Einheit des Allgemeinen und des Besonderen die Rolle der Vermittlerin zu spielen.

2.3.3 Die Wissenschaft als Vermittlerin der Einheit des Allgemeinen und des Besonderen[27]

Cassirer übersieht keineswegs die Punkte der Affinität, welche sich jenseits aller grundsätzlichen Widersprüche zwischen logischem Idealismus und Hegelianismus feststellen lassen. Vielmehr bemerkt er, daß ihre größte Ähnlichkeit und zugleich ihr größter Gegensatz gerade dann in Erscheinung treten, wenn man die Ergebnisse *zu denen* die spekulativen Denkprozesse der beiden philosophischen Schulen *führen*, miteinander vergleicht, und nicht, wenn man versucht, auf die ursprünglichen ideellen Motive zurückzugehen, *von denen aus* diese Ergebnisse erzielt wurden. Das, was Hegel und den modernen logischen Idealismus, „der sich geschichtlich in reiner Fortbildung der Kantischen Grundgedanken entwickelt hat" (Cassirer *EGL*, 170), am engsten und unmittelbarsten miteinander verbindet, ist nach Meinung Cassirers die Aufgabe des echten begrifflichen Denkens. Auch für Hegel ist in der Tat in jedem konkreten Urteil das Allgemeine mit dem Einzelnen vereint, das Moment des Begriffs ist unauflöslich mit dem Moment der Intuition verbunden. Die ‚reine Tatsache', die keine logische Komponente einschließt, wie auch der ‚reine Begriff', losgelöst von jedem Bezug zur empirischen Realität: beides sind falsche Abstraktionen. Das Wirkliche ist sowohl (empirische) Tatsache als auch (apriorischer) Begriff, beides in vollständiger und vollendeter gegenseitige Durchdringung: „Das ‚Wunder der Erkenntnis' besteht eben darin, Tatsächliches allgemein zu begreifen." (Cassirer *EGL*, 170)

Bei den Versuchen, die Hegelsche Lehre zu erneuern, zeigt sich diese grundsätzliche Nähe von Hegelianismus und logischem Idealismus am offensichtlichsten in denjenigen Untersuchungen, die das Moment des echten begrifflichen Denkens ins Zentrum stellen. Eine Nähe, die hervortritt bezüglich des Themas, oder besser ihres Problems, die auch da, wo die

---

[27] Cassirer spricht hauptsächlich vom ‚Allgemeinen' und ‚Besonderen', vor allem in den offiziellen Übersetzungen Croces, aber auch allgemein in der philosophischen Terminologie, findet man hierfür auch das ‚Universale' und das ‚Partikuläre' oder ‚Einzelne'; daher wird diese Arbeit diese Termini synonym verwenden, wobei sie jedoch den Sprachgebrauch des jeweils behandelten Autors berücksichtigt.

Lösungswege sich trennen, keineswegs außer Kraft gesetzt wird. Und dies geschieht nun gerade im spekulativen Denken Croces, der – wie Cassirer selbst bereitwillig einräumt – die ‚wahre Tendenz' Hegels wohl erkennt, indem er in der Hegelschen Begriffsauffassung die unbegrenzte Anerkennung und Erfüllung der Forderung antrifft, die schon die Kantsche Idee der Synthese *a priori* in sich beschloß.

Cassirer ist allerdings nicht gewillt, den Punkt zu ignorieren, in dem die Trennung zwischen der Lehre Kants und der Hegels – und in noch radikalerer Weise der neuidealistischen Croces – so deutlich ist, daß es fast nötig wird, neu nachzuweisen, daß es sich ursprünglich um dasselbe Problem handelte. Und diesen Punkt stellt die Vermittlerrolle der Wissenschaft beim Erreichen dieser Einheit des Einzelnen und des Allgemeinen dar wie auch die Modalität dieses Erreichens, sei es als eine endgültige, sei es als eine des ständig neuen Erstrebens.

Für Kant ist die Einheit des Allgemeinen und des Einzelnen „die Einheit eines Postulats, dessen fortschreitende Erfüllung nur innerhalb der Wissenschaft und kraft ihrer selbständigen Methode erreichbar ist" (Cassirer, *EGL*, 171). Es ist absolut unmöglich, auf die Vermittlerrolle der Wissenschaft zu verzichten. Auch ist es nicht denkbar, ihre spezifische Leistung durch die Bildung irgendeines einheitlichen philosophischen Begriffsschemas willkürlich zu ersetzen: Die Philosophie kann für sich in der Tat lediglich die allgemeinen Prinzipien sichern, unter welche diese Leistung sich stellt, aber sie ist zweifellos nicht in der Lage, ihren gesamten konkreten Inhalt vorwegzunehmen und ihn autonom zu formulieren. Daher darf die Einheit des Allgemeinen und des Einzelnen – oder um es mit den Termini der traditionellen Metaphysik zu sagen die Identität von Form und Materie, von Vernunft und Wirklichkeit – auf keiner Ebene als abgeschlossen und erreicht betrachtet werden, sondern als erforderlich und angestrebt. Dies bedeutet, daß im Kantschen Denken Allgemeines und Besonderes keineswegs als absolut entgegengesetzt und dualistisch koinzident, sondern als zwei verschiedene Termini in der Einheit reziproker Korrelation gedacht werden; als eine Relation, als eine Einheit aber, die nicht endgültig gegeben ist, sondern die stets von neuem in Spaltung zerfällt und sich zwischen den beiden Termini wieder etabliert: „Es handelt sich hier um eine Identität, die selbst nur in dem Sinne ‚ist', als sie sich beständig und auf jeder neuen Stufe der Erkenntnis herstellt" (Cassirer, *EGL*, 172)

Im Hegelschen System finden dagegen Einheiten, die sich spalten und wieder zusammenfügen, keinen Platz. Im vollendeten System Hegels,[28] in jenem definitiven, dialektischen und doch paradoxerweise unbeweglichen System, in das sich oftmals das Hegelsche Denken selbst nur mit Mühe hineinzwängt, kommt der Prozeß, nachdem einmal die Identität des

---

[28] Cassirer trifft das Paradoxe dieser Auffassung damit, daß sich seiner Meinung nach in dieser Kantischen Dynamik von Einheit – Spaltung – Einheit der Ursprung der Hegelschen Dialektik ausmachen läßt.

Vernünftigen und des Wirklichen erreicht ist, zum Stehen: die ‚schlechte Unendlichkeit',[29] die absolute Relativität – Merkmal und Schicksal oder besser Verdammnis aller wissenschaftlichen Erfahrungserkenntnis – werden vom absoluten Wissen verschlungen.[30]

2.3.4 Cassirer gegen Croces Interpretation der Wissenschaft

In Croces spekulativem Denken, sagt Cassirer polemisch, nimmt dieses Problem noch radikalere Züge an. Denn nicht nur wird der Wissenschaft keine Vermittlerrolle zur Erreichung der begrifflichen Termini zugestanden, sondern sie wird aus der Logik und aus der Sphäre der Theorie geradezu ausgeschlossen. Indem er den Kontrast zwischen dem reinen spekulativen Begriff und den Pseudobegriffen der Wissenschaft als dominantes Thema der Croceschen Logik interpretiert, macht Cassirer diesen auch zum Zielpunkt seiner entschiedensten Kritik. Daß das, was die Wissenschaft Begriffe nennt, nicht Mittel zum Verständnis der Realität, sondern grobe und oberflächliche Klassifikationen sein sollen, kann er klarerweise nicht akzeptieren:

> Jeder Schritt, den sie tut, besteht vielmehr darin, daß sie sich, statt sich in die konkrete geistige Wirklichkeit zu vertiefen, von dieser abwendet und an ihre Stelle ein Gewebe von Fiktionen setzt. Der Wert dieser Fiktionen besteht nicht in ihrem theoretischen Sinn und Bedeutungsgehalt, sondern darin, daß sie uns jenen raschen und oberflächlichen Überblick über die Dinge verschaffen, auf den es im praktischen Handeln allein abgesehen ist. (Cassirer, *EGL*, 172)

Wenn nun einerseits der Gebrauch von Adjektiven wie ‚grob', ‚oberflächlich', ‚schnell' bei Cassirers Qualifizierung der pseudobegrifflichen Fiktionen vermuten läßt, daß er vielleicht den Grad der geistigen Fundierung, besser noch, die Rolle, welche die praktische Sphäre innerhalb des Croceschen Systems spielt, unterschätzt – womöglich auch, weil seine Auffassung von Gnoseologie auf so andersartigen Kriterien beruht, daß sie ihn an einem tiefen Verständnis aller Einzelheiten des Croceschen Systems schlichtweg hindert[31] –, so muß doch auch anerkannt werden, daß Cassirers Kritik an Croce bezüglich anderer Aspekte äußerst ernsthaft und scharfsinnig ist. So analysiert er insbesondere den Punkt, wo die Crocesche Spekulation sich von der Hegelschen trennt: Da die Pseudobegriffe zu einer anderen als der theoretischen Sphäre der reinen Begriffe gehören, können sie auch nicht als Vorstufen der wahren spekulativen Erkenntnis verstanden werden, ja nicht einmal nur als ‚annullierte Momente' im Prozeß der Erkenntnis Bestand behalten. Gerade darin liegt nach Croce Hegels Irrtum, daß er den grundle-

---

[29] So wird die ‚Idee' im Sinne Kants von Hegel notorisch bezeichnet.
[30] Zum System und zur Methode Hegels (vor allem was seiner Logik betrifft) vgl. in der umfangreichen Literatur Henrich 1967, Bloch 1970, Puntel 1973, Harris 1983, Hösle 1987, Pinkard 1988, Pippin 1989, Wandschneider 1995, Hartmann 1999, Koch/Schick 2002.
[31] Vgl. hierzu Henry 1993.

genden geistigen Unterschied zwischen den Begriffen der Logik und den atheoretischen Pseudobegriffen nicht erkannt habe, indem er in den empirischen Urteilen und denen der Mathematik immer noch eine Form des Wissens sieht, wenn auch eine geringerstufige. Im System Hegels behalten die Begriffe der Wissenschaft also einen bestimmten Erkenntniswert, obwohl sie aus der Sicht des Umfassenden und Ganzen nur eine einseitige und unvollständige Erkenntnis erbringen. Croce hingegen vertritt mit Entschiedenheit die Ansicht, die Wissenschaft stelle überhaupt keinen ‚Teil' der Philosophie dar. Demgegenüber bemerkt Cassirer:

> In dieser Weiterbildung des Hegelschen Systems aber schlägt der Gedanke des Panlogikums in der Tat selbst in sein Gegenteil um. Denn alle Erkenntnis der reinen Mathematik, wie der reinen angewandten Naturwissenschaft ist jetzt der Skepsis ohne Einschränkung preisgegeben. Sie besitzt keinen unabhängigen Wahrheitswert sondern lediglich einen abgeleiteten Bequemlichkeits- und Nützlichkeitswert. Nur *eine* Disziplin bleibt von diesem Verdikt verschont und als adäquater Ausdruck der Wirklichkeit anerkannt. Es ist die Geschichte, die damit, da sie nun keine andere selbständige Wissenschaft mehr neben sich hat, das Gesamtgebiet des Geistigen für sich in Anspruch nimmt. Die Identität von Philosophie und Geschichte bildet daher das letzte Wort von Croces Lehre. (Cassirer, *EGL*,173)

Im Einklang mit einer solchen philosophischen Auffassung steht es, daß alle Probleme beiseite geschoben werden, die sich aus der Verschiedenheit der methodischen Gesichtspunkte der Einzelwissenschaften und ihrer gegenseitigen Beziehungen ergeben, da sie mit dem Bereich der Theorie ja nun nichts mehr zu tun haben. Doch sie zu ignorieren, bedeutet nicht, sich von ihnen zu befreien, betont Cassirer. Denn gerade diese Probleme tauchen an bestimmten Stellen des Croceschen Systems wieder auf und führen zu „unerwarteten und paradoxen" Wendungen, ja zu regelrechter Widersprüchlichkeit. Um das zu verdeutlichen, geht Cassirer auf Croces Durchtrennung des Bandes zwischen Philosophie und Wissenschaft, insbesondere zwischen Philosophie und Mathematik und Naturwissenschaften, näher ein. Denn auch wenn man, so Croce, zwischen Philosophie und diesen Disziplinen eine irgendwie geartete Verbindung annehmen will, dann ist diese nicht in dem materiellen Inhalt ihrer Theorien zu suchen, sondern sie liegt in dem Umstand, daß auch diese eine Geschichte, eine bestimmte historische Entwicklung aufweisen. Diese ist, als Teil des Wirklichen, ein legitimer Gegenstand der Philosophie, während ihr sich entwickelnder Inhalt selbst es nicht ist. Dies zeigt nach Cassirer den impliziten Widerspruch der ganzen Croceschen Konzeption. Denn die so bestimmte Entwicklung besitzt nun überhaupt kein autonomes Subjekt mehr und erweist sich sozusagen als Bewegung ohne Sinn und als ein selbstbezüglicher Zweck, wodurch Croce in einen extremen Relativismus verfällt. Aus einer solchen Konzeption, merkt Cassirer polemisch an, könnte man geradezu einen Schluß ziehen, welcher dem, zu welchem Croce gelangt war, genau entgegengesetzt ist. Denn wenn sich Mathematik und empirische

Wissenschaften wirklich als wahre Geschichte des konstanten und fundierten Fortschritts ihrer Problemstellungen erwiesen, dann müßte schon allein dieser Tatbestand dafür entscheidend sein, ihnen einen geistigen Charakter zuzugestehen, die auch Croce selbst nicht leugnen könnte:[32]

> Wird diese Folgerung nicht gezogen, so muß die ganze Lehre, wenngleich sie die Logik als Grundwissenschaft proklamiert, sich in Wahrheit in einen schrankenlosen historischen Relativismus wandeln, in welchem der Wechsel gleichsam nur um des Wechsels willen betrachtet, aus ihm aber keinerlei sachlich-logischer ‚Bestand' mehr herausgehoben wird. (Cassirer, *EGL*, 174)

Klar ist hier der an Croce gerichtete Vorwurf, daß seine Logik einen historischen Relativismus zum Ergebnis hat. In der Tat erscheint evident, daß die ganze Essenz der Erfahrung – auch unter der Verkleidung „so mannigfache[r] theoretische[r] und gedankliche[r] Hüllen" (Cassirer, *EGL*, 174) – absolut unterhalb der Ebene des Geistes verbleibt. Alle Gesetze der Erfahrung, welche die Wissenschaft formuliert, sind für Croce lediglich vage, oberflächliche und unvollkommene Begriffe. Damit ist gesagt, daß gegeben nur die historische Kenntnis des Vergangenen ist, jede Voraussage bezüglich des Zukünftigen aber unmöglich. Dies bedeutet für Cassirer eine Rückkehr zur Logik Humes, allerdings ohne daß der Zirkel beseitigt würde, den Kant bei Humes Lehre festgestellt hatte:[33]

---

[32] In den folgenden Kapiteln wird noch ausführlicher behandelt werden, daß Cassirer wohl nicht gut verstanden hat, wie sehr auch der praktische Bereich Croces profund geistiger Natur ist, was Croce genau mit ‚*spirituale*' meint, und wie sehr sich hinter den entschiedenen und hochtrabenden Behauptungen Croces grundlegende Unbestimmtheiten seines Systems verbergen, die gerade in dem Konzept des Pseudobegriffs gipfeln. Am Pseudobegriff hatte sich übrigens sogar die Polemik zwischen Croce und Vossler entzündet (vgl. dazu den Briefwechsel).

[33] Zwischen den Eindrücken (*impressions*) und den Vorstellungen (*ideas*), die Unterkategorien der Wahrnehmungen, der psychischen Inhalte sind, d.h. Abbilder der Eindrücke im Bewußtsein und weniger lebhaft als das mit den Sinnen intensiv Wahrgenommene, existiert für Hume nur ein gradueller Unterschied. Da Ideen und Eindrücke sich entsprechen und die ersten von den zweiten abhängen, ist es möglich, die Ideen streng zu kritisieren: Vor allem muß man kontrollieren, ob sie eine wirkliche Entsprechung in den Eindrücken haben; zweitens kann man die obskuren Ideen durch den Vergleich mit den entsprechenden Eindrücken klären und präzisieren. Auf Grund dieses Prinzips behauptet Hume dann die Unbegründetheit einiger aus der philosophischen Tradition übernommener Ideen, wie die der Substanz und die der Identität der Person. Schon im ersten Band seiner *Philosophie der symbolischen Formen* hatte Cassirer kritisch auf Hume Bezug genommen, insbesondere auf die empiristische Auflösung des Begriffs des Ich und des Selbstbewußtseins des Ich. „Wenn Hume das Ich als ein ‚Bündel von Perzeptionen' erklärt, so hebt diese Erklärung – abgesehen davon, daß in ihr nur die Tatsache der Verbindung ü b e r h a u p t festgehalten, aber über die b e s o n d e r e Form und Art der Synthese zum ‚Ich' nicht das geringste ausgesagt ist – sich schon darum selbst auf, weil im Begriff der Perzeption der Begriff des Ich, der scheinbar analysiert und in seine Bestandteile zerlegt werden sollte, noch vollständig unzerlegt enthalten ist." (Cassirer *PhsF* 1, 34–35) Denkt man an die Kritik, welche De Mauro an Croces Auffassung des Individuums als Pseudobegriff geübt hat (vgl. 4.3.2), so erscheint der Vergleich mit Hume noch überzeugender.

Denn schon die bloße gedächtnismäßige Assoziation der Wahrnehmungsbilder, die für die Bildung der naturwissenschaftlichen Gattungsbegriffe hier ausdrücklich anerkannt und vorausgesetzt werden muß, enthält das tiefere Problem der ‚transzendentalen Affinität der Erscheinungen' in sich. Besäßen die empirischen Daten nicht in sich selbst eine bestimmte gesetzliche ‚Gleichförmigkeit' und insofern bereits eine bestimmte logische ‚Struktur' – so wäre ein ‚Begriff' von ihnen, nicht nur im Sinne der strengen Wissenschaft, sondern auch im Sinne der biologischen Nützlichkeitslehre unmöglich. (Cassirer, EGL, 174–175)[34]

Dieser Begriff setzt in der Tat voraus, daß man aus dem Chaos der einzelnen Bilder irgendeine Verbindung herauszulösen vermag, die es gestattet, bestimmte Elemente in irgendeiner Weise zu Gruppen zusammenzufassen und diesen in Bezug auf die Gesamtheit der übrigen Elemente ein bestimmtes unterscheidendes Merkmal zuzuweisen. Auch wenn man solchen Gruppierungen keinen theoretischen, sondern nur einen praktischen Wert beimessen will – das heißt, wenn man nur ihre Nutzbarmachung ins Auge fassen will – so ändert dies doch nichts an der Tatsache, daß sie die einzelnen Gegebenheiten nicht nach schierer Willkür zueinander in Beziehung setzen: In irgendeiner Weise müssen sie eine Beziehung der Ähnlichkeit oder der Mitzugehörigkeit ausdrücken, die zwischen ihnen selbst besteht:

Eben dieser ‚Bestand' aber – und damit die Möglichkeit, auch nur zu den ‚Pseudobegriffen' der empirischen Wissenschaften zu gelangen – wird von der logischen Theorie, die wir hier vor uns haben, nicht mehr erklärt, sondern vielmehr geleugnet: und er muß geleugnet werden, da seine Anerkennung wiederum die Anerkennung eines logischen, also eines ‚geistigen' Moments in den Schlüssen der Erfahrungswissenschaft selbst bedeuten würde. So fehlt hier natürlich auch jede Unterscheidung zwischen den bloß vorläufigen klassifikatorischen Gattungsbegriffen und den funktionalen Gesetzbegriffen der Naturwissenschaft: der Oberbegriff der ‚Fiktion' umfaßt beide Arten und vernichtet jede spezifische Differenz zwischen ihnen. (Cassirer, EGL, 175)[35]

Das, was Cassirer als „unerwartete und paradoxe" Wendung angekündigt hatte und was er als eigentümliches Resultat der Croceschen Philosophie bezeichnet, ist die Tatsache, daß eine Doktrin idealistisch-hegelianischer Inspiration in der Auffassung der Wissenschaft auf das Niveau eines Wahrheitsbegriffs herabsinkt, welches für die moderne pragmatistische Theorie kennzeichnend ist. Die Kritik an dieser Auffassung muß daher zwangsläufig in eine Kritik am Pragmatismus einmünden.[36]

---

[34] Cassirer sieht eine Parallelität zwischen der Theorie Croces und der von Lask; diese liegt seiner Ansicht nach darin, daß beiden die Nützlichkeitsdoktrin gemeinsam ist. Eine eingehende Analyse dazu findet sich in Henry 1993; sie betont, daß Croce selbst glaubte, die Theorie Lasks beeinflußt zu haben (vgl. insb. Henry 1993, 128–129).
[35] Cassirer bezieht sich auf das, was Croce sozusagen als ‚Unterkategorien' der Pseudobegriffe bezeichnet: die empirischen Begriffe und die abstrakten Begriffe (zur Erklärung dieser vgl. 2.2.2.3).
[36] Bei der logischen und methodologischen Untersuchung der wechselseitigen Bedingtheit von Faktum und Begriff tut der Pragmatismus, besonders durch Dewey,

2.3.5   Die Rezension aus dem Jahre 1943: Gegen den Begriff Cassirers

Man könnte spekulieren, daß diese erste explizite Kritik an Croce in *Zur Logik der Kulturwissenschaften* eine Antwort Cassirers auf die Rezension sei, welche De Ruggiero im Jahre 1910 zu *Substanzbegriff und Funktionsbegriff* geschrieben hatte. Denn darin wird, um die Inkonsistenz und Sterilität der Cassirerschen Begriffsinterpretation zu zeigen, gerade Croces Auffassung von der Logik (und damit auch von der Wissenschaft) als Waffe eingesetzt.[37] In analoger Weise könnte man auch vermuten, daß Cassirer sich mit seiner Kritik gegen die damals von mehr als einem Interpreten unternommenen Versuche wenden wollte, Neokritizismus und Hegelsche Tradition einander anzunähern, wenn nicht gar miteinander zu versöhnen.[38] Sicher ist indes nur so viel, daß Cassirer den Streit mit Croce – übrigens im Ton durchaus friedfertig und wissenschaftlich-sachlich – bewußt aufnahm, worauf Croce erst nach langer Verspätung reagierte, als sich sowohl seine eigene philosophische Auffassung als auch die seines Diskussionspartners schon in einigen Zügen geändert hatten. Hinter dieser Verspätung verbirgt sich wahrscheinlich ein Entwicklungsprozeß des Croceschen Denkens, in dem die verschiedenen Phasen des ‚Reagierens' auf Cassirer ihre Erklärung finden: die anfängliche zweideutige und verdächtige Indifferenz; die kurzen maßvollen Repliken, die zuweilen überhaupt nur den Charakter von Anspielungen hatten; und schließlich die heftige und offensive Entgegnung in Croces Rezension der Cassirerschen Schrift *Zur Logik der Kulturwissenschaften*. Der Ton, den Croce in seiner Rezension anschlägt, ist auf eine wenig erfreuliche Weise polemisch und vermittelt dem Leser den unangenehmen Eindruck, nicht Zeuge einer theoretischen Auseinandersetzung, sondern vielmehr einer persönlichen Abrechnung zu sein. Die Antworten Croces liegen daher auf einem ganz anderen Niveau als Cassirers professionelle und distanzierte Bemerkungen kritischer Interpretation. Zwar findet sich am

---

nach Meinung Cassirers gegenüber Empirismus und Positivismus einen Schritt nach vorn. Richtig erfaßt er, daß es um die Überwindung der Abbildtheorie geht. Allerdings identifiziert er damit die rationalistische Lehre, die hingegen gerade durch Leibniz und Kant die Metaphysik der Abbildtheorie endgültig überwunden hatte. Der pragmatistische Begriff der Wahrheit sei nichts anderes als die alte Galileisch-Leibnizsche Definition der Wahrheit des Phänomens.

37   De Ruggiero nimmt gegen Cassirer – und ganz allgemein gegen die Marburger Schule – die Wirksamkeit einer epistemologischen Doktrin wie der neuidealistischen für sich in Anspruch, in der die Philosophie eine Führungsrolle gegenüber der Wissenschaft spielt. Und er ist tief davon überzeugt, daß nur der Geist in der Lage sei, neues Licht auf die Probleme der Wissenschaftstheorie zu werfen. Ganz in Croceschem Sinne behauptet er, daß die Wissenschaft sich nur dann in ihrer wahren Natur zeigen und ihre wahren Aufgaben erfüllen könne – die darin bestünden, ein ökonomisches Mittel zur Beherrschung und Überwindung der Vielfalt der Phänomene zu sein –, wenn der Geist in seiner praktischen Aktivität als Grundlage der wissenschaftlichen Erfahrung genommen werde.

38   Vgl. z.B. von Aster 1911.

Eingang der Schrift Croces ein typisches Beispiel der rhetorisch-elogiativen Manier italienischer Prosa:

> [Diese Rezension] bietet mir Gelegenheit, kurz das Urteil oder zumindest den Eindruck zu benennen, den ich aus seiner Art zu philosophieren gewonnen habe. Und ich spreche ihn aus, ohne das Geringste an der Respektabilität und den Vorzügen dieses gelehrten und gewissenhaften Autors zu mindern, der einen guten Beitrag zur Geschichte des Denkens in der Renaissance und in der Aufklärung geleistet hat. (Croce, *ReC*, 93)[X]

Dieses Lob ist jedoch rein oberflächlich und gerade dadurch um so befremdlicher, als es nicht nur, selbst in seiner rhetorischen Formalität, wenig überzeugt klingt, sondern auch deutlich zu verstehen gibt, wie gering Cassirer von Croce in philosophischer Hinsicht eingeschätzt wird. Er sei eben „uno scrittore dotto e accurato", das eigentlich zu verstehen ist als: „ein belesener und sorgfältig arbeitender Autor", der „un buon contributo", also: „einen schönen Beitrag" zur Geschichte des Denkens in der Renaissance und der Aufklärung biete, dessen philosophisches Denken aber jener Art zu philosophieren verhaftet bleibe, welche im letzten Viertel des 19. und in den ersten Jahren des 20. Jahrhunderts in Deutschland üblich gewesen sei. Man braucht also nicht einmal allzusehr zwischen den Zeilen zu lesen, um zu bemerken, daß Cassirer hier als ein pedantischer, mittelmäßiger und wenig origineller Denker geschildert wird.

Eine Rezension des Textes im eigentlichen Sinne fehlt völlig: Nur an wenigen Stellen erscheint eine theoretisch-inhaltliche Beschreibung des Cassirerschen Werkes. Weder werden die zentralen Punkte in präziser und kritischer Weise herausgestellt, noch die problematischen organisch und konsequent behandelt. Vielmehr wird die ganze Schrift als einfache Reprise der Theorien gelesen, die Cassirer schon in seinen früheren Werken dargestellt hatte. Dagegen wimmelt es nur so von Anspielungen und gegenattackierenden Repliken auf die Kritik, die Cassirer in seinen Werken im Laufe der Jahre geäußert hatte. Auf *Zur Logik der Kulturwissenschaften* geht die Rezension nur in bezug auf diejenigen Themen und Stellen ein, die es Croce gestatten, seine eigene Philosophie zu verteidigen. So stellt Croce etwa zu Cassirers Auffassung der Kunst fest:

> Er lobt die unglückliche und verquere Unterscheidung Wölfflins zwischen einem ‚linearen Stil' und einem ‚malerischen Stil' einem ‚geschlossenen Stil' und einem ‚offenen' von der die Kunsthistoriker längst nichts mehr wissen wollen, da sie sich als willkürlich herausgestellt hat, und er weist meine Leugnung der literarischen und künstlerischen Gattungen zurück. (Croce, *ReC*, 94–95)[XI]

Croce ist also viel zu sehr damit beschäftigt, sich gegen die Abscheulichkeiten zu verwahren, die Cassirer ihm seiner Ansicht nach unterstellen will, die ihm aber „so ferne stehen, daß [er] sogar ihre plumpen Wörter mit wissenschaftlichem Klang vergessen habe" (Croce, *ReC*, 95), und ist viel zu sehr in den Windungen seines eigenen Systems befangen,[39] um eine Rezension zu verfassen, die diesen Namen verdiente. Es ist, als hätten das lange selbstauferlegte Schweigen, jene hartnäckige und wenig glaubhafte Gleichgültigkeit gegenüber einer Kritik, die offenbar nicht recht verdaut worden war, sich unversehens in einem grundsätzlichen und totalen Widerspruch Luft verschafft, in einem mit dem ganzen Elan der Selbstverteidigung vorgetragenen, den Hörer befremdenden Plädoyer vor Gericht.

Neben Fragen des Verhältnisses von Kunst und Sprache und der (un)möglichen Unterscheidung und Klassifikation von literarischen Gattungen ist die Rolle der Wissenschaft im Rahmen des Systems einer der im engeren Sinne philosophischen Hauptaspekte der Croceschen Gegenkritik. Nachdem er die „philosophische Art" Cassirers dem neukantianischen Kreis zugewiesen hat, kritisiert er auch an diesem – insbesondere in einer verbissenen Invektive gegen die „dürre mathematisierende Marburger Schule" – jeden Aspekt, an dem sich substantiell die radikale Verschiedenheit zu seiner eigenen Philosophie zeigt:

> Mein Eindruck ist, daß seine [sc. Cassirers] Art [sc. zu philosophieren] im wesentlichen jener deutschen aus dem letzten Viertel des 19. Jahrhunderts und den Anfangsjahren des 20. Jahrhunderts verhaftet bleibt, die zwar suchte, sich über den Positivismus und den Naturalismus zu erheben, sich aber nicht dadurch über sie erhob, daß sie die Tradition der klassischen Zeit aufgriff, wodurch sie von ihnen hätte Abstand gewinnen und sie von oben beherrschen können. So vermochte sie sich nicht freizumachen von dem üblichen Dualismus von „Naturwissenschaft" und „Geisteswissenschaft", von „naturalistischem Denken" und „historischem Denken", die beide aus ihrer Sicht nicht nur als wissenschaftlich gerechtfertigt, sondern *ex aequo* nebeneinander gestellt werden als gleicherweise „wissenschaftlich". (Croce, *ReC*, 93)[XII]

Die grundlegende Lücke im gesamten Werk Cassirers, wie übrigens auch der anderen Neukantianer, sieht Croce in der Tatsache, daß es für ihn keine Logik der Philosophie gibt, und daß die Logik des Erkennens für Cassirer stets und einzig die abstrakte und intellektualistische Logik ist, eben jene der Mathematik und der Naturwissenschaften (vgl. Croce, *ReC*, 93). Auf der Basis einer solchen Interpretation der Wissenschaft und des Begriffs muß Cassirer zur Ausarbeitung einer wenig originellen und oberflächlichen Theorie gelangen, welche sich sogar bei der Konzeption jener symbolischen Formen, die doch geistiger Natur sein müßten, als ‚naturalistisch' erweist. Anstatt in ihrer ewigen Genese und dialektischen Entwicklung erfaßt und behandelt zu werden, werden diese „wie er sie nennt, „symbolischen" Formen" (*ReC*, 93) als für sich seiend verstanden und als untereinander nur durch Analogiebeziehungen verbunden betrachtet. Das heißt, Cassirer verstehe nicht, daß seine symbolischen Formen

---

[39] Dies ist freilich ein Vorwurf, den man in analoger Weise auch an Cassirer richten könnte, insofern er die Bedeutung der praktisch-geistigen Dimension Croces nicht in vollem Umfang verstanden hat.

nichts anderes als Formen und Momente der geistigen Tätigkeit sind oder sein dürften, da sie sich in dieser zusammenfinden und auflösen; und die Philosophie, die sie unterscheidet und zusammenführt ist die Philosophie des Geistes, welche spekulativ und nicht klassifikatorisch und separierend ist. (Croce, *ReC*, 94)[XIII]

Der Irrtum Cassirers bestehe daher darin, daß er jenseits seiner Klassifikationen keine Einheit erfasse, die nicht eine Rückkehr zur unmittelbaren oder mystischen Kontemplation sei; das heißt, er besteht darin, daß er seine symbolischen Formen nicht ‚croceanisch' auffaßt. So sei er nicht in der Lage, ihre wahre und innerste Natur zu begreifen, indem er sie nicht in eine Dialektik des Geistes einordne, in der sie Übergangsmomente darstellten:

> Indem er so seine symbolischen Formen aufzählt und beschreibt und sie nicht durchdringt, gelangt er nicht auf den Grund ihres Wesens, und er unterscheidet nicht diejenigen von ihnen, die positiv und diejenigen die negativ, das heißt, Momente des dialektischen Übergangs von der einen zur anderen sind. (Croce, *ReC*, 94)[XIV]

Wer also von der Croceschen Rezension einen ernsthaften theoretischen Widerspruch, eine bei aller Strenge präzise und konstruktive Kritik erwartet hatte, kann nur enttäuscht sein. Noch bitterer wird diese Enttäuschung vielleicht durch die Tatsache, daß Croces Reaktion so lange auf sich hatte warten lassen. Der Vorwurf, den Croce an Cassirer richtet, „die außerhalb der deutschen professoralen Denkweise entstandenen Theorien nicht genügender Aufmerksamkeit und Reflexion zu würdigen" (Croce, *ReC*, 95), klingt um so paradoxer, je evidenter seine eigene Unfähigkeit wird, die Theorie Cassirers zu durchdringen, seine fehlende Bereitschaft, sich mit ihr konkret – nämlich philosophisch – auseinanderzusetzen.

Die ganze Moral der Rezension von *Zur Logik der Kulturwissenschaften* läuft also darauf hinaus, daß der Grundmangel der Cassirerschen Theorie darin bestehe, nicht Crocescher Inspiration zu sein. Andererseits muß hier, wenn nicht, um Ton und Inhalt der Croceschen Kritik zu rechtfertigen, so doch, um sie besser erklären und verstehen zu können, auch auf die Tatsache hingewiesen werden, daß Croce Cassirer als prototypischen Vertreter der Marburger Schule ansah. Die philosophische Reputation Hermann Cohens und seiner Schüler war bei seinen Zeitgenossen – auch den italienischen – nicht die beste, und die Bedeutung, welche die Marburger den exakten Wissenschaften beimaßen, stieß bei Croce, der ganz von seinem Kreuzzug gegen den Positivismus durchdrungen war, sicher auf Widerwillen, den auch eine ausdrücklich erklärte transzendentalphilosophische Position nicht auszuräumen vermochte.

Originalzitate

I   La prima forma della dottrina del Vico intorno alla conoscenza si presenta come diretta critica e antitesi del pensiero cartesiano, che da oltre mezzo secolo dava l'indirizzo generale allo spirito europeo ed era destinato a dominare ancora per un secolo le menti e gli animi. [...] Come il Vico abbassa le scienze che Cartesio prediligeva e coltivava, la metafisica, la teologia, la fisica, così risolleva le forme di sapere che Cartesio aveva abbassate: la storia, l'osservazione naturalistica, la cognizione empirica circa l'uomo e la società, l'eloquenza e la poesia. [...] Per effetto della diversa genesi che il Vico assegna alle matematiche, anche la loro efficacia viene assai ristretta. Le matematiche non stanno più, come per Cartesio, al sommo del sapere umano, scienze aristoteliche, destinate a redimere e a governare le scienze subalterne. (Croce, FdV, 13–22)

II Gli empiristi o arbitraristi si trovano piuttosto tra coloro, che, vòlti alla pratica, non indugiano nelle commozioni e nei sentimenti e cercano modi di pensare che sembrano più direttamente adoperabili nel fare, [...] La combinazione da essi operata nella dottrina estetizzante, che ripone il valore nella rappresentazione, e di quella mistica, che lo ripone nell'azione, non potenzia né l'una né l'altra, ma le fiacca entrambe; e offre un prodotto assai prosaico, contrassegnato dal prosaicissimo nome di finzione. C'è (essi dicono) qualcosa al di là della mera rappresentazione, e questo qualcosa è un atto di volontà, che soddisfa l'esigenza dell'universale con l'elaborare le rappresentazioni singole in schemi generali o simboli, privi di realtà, ma comodi, finti, ma utili. (Croce, LSC, 34–35)

III Che gli opposti non siano distinti né si riducano senz'altro ai distinti, si mostra evidente non appena si richiamino gli esempi degli uni e degli altri. Distinta sarà, nel sistema dello spirito, l'attività pratica rispetto a quella teoretica, e suddistinte nell'attività pratica l'attività utilitaria e quella etica. Ma il contrario dell'attività pratica è l'inattività pratica, il contrario dell'utilità è la nocività, il contrario della moralità l'immoralità. Saranno concetti distinti la bellezza, la verità, l'utile, il bene morale; ma è facile avvertire che non si possono aggiungere o inserire tra essi la bruttezza, la falsità, la disutilità, la malvagità. Né basta: considerando più attentamente, si scorge che la ragione per cui la seconda serie non si può aggiungere o frammischiare alla prima, è che ciascuno dei termini contrarî inerisce già al suo contrario e l'accompagna come l'ombra la luce. La bellezza è tale perché nega la bruttezza, il bene perché nega il male; e via dicendo. L'opposto non è positivo ma negativo, e, come tale, accompagna il positivo. (Croce, LSC, 84)

IV Il linguaggio, nel significato rigoroso in cui è qui inteso, vale espressione; e l'espressione è identica con la rappresentazione, non potendosi concepire né una rappresentazione che non sia in qualche modo espressa, né una espressione che non rappresenti nulla, e sia perciò insignificante. (Croce, LSC, 31)

V   Salus ex inimicis è una verità per la filosofia non meno che per la vita tutta, e riceve bella conferma dall'inimicizia, forse non mai tanto feroce come oggi, contro il concetto, e dagli sforzi, non mai tanti e con tanto zelo esercitati, per sopprimerlo; giacché i nemici del concetto vengono a trovarsi nella mala condizione di non poterlo sopprimere senza sopprimere, con quell'atto, lo stesso loro principio di vita mentale. (Croce, LSC, 37–38)

VI E questo carattere è il suo essere universale-concreto: due parole che designano una cosa sola e possono anche grammaticalmente diventare una parola sola, quella di ‚trascendentale' [...]. Le altre determinazioni non sono ca ra t te r i del concetto, ma affermano le relazioni di esso con l'attività spirituale in genere, di cui il concetto è forma speciale, e con le altre forme speciali di questa attività. Nella prima relazione, il concetto è spirituale; in relazione con l'attività estetica, è conoscitivo e espressivo, e rientra nella generale forma teoretico-espressiva; in relazione con l'attività pratica, non è, in quanto concetto, né utile né morale, ma, in quanto atto concreto dello spirito, deve altresì dirsi utile e morale. L'esposizione dei caratteri del concetto, pensata correttamente, so risolverebbe in un'esposizione, sia pure compendiosa. Di tutta la filosofia dello spirito, nella quale il concetto prende il suo posto col suo unico carattere, ossia con sé stesso. (Croce, LSC, 57–58)

VII Si consideri qualsiasi concetto di carattere universale: quello della q u a l i t à, per es., o dello s v o l g i m e n t o, o della b e l l e z z a, o della f i n a l i t à. Si può mai pensare che un tratto di realtà datoci nella rappresentazione, per ampio che sia, e abbracci pure secoli e secoli della più ricca storia o millennî su millennî di vita cosmica, esaurisca in sé la qualità o lo svolgimento, la bellezza o la finalità, in modo che si possa affermare l'equivalenza tra quei concetti e quel contenuto rappresentativo? E si consideri per converso un frammento quanto si voglia piccolo di vita rappresentabile: si può mai pensare che in esso, per piccolo, per atomico che sia, manchi qualità e svolgimento e bellezza e finalità? (Croce, LSC, 40)

VIII A tal fine si costruiscono gli strumenti delle finzioni concettuali, che rendono possibili, per mezzo di un nome, di risvegliare e chiamare a raccolta moltitudini di rappresentazioni, o almeno d'indicare con sufficiente esattezza a quale forma di operazione convenga ricorrere per mettersi in grado di ritrovarle e richiamarle. (Croce, LSC, 49)

IX La progressiva sottrazione di realtà oggettiva agli stimoli fisici o segni ha come prima conseguenza il chiarimento della natura pseudoconcettuale dei procedimenti linguistici. (Salucci 1987, 40)

X [Questa recensione] mi porge occasione di dire in breve il giudizio, o almeno l'impressione, che io ho riportata di questo suo modo di filosofare. E la dico senza intendere punto detrarre alla rispettabilità e ai pregi di questo scrittore, dotto e accurato, e che ha recato un buon contributo alla storia del pensiero del Rinascimento e dell'Illuminismo. (Croce, ReC, 93)

XI Celebra la infelice e sgangherata divisione del Wölfflin dello ‚stile lineare' e dello ‚stile pittorico', dello ‚stile chiuso' e dello ‚aperto', della quale gli storici dell'arte non vogliono più sapere avendone sperimentato l'arbitrarietà [e] respinge la mia negazione dei generi letterari ad artistici. (Croce, ReC, 94–95)

XII La mia impressione è che il suo [sc. di Cassirer] modo resti sostanzialmente legato a quello tedesco dell'ultimo quarto dell'ottocento e dei primi del novecento che procurò bensì di sollevarsi sul positivismo e naturalismo, ma non se ne sollevò col ripigliare la tradizione della grande e classica età, distaccandosi e dominandoli dall'alto: cosicché non seppe districarsi dall'ordinario dualismo di „scienze della natura" e „scienze dello spirito", di un „pensiero naturalistico" e di un „pensiero storico", entrambi, nel suo modo di vedere, non solo giustificati come „scientifici", ma collocati l'uno accanto all'altro, *ex aequo*, come parimenti „scientifici". (Croce, ReC, 93)

XIII Non sono o non dovrebbero essere altro che forme e momenti dell'attività spirituale, che in questa si congiungono e si risolvono; e la filosofia che le distingue unificandole è la filosofia dello spirito, speculativa e non classificatoria e separante. (Croce, ReC, 94)

XIV Così enumerando e descrivendo le sue „forme simboliche" e non penetrandole, non va a fondo della natura loro, e non discerne quelle di esse che sono positive e quelle che sono negative, cioè momenti del trapasso dialettico dall'una all'altra. (Croce, ReC, 94)

3 Die Sprache. Autonomie und Abhängigkeit von der Kunst

3.1 Die Sprache als Ausdruck des Geistes

3.1.1 Die idealistische Auffassung von der Sprache: Züge der Gemeinsamkeit und der Unterscheidung

> Die Sprache [ist] die erste Manifestation des Geistes und die ästhetische Form des Geistes [ist] nichts anderes als die in ihrer reinen Natur, ihrer ganzen Wahrheit und wissenschaftlichen Ausdehnung verstandene Sprache. (Croce, *Aesth*, LIV)[1]

> [Die] Grundanschauung [...], auf der dieses Buch beruht, [besteht] in der Überzeugung, daß die Sprache, wie alle geistigen Grundfunktionen, ihre philosophische Aufhellung nur innerhalb eines Gesamtsystems des philosophischen **Idealismus** finden kann. (Cassirer, *PhsF* 1, XI)

Geistig, menschlich: für beide Autoren ist dies die Hauptbestimmung des Wesens der Sprache. Was die philosophische Spekulation Cassirers und Croces einander annähert, was sie dazu bringt, die Sprache als Ausdruck des Geistes zu definieren und in den Handlungen der Menschen gerade das Merkmal des Geistigen aufzuspüren, ist die idealistische Position, die beide miteinander teilen. Was sie voneinander trennt, ist jedoch wiederum die grundverschiedene Weise, wie sie den Idealismus auffassen, beziehungsweise, wie sie den Geist bestimmen.

Hier steht nun die Frage der Autonomie oder Abhängigkeit der Sprache gegenüber den anderen Formen des Geistes – insbesondere der Kunst – im Mittelpunkt der Auseinandersetzung. Dahinter verbergen sich freilich tiefreichende Motive, welche mit dem dialektischen oder funktionsbegrifflichen Grundprinzip der Philosophie bei Croce bzw. Cassirer zu tun haben. Cassirer gesteht dem philosophischen Idealismus, insbesondere in der Person Vosslers,[1] zwar das Verdienst zu, den Psychologismus und den Positivismus, welche im Deutschland der zwanziger Jahre des vergangenen Jahrhunderts auch im Bereich der Sprache zum methodischen Ideal und fast zum hermeneutischen Dogma erhoben worden waren, bekämpft zu haben. Doch stellt er zugleich fest, daß auch er nicht in der Lage gewesen sei, die Sprache wieder in jene autonome und philosophisch zentrale Stellung zurückzuversetzen, die sie in Denken und Werk Humboldts eingenommen hatte, und die sie nach seiner Meinung weiterhin hätte behaupten sollen.[2] [II]

---

[1] Cassirer spricht an mehr als einer Stelle und in mehr als einer seiner Schriften von der Rolle Vosslers beim ‚Schritt' der Sprachphilosophie vom Positivismus zum Idealismus: vgl. Cassirer, *PhsF* 1, IX und 119 ff.; *BsFG*, 76–77.

[2] „Der Name Wilhelm von Humboldt war der Tradition des Marburger Neu-Kantianismus sicher nicht unbekannt; [...] gleichwohl hängt der Rahmen der Hum-

Als er die Gründe seiner Kritik an jenen idealistischen Richtungen der Philosophie genauer erläutert, welche die Sprache in den Bereich der Ästhetik verweisen wollen und die ihr eigene Autonomie verkennen, wendet sich Cassirer direkt gegen Cohen und Croce:[3] Der erste vernachlässigt die Probleme der Sprache und behandelt sie nur gelegentlich im Zusammenhang mit den Grundfragen der Ästhetik. Noch radikaler, führt der zweite die Sprache auf die allgemeine ästhetische Funktion des Ausdrucks zurück, anstatt sie als eine selbständige Form des Geistes aufzufassen, die auf ihr eigenen Gesetzen beruht. Er identifiziert sie mit der Kunst.

Die Nebeneinanderstellung *in negativo* von Cohen und Croce erscheint aus verschiedenen Gründen bemerkenswert: Zum ersten findet sie sich auf den Eingangsseiten der *Philosophie der symbolischen Formen*, „gleichsam als Besiegelung jenes neuen Ansatzes, den Cassirer dem Projekt einer schon von Cohen und Natorp geforderten *Kulturphilosophie* geben möchte, nun aber im Rahmen einer neuerlichen Infragestellung der Marburger Transzendentalphilosophie angesichts der Vielfalt der kulturellen „Fakten", welche die Philosophie der symbolischen Formen begründen möchte, indem sie die Grammatik ihres Verständnisses liefert" (Ferrari 1996, 193). Zum zweiten stellt Cassirer – und das erscheint mir im Rahmen dieser Untersuchung wesentlich –, wenn auch kritisch, Croce neben den Philosophen, den man in vielerlei Hinsicht als einen seiner eigenen Lehrmeister ansehen kann; dies bezeugt die Aufmerksamkeit und Wertschätzung, die er den Theorien Croces und Vosslers entgegenbringt. Diese Paarung zeigt aber auch, daß die theoretische Distanz, welche Cassirer von den Neukantianern und insbesondere von Cohen trennt, noch viel gründlicher untersucht werden sollte, als dies durch die Forschung bisher geschehen ist.[4]

Cassirers Plan einer allgemeinen Theorie der Ausdrucksformen – einer ‚Formenlehre' – des Geistes (s.u.) zeigt ganz andere Akzente als die, welche Croce bei seiner Begründung der *Filosofia dello Spirito* setzt und hängt auf engste mit seinen Überlegungen zum Status der Wissenschaft und des Begriffs zusammen, welche im vorherigen Kapitel untersucht wurden. In

---

boldtrenaissance, bei der Cassirer Teilnehmer und tragende Figur zugleich war, eher mit den Beiträgen Eduard Sprangers zusammen oder, in einem weiteren Sinne, mit dem ‚entscheidenden Schritt' der Sprachphilosophie ‚vom Positivismus zum Idealismus'." (Ferrari 1996, 199) Daß Cassirer denkt, vor allem Vossler habe diesen ‚Schritt' vollzogen, wurde soeben erwähnt.

[3] Die theoretische Verbindung zwischen Croce und Vossler spricht Cassirer mehrfach an. Doch handelt er von den beiden Autoren oft getrennt. Und wenn sie bei einer Kritik zusammengefaßt werden, so geschieht dies bezüglich der Identifizierung von Sprachwissenschaft und Ästhetik, wobei sich Vossler nach Meinung Cassirers den Ideen Croces angeschlossen habe.

[4] Diese Untersuchung müßte mehr umfassen als die allgemeine Feststellung, daß die Arbeiten Cassirers eine größere Extension – oder eine pointiertere Sensibilität – aufweisen als die der rigiden neukantianischen Marburger Schule und insbesondere die Cohens. Vgl. dazu neben Ferrari 1996 auch Knoppe 1992.

der Tat hatte Cassirer schon in *Substanzbegriff und Funktionsbegriff* die Grenzen aufgezeigt, an die eine schlichte Erforschung der allgemeinen Voraussetzungen der wissenschaftlichen Welterkenntnis stößt, das heißt, das Ungenügen einer allgemeinen Erkenntnistheorie in ihrer herkömmlichen Auffassung und Bestimmung. Er hatte es daher für notwendig befunden, die verschiedenen Grundformen der Welterkenntnis, auch in ihrer wechselseitigen Abgrenzung voneinander, festzustellen und dabei eine jede von ihnen in der ihr eigenen Zielsetzung zu erfassen, in ihrer jeweils besonderen geistigen Form. Dieses nämlich sei die Voraussetzung dafür, nun auch seitens der Geisteswissenschaften eine klare methodische Perspektive zu gewinnen und ein sicheres ihnen eigenes Prinzip der Begründung. Was nach Cassirers Auffassung noch fehlte, war eine der naturwissenschaftlichen Begriffs- und Urteilsbildung[5] analoge Untersuchung für den Bereich der (reinen) Subjektivität, welche sich nicht in der erkennenden Betrachtung der Natur und der Wirklichkeit erschöpft, sondern sich dort wirksam erweist, wo die Wirklichkeit der Erscheinung unter einen bestimmten geistigen Blickwinkel gestellt und von ihm aus gestaltet wird (vgl. Cassirer, *PhsF* 1, VII).

Diese Begründung der Geisteswissenschaften scheint für Cassirer unauflöslich verbunden zu sein mit der Forderung nach einer Philosophie des Geistes, welche – verstanden als eine Formenlehre des Geistes – der konkreten Arbeit der einzelnen Humanwissenschaften ihre systematische Begründung zu verleihen vermag. Cassirer geht es darum, zu zeigen, daß jede einzelne dieser geistigen Ausdrucksformen eine präzise Aufgabe bei der Konstitution des Geistes erfüllt und jeweils einem eigenen Gesetz unterliegt. Der Lehre von den Formen des wissenschaftlichen Denkens, der eigentlichen Erkenntnislehre, die im dritten Band des Werkes behandelt wird, stellt er im Rahmen seines allgemeinen Planes einer Philosophie der symbolischen Formen die Grundzüge einer Phänomenologie des mythischen und religiösen Denkens (Band 2) sowie die Untersuchung der sprachlichen Form (Band 1) zur Seite. Die Erkenntnistheorie soll eine „prinzipielle Erweiterung" (*PhsF* 1,VII) erfahren und sich in eine Reflexion über die Grundformen des Verstehens verwandeln.

Der *Philosophie der symbolischen Formen*, wie sie Cassirer im ersten Band des Werkes vorstellt, nämlich als Arbeitsprogramm, als philosophisches Projekt, nicht als starres, abgeschlossenes System, kommt also die Aufgabe zu, jene transzendentale Begründung der Geisteswissenschaften darzustellen, welche in der kritischen Analyse Kants historisch nicht vorlag, welche aber die gesamte nachkantianische Philosophie zunehmend in den

---

5   Durch diese Lehre wird für Cassirer in der Tat das ‚Objekt' der Natur in seinen konstitutiven Grundzügen bestimmt und der ‚Gegenstand' der Erkenntnis in seiner Bedingtheit durch die Erkenntnisfunktion erfaßt.

Mittelpunkt ihres Interesses gerückt hatte.⁶ Und zentral in diesem Projekt wiederum ist die Semiosis, der Mechanismus des Bedeutens:

> Im Verein mit der sinnreichen ‚Vervollständigung' Kants durch Humboldt und ganz allgemein der Entstehung eines systematischen Interesses für die Sprachphilosophie verdeutlichen diese Überlegungen in exemplarischer Weise den theoretischen Knotenpunkt, der sich Cassirer Anfang der zwanziger Jahre bot, als die Treue zur transzendentalen Methode Cohens komplexere Formen annahm und angesichts der Notwendigkeit, die Transzendentalphilosophie auf neue Wissensbereiche auszudehnen, bis zu einem gewissen Grade eine Wandlung erfuhr. Humboldt wird nun zu einem Bindeglied von außerordentlichem Rang, gerade weil das so bedeutungsreiche Bild der ἐνέργεια gegenüber dem ἔργον der Forderung Cassirers, die Bedingungen der Möglichkeit kultureller Erfahrung nicht so sehr unter dem Profil ihrer abstrakten kategoriellen Struktur, denn in ihrem aktiven Sich-selbst-Konstituieren als den verschiedenen Objektivationen des Geistes immanente Energien zu erfassen, entgegenzukommen scheint. (Ferrari 1996, 205)ᴵᴵᴵ

Da selbst der philosophische Idealismus bei der Aufgabe versagt hat, die Wissenschaft von der Sprache wieder ihrer eigenen Autonomie zuzuführen und ihre Weiterentwicklung zu fördern, kann Cassirer sich bei der Begründung seiner ‚Formenlehre' nicht „innerhalb eines fest abgesteckten Gedankenkreises" (PhsF 1, IX) bewegen, sondern er muß versuchen, sich einen eigenen methodischen Weg zu eröffnen. Zugegeben, das Leitprinzip seiner Methode bleibt die Transzendentalphilosophie: auszugehen von einem gesicherten Faktum, von der Erfahrung, um dann die Bedingungen ihrer Möglichkeit aufzusuchen. Aber er geht doch über den klassischen Anwendungshorizont des Kantianismus weit hinaus und verwandelt die Kritik der Vernunft in eine Kritik der Kultur.⁷ Dies bedeutet, die methodische Rechtfertigung der Wissenschaften vom Geist verschmilzt mit dem Bestreben, die Bildungskräfte seiner Weisen des Gegebenseins zu erfassen. Und diese sind Strukturen symbolischer Organisation, eben symbolische Formen. Die durch Kant ins Werk gesetzte kopernikanische Revolution erfährt nicht nur eine ‚Anwendung' oder ‚Erweiterung' auf alle formenden Tätigkeiten des Geistes, auf die Formen der Objektivierung und der Konstituierung der Welt (Sprache Kunst, Erkenntnis, Mythos ...), sondern recht eigentlich eine Neuinterpretation. Zu behaupten, Cassirer ‚erweitere' lediglich die mit der Erkenntnistheorie verbundenen Fragen auf andere geistige Bereiche wäre irreführend. Zumindest aber bedeutete es, einen wesentlichen Punkt der Cassirerschen Auffassung von Transzendentalphilosophie aus dem Blick zu verlieren, nämlich die Führungsrolle, welche dabei das Bedeuten einnimmt. Denn Cassirers Vorgehensweise ist zwar transzendentalphilosophisch. Aber noch bevor er sich über die Bedingungen der

---

6   Speziell zum Thema der Sprache seien hier zumindest die Metakritiken Hamanns und Herders genannt sowie insbesondere die Sprachtheorie Humboldts.
7   Zu einer Analyse des transzendentalphilosophischen Status der Spekulation Cassirers vgl. Göller 1986; vgl. auch Ferrari 1988 und 1996.

Möglichkeit der Erfahrung oder der Erkenntnis befragt, befragt er sich über die Bedingungen der Möglichkeit der Bedeutung, von der die ersteren seiner Meinung nach einen Teil darstellen. Und er selbst stellt dazu fest:

> [...] daß jenes Gebiet theoretischen Sinnes, das wir mit dem Namen ‚Erkenntnis' und ‚Wahrheit' bezeichnen, nur *eine*, wie immer bedeutsame und fundamentale Sinnschicht darstellt. Um sie zu verstehen, um sie in ihrer Struktur zu durchschauen, müssen wir diese Schicht anderen Sinn-Dimensionen gegenüberstellen und entgegenhalten, müssen wir, mit anderen Worten, das Erkenntnisproblem und das Wahrheitsproblem als Sonderfälle des allgemeinen Bedeutungsproblems begreifen. (Cassirer, EGLD, 16)

Dieser Weg zu dem und über das Bedeuten, aufgefaßt als Mechanismus des Geistigen *par excellence*, ist es, welcher Cassirer an jene Gabelung führt, wo seine idealistische Theorie der Sprache sich von jener Croces auf radikale Weise trennt. Und dies aus verschiedenen Gründen:

Erstens[8] stimmt es zwar, daß beide Autoren dem Begriff des Ausdrucks des Geistes und dem damit eng zusammenhängenden des Bedeutens großes Gewicht beimessen. Aber beider Weise, diese Begriffe zu verstehen, sei es jeden für sich, sei es in ihrer wechselseitigen Korrelation, ist doch grundverschieden. Denn gerade von der Interpretation her, welche Croce dem Begriff des Ausdrucks und dem davon untrennbaren der Intuition gibt, von seiner Weigerung, ihn in ‚Klassen von Ausdrücken' einzuteilen, stammt die Identifizierung von Linguistik und Ästhetik, die Zurückführung bzw. die Reduzierung der Sprache auf die Kunst, welche einen der fokalen Punkte der Cassirerschen Kritik an Croce darstellt.

An zweiter Stelle aber spiegeln die verschiedenen Sprachauffassungen Cassirers und Croces auch das unterschiedliche Verständnis wieder, das sie vom Idealismus in allgemeiner Hinsicht haben: Für Cassirer kann und darf eine wirklich universelle Erforschung der Sprache auch den empirischen Aspekt jener linguistischen Wissenschaft nicht ignorieren, dem Croce keinen Raum und keinen Erkenntniswert zubilligt. Denn alles, was mit der Empirie zu tun hat, ist für ihn in die praktische Sphäre des Nutzens verbannt. Für Cassirer existiert indes weder eine philosophische Betrachtung der Sprache, die von ihrer konkreten Wirklichkeit absehen könnte, noch eine empirische Betrachtung sprachlicher Fakten ohne ein sie fundierendes geistiges Moment. Aus dieser Grundannahme folgt freilich eine Schwierigkeit, auf die jede philosophische Betrachtung der Sprache stößt: Einerseits kann sie auf die Einzelfakten nicht einfach verzichten, auf die empirisch-wissenschaftlichen Materialien, die sich der Forschung darbieten; andererseits aber muß sie darauf achten, sich ihnen nicht gänzlich zu unterwerfen, denn sonst würde sie riskieren, ihre eigene Intention und Aufgabe zu verraten.[9] In diesem Schwingen zwischen Universalität und Empirie zeigt

---

8   Dieser schon erwähnte Grund soll im folgenden noch ausführlicher behandelt werden.
9   Bezüglich der vorbereitenden Recherchen und der für die Niederschrift seines Projekts der *Philosophie der symbolischen Formen* gewählten Methode schreibt Cassirer selbst:

sich aufs Schönste das Originelle und Moderne der Cassirerschen Lösung: daß er sich dem Positivismus zwar fundamental widersetzt, daß er aber Material und Ergebnisse, welche die sich auf den Positivismus berufende linguistische und ethnographische Forschung erlangt hatte, keineswegs ignoriert oder herabwürdigt. Hierin liegt zugleich auch eines der wichtigsten Merkmale seiner Nähe zum Sprachdenken Humboldts.[10]

An dritter Stelle trennen sich die Sprachtheorien beider Autoren durch die Art, wie sie den Geist betrachten: Die Auffassung Cassirers ist funktionell (zum Begriff der Funktion bei Cassirer vgl. 2.2.1), die Croces hingegen dialektisch. Denn Cassirer entzieht dem Geist nicht nur jede substantialistische, also metaphysische Bedeutung, stellt ihn auch nicht der Natur gegenüber, sondern er betrachtet ihn geradezu als etwas, das *alle* Funktionen in sich begreift, die die Welt der menschlichen Kultur bilden und konstituieren. Diese antimetaphysische Auffassung des Geistes überdauert die Entwicklung der Theorie Cassirers in der Zeit als Konstante. Nur wenige Tage vor seinem Tode bringt er sie noch einmal zur Sprache, und zwar in einem Vortrag über den linguistischen Strukturalismus, wo er bei dem Versuch, den wissenschaftlichen Stellenwert der Linguistik abzuklären, wieder auf den Disput zwischen Wissenschaften der Natur oder exakten Wissenschaften und Wissenschaften des Geistes oder humanen Wissenschaften zurückkommt (vgl. Cassirer *SML*). In der Tat gestattet es nur eine funktionale Auffassung des Geistes, jene für die Erkenntnis so problematische Spaltung zwischen Natur und Kultur – welche sich dann in der zwischen Natur- und Geisteswissenschaften wieder abbildet –, zu vermei-

---

„Diesem methodischen Dilemma gegenüber blieb keine andere Entscheidung übrig, als die F r a g e n, mit denen hier an die Sprachforschung herangetreten wurde, zwar in systematischer Allgemeinheit zu formulieren, die A n t w o r t auf diese Fragen aber in jedem einzelnen Falle aus der empirischen Forschung selbst zu gewinnen. Es mußte versucht werden, einen möglichst weiten Überblick nicht nur über die Erscheinungen eines einzelnen Sprachkreises, sondern über die Struktur verschiedener und in ihrem gedanklichen Grundtypus weit voneinander abweichenden Sprachkreise zu gewinnen." (Cassirer, *PhsF* 1, X)

[10] Radikal ‚physisch' versteht die Humboldtsche Anthropologie Jürgen Trabant (1986 und 1990) und betont dabei ihren dialogischen Charakter. Er deutet nämlich die dialogische Philosophie Humboldts als ‚antimetaphysisch', indem er einerseits aufweist, wie in ihr die Dialoghaftigkeit des Ichs an seine Physizität gebunden ist, und andererseits hervorhebt, wie wichtig der semiotische Aspekt im Projekt Humboldts ist sowie auch die – für Humboldt fundamentale – empirische Sprachforschung. Trabant weist in der Tat darauf hin, daß die Annäherung des Humboldtschen Denkens an die Sprache sich ganz zweifellos als eine Annäherung an die menschlichen Sprachen in ihrer Verschiedenheit vollzieht und damit zugleich an den Kern jener anthropologischen, ästhetischen und politischen Probleme, um den seine Überlegungen bis dahin gekreist waren. Zu Cassirers Humboldtianismus vgl. Ferrari 1996, insbes. 199–213. Um den Einfluß der Humboldtschen Spekulation auf das Denken Cassirers im allgemeinen richtig zu bewerten, ziehe man jedenfalls dessen Aufsatz „Die Kantischen Elemente in Wilhelm von Humboldts Sprachphilosophie" (1923) heran. Zur korrekten Datierung dieser Arbeit vgl. Ferrari 1996, 200.

den. Die Einheit dieser beiden Termini muß zurückgewonnen werden; und zwar darf dabei nicht von der Reproduktion einer in sich schon bestimmten Wirklichkeit ausgegangen werden, sondern Grundlage müssen die Weisen der Objektivierung des Geistes, also die symbolischen Medien, sein.[11]

> Die Differenz, nach der wir hier allein suchen und die wir mit Sicherheit aufweisen können [sc. die zwischen „Leben" und „Geist", zwischen der Welt der organischen Formen und der Kulturformen], ist keine physische, sondern eine funktionelle Differenz. [...] Die „Freiheit", die der Mensch sich zu erringen vermag, bedeutet nicht, daß er aus der Natur heraustreten und sich ihrem Sein oder Wirken entziehen kann. [...] Die Bewußt-Werdung ist der Anfang und das Ende, ist das A und O der Freiheit, die dem Menschen vergönnt ist; das Erkennen und Anerkennen der Notwendigkeit ist der eigentliche Befreiungsprozeß, den der „Geist" gegenüber der „Natur" zu vollbringen hat.
> Für diesen Prozeß bilden die einzelnen ‚symbolischen Formen': der Mythos, die Sprache, die Kunst, die Erkenntnis die unentbehrliche Vorbedingung. Sie sind die eigentümlichen Medien, die der Mensch sich erschafft, um sich kraft ihrer von der Welt zu trennen und sich in eben dieser Trennung um so fester mit ihr zu verbinden. (Cassirer, *LKW*, 24–25)

Im Unterschied dazu orientiert sich die Auffassung Croces vom Wesen des Geistes an derjenigen der Hegelschen Dialektik und führt zu einer Radikalisierung der Trennung oder besser – aus der dialogischen und sozialen Sicht Cassirers – zur Unvereinbarkeit der Sphären der Subjektivität und der Objektivität. Gerade die Vermittlung zwischen diesen beiden Sphären stellt hingegen für Cassirer das Besondere am Wesen der Sprache dar. Auch diese Haltung zeigt ganz evidente humboldtianische Züge: Das Ich und das Du gelangen – im Dialog – zu Kenntnis und Besitz ihrer selbst und ihrer eigenen Gegenstandswelt und begründen in transzendentaler Weise auch das ‚objektive Faktum' der Kommunikation:[12]

> So kommt Humboldt im Gebäude der Cassirerschen Sprachphilosophie eine hervorragende Rolle zu, was nicht nur durch die Häufigkeit belegt wird, mit der Texte Humboldts darin vorkommen, [...] sondern vor allem dadurch, daß er ein im weiteren Sinne humboldtsches Schema benutzt, das – ausgehend von einer holistischen Sicht der Sprache, welche eine globale *Weltansicht* darstellt – zu einer ‚teleologischen' Interpretation der Sprachentwicklung gelangt, gipfelnd im

---

[11] „Eine ganz andere Wendung aber gewinnt die Frage, wenn man, statt das Wesen der Dinge als ein von Anfang an feststehendes zu behandeln, in ihm vielmehr gewissermaßen den unendlich-fernen Punkt sieht, auf den alles Erkennen und Verstehen abzielt. Das „Gegebene" des Objekts wandelt sich in diesem Fall in die „Aufgabe" der Objektivität. Und an dieser Aufgabe ist, wie sich zeigen läßt, die theoretische Erkenntnis nicht allein beteiligt; sondern an ihr nimmt jede Energie des Geistes in ihrer eigenen weise teil. Jetzt läßt sich auch der Sprache und der Kunst ihre eigentümliche „objektive" Bedeutung zuweisen – nicht weil sie eine an sich bestehende Wirklichkeit nachbilden, sondern weil sie sie vor-bilden, weil sie bestimmte Weisen und Richtungen der Objektivierung sind." (Cassirer, *LKW*, 30)

[12] Zum Thema der Sprache bei Humboldt vgl. Borsche 1981, Di Cesare 1988, 1991, 1996, Gipper 1987, 1992, Hoberg 1987, Liebrucks 1965, Bd. 2, Menze 1963, Scharf 1989, 1994, Simon 1989, Riedel 1986, Trabant a1985, b1985, 1986, 1987, 1990, a1994.

Übergang vom „Ausdruck der Substanz zum reinen Ausdruck von Beziehungen", wobei der Primat des „rein relationellen Denkens" – im Namen Humboldts – Cassirers Triumph der Funktion über die Substanz feiert. (Ferrari 1996, 203)[IV]

3.1.2 Intuition und Ausdruck

3.1.2.1 Intuitiv erfassen heißt ausdrücken: Croces Definition der Kunst

Wollte man auf den Seiten von *Estetica come scienza dell'espressione e linguistica generale* – des Werkes, in dem sich Croce neben *La Poesia* und zahlreichen anderen im engeren Sinne ‚linguistischen' Schriften[13] mit diesem Thema besonders befaßt – nach einer präzisen und überzeugenden, autonomen und unmittelbaren Definition der Sprache suchen, so würde man enttäuscht. Dies bedeutet aber sicher nicht, daß die Rolle der Sprache in Croces Spekulation zweitrangig wäre, oder daß das Fehlen eines spezifisch ihr gewidmeten Werkes hinreichen könnte, innerhalb der Croceschen Philosophie im allgemeinen eine Abwertung der Sprache zu rechtfertigen. Vielmehr muß dieses Fehlen im Gegenteil als Indiz dafür gesehen werden, welche große Bedeutung, zugleich aber Problemhaftigkeit dem Thema der Sprache in der Theorie Croces zukommt. Im übrigen steht Croce mit diesem Fehlen nicht allein, sondern sein Verfahren fügt sich in eine Tradition ein, die von der Ästhetik der Romantik ererbt wurde.[14]

Zu einer Definition dessen, was er unter Sprache versteht – eine geistige, intuitiv-expressive und nicht begriffliche Tätigkeit in ewigem Werden[15] – und zur Formulierung seiner bekannten Gleichung von Ästhetik und Linguistik gelangt Croce in verschiedenen Schritten. Hierbei zeigt sich erneut, daß sich die Ausarbeitung seiner Theorie und seines Systems in beständiger Entwicklung und Wandlung vollzieht.[16] Auch auf der stilistisch-expressiven Ebene läßt sich nun Ähnliches wie auf dem Gebiet der Theorie feststellen. Croce bevorzugt einen philosophisch-explikativen Stil, der für den traditionellen logischen Dialog charakteristisch ist: Neben eine *pars destruens* tritt eine *pars construens*, auf die Stellung des Problems folgt die *demonstratio* (die sich gelegentlich als *petitio principii* herausstellt), die

---

[13] Zu einer ausführlichen Zusammenstellung der sprachbezogenen Schriften Croces vgl. die Bibliographie von Deneckere (1983 2, 273–296).

[14] Zur Ästhetik der Romantik im allgemeinen vgl. Della Volpe 1940, Abrams 1953 und Wellek 1955, aus der umfangreichen neueren Literatur etwa Puppo 1985, Battistini/Raimondi 1990, D'Angelo 1997, Penzenstadler 2000, Engler 2003, Roe 2005.

[15] Auf den Nachhall Humboldts auch in der Theorie Croces (wie auf den Einfluß Steinthals und Pauls) wird, auch im Vergleich mit Cassirer, noch einzugehen sein.

[16] Dabei spielt in erster Linie seine Lektüre von De Sanctis, Marx und Kant eine Rolle. Diese führen ihn einerseits zu der Idee vom Primat des Konkreten in der Geschichte, von der Unwiederholbarkeit und Individualität des Konkreten, andererseits zu einer kritischen Gnoseologie, welche die Auffassung der Erkenntnis als Erkenntnis des Allgemeinen getrennt vom Besonderen und Individuellen für unmöglich hält, also zu einer Auffassung der Erkenntnis als Synthesis *a priori*.

Nennung von Korollaren usf.[17] [V] Eine wichtige Rolle spielt dabei seine schon erwähnte Definitionsweise durch Negation.

Gleichsam den methodischen und philosophischen Anweisungen folgend, die Croce vor allem in der *Estetica* gibt, möchte ich diesem Weg noch einmal folgen und dabei bei einigen Schlüsselbegriffen seiner Sprachphilosophie innehalten, um sie mit dem Gebrauch zu vergleichen, den Cassirer von eben diesen Begriffen macht. Denn um in vollem Umfang zu verstehen, warum Croce dazu kommen kann, die Geistigkeit der Sprache zu behaupten und im Einklang mit seinem philosophischen System die Sprachwissenschaft als Wissenschaft vom Ausdruck auf die Ästhetik zu reduzieren, ist es vor allem notwendig, seine Auffassung von der Kunst vorzustellen. Andererseits glaube ich, daß die ertragreichste Weise, die Sprachauffassung Croces zu untersuchen, gerade nur dieses ‚Durchlaufen' der mäandrischen Gänge des Croceschen Philosophiegebäudes ist, dieses Aufweisen unerwarteter Einzelheiten, nicht immer kongruenter Schattierungen, dieser Indizien des Problematischen, die jenseits der imponierenden Formeln zwischen den Zeilen der Schriften und zwischen den Windungen des Geistes zu finden sind. Denn sie gestattet es, ihre Größe und ihren Reichtum aufzuweisen und nicht der Versuchung nachzugeben, der sich die hermeneutische Literatur, vielleicht verführt durch Behauptungen des Autors selbst, oft hingegeben hat, nämlich die eigentlich viel komplexere und fruchtbarere Sprachtheorie Croces auf die Formel der Identifizierung von Sprache und Kunst zu reduzieren.

Mit Bezug auf die allgemeinen Linienzüge des philosophischen Systems Croces (vgl. 2.2.2.1) wurde gesagt, daß die intuitive oder expressive Erkenntnis (des Partikulären) im ästhetischen oder künstlerischen Akt bestehe[18] [VI] – einer (mittels der Phantasie[19]) bilderzeugenden Erkenntnis – und daß diese sich von der intellektuellen Erkenntnis (des Universellen) unterscheide, welche hingegen zum begriffserzeugenden Bereich der Logik gehöre. Croce untersucht die Beziehungen zwischen diesen beiden

---

[17] Croce äußert sich an verschiedenen Stellen zu seinem eigenen Schreibstil. So etwa im folgenden: „Bei meinem expositiven und literarischen Stil habe ich, wo immer möglich, jede stärkere Nachahmung der phraseologischen Vorlieben der deutschen Metaphysik und der alten Hegelianer Italiens zu meiden gesucht und habe es hingegen vorgezogen, je nachdem, entweder ein dem scholastischen ähnliches didaktisches Verfahren zu verwenden (*questio I, questio II, definitio, objectio* etc.) oder aber eine zwanglose, beschreibende, allgemeinverständliche Art, wie sie bei den englischen Philosophen des 18. Jahrhunderts üblich war. Alles in allem kann ich sagen, daß ich eine Darstellungsform eingehalten habe, die mir selbst eigen und gut italienisch ist." (Croce, 1943/1960 1, 350) Dazu vgl. Contini 1989, 48–49 und ferner Dessì Schmid (im Druck).

[18] „Wir haben die intuitive oder expressive Erkenntnis freimütig mit dem ästhetischen oder künstlerischen Faktum identifiziert, indem wir die Kunstwerke als Beispiele für intuitive Erkenntnisse angeführt und den ersteren den Charakter der letzteren zugesprochen haben." (Croce, *Aesth*, 14)

[19] Bei der Behandlung des Begriffs der ‚Phantasie' und der ursprünglich-geistigen Natur der Dichtung finden sich Anklänge an Vico.

theoretischen und den anderen geistigen Tätigkeiten (Ökonomie und Ethik), die nicht zum theoretischen Bereich gehören, sondern zu dem der Praxis und als solche die ersteren voraussetzen,[20] und betont dabei, daß nur diese vier die einzigen und unteilbaren[21] Formen des Geistes darstellen.

Beim Gedanken an diese Klassifikation steht man vor der klassischen Frage: Kann Croce – wie es Gentile behauptete[22] und er selbst anerkannte – wirklich als *der* ‚Philosoph der Unterscheidung' angesehen werden? Oder sollte man nicht eher „die andere durchgängige Tendenz Crocescher Forschung" unterstreichen, „die Tendenz, nach der gemeinsamen Grundlage von Ideen unterschiedlicher kultureller Herkunft zu suchen, radikale Einheit dort zu finden, wo die akademische und spezialisierte Wissenschaft nur Differenzen sah, Ordnung zu schaffen durch die Vereinheitlichung disparater Begriffe?" (De Mauro a1964, 98) Bei genauerer Betrachtung steht das philosophische Verfahren Croces nämlich ganz unter dem Zeichen der Suche und Sehnsucht nach der Zusammenführung zu Einheiten, die sich nicht nur auf Wortspiele gründen, sondern er sucht das gemeinsame Prinzip, weil er die verschiedenen Tätigkeiten des Menschen bezeichnen möchte. Dadurch ist Croce in die Lage gesetzt, Forderungen und Probleme sowohl der Philosophie, als auch der Kultur im allgemeinen aufzunehmen, zu verstehen und neu zu interpretieren. In ihm lebt jener Geist des Systems, der ihn bewegt und zuweilen zwingt, verschiedene Klassen von Fakten auf wenige universelle Kategorien zu reduzieren, zusammen mit jenem experimentellen Bemühen um das Vielfältige, das ihn stets zu neuen Fragen treibt und zur Revision des schon Erreichten (zur Revision zum und durch das System). Will man nun einräumen, daß hinter den starken und entschiedenen Formeln des Systems sich alles dies verbirgt, dann lassen sich die Affinitäten der Verfahren und Intentionen Croces mit denen der Cassirerschen Erforschung der Formen des Geistes nicht leugnen. Und ebensowenig kann die Tatsache übersehen werden, daß beide Autoren ihr spekulatives Denken um den Begriff der geistigen Form kreisen lassen und

---

[20] Das tun sie innerhalb eines Nexus von Hierarchien, die das Cassirersche Denken von dem Croces unterscheidet.

[21] Wie es keine anderen gleichwertigen Formen des Geistes gibt, so gibt es auch keine ursprünglichen Unterteilungen der vier von Croce festgelegten Formen, insbesondere der ästhetischen. Dies ist für Croce wichtig; denn es ist das Argument, das er benutzt, um die Inexistenz von Ausdrucksklassen zu beweisen und seine Kritik an der Rhetorik vorzubringen: „d.h. der geschmückten Expression, die von der nackten Expression unterschieden sein soll, und aller ähnlichen Unterscheidungen und Unterteilungen" (Croce, *Aesth*, 149). Über Croces Kritik an der Rhetorik vgl. Dessì Schmid (im Druck).

[22] Gentile steht dem aber kritisch gegenüber: Er wirft ihm vor, das, was nur ‚vier Wörter' waren (schön, wahr, nützlich und gut bzw. Kunst (Ästhetik), (logisches) Denken, Ökonomie und Ethik), zu verschiedenen Formen der Realität hypostasiert, als verschieden aufgefaßte Aktivitäten nebeneinander gestellt zu haben, ohne zu überprüfen, ob diese nicht, kraft einer gemeinsamen Grundlage, als das gleiche aufgefaßt werden könnten.

um die komplexe Relation, welche diese, insofern sie Aktivität des Menschen ist, mit der Empirie eingeht.

An dieser Stelle ist es jedoch angebracht, bevor mit Croce die Implikationen eines solchen Systems betrachtet und der Untertitel der *Ästhetik* gerechtfertigt werden soll, der sie eben als *allgemeine Linguistik* spezifiziert, einen Schritt zurück zu tun und den Begriff der Kunst und des ästhetischen und künstlerischen Aktes genauer zu untersuchen. Dazu ist es nötig, die zwei Schlüsselbegriffe der Sprachtheorie Croces, den der Intuition und den des Ausdrucks, zu klären, das heißt vorzustellen und zu definieren.[23]

> Kunst ist Vision oder Intuition. Der Künstler schafft ein Bild oder Phantasma; der Kunstgenießende stellt sein Auge auf den Punkt ein, den ihm der Künstler gewiesen, blickt durch die Spalte, die er ihm geöffnet hat und reproduziert in sich jenes Bild. ‚Intuition', ‚Vision', ‚Anschauung', ‚Einbildung', ‚Phantasie', ‚Verbildlichung', ‚Vorstellung' usw. sind lauter Worte, die gleichsam als Synonyme in den Erörterungen über die Kunst beständig wiederkehren und die alle unseren Verstand auf denselben Begriff oder auf dieselbe Begriffssphäre richten: ein Zeichen allgemeiner Übereinstimmung. (Croce, *BdAe*, 8)[VII]

Croce beeilt sich jedoch klarzustellen, daß der tiefere Wert seiner Auffassung der Kunst jenseits der Definition an sich in den Folgen liegt, die sich aus dieser ableiten: Gerade die Antwort, daß die Kunst Intuition sei, erhält ihre Bedeutung und Kraft aus all dem, das sie implizit negiert und von dem sie die Kunst unterscheidet. Die Definition der Kunst als Intuition negiert in der Tat, daß sie ein physisches Faktum sei, daß sie ein utilitärer oder moralischer Akt sei, daß sie den Charakter begrifflicher Erkenntnis habe. Dies sind Aussagen, die sich kohärent aus der Struktur des philosophischen Systems Croces ableiten, welches, wenn es sie auch in der Einheit des Geistes zusammenfaßt, doch die Ästhetik von der Logik, von der Ethik, von der Ökonomie usf. ‚unterscheidet'.

Der Kunst, der ästhetischen Aktivität, bescheinigt Croce unermüdlich nicht nur ihren kreativen Wert, sondern auch ihre volle Autonomie – welche sie in noch höherem Grade als die Logik besitzt –, wobei er zu seinem Bedauern feststellen muß, daß der umfassenden Anerkennung, welche die intuitive Erkenntnis im alltäglichen Leben erfährt, keine gleiche und adäquate Anerkennung seitens der Philosophie entspricht. Vielmehr hat sich in letzterer die Logik „den Löwenanteil genommen"; denn die Philosophen sind oft davon überzeugt, die Intuition sei blind, und nur der Intellekt vermöge es, ihr Augen zu verleihen. Dieser bedarf die Intuition indes nach Croce nicht, „weil sie eigene sehr scharfe Augen auf der Stirn hat." (*Aesth*, 3-4)

---

[23] Seine Ästhetik hat Croce immer wieder umgearbeitet; in diesen Zeilen beziehe ich mich auf Croces Darstellung der ästhetischen Tätigkeit im *Breviario di estetica* (1913), welche mehr oder minder der ‚mittleren Phase' seines Schaffens entspricht (3. Auflage der *Estetica*), bzw. der zweiten Phase seiner Semiotik und der Übergangsperiode zwischen der ersten und der zweiten Phase seiner Sprachtheorie (vgl. Kap. 4).

Bei der Untersuchung des Begriffs der Intuition bedient sich Croce ein weiteres Mal seiner gewohnten – und äußerst wirkungsvollen – definitorischen Mittel der Litotes und der Distinktion: Es wird vor allem gesagt, was sie nicht ist, und genau bestimmt wird sie, indem sie von etwas anderem unterschieden wird. Um eine wahre und genaue Idee von dem zu haben, was die Intuition ist, genügt es nicht, sie vom Begriff zu unterscheiden, sie als etwas vom Begriff Unabhängiges zu erkennen, sondern sie muß auch von der Wahrnehmung unterschieden werden, d.h. von der „Erkenntnis der stattgefundenen Realität", der „Auffassung von irgend etwas als etwas Realem" (*Aesth*, 5). Und das geschieht hauptsächlich aus dem folgenden Grund: Wenn es zutrifft, daß die Wahrnehmung Intuition ist, so ist doch ebenso wahr, daß auch die Einbildung Intuition ist. Croce geht es darum, zu betonen, daß die Unterscheidung zwischen Wirklichkeit und Nichtwirklichkeit dem Wesen der Intuition fremd ist. Bei der Intuition stellt sich der Mensch nicht als empirisches Wesen der äußeren Realität gegenüber, sondern er objektiviert seine Impressionen, welcher Art diese auch sein mögen.

Ferner muß die Intuition auch von der Empfindung unterschieden werden, oder besser, von dem, was Croce die „rohe Empfindung" nennt (*Aesth*, 9). Diese wird verstanden als ungeformte Materie, die der Geist niemals als solche erfassen kann, sofern sie bloße Materie ist, der er sich nur in der Form und durch die Form bemächtigt, deren Begriff er jedoch als Grenze postuliert. Und doch ist es nach Croce leicht, die geistige Intuition von der rohen Empfindung zu trennen. Und gerade bei der Erklärung dieser Möglichkeit gelangt Croce zur Formulierung eines der originellsten und überzeugendsten Begriffe seiner Sprachtheorie. Hierin läßt sich schon eine der Voraussetzungen für seine Identifizierung der Ästhetik mit einer Art der allgemeinen Linguistik fassen. Der grundlegende und eigentümlichste Gedanke der Croceschen Ästhetik ist nämlich das Prinzip, daß die intuitive Erkenntnis des Individuellen schon an sich Ausdrucksakt ist:

> Es gibt aber auch eine sichere Methode, die wahre Intuition, die wahre Vorstellung[24] von dem zu unterscheiden, was tiefer steht als sie: jenen geistigen Akt vom mechanischen, passiven, natürlichen Faktum. Jede wahre Intuition oder Vorstellung ist zugleich Ausdruck (Expression). Alles das, was nicht in einem Ausdruck objektiviert wird, ist weder Intuition noch Vorstellung, es ist Empfindung und gehört dem Reich der Natur an. Der Geist erkennt nur dadurch intuitiv, daß er schöpferisch tätig ist, daß er ausdrückt. [...] Die intuitive Aktivität erkennt so viel intuitiv, wie sie ausdrückt. Wenn dieser Satz paradox erscheint, so liegt einer der Gründe dafür zweifellos in der Gewohnheit, dem Wort ‚Ausdruck' dadurch eine gar zu enge Bedeutung zu geben, daß man es nur auf die sogenannten verbalen Ausdrücke anwendet; es gibt aber auch nicht-verbale Ausdrücke wie Linien, Farben, Töne: sie alle müssen in den Begriff Ausdruck mit einbezogen werden, welcher daher alle Arten von Manifestationen des Menschen umfaßt: die des

---

[24] An dieser Stelle sei noch einmal daran erinnert: Bei Croce werden die Termini *intuizione* [‚Intuition'] und *rappresentazione* [‚Vorstellung'] oft synonymisch verwendet.

Redners, des Musikers, des Malers und aller anderen. Ob man nun den Ausdruck malerisch oder musikalisch oder sonstwie beschreiben oder benennen mag, in keiner dieser Manifestationen kann er der Intuition fehlen, von der er seinem Wesen nach untrennbar ist. (Croce, *Aesth*, 10)VIII

Zwischen Ausdruck und Intuition besteht daher die Beziehung der Identität, wohingegen keine Identität besteht zwischen dem Ausdruck und seiner gleichsam ‚Übersetzung' in physische Akte (Töne, Farben, Bewegungen usw.). Der Ausdruck – der künstlerische Akt – befindet sich in der Tat diesseits seiner physischen Manifestationen: er kann sich in äußeren Manifestationen zu erkennen geben, aber er ist weit davon entfernt, sich mit ihnen zu identifizieren. Denn seine Natur ist viel tieferer und umfassenderer Art:

> Nachdem wir aber an dieser Stelle unserer Betrachtung angelangt sind und die Kunst als geistige Aktivität, als theoretische Aktivität und als besondere (intuitive) Aktivität betrachtet haben, ist es uns leicht möglich, zu erkennen, daß alle die zahlreichen und verschiedenartigen Definitionen von Charakteren immer, wenn sie etwas Reales anzeigen, nichts anderes tun, als das darzustellen, was wir bereits als Gattung, Spezies und Individualität der ästhetischen Form kennengelernt haben. Die Charaktere lassen sich, wie man beobachtet hat, auf die generelle Definition zurückführen; richtiger gesagt sind diese Charaktere verbale Varianten der Einheit, der Einheit in der Mannigfaltigkeit, der Einfachheit, der Originalität usw.; auf die spezifische Definition zurückgeführt sind sie das Leben, die Lebhaftigkeit, die Konkretheit, die Individualität, das Charakteristische. Diese Worte können noch weiter geändert werden, aber wissenschaftlich werden sie nichts Neues bringen. Die Analyse der Expression als solcher ist mit den oben dargelegten Charakteren erschöpft. (Croce, *Aesth*, 72)IX

Aber nicht nur ist der Ausdruck nicht identisch mit der physischen äußeren Form, ja er kann sogar ohne diese bestehen. An dieser Stelle sei kurz auf ein mit der Auffassung vom Ausdruck zusammenhängendes Problem hingewiesen, das innerhalb der spezifischeren Sprachtheorie Croces Bedeutung gewinnt. Es handelt sich um die Beziehung zwischen der ‚wahren' Expression, der sogenannten *intuizione-espressione*, der Intuition-Expression,[25] und der ‚naturalistischen Expression'. Letztere ist nämlich nicht Ausdruck eines theoretischen Faktums, sondern eines physischen Faktums, von dem er in Wirklichkeit nicht einmal verschieden ist: denn er läßt sich von diesem nur durch einen Akt der Abstraktion trennen. Zu dieser Kategorie des naturalistischen Ausdrucks gehören auch die Ausrufe: Bewunderung, Zorn etc. sind Ausdrücke, die von Empfindungen, nicht von Intuitionen zeugen.

Daß der wahre Ausdruck auch ohne seine äußere Form Bestand haben kann, ist allerdings ein problematischer Punkt in Croces Theorie, aber nicht

---

[25] Diese Gleichsetzung nimmt Croce an mehreren Stellen vor, und sie läßt sich aus dem Vorangegangenen syllogistisch ableiten: Wenn Kunst Intuition ist und Intuition Ausdruck, so ist klar, daß auch die Kunst Ausdruck sein muß.

deshalb, wie Cavaciuti (1959, 33) behauptet – dem aber Deneckere (1983 1, 88–92) heftig und überzeugend widerspricht –, weil es Stellen bei Croce gäbe, die das Gegenteil behaupteten oder weil der Ausdruck im Einklang mit der Wirklichkeitsauffassung in Croces philosophischem Credo die Inkarnation von Innerem und Äußerem, von Geist und Materie, von Seele und Körper sein müßte, welche nur in den materialistischen und empiristischen Philosophien getrennt werden.[26] [x] Der Grund ist vielmehr darin zu suchen, daß in Croces Theorie die Frage der Beziehung, bzw. des Übergangs, zwischen dem inneren Ausdruck und seiner äußeren Manifestation – seiner *estrinsecazione*, seinem ‚Nachaußentreten' – nicht wirklich gelöst wird.[27] Bei der Behandlung der Cassirerschen Kritik an Croce wird sich zeigen, daß dies Problem auch Cassirer anspricht.

Noch eine zweite Voraussetzung liegt aber der Identifizierung von Ästhetik und Linguistik zugrunde, und zwar die radikale Leugnung der – erkenntnismäßigen, d. h. theoretischen – Möglichkeit, verschiedene ‚Klassen' von Ausdrücken zu unterscheiden.[28] Für Croce existiert in der Tat nur eine einzige Ausdruckswirklichkeit – die eben mit der intuitiven zusammenfällt – und ihre Unterscheidung, ihre Trennung in Klassen, wie die des musikalischen, bildnerischen, malerischen, verbalen Ausdrucks, gehört nicht zur theoretischen, sondern zur praktischen Sphäre des Geistes, zur pseudobegrifflichen Wirklichkeit. Sie ist Frucht menschlicher Abstraktion und hat daher, wie bezüglich der Begriffe der Wissenschaft schon

---

[26] Deneckere zeigt, daß viele der Inkohärenzvorwürfe, welche Cavaciuti gegenüber Croce geltend macht, unbegründet sind: „Es scheint uns, daß diese Einwände Cavaciutis auf einer Reihe von Mißverständnissen beruhen, die aufzuklären sind. Erstens wurde der Terminus ‚äußerliche Expression' von Cavaciuti selbst geprägt, kommt aber aus der Feder Croces nie. Für diesen ist die ‚Expression' immer ‚intern': Sicherlich geht es bei Croce um den ‚Ausdruck', aber dieser unterscheidet sich von der ‚Expression' und fällt mit der ‚Kommunikation' zusammen." (Deneckere 1983 1, 89)

[27] Auch dem widerspricht Deneckere, meines Erachtens aber weniger überzeugend. Wenn es zutrifft, daß die Croce-Zitate, welche Cavaciuti heranzieht, um das Problematische dieser Thematik zu zeigen, aus dem Zusammenhang gerissen und wenig beweiskräftig erscheinen können, so kann man doch nicht leugnen, daß in der Croceschen Theorie – wie schon in der Hegels, wie u.a. D'Angelo (1982) gezeigt hat – der Übergang vom geistigen zum physischen Aspekt des Kunstwerks obskur bleibt. Eines der häufigen Verfahren Croces besteht eben darin, Fragen, welche die Gefahr einer systematischen Inkohärenz mit sich bringen, entweder im Nebulösen zu belassen oder mit Schweigen zu übergehen.

[28] Ausgangspunkt seiner Überlegung war die Kritik an der Einteilung in stilistisch-rhetorische Kategorien (bei Gröber). Er hatte dann versucht, diese Theorie direkt von Grund auf auszuheben, indem er behauptete, daß nicht nur diese Kategorien, sondern auch jede andere Einteilung und grammatische oder syntaktische Kategorisierung allein aus einer abstraktiven Operation resultierte und in diesem Sinne dem Bereich der Praxis zugehörte: Das Sprechen ist hingegen für Croce eine unteilbare individuelle und unwiederholbare Einheit, ein *Unicum*, sei es in seiner Gesamtheit, sei es in seinen Teilen. Höchst interessant sind die diesbezüglichen Briefe, die Croce mit Vossler zwischen Juni und Juli 1903 wechselte.

gesehen wurde, keinen erkenntnismäßigen, sondern nur einen nützlichkeitsrelevanten Wert. Kurz gesagt, sie ist nicht wahr.

Indem er seine Behauptungen, wie üblich, bis zu ihren extremen Konsequenzen treibt, besteht Croce darauf, daß es nicht nur unmöglich ist, einen wortsprachlichen Ausdruck von anderen Formen des Ausdrucks zu unterscheiden, sondern daß auch innerhalb verbaler Ausdrücke weitere Unterteilungen unmöglich sind, wie man sie etwa erhält, indem man in einigen Klassen vorgebliche Konstanten feststellt (Wortklassen, Redeteile), oder indem man sie sich als von ‚wissenschaftlichen Gesetzen' geregelt denkt. Offensichtlich möglich sind diese Unterteilungen aus praktischer Sicht – beziehungsweise zu Zwecken der Nützlichkeit und in dieser Hinsicht sind sie durchaus positiv zu beurteilen und nicht geringzuschätzen –, aber eben nicht aus theoretischer Sicht.

Mit dieser Behauptung – und der damit verbundenen Polemik gegen die Linguistik als empirische Wissenschaft – möchte er den damals erforschten grammatischen und lautlichen Gesetzen die theoretische Realität absprechen, womit er sie zugleich der *langue* abspricht: Die wahre Sprache kann in der Tat nur reiner und unteilbarer Ausdruck sein, und das Sprechen kann nur unteilbares Kontinuum sein, das daher – und darin läßt sich eines der wichtigsten Momente der Divergenz zwischen Croces und Cassirers Interpretation des Humboldtschen Begriffes der ἐνέργεια fassen – die Artikulation in diesen geistigen Prozeß nicht einschließt.

3.1.2.2 Geistiger Ausdruck als symbolische Funktion: Cassirer und die Kulturkritik

Cassirer führt die Termini ‚Eindruck' und ‚Ausdruck' ein, als er die ‚Kritik der Vernunft' zu einer ‚Kritik der Kultur' umformt:

> Die verschiedenen Erzeugnisse der geistigen Kultur, die Sprache, die wissenschaftliche Erkenntnis, der Mythos, die Kunst, die Religion werden so, bei all ihrer inneren Verschiedenheit, zu Gliedern eines einzigen großen Problemzusammenhangs – zu mannigfachen Ansätzen, die alle auf das eine Ziel bezogen sind, die passive Welt der bloßen Eindrücke, in denen der Geist zunächst befangen scheint, zu einer Welt des reinen geistigen Ausdrucks umzubilden. (Cassirer, *PhsF* 1, 10)

Auffällig ist, daß Cassirer – zumindest in diesen Zeilen – ‚Eindruck' in einem traditionellen, rein passiven Sinne verwendet, der sich von dem Croces beträchtlich unterscheidet. Denn dieser faßt den mit dem Ausdruck identifizierten Eindruck als geistige Aktivität auf. Die genauere Untersuchung aber zeigt zwischen dem Denken der beiden Philosophen zwar deutliche Abweichungen, aber auch tiefreichende Übereinstimmungen, die nicht nur auf das Terminologische reduziert werden sollten.

Jede originäre geistige Tätigkeit, die gestaltend ist und nicht nur reproduktiv, schließt nach Cassirer eine selbständige Energie des Geistes ein, kraft welcher die einfache phänomenhafte Existenz eine besondere Bedeutung, einen ideellen Wert gewinnt. Cassirer knüpft in dieser Hinsicht an die ‚kopernikanische Revolution' Kants an, wonach man die ‚Gegenstände' nicht erkennt, als seien sie schon bestimmt und gegeben, sondern das Erkennen ‚gegenstandsschaffend' geschieht:

> Wir erkennen somit nicht ‚die Gegenstände' – als wären sie schon zuvor und unabhängig als Gegenstände bestimmt und gegeben – sondern wir erkennen gegenständlich, indem wir innerhalb des gleichförmigen Ablaufs der Erfahrungsinhalte bestimmte Abgrenzungen schaffen und bestimmte dauernde Elemente und Verknüpfungszusammenhänge fixieren. (Cassirer, SuF, 328)

Die Kritik, die Cassirer am Kritizismus übt, konzentriert sich auf zwei präzise Punkte und entfernt sein spekulatives Denken dadurch entschieden von dem Kants. An erster Stelle darf man die kritizistische Perspektive nicht nur hinsichtlich der logischen Funktion des Urteils anwenden, vielmehr muß sie sich „mit gleichem Grund und Recht" (*PhsF* 1, 8) auf jedes Ziel und auf jedes Prinzip der gestaltenden Aktivität des Geistes beziehen.[29]

> Denn das Grundprinzip des kritischen Denkens, das Prinzip des ‚Primats' der Funktion vor dem Gegenstand, nimmt in jedem Sondergebiet eine neue Gestalt an und verlangt eine neue, selbständige Begründung. Neben der reinen Erkenntnisfunktion gilt es, die Funktion des sprachlichen Denkens, die Funktion des mythisch-religiösen Denkens und die Funktion der künstlerischen Anschauung derart zu begreifen, daß daraus ersichtlich wird, wie in ihnen allen eine ganz bestimmte Gestaltung nicht sowohl der Welt als vielmehr eine Gestaltung zur Welt, zu einem objektiven Sinnzusammenhang und einem objektiven Anschauungsganzen sich vollzieht.
> Die Kritik der Vernunft wird damit zur Kritik der Kultur[30] [...] Hierin erst findet die Grundthese des Idealismus ihre eigentliche und vollständige Bewährung. (Cassirer, *PhsF* 1, 9)

Zweitens hatte die traditionelle Erkenntnistheorie die Gegebenheiten der Erfahrung stets als alogische Rohdaten betrachtet. Dies ist aber nach Cassirers Meinung eine Idealisierung. Denn schon im Moment der Erfahrung hat man es nicht mit rohen Daten zu tun, sondern mit Daten, welche bereits durch Bedeutung gesättigt sind: durch eine Bedeutung, welche von einer besondere Äußerungsweise des Geistes verliehen wird, welche in einer besonderen symbolischen Form gegeben ist. Korrekt bewertet man die Realität der Erfahrung erst dann, wenn man das sinnlich

---

[29] Wie Croce möchte Cassirer nicht der Logik allein „den Löwenanteil" überlassen. Diese Meinung bestätigt er in vielen anderen Aussagen zu einer realistischen Weltsicht (z.B. *PhsF* 1, 9) oder auch in Bezug auf Hegel (*PhsF* 1, 13).

[30] Es ist klar, daß in einer Perspektive, welche den Gegenstand der Philosophie in der Gesamtheit der geistigen Hervorbringungen des Menschen findet (aus diesem Grund tendiert sie eben dazu, sich als Kulturkritik darzustellen), die historiographischen Forschungen Cassirers, die einigen Hauptetappen der Entwicklung des abendländischen Denkens und der Rolle des Individuums in ihnen gewidmet sind, besondere Bedeutsamkeit zukommt. Exemplarisch seien hier genannt: *Individuum und Kosmos in der Philosophie der Renaissance* (1927) und *Die Philosophie der Aufklärung* (1932).

Wahrnehmbare in allen seinen Manifestationen nicht nur als Eindruck betrachtet, sondern auch – und die Nähe zu Croce könnte nicht evidenter sein – als Ausdruck:[31] [XI] Materie und Form bilden eine Einheit, denn was als Materie gegenwärtig ist, ist immer gleichzeitig als Vorstellung gegeben, das heißt das Sinnliche ist ‚gestaltet', weil es von Sinn und Bedeutung durchdrungen ist.[32] Der geistige Ausdruck ist daher das Fundament jeglicher Form des Verständnisses der Realität.

Aber gerade da, wo man in der Art, den Begriff des geistigen Ausdrucks aufzufassen, eine der markantesten Affinitäten zwischen Croce und Cassirer ausmachen kann, stößt man zugleich auf den Punkt ihrer größten Ferne voneinander: Um das Ziel zu erreichen, die passive Welt der Eindrücke in eine Welt rein geistigen Ausdrucks zu verwandeln, muß man nach Cassirer notwendigerweise den idealen Zusammenhang der einzelnen Bereiche verstehen, den Zusammenhang zwischen den Grundfunktionen von Sprache, Erkenntnis und Kunst, „ohne daß [...] die unvergleichliche Eigenheit einer jeden von ihnen verloren ginge" (*PhsF* 1, 14). Zum morphologischen Hauptproblem wird die Identifizierung und Beschreibung eines gestaltenden Mediums, einer vermittelnden Funktion „durch welche alle Gestaltung, wie sie sich in den einzelnen geistigen Grundrichtungen vollzieht, hindurchgeht" (*PhsF* 1, 14). Es geht also um eine Identifizierung und Beschreibung der Symbolisierung, der symbolischen Form, des Symbols. Denn dieses ist – und darin beruft sich Cassirer auf Leibniz[33] – keineswegs „eine bloß zufällige Hülle des Gedankens, sondern sein notwendiges und wesentliches Organ" (*PhsF* 1, 16):

> Wenn es wahr ist, daß alle Objektivität, alles, was wir gegenständliches Anschauen oder Wissen nennen, uns immer nur in bestimmten Formen gegeben und nur durch diese zugänglich ist, so können wir aus dem Umkreis dieser Formen niemals heraustreten – so ist jeder Versuch, sie gewissermaßen ‚von außen' zu betrachten, von Anfang an hoffnungslos. Wir können nur *in* diesen Formen

---

[31] Auch Ferrari merkt an, daß „schon der – an sich entschieden mehrdeutige – Begriff ‚Ausdruck' Cassirer mit anderen philosophischen Richtungen im Europa des frühen zwanzigsten Jahrhunderts verbindet von Dilthey zu Husserl und Croce" (Ferrari 1996, 185). Gleichwohl steht für ihn fest, daß die primäre Quelle des Cassirerschen ‚Ausdrucks' Leibniz ist: „Nicht zufällig stellt sich das allgemeine ‚Programm' der *Philosophie der symbolischen Formen* in relevantem Ausmaß unter das Zeichen des Leibnizschen Problems der Beziehung zwischen Universellem und Partikulärem und der Überwindung des metaphysischen Gegensatzes zwischen *mundus sensibilis* und *mundus intelligibilis* in der Perspektive einer Ausdehnung der *Characteristica Universalis* auf alle Formen von Produktion und Ausdruck des Geistes." (Ferrari 1996, 184)

[32] Diesbezüglich schreibt Graeser: „An Kant und Husserl kritisiert er [sc. Cassirer], daß sie die sinnlichen Daten sozusagen immer noch zu intellektualistisch als *Hyle* deuten, als Stoff nämlich, der erst der Formung (*Morphe*) bedürfe, während die Formung und Sinngebung doch – wie Cassirer aristotelisierend sagt – das *proteron physei* sei, was die Präsenz eines Inhaltes erst ausmache." (Graeser, 1994, 30)

[33] Zu den Beziehungen zwischen Cassirer und Leibniz, besonders zu den Quellen des Begriffs der symbolischen Form vgl. Ferrari 1996, 171–189.

anschauen, erfahren, vorstellen, denken; wir sind an ihre rein *immanente* Bedeutung und Leistung gebunden. (Cassirer, *LSB*, 209)

Es wurde darauf hingewiesen, daß auch bei Croce die Unterscheidung der vier geistigen Tätigkeiten von dem Bestreben begleitet wird, sie doch in eine Einheit und in ein System zusammenzufassen; daß man also auch in der *Filosofia dello Spirito* versuchen kann, ein Medium zu finden, das den geistigen Formen, den Weisen, wie der Geist sich gibt, gemeinsam ist. Es muß jedoch hier klar gesagt werden, daß diese Suche von Croce nicht expliziert und systematisch vorgenommen wird. Sie verbleibt vielmehr absichtlich vage. Konstant und präzise ist hingegen das Bemühen Cassirers, die gestaltende Funktion des Geistes, das Medium, das seiner Theorie der symbolischen Formen zugrunde liegt und dank dem sie alle Formen des Geistes genannt werden können, zu ermitteln und zu definieren. Denn es erweist sich geradezu als Urprinzip des Cassirerschen Systems oder, wenn man so will, seiner Methode. Und nicht nur wird es in etwas genau Bestimmtem gefunden und identifiziert, nämlich in der Symbolisierung, sondern diese wird auch durch die erkenntniskritische Herleitung des Symbolbegriffs und die retrospektive Untersuchung seiner Grundlagen mit der nötigen Detailliertheit beschrieben wie auch durch die Begründung und Rechtfertigung des Begriffs der Vorstellung.[34] Auf den folgenden Seiten soll der theoretische Prozeß rekonstruiert werden, der Cassirer zur Formulierung seines Begriffs der symbolischen Form hinführte. Besonders eingehend soll dabei die symbolische Form der Sprache betrachtet werden.

3.2 Die Arten der Objektivierung des Geistes: Die symbolischen Formen und die vier Aktivitäten des Geistes

3.2.1 Die Modalitäten der Objektivierung des Geistes

In der Einleitung zur *Philosophie der symbolischen Formen* führt Cassirer selbst seine allgemeine Theorie der Ausdrucksformen des Geistes auf das ursprüngliche theoretische Projekt zurück, das er 1910 in *Substanzbegriff und Funktionsbegriff* erarbeitet hatte, nämlich die Erkenntnistheorie mit dem Ziel einer allgemeinen Gestaltlehre des Geistes zu überwinden. Die philosophische Erkenntniskritik muß sich in der Tat die neue Aufgabe stellen, den Weg, welche die Einzelwissenschaften je für sich durchlaufen, in seiner

---

[34] Die Vorstellung wird verstanden als Vergegenwärtigung eines Inhaltes in einem anderen und mittels eines anderen und ist die wesentliche Voraussetzung der Konstitution des Bewußtseins und die Bedingung seiner formalen Einheit.

Gesamtheit zu verfolgen und zu beherrschen. Und wenn die intellektuellen Symbole, mittels derer die Einzelwissenschaften die Wirklichkeit betrachten und beschreiben, sich als verschiedene Manifestationen ein und derselben geistigen Grundfunktion verstehen lassen, so wird gerade das zur neuen Aufgabe der philosophischen Erkenntniskritik, die allgemeinen Bedingungen dieser Funktion festzulegen und das Prinzip, von dem sie dominiert wird, klar herauszustellen.

> Statt mit der dogmatischen Metaphysik nach der absoluten Einheit der Substanz zu fragen, in die alles besondere Dasein zurückgehen soll, wird jetzt nach einer Regel gefragt, die die konkrete Mannigfaltigkeit und Verschiedenheit der Erkenntnisfunktion beherrscht und die sie, ohne sie aufzuheben und zu zerstören, zu einem einheitlichen Tun, zu einer in sich geschlossenen geistigen Aktion zusammenfaßt. (Cassirer, *PhsF* 1, 6)

Cassirer leugnet sicher nicht, daß jede Erkenntnis – wie verschieden die Pfade und Richtungen auch sein mögen, die sie durchläuft – dazu neigt, die Vielfalt der Phänomene unter die Einheit des ‚Vernunftsprinzips' zu subsumieren, das heißt, das Besondere in eine als Gesetz oder universelle Ordnung aufgefaßte Form eingehen zu lassen. Gleichwohl betont er nachdrücklich, daß in der Gesamtheit des geistigen Lebens neben dieser Form der intellektuellen Synthese, welche im System der wissenschaftlichen Begriffe wirkt, noch andere Arten gestaltender Tätigkeit existieren. Eine wichtige Analogie in der jeweiligen Art, wie Cassirer und Croce die Aktivität des Geistes auffassen, besteht gerade darin – es wurde am Eingang des Kapitels schon gesagt –, daß sie die Existenz vielfältiger Modalitäten der Objektivierung, der Äußerung des Geistes und ihrer Deutung als Tätigkeiten des Menschen anerkennen. Ziemlich verschieden ist hingegen einerseits die Beziehung, die sie zwischen diesen annehmen, oder vielmehr die – paritätische oder hierarchische – Systematisierung, die sie mit diesen geistigen Tätigkeiten vornehmen, andererseits die bei Croce genau bestimmte, bei Cassirer offengelassene Zahl der unter der Definition ‚Art der Objektivierung des Geistes' zusammengefaßten Einheiten. Unterschiede zwischen beiden Autoren bestehen ferner bezüglich der Frage, ob sie der Sprache Autonomie und besondere Ursprünglichkeit im Verhältnis zu den übrigen geistigen Aktivitäten zuerkennen oder nicht.

Für Cassirer stellen alle Arten der gestaltenden Aktivität bestimmte Weisen der geistigen Objektivierung dar, das heißt, sie sind Mittel, einer individuellen Wesenheit universellen Wert zu verleihen. Diese universelle Gültigkeit wird auf anderen Wegen erzielt als es die der logischen Erkenntnis sind, aber zwischen letzterer und jeder wahren Grundfunktion des Geistes besteht eine substantielle Gemeinsamkeit, die ihre ‚Ebenbürtigkeit' begründet: ursprüngliche, gestaltende, also nicht einfach reproduktive, Aktivität zu sein, vor allem aber symbolisierende Aktivität zu sein. Sprache, Kunst, Erkenntnis, Mythos, Religion – die Cassirer zu der geistigen gestaltenden Aktivität zählt – schließen alle eine autonome Energie des

Geistes ein, durch welche die einfache Existenz der Phänomene eine bestimmte ‚Bedeutung', einen eigentümlichen ideellen Wert erhält:

> Sie alle [sc. Sprache, Kunst, Erkenntnis usw.] leben in eigentümlichen Bildwelten, in denen sich nicht ein empirisch Gegebenes einfach widerspiegelt, sondern die sie vielmehr nach einem selbständigen Prinzip hervorbringen. Und so schafft auch jede von ihnen sich eigene symbolische Gestaltungen, die den intellektuellen Symbolen wenn nicht gleichartig, so doch ihrem geistigen Ursprung nach ebenbürtig sind. (Cassirer, *PhsF* 1, 7)

Eine jede dieser Formen genießt vollständige Autonomie und übt eine unterschiedliche Funktion aus: Keine von ihnen läßt sich auf eine andere reduzieren, noch aus eine anderen ableiten, keine wird von einer anderen vorausgesetzt.[35] Eine jede dieser Formen stellt eine bestimmte Art des Auffassens, des geistigen Hervorbringens dar, und zugleich – eben durch ihre Art, das Geistige aufzufassen – konstituiert sie einen spezifischen Aspekt des Wirklichen. Cassirer definiert aber die symbolischen Formen keineswegs nur als die vielen möglichen Arten, in denen eine in sich existierende Realität sich dem Geist enthüllt, sondern er versteht sie geradezu als die Wege, denen der Geist selbst bei seiner Objektivierung, d.h. bei seiner Manifestation, folgt (vgl. *PhsF* 1, 8).

Bei Croce organisiert hingegen das System der Aktivitäten die Formen der Objektivierung des Geistes in einer strengen Hierarchie, in welcher sie nach dem Kriterium der Ursprünglichkeit und der Autonomie unterschieden und angeordnet werden. Zwar ist auch für Croce, eine jede dieser Aktivitäten – denen, obwohl sie ‚unterschieden' sind, doch das Wesen des Geistigen gemeinsam ist – auf die anderen nicht reduzibel. Was jedoch bei Croce von der Cassirerschen Art, die Grundmomente des Geistes aufzufassen, radikal verschieden erscheint, ist nicht nur seine rigide Trennung zwischen theoretischer und praktischer Sphäre des Geistes, sondern auch der deutlich dialektisch geprägte Dynamismus, den Croce zwischen den Formen oder Momenten der Objektivierung des Geistes sieht. Dadurch erfolgt bei ihm der Übergang von einem Moment zum anderen in irreversibler Folge: Die praktische Aktivität setzt die Erkenntnis voraus und, mehr aufs einzelne gesehen, im theoretischen Bereich der Begriff die Intuition. Ebenso setzt im praktischen Bereich die Moralität die technische Effizienz voraus. Die Kunst hingegen, welche als Ausgangsmoment der Hierarchie ‚die ursprünglichste' der Aktivitäten darstellt, muß bezüglich der begrifflichen Erkenntnis autonom bleiben und offenkundig auch bezüglich der praktischen Aktivitäten, von denen sie vorausgesetzt wird:

> Die vier Momente [sc. die zwei Stufen der theoretischen Aktivität und die zwei der praktischen] werden regressiv durch ihre Konkretheit impliziert: der Begriff kann nicht ohne die Expression existieren, das Nützliche nicht ohne Begriff und Expression, und die Moralität nicht ohne die drei vorhergehenden Stufen. Wenn

---

[35] Zum Problem der größeren Bedeutung der Sprache gegenüber den anderen symbolischen Formen und ihrer ‚Semiotizität' *par excellence* s.u. und Kap. 4.

nun das ästhetische Faktum in gewissem Sinne unabhängig ist und die anderen mehr oder weniger abhängig sind, so bezieht sich das ‚weniger' auf den logischen Gedanken und das ‚mehr' auf den moralischen Willen. [...] Eine fünfte Form der Aktivität des Geistes gibt es nicht. (Croce, *Aesth*, 66–67)[XII]

3.2.2 Der Begriff der symbolischen Form. Rekonstruktion der Quellen und Definition

3.2.2.1 Das Problem der Quellen

Bevor der Begriff der symbolischen Form definiert wird und seine Struktur und Architektur genauer untersucht wird, ist es unumgänglich, seine terminologische und begriffliche Herkunft zu skizzieren, d.h. eine Rekonstruktion seiner philosophischen Hauptquellen zu versuchen. Dies ist freilich nicht leicht. Auch ist die Cassirerforschung diesbezüglich noch nicht zu definitiven Ergebnissen gelangt.[36] [XIII] Allerdings kann sie sich auf einige wertvolle Angaben stützen, die Cassirer selbst in großzügiger Weise hierzu liefert.

Die philosophischen Quellen des Begriffs der symbolischen Form lassen sich schematisch in der folgenden Weise gliedern:

- logisch-metaphysische Quellen: Cusanus, Leibniz, Kant, Hegel
- ästhetische Quellen: Goethe, Schiller, Hegel, Humboldt, Vischer
- wissenschaftliche Quellen: Helmholtz, Mach, Hertz
- mythologische Quellen: Schelling, Usener, Vignoli
- ikonologische Quellen: Warburg, Saxl, Boll, Justi

Diese Gliederung, welche sich zum Teil an derjenigen orientiert, die von Giulio Raio (1991) vorgeschlagen wurde, muß allerdings meiner Auffassung nach weiter erklärt und durch eine Reihe von Bemerkungen kommentiert werden. Vor allem ist offensichtlich, daß nicht alle Quellen dem Grad ihrer Einwirkung nach vergleichbar sind, übrigens nicht nur hinsichtlich der Ausbildung des Begriffs der symbolischen Form, sondern auch hinsichtlich des Cassirerschen Denkens insgesamt. Ich meine hier insbesondere die grundlegende Sonderrolle, die hierbei der Kantschen Philosophie zukommt,[37] wie auch den Einfluß des spekulativen Denkens Leibniz' und

---

[36] Eine ausführliche Arbeit zur Quellenrekonstruktion des Begriffs der symbolischen Form steht in der Tat bisher noch aus. Vgl. dazu auch Ferrari: „Obgleich das Zeugnis Gawronskys, dem zufolge Cassirer die Idee einer ‚Philosophie der symbolischen Formen' in ersten Umrissen 1917 während einer Straßenbahnfahrt gekommen sei, nicht mehr von vielen Wissenschaftlern wörtlich genommen wird, kann man kaum sagen, daß das neu erwachte Interesse an der *Philosophie der symbolischen Formen* zu nennenswerten Fortschritten bei der Erforschung der Ursprünge und Quellen des Symbolbegriffs in der Cassirerschen Philosophie geführt habe." (Ferrari 1996, 171)

[37] Was insbesondere den Begriff der symbolischen Form angeht, so hat man in der morphologischen Interpretation der *Kritik der Urteilskraft*, die Cassirer in *Kants Leben*

Humboldts. Zweitens sollte man die Beziehung Cassirers zum Denken Vicos[38] nicht ignorieren, wenn er davon auch nicht immer eine korrekte oder zumindest nicht immer konventionelle Interpretation liefert.[39] Drittens darf sicher auch der Einfluß nicht außer Acht gelassen werden, der von eher ‚mittelbaren' Beziehungen auf das Denken Cassirers ausgeübt wurde (etwa im Falle Platons, Descartes' und Herders) oder durch direkte und vielseitige, sozusagen weniger filiative und mehr wechselwirkungshafte Beziehungen, wie sie zu Cohen, Natorp und Panofsky, zu Einstein, Schlick, Goldstein, Reichenbach und Carnap, zu Husserl, Scheler, Simmel und Dilthey, zu Heidegger, Bergson, Saxl und Warburg sowie zu Vossler und Croce bestanden.

Zu seinem Begriff der symbolischen Form, besonders aber zu seinem komplexen Plan einer morphologischen Theorie im Sinne einer systematischen Theorie der Gesamtheit des Geistigen gelangt Cassirer über verschiedene Phasen des Denkens und der Formulierung.[40] Ohne Übertreibung kann man sagen, – und auch hierin liegt eine Analogie zu Croce –, daß es sich dabei um das Projekt und das Ergebnis eines ganzen Lebens handelt, welches die Cassirerschen Schriften von der ersten Berliner Schaffensperiode bis zur letzten amerikanischen begleitet. Ja, nach der Meinung einiger Kritiker kommt sogar in dieser letzten Zeit das Cassirersche Denken erst zu seiner vollen Entfaltung und kann endlich ganz verstanden werden.

Schon in den gnoseologischen Werken der Berliner Zeit, in *Das Erkenntnisproblem* (1906)[41] und in *Substanzbegriff und Funktionsbegriff* lassen sich einige genetische Elemente des Begriffs der symbolischen Form ausfindig machen. In der Tat kann schon das wissenschaftshistorische Belegmaterial von *Substanzbegriff und Funktionsbegriff*, besonders aber die Thematisierung

---

und Lehre gibt, eine direkte Quelle der Theorie von den symbolischen Formen ausgemacht. Auch in der *Philosophie der symbolischen Formen* fehlen die Bezüge als philosophische Primärquelle ganz offensichtlich nicht, seien es die indirekten: in der ganzen Struktur des Werkes wird das (auf die historisch-metaphysische und spekulative Matrix des Neu-Platonismus zurückgeführte) morphologische Grundmotiv Kants vertieft und thematisiert; seien es die direkten: im dritten Band des Werkes zitiert Cassirer aus dem ersten Buch der *Anthropologie* Kants einen speziell dem Symbol gewidmeten Abschnitt.

[38] Vgl. Paci 1969 und Verene 1976 und 1985.
[39] Zu der einschränkenden Interpretation Vicos durch Croce und Cassirer vgl. Pagliaro 1961, 300 ff.; zu Cassirers Vico-Interpretation, insbesondere seiner Deutung des Verhältnisses Vico – Rousseau vgl. Trabant 1987, 136 ff.
[40] In diesem Zusammenhang muß allerdings gesagt werden, daß die Auffassungen Cassirers sich im Laufe der Zeit zwar vertiefen und präziser ausprägen, nicht aber radikal modifizieren oder gar umkehren. Wohl verlagern sich die spekulativen Knoten und bestimmen dadurch neue Zentren der analytischen Aufmerksamkeit, neue Schwerpunkte, neue Problemkonstellationen, aber substantiell bleiben sie im vorgezeichneten Gleis der ursprünglichen theoretischen Intuition.
[41] Die Verfassung des Werkes *Das Erkenntnisproblem in der Philosophie und Wissenschaft der neueren Zeit* umspannt den Bogen vieler Jahre: Der erste Band erschien 1906, der zweite 1907, der dritte 1920 und der vierte erst postum im Jahre 1950.

und Formulierung des Begriffs der Funktion in diesem Werk mit morphologischem Verständnis gelesen werden. Doch wird das Problem der Form in entscheidender Weise erst in *Freiheit und Form* (1916) gestellt. Plan und Vorarbeiten hierzu gehen weit vor 1916 zurück und bezeugen, daß für Cassirer neben der erkenntniskritischen des Neu-Kantianismus eine spiritualistische und humanistische Denkmatrix bestimmend war (vgl. die Entwicklung des transzendentalen Idealismus zu humanistischer Ausprägung schon bei Cohen). Die Schrift nimmt neben einigen historisch-ästhetischen und literarischen Untersuchungen sowohl die morphologische Theorie der zwanziger Jahre als auch die Anthropologie der amerikanischen Schaffensperiode und des postumen Werks vorweg. Drei Gedanken sind es nämlich, die sich in dieser Schrift herauskristallisieren und für die folgenden Phasen der Formulierung der Lehre von den symbolischen Formen besonders fruchtbar werden: Kants Auffassung des Gegensatzes von Freiheit und Form, die Goethes vom Begriff der Form (Gestalt) und die Schillers von der Freiheit als ästhetischem Prinzip.

Ein besonderer Rang bei der Entstehung und Ausgestaltung der Cassirerschen Lehre kommt der 1921 publizierten Schrift *Zur Einsteinschen Relativitätstheorie* zu. Denn dadurch werden sowohl hinsichtlich der historischen Entstehung, als auch hinsichtlich der theoretischen Struktur neue Elemente eingeführt. Insbesondere aber enthält diese Schrift, wenn auch noch in vorläufiger Fassung, die erste Formulierung der morphologischen Theorie in ihrem vollständigen Sinne.[42] [XIV] Ein großer Teil der Cassirer-Interpreten sieht hier den Schlüsseltext für die Rekonstruktion der wissenschaftlichen Quellen des Begriffs der symbolischen Form. Allerdings dürfen in diesem Zusammenhang auch die 1922 bzw. 1923 entstandenen Arbeiten *Die Begriffsform im mythischen Denken* und *Der Begriff der symbolischen Form im Aufbau der Geisteswissenschaften* nicht vergessen werden, die als direkte Vorstudien zur *Philosophie der symbolischen Formen* anzusehen sind.

---

[42] Nach Verene (1979) erscheint der Terminus ‚symbolische Form' gerade in *Zur Einsteinschen Relativitätstheorie* zum ersten Mal. Ferrari (1988, 249) findet hingegen das erste Vorkommen des Terminus schon im Kommentarteil des ersten Bandes der kritischen Ausgabe der philosophischen Werke von Leibniz, welche Cassirer 1903–1904 herausgegeben hatte (Cassirer 1904–1906). Die Frage der Erstdatierung des Terminus ist indes nicht so einfach zu beantworten. Denn es genügt nicht, lediglich festzustellen, ob er vorkommt, sondern ob er an der betreffenden Stelle schon mit der vollen Bedeutung gebraucht wird, die ihm Cassirer erst in einer späteren Phase seines spekulativen Denkens beimessen konnte. In dieser Hinsicht bemerkt Ferrari: „Sicher hat der Ausdruck ‚symbolische Form' hier noch nicht die Bedeutung und auch nicht den Umfang, welche er in der reifen Reflexion Cassirers annehmen wird; gleichwohl wäre es unangemessen, diese wichtige Stelle bei Cassirer unerwähnt zu lassen, um so mehr als sie im größeren Kontext der Analyse einiger Schlüsselbegriffe von Leibniz' Denken (Ausdruck, Darstellung, Symbol) steht, auf die Cassirer auch in den folgenden Jahren immer wieder zurückkommen wird" (Ferrari 1996, 175). Graeser (1994, 33) vertritt die Ansicht, daß Cassirer den Ausdruck ‚symbolische Form' „in voller terminologischer Bedeutung" erst 1920 gebraucht.

Dazu gehört noch Cassirers – meiner Meinung nach ebenso grundlegende – Arbeit aus dem Jahre 1923, welche er der Sprachphilosophie Humboldts widmete. Die eigentliche Definition des Begriffs der symbolischen Form, die präzisere Formulierung einer in dieser Phase ausdrücklich als solche bezeichneten allgemeinen ‚Systematik der symbolischen Formen' und die Angabe einiger Quellen des Begriffs der symbolischen Form finden sich jedoch erstmals in dem Aufsatz *Der Begriff der symbolischen Form* (1921-22). Diesen betrachtet man daher einhellig als den ersten Entwurf der Philosophie der symbolischen Formen.

Vor seiner eigentlichen Definition sei bezüglich des Begriffs der symbolischen Form hier noch eine Verdeutlichung eingefügt, besser gesagt, ein Hinweis auf seine komplexe Natur: Wenn man, wie es Cassirer wiederholt tut, statt von einem isolierten Begriff von einer Vielheit von symbolischen Formen spricht, so entstehen daraus allgemeine Fragen zur Struktur und Architektur dieser symbolischen Formen, von denen die schon erwähnten nur einige sind: Gibt es eine bestimme Anzahl symbolischer Formen? Stellen diese ein geschlossenes Ganzes oder ein System dar? Hat im Prinzip jede dieser Formen gegenüber den anderen den gleichen Wert, oder gibt es unter- und übergeordnete in einer Art hierarchischer Organisation? Welche Verbindung existiert zwischen den verschiedenen symbolischen Formen? Und in welcher Beziehung stehen sie zum Menschen? Dazu möchte ich an dieser Stelle nur die folgende kurze Antwort geben: Als symbolische Formen nennt Cassirer im gesamten Verlauf seines Schaffens ausdrücklich die folgenden: die Sprache, den Mythos, die Erkenntnis, die Kunst, die Technik, das Recht, die Moral und die Ökonomie. Gleichwohl spricht er niemals davon, daß es eine bestimmte und geschlossene Anzahl von ihnen gebe, ja er ist weit davon entfernt, eine erschöpfende oder endgültige Klassifikation der symbolischen Formen liefern zu wollen. Und wie schon bei ihrem Vergleich mit Croces Aktivitäten des Geistes gesagt wurde, leugnet er ausdrücklich ihre hierarchische Disposition, daß etwa die eine gegenüber der anderen die größere Autonomie oder ‚Ursprünglichkeit' haben könnte.

3.2.2.2 ‚Symbolische Form' als Energie des Geistes

Den Ausgangspunkt der Überlegungen zur Lehre von den symbolischen Formen bildet die Suche nach einem einheitlichen Bildungsprinzip der geistigen Formen der Erkenntnis und des Verständnisses der Welt, dessen, was man heute die ‚kognitiven Aktivitäten' des Menschen nennt. Hieraus entsteht eine ziemlich komplexe Morphologie, eine allgemeine Formenlehre, innerhalb derer jede Form ihre Autonomie, ihre produktive Funktion (als Form der Objektivierung des Geistes) und ihre hermeneutische Funktion (als Form des Verständnisses der Welt) hat. Letztes Prinzip und Schlüsselterminus dieser Lehre ist gerade das ‚Symbol'. Dieses versteht Cassirer in seinem weitesten und umfassendsten Sinne als ‚symbolischen Ausdruck', als Ausdruck von etwas Geistigem durch Zeichen oder Bilder.[43]

Worauf es für Cassirer dabei ankommt, ist vor allem folgendes: Die Entscheidung für die morphologische Perspektive impliziert notwendigerweise eine Neuformulierung bekannter philosophischer Probleme, da hiermit die klassische metaphysische Interpretation überwunden wird. Der problematische Kern der Untersuchung besteht nun nicht mehr darin, Bedeutung und Funktion des Symbols in jeder einzelnen geistigen Sphäre zu erkennen, sondern vielmehr darin, zu verstehen, inwieweit die Sprache *als Ganzes*, der Mythos *als Ganzes*, die Kunst *als Ganzes* in sich den allgemeinen Charakter der symbolischen Gestaltung tragen:

> Unter einer ‚symbolischen Form' soll jede Energie des Geistes verstanden werden, durch welche ein geistiger Bedeutungsgehalt an ein konkretes sinnliches Zeichen geknüpft und diesem Zeichen innerlich zugeeignet wird. In diesem Sinne tritt uns die Sprache, tritt uns die mythisch-religiöse Welt und die Kunst als je eine besondere symbolische Form entgegen. Denn in ihnen allen prägt sich das Grundphänomen aus, daß unser Bewußtsein sich nicht damit begnügt, den Eindruck des Äußeren zu empfangen, sondern daß es jeden Eindruck mit einer freien Tätigkeit des Ausdrucks verknüpft und durchdringt. Eine Welt selbstgeschaffener Zeichen und Bilder tritt dem, was wir die objektive Wirklichkeit der Dinge nennen, gegenüber und behauptet sich gegen sie in selbständiger Fülle und ursprünglicher Kraft. (Cassirer, *BsFG*, 79)

Diese Definition trägt freilich eine Reihe von Implikationen in sich: Vor allem wird klar, daß in der Theorie der symbolischen Formen die herkömmliche Auffassung keinen Platz mehr findet, derzufolge dem ‚Symbol' etwas ‚Nichtsymbolisches' gegenübersteht. Für Cassirer existiert keine Gegenüberstellung von Symbol und Objekt, denn die symbolische Funktion ist die ursprüngliche Grundfunktion. Für ihn gibt es keine Gegebenheit des Geistes, die nicht (schon) symbolisch wäre, die nicht Symbole verwendete und sie zugleich hervorbrächte und ausdrückte (und die dadurch nicht selbst Produkt einer symbolischen Formung wäre). Die Unterscheidung zwischen ‚symbolisch' und ‚nicht-symbolisch' ist paradoxerweise als eine solche gekennzeichnet, die schon Symbolcharakter in sich trägt:

> Die Zweiteilung: Symbol o d e r Gegenstand erweist sich auch hier als unmöglich, da die schärfere Analyse uns lehrt, daß eben die F u n k t i o n des symbolischen es ist, die die Vorbedingung für alles Erfassen von „Gegenständen" oder Sachverhalten ist. (Cassirer, *LKW*, 31)

Bei seiner Definition des Symbolischen beruft sich Cassirer ausdrücklich auf die Tradition. Neben den evidenten Platonischen und Leibnizschen[44]

---

[43] Zum Begriff des Zeichens vgl. Kap. 4.
[44] Zu Leibniz' Einfluß auf das Denken Cassirers, insbesondere in bezug auf die Reflexion über die Funktion der Symbole bei der menschlichen Erkenntnis und über die damit zusammenhängende Erforschung der Strukturen des Ausdrucks vgl. Ferrrari 1988 und 1996. Diesbezügliche Hinweise gibt im übrigen auch Cassirer selbst in seiner *Philoso-*

Einflüssen fällt die Verbindung zur Theorie von Hertz und den Auffassungen Goethes, Schellings, Hegels und Vischers auf.

> Es ist diese Goethesche Verwebung von Allgemeinem und Besonderem in der Gestalt, die Cassirer vielleicht vorschwebt, wenn er [...] anläßlich der Erörterung des Status des Zeichens in der Mathematik, betont, daß das Symbolische „niemals dem ‚Diesseits' oder ‚Jenseits', dem Gebiet der ‚Immanenz' oder ‚Transzendenz' an[gehört], sondern [...] eben darin [besteht], daß es diese Gegensätze, die einer metaphysischen Zweiweltenlehre entstammen, überwindet. Es ist nicht das Eine *oder* das Andere, sondern es stellt das ‚Eine im Anderen' und das ‚Andere im Einen' dar." (Graeser 1994, 35; er zitiert aus Cassirer, *PhsF* 3, 441)

Diese Berufung auf die Tradition führt zu einer neuen und ganz eigenen Synthese Cassirers, die dem Symbol einen viel weiteren Bereich zuweist, als es in den ersten Jahrzehnten des 20. Jahrhunderts üblicherweise geschieht.[45]

Die Analyse der kurzen, aber prägnanten Definition des Begriffs der symbolischen Form kann aber hier nicht stehenbleiben. Denn als nächstes fällt dem Interpreten ihre Identifizierung mit jener ‚Energie des Geistes' auf, welche das spekulative Denken Cassirers unweigerlich – und hier erneut – mit dem Humboldts verbindet. In der Tat teilt Cassirer mit Humboldt die Auffassung, daß die Sprache kreative Tätigkeit, ἐνέργεια, nicht aber geschaffenes Produkt, ἔργον, sei.[46] Der Geist wirkt in den verschiedenen symbolischen Formen nicht produzierend und sich objektivierend, um eine schon gegebene Realität abzubilden oder zu explizieren, sondern um Verwirklichung und Konstitution der Realität selbst erst zu ermöglichen. Der Geist konstituiert die Welt, indem er sich symbolisch gibt, und in diesem Sinne stellen sich die symbolischen Formen als die ‚wahren', ursprünglichen Manifestationen des Geistes dar, die sich als solche ‚darbieten' können, in denen und von denen man aber nichts ‚erklären', das heißt auf etwas anderes als sie selbst zurückführen kann:

> Descartes hat von der theoretischen Erkenntnis gesagt, daß sie in ihrer Natur und in ihrem Wesen ein und dieselbe bleibe, auf welchen Gegenstand sie sich auch richten mag – ebenso wie das Licht der Sonne ein und dasselbe ist, wie vielerlei und wie verschiedene Objekte es immer beleuchtet. Das Gleiche gilt von jeder symbolischen Form, von der Sprache, wie von der Kunst oder vom Mythos, sofern jede von ihnen eine besondere Art des Sehens ist und eine besondere, nur ihre eigene Lichtquelle in sich birgt. Die Funktion des Sehens, die geistige Lichtwerdung selbst läßt sich niemals realistisch von den Dingen und läßt sich nicht vom Gesehenen aus verständlich machen. Denn es handelt sich hier nicht um das, was in ihr erblickt wird, sondern um die ursprüngliche Blickrichtung. [...] Denn

---

 phie der symbolischen Formen, wobei er bei der Nennung seiner Quellen mit der gewohnten Großzügigkeit und Korrektheit verfährt.

[45] Hiermit beziehe ich mich allerdings nicht auf die Auffassung vom Symbol bei Peirce. Doch wäre es zweifellos interessant, die Semiotik von Peirce und die von Cassirer auf ihre sich jeweils näher oder ferner stehenden Anteile hin genauer zu untersuchen. Dies ist nämlich bisher nur zum Teil geschehen und wird daher von der kritischen Literatur schon seit längerem angemahnt; vgl. Hamburg 1956, Krois 1984, Ferrari 1994.

[46] Humboldt seinerseits entlehnt die beiden Termini von Aristoteles, vgl. Di Cesare 1988.

jetzt stellen sich die Sprache, die Kunst, der Mythos als wahrhafte Urphänomene des Geistes dar, die sich zwar als solche aufweisen lassen, an denen sich aber nichts mehr ‚erklären', d.h. auf ein anderes zurückführen läßt. (Cassirer, *SuM*, 236)

Die symbolischen Formen sind daher triadischer Konstitution: a) Ein geistiger Bedeutungsinhalt ist geknüpft an b) ein konkretes sinnliches Zeichen (dem er innerlich zugeeignet wird) mittels c) einer geistigen Energie. Dies läßt sich schematisch so darstellen:

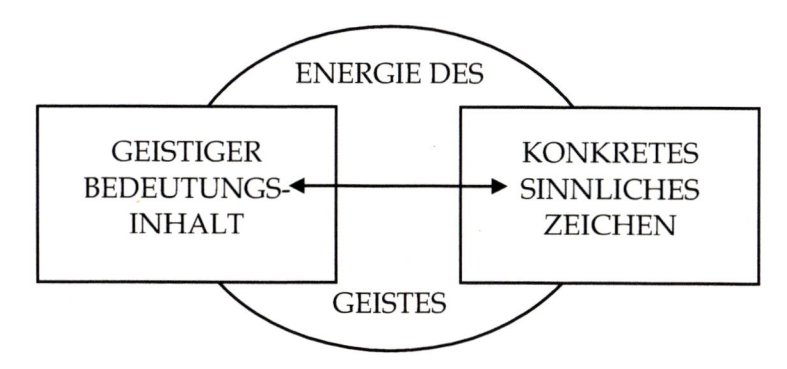

```
           ENERGIE DES
    ┌──────────────────┐   ┌──────────────────┐
    │    GEISTIGER     │   │    KONKRETES     │
    │   BEDEUTUNGS- ◄──┼───┼──► SINNLICHES    │
    │     INHALT       │   │     ZEICHEN      │
    └──────────────────┘   └──────────────────┘
             GEISTES
```

Schema 2: Symbolische Form

Die Antwort auf eine der oben gestellten Fragen kann daher nun vielleicht entschiedener gegeben werden: Was jede geistige Form mit den anderen verbindet, ist ihr gemeinsamer Ursprung, und zwar ein vor allem symbolischer Ursprung in dem Sinne, daß der Geist sich symbolisch darstellt, sich der Symbolisierung bedient, um sich darzustellen. Und dadurch konstituiert er die Welt des Menschen. Dieser Mensch muß, wie Cassirer in *An essay on man*, einer seiner letzten Schriften, ausdrücklich erklärt, nicht als *animal rationale*, sondern vielmehr als *animal symbolicum* begriffen werden; als Wesen, das Symbole schafft, sich ihrer bedient und, dies betont Cassirer, ihrer auch bedarf. Gerade durch die Konstitution und die Interpretation von Symbolen schafft der Mensch, im Dialog mit dem Anderen, die Welt des Ichs und die der Gegenstände.[47]

---

[47] Eingehender wird von diesem Thema auf den folgenden Seiten die Rede sein. Man vgl. in diesem Zusammenhang auch Cassirers Nachlaß, der leider in dieser Arbeit nicht berücksichtigt werden konnte.

3.2.3 Die Identität von Ästhetik und allgemeiner Sprachwissenschaft

3.2.3.1 Die Gleichsetzung von Kunst und Sprache und ihre theoretischen Voraussetzungen

Die Einflüsse des Humboldtschen Denkens – wohl vermittelt durch die Lektüre Steinthals und Pauls[48] und den Gedankenaustausch mit dem jungen Vossler – machen sich auch in der Sprachauffassung Croces bemerkbar. Zwar führen Deutung und Gebrauch, die er vom Begriff der ἐνέργεια, der geistigen Energie, macht, Croce zu anderen Schlußfolgerungen als Cassirer – vielleicht, weil bei ihm der Anklang an Vico[49] [XV] gegenüber dem an Leibniz überwiegt. Doch werden dadurch keineswegs die Ähnlichkeiten aufgehoben, die, jenseits der bekannten festen Formeln, auch oder gerade die fruchtbaren Aspekte der Croceschen Sprachtheorie zeigen. Um deren Tragweite im einzelnen ermessen zu können, muß man Croces langem Weg folgen, der ihn schließlich – nachdem er den Ursprung des Systems des Geistes in der theoretischen Erkenntnis des Individuellen aufgefunden hat, im intuitiv-künstlerischen Akt, diesen sodann mit dem Ausdruck identifiziert hat – dahin führt, seine These der Identität von Ästhetik und Linguistik zu behaupten,

> [...] daß die Wissenschaft von der Kunst und die Wissenschaft von der Sprache, die Ästhetik und die Linguistik, wenn man sie als wahre und eigentliche Wissenschaften auffaßt, nicht zwei getrennte Wissenschaften, sondern eine einzige Wissenschaft sind. Nicht, daß es nicht eine besondere Linguistik gäbe; aber die erstrebte linguistische Wissenschaft, die allgemeine Linguistik, ist **in dem, was in ihr auf Philosophie zurückgeführt werden kann**, nichts anderes als Ästhetik. (Croce, *Aesth*, 150–151)[XVI]

Dies ist nun eine radikale und zweifellos sehr starke These. Und Croce beweist sie, wie man ein geometrisches Theorem beweist: Er geht aus von – ihrem Wesen nach unbewiesenen und unbeweisbaren – Axiomen, auf denen seine Philosophie beruht, und gelangt schließlich zu der Behauptung, daß die Leugnung einer Identitätsbeziehung zwischen Sprache und Kunst gleichbedeutend damit sei, zu leugnen, daß Sprache Ausdruck sei. Im einzelnen ist der Beweisgang der folgende (vgl. Croce, *Aesth*, 150ff.): Um eine von der Ästhetik verschiedene Wissenschaft sein zu können, dürfte die Linguistik nicht den Ausdruck zum Gegenstand haben, in dem das ästhetische Faktum gerade besteht. Das heißt, sie müßte leugnen, daß die Sprache Ausdruck sei. Andererseits ist klar, daß die schlichte und einfache Hervorbringung von Lauten – also eine Tonemission, die nichts bedeutet – nicht Sprache ist. Die Sprache ist artikulierter, abgegrenzter, organisch

---

[48] Zu den Beziehungen Croces zu Paul und Steinthal vgl. u.a. Dondoli 1988 (insb. Kap. 2).
[49] „Sprache und Dichtung sind für Vico substantiell identisch. Er bekämpft „jenen den Grammatikern gemeinsamen Irrtum", nach dem die prosaische Redeweise früher und die des Verses später entstehe, er findet „inmitten der Ursprünge der Poesie, welche hier entdeckt worden sind", die „Ursprünge der Sprachen und die Ursprünge der Buchstaben"." (Croce, *Aesth*, 234)

gefügter Laut zum Zwecke des Ausdrucks. Es ergibt sich daher nur eine andere Möglichkeit, auf Grund derer die Linguistik eine von der Ästhetik gesonderte Wissenschaft sein könnte: Sie müßte eine besondere Klasse von Ausdrücken zum Gegenstand haben, eine andere als die, welche den Gegenstand der Kunst umfaßt. Nun wurde aber zuvor schon gesagt, daß Croce die Möglichkeit der Existenz von unterschiedlichen Ausdrucksklassen radikal leugnet. Die Gleichsetzung von Linguistik und Ästhetik ist damit für Croce schlüssig bewiesen. Doch ist sie eigentlich nur in kohärenter Weise von der ersten Grundannahme und der Reihe von Folgeannahmen, auf welche sich die Crocesche Philosophie stützt, ‚abgeleitet'. Aus dieser Ableitung, d.h. aus dieser nicht effektiven Beweisführung, entspringen Probleme, die Croce bis in sein Spätwerk hinein verfolgen und ihn dazu veranlassen werden, die Auffassung seiner Jugendjahre zu modifizieren, und schließlich werden sie zur Sinnentleerung der Gleichsetzungsformel von Sprache und Kunst führen (vgl. Kap. 4).

Es finden sich aber schon in der ersten Phase der Gleichsetzungsformel Hinweise auf ihre problematischen Aspekte: Die Linguistik, von der Croce in dem soeben angeführten Zitat spricht, wird nicht in ihrer konkreten Ganzheit verstanden, d.h. sie umfaßt nicht das, was sie im Allgemeinverständnis ist (nämlich die Wissenschaft von der Sprache, auch im empirischen Sinne). Croce selbst sieht sich übrigens gehalten zu differenzieren zwischen dem, was als ‚wahre' Sprache und dem, was nicht als solche zu verstehen ist. Als er der ansonsten kargen Definition der Allgemeinen Linguistik die Spezifizierung „in dem, was in ihr auf Philosophie zurückgeführt werden kann" hinzufügt, spielt er einerseits auf das theoretische Prinzip an, auf Grund dessen er seine Gleichsetzung vornehmen kann, nämlich die Trennung der Ebene der transzendentalen Reflexion, auf der die Tätigkeiten auf die sie begründende Bedingung zurückgeführt werden (die Kategorie oder Form des Bewußtseins), von der Ebene der wissenschaftlichen Reflexion, die er ‚empirisch' nennen würde. Andererseits weist er schon auf eines der Probleme hin, die aus seiner Gleichung, besonders aber aus ihren Korollaren, entstehen. In der Tat ist Croce schon damals bewußt, daß Gegenstand, Methoden und Ziele der Linguistik als Wissenschaft nicht leicht auf jenes geistige Moment zurückzuführen sind – Intuition und Ausdruck –, um dessentwillen sie mit der Ästhetik identifiziert werden kann. In dieser Phase seiner Sprachtheorie meint Croce,[50] wenn er von Sprache spricht, noch die *ganze* Sprache, d.h. alles Sprechen und nicht nur das poetische Sprechen, wie er es später in den Werken seiner Reifezeit tut (vgl. Kap. 4). Obwohl nun feststeht, daß Croce eine ‚wahre Sprache' von einer solchen unterscheidet, die in Wirklichkeit nicht Sprache ist,[51] so ist

---

[50] Hierauf hat De Mauro (a1964, 105) bei seiner Kritik der Interpretation Devotos und Coserius zu Recht hingewiesen (vgl. 1.3.2.2).
[51] Diese Nicht-Sprache wird dann mit derjenigen der Linguisten identifiziert. In dieser befindet man sich in einem Bereich, welcher von dem theoretischen gänzlich verschie-

doch ebenso klar, daß wenn Croce – der Croce der *Estetica* und der *Logica*, der Croce des Systems – von Sprache ‚in ihrer wahren Natur' spricht, sie noch in ihrer Ganzheit meint, d.h. *vor* jener Unterscheidung zwischen poetischem Ausdruck und dem Komplex von nicht poetischen Ausdrücken, die er in seinen späteren Werken vornimmt. In dieser ersten Phase ist das gesamte Sprechen und jedwedes Sprechen nach seinem inneren Wesen und in seiner Wirklichkeit Dichtung und muß als solche beschrieben werden. In dieser Phase existiert kein unpoetisches Sprechen. Und nicht einmal unterscheidet sich das Sprechen, wie gesehen, von Malen, Bildhauen und Musizieren, und zwar auf Grund ihrer gemeinsamen Zugehörigkeit zur Aktivität des Ausdrucks.

Daß Croce die Notwendigkeit einsieht, zu erklären, was er unter ‚wahrer Sprache' versteht, und darauf hinweist, daß diese von den abstrahierenden und praktischen Klassifikationen zu unterscheiden sei, die, wiewohl für den Menschen nützlich, doch keineswegs mit der Sprache identifiziert werden dürften, scheint Giovanni Gentile, der damals noch Croces Freund und sein Gesprächspartner in Fragen der Theorie war, jedoch nicht zu genügen. Denn Gentile – hierauf hat Paolo D'Angelo aufmerksam gemacht (1982, 96) – fordert ihn nach der Lektüre der *Tesi fondamentali di un'estetica* (1900) zu einer weiteren Klärung auf, wobei er gerade die Untertitelung der Ästhetik als „Allgemeine Linguistik" kritisiert. Croce wird dieser Frage dann – möglicherweise in der Absicht, auf Gentiles Einwand zu antworten – in der *Estetica* einige erläuternde Seiten widmen (vgl. Croce, *Aesth*, 150 ff.).[52] Zu diesem ersten Einwand kamen im Laufe der Jahre im Dialog mit Vossler aufgeworfene Zweifel und Diskussionspunkte um eher linguistische Themen im engeren Sinne[53] sowie solche, die aus Croces eigener Reflexion der Beziehung zwischen Ästhetik und Logik entstanden. Eine eigentliche Thematisierung des Problems aber erscheint in expliziter Form noch nicht einmal in den folgenden Schriften, in denen Croce allerdings zunehmend die Notwendigkeit verspürt, zu ‚präzisieren', was er unter Sprache versteht. In diesen Schriften wird daher das Problem immer dringlicher spürbar, daß die Sprache – die Vielfalt der Bedeutungsweisen, in denen ‚Sprache' verstanden werden kann – auf nichts anderes zurückzuführen ist, ebenso wie die Fragen, die sich daran anschließen, wie diejenige nach der Sprache als überindividuelles System und vor allem die nach der Möglichkeit der sprachlichen Kommunikation (vgl. Kap. 4).

---

    den ist, nämlich gerade im praktischen Bereich, in dem es nur Schemata und Abstraktionen gibt und in welchem auf der Grundlage der Intuitionen-Expressionen Pseudobegriffe erzeugt werden und man sich ihrer bedient.

[52] Vgl. das Schreiben Gentiles an Croce vom 27. Juni 1900 (in Gentile 1972, Bd. 1, 296–301).

[53] Vgl. den Briefwechsel Croce – Vossler (1951, dt. Übers. 1955), insbesondere die schon sehr früh (in einem Brief vom 13. April 1900) einsetzende Diskussion zu den Theorien Gustav Gröbers und zur Grammatik im allgemeinen.

Wichtig ist jedoch, auf den Grund hinzuweisen, aus dem es Croce für notwendig erachtet, die sprachliche geistige Form auf die ästhetische zu reduzieren und die philosophischen Bedingungen aufzuzeigen, die ihm dies gestatten, wie auch die Folgerungen, die daraus entstehen. Dazu gilt es vor allem festzustellen, daß Croce, obwohl Schöpfer einer für Italien äußerst originellen und in ganz Europa in ihrer Radikalität einzigartigen Theorie, doch auch und zugleich Erbe der romantischen Tradition der Ästhetik ist und sich in eine internationale Diskussion zu diesem Thema einreiht, die damals lebhaft und recht vielgestaltig geführt wurde.[54] Hierauf hat die Sekundärliteratur in den vergangenen Jahren mehr oder minder vorsichtig aufmerksam gemacht (interessant sind die Beobachtungen D'Angelos 1982, 38–41 und 95–103), mit Nachdruck aber unlängst De Mauro.[55] Und nicht zu vergessen ist natürlich in diesem Zusammenhang, daß dies schon Cassirer im ersten Band seiner *Philosophie der symbolischen Formen* betont hatte, indem er die Überlegungen Croces und Vosslers auf die spekulative Linie jener Theorien zurückgeführt hatte, welche das Zentrum der Konzeption der Sprache von der Logik zur Ästhetik verlagern (vgl. *PhsF* 1, 119–121).

Gegenstand bevorzugter Polemik ist für Croce die logizistische Sprachtheorie, welche die Sprache lediglich auf logischer Grundlage erklären möchte. An Gründen für Croces Aversion gibt es mehr als einen. Als erstes ist daran zu erinnern, daß er sich, zumindest zu Beginn seiner philosophischen Studien, speziell mit der Kunst beschäftigte, mit der Konstruktion einer ästhetischen Theorie. Von dieser ausgehend erarbeitete er sein ganzes System der geistigen Aktivitäten. Abhängig von ihr betrachtete er die Sprache, in Hinsicht auf sie analysierte er die Beziehungen zwischen Kunst, Sprache und Denken. Zweitens möchte er, vielleicht aus seinem inneren Bedürfnis des Verabsolutierens, aus dem oben genannten Geist des Systems heraus, eine *allgemeine* Theorie der Ästhetik konstruieren. Er kann sich daher den Luxus nicht erlauben, die Kunst zu behandeln, ohne die Sprache mit einzubeziehen, obgleich er die Kunst der Sprache auch nicht unterwerfen möchte. Und dies nicht nur, weil die Zeit, in der er lebt, ihn daran hindert (die Sprache rückt immer mehr ins Zentrum des philosophischen Interesses), sondern weil gerade eine der Formen künstlerischen Ausdrucks, die Dichtung, die ihm so sehr am Herzen liegt, sich der Sprache bedient. Sie zu ignorieren, hätte daher bedeutet, die bildnerischen (und musikalischen) Künste von der Dichtung abzuscheiden. Diese Haltung aber wäre mit dem Ideal, eine ‚allgemeine' Ästhetik zu begründen, schlechthin unvereinbar gewesen.

---

[54] Die anfängliche Absicht Croces war es, eine Theorie der allgemeinen Ästhetik auszuarbeiten und im Zusammenhang damit deren Beziehungen zur Sprache zu untersuchen. Man wird jedoch sehen, daß die weitere Entwicklung seines Denkens ihn dazu führte, seinen Blick direkter auf die Sprache zu richten und sie auch in ihrer komplexeren Natur zu betrachten.

[55] Bei den *Giornate di studio* zur Hundertjahrfeier von Croces *Estetica*.

Croce macht sich daher auf die Suche nach einer einzigen Kategorie, welche die Ausdrucksformen auf die transzendentale Ebene zu überführen vermag, so ihre empirische Verschiedenheit überwindet und es gestattet, Kunst und Sprache als eine einzige Form des Bewußtseins zu betrachten. Um also nicht die Heterogenität von Sprache und Kunst annehmen zu müssen, welche auch die Heterogenität von bildenden Künsten und Poesie impliziert hätte, muß er sich weigern, erstere als Ort der Wahrnehmung und des Urteils anzusehen, und sie vielmehr ebenso wie auch die Kunst als die intuitive Erfassung der Wirklichkeit identifizieren.[56] Seine Lösung des umstrittenen Problems, welches sich in großen Teilen auf das der Beziehung zwischen Sprache und Denken zurückführen läßt, trägt dazu bei, Croces System der geistigen Aktivitäten zu strukturieren und hierarchisch zu organisieren. Die Sprache – welche mit der Kunst identifiziert wird, die ihrerseits Intuition-Expression ist – kann zwar ‚ohne' das Denken bestehen, letzteres hingegen ist nicht in der Lage, ohne die erstere zu existieren. Die Sprache verstanden „in ihrer ursprünglichen und ungeschmälerten Wirklichkeit", d.h. nicht willkürlich beschränkt auf „einige ihrer besonderen Erscheinungsformen, wie zum Beispiel die der Lautbildung und Aussprache", und auch nicht umgefälscht „wie bei den Klassifikationen der Grammatik oder den Wörtern des Wörterbuchs" (Croce, LWB, 4) wird willentlich zur Voraussetzung der Logik gemacht, d.h. der Begriff wird zur Voraussetzung der Intuition:

> Der Begriff, zu dem wir uns von der Stufe der Anschauung aus erhoben haben, lebt nicht im leeren Raum. Er existiert nicht als bloßer Begriff oder als etwas Abstraktes; seine Atmosphäre bildet vielmehr die Anschauung selber, von der er sich zwar wohl unterscheidet, in deren Milieu er jedoch immer verbleibt. [...] Denken ist zugleich Sprechen,[57] und wer seinem Begriff nicht zum Ausdruck verhilft oder wer ihn nicht ausdrücken kann, der besitzt ihn eben nicht. [...] Zum Überfluß und um Mißverständnisse, die sich aus den von uns künftig verwandten abgekürzten Formeln ergeben könnten, zu vermeiden, empfiehlt es sich indessen, nochmals darauf hinzuweisen, daß der Begriff nicht nur in den sogenannten akustischen und sprachlichen Formen seinen Ausdruck findet und daß, wenn wir uns vorzugsweise auf solche beziehen, wir sie als *partes pro toto*, als Repräsentanten für alle übrigen verstanden wissen wollen. [...] Infolge der Selbstdarstellung des Begriffs oder des logischen Seins im Ausdruck und in der Sprache ist die Sprache voll von logischen Elementen. Man hat sich infolgedessen zu der Auffassung verleiten lassen, sie sei an sich eine logische Funktion. [...] Mit gleichem Recht könnte man Wein Wasser nennen, weil er mit Wasser vermischt ist [sic! im Original: Wasser Wein nennen, weil es mit Wein vermischt ist]. Ein anderes aber ist die Sprache als Sprache, das heißt als rein ästhetisches Faktum, und ein anderes als Ausdruck des logischen Denkens, wo sie zwar immer Sprache und als solche dem Gesetz der Sprache unterworfen bleibt, wo sie zugleich aber doch mehr ist als diese. (Croce, LWB, 70–72)[XVII]

---

[56] Vgl. hierzu auch D'Angelo 1982, 95 ff.
[57] Zu dieser Position gelangt Croce nicht sofort: vgl. den Brief an Gentile vom 28. Dezember 1899 (Croce 1981, 70–72).

Der Versuch, die verschiedenen Aktivitäten des Geistes, hier die sprachliche und die ästhetische, auf ihre begründende Bedingung, auf ihre Kategorie oder Form des Bewußtseins, auf ihr erstes Prinzip zurückzuführen, und die Auffindung eines möglichen Begegnungspunktes der geistigen Fähigkeiten auf transzendentaler Ebene nähert die Reflexion Croces und die Cassirers in substantieller Weise einander an. Es wurde am Eingang des Kapitels gezeigt, daß auch Cassirer ein Begründungsprinzip sucht, welches den Anforderungen an eine Philosophie des Geistes zu genügen vermag. Für Cassirer aber ist es einerseits unmöglich, die Unterschiede zwischen dem phonischen, malerischen oder musikalischen Ausdruck lediglich auf physische Unterschiede zurückzuführen; andererseits aber denkt er, als er dabei ist, seine Philosophie des Geistes auszuarbeiten, diese immer in der Form einer ‚Morphologie' des Geistes. Auf diesem Wege geht er über die Ästhetik hinaus, d.h. er gelangt bis zur Wurzel, zu den Bedingungen, um derentwillen man Kunst und Sprache – Cassirer stellt daneben noch den Mythos, die Erkenntnis etc. – miteinander in Verbindung bringen kann, und identifiziert das gesuchte Prinzip schließlich in dem gemeinsamen geistigen Mechanismus des Bedeutens, in der Symbolisierung.

In diesem Zusammenhang muß nun noch eine Frage gestellt werden, auf die ich im folgenden zurückkommen werde. Zweifellos gesteht Cassirer, indem er die Sprache als eine symbolische Form neben den anderen, mithin auch neben der Kunst, auffaßt, ihr einen besonderen Charakter zu, eine Autonomie und eine Freiheit, welche Croce ihr, zumindest in den Formeln seines Systems, verweigert hat. Wieviel schon spezifisch ‚Linguistisches' – in seinem weitesten und allgemeinsten Sinne, in seinem semiotischen Sinne – verbirgt sich aber im Prozeß der Symbolisierung? Darf man wirklich den semiotischen Mechanismus des (transzendentalen) Bedeutens jenseits und oberhalb der Sprache anordnen? Darf man wirklich die Sprache als eine symbolische Form neben den anderen und wie die anderen ansehen?

3.2.3.2 Die ‚wahre' Sprache und die ἐνέργεια: Der Nachhall Humboldts bei Croce

Das, was Croce unter ‚wahrer Sprache' versteht, ist geistiges Absolutes, ist ‚Moment' an sich, frei von jedem Eindringen heterogener Elemente, logischer wie praktischer, und ihr Ursprung ist nicht historisch, sondern ideal und ewig:[58] [XVIII] Die Sprache wird fortwährend neu geschaffen und zugleich ist sie fortwährende kreative Aktivität:

---

[58] „Das Problem des Ursprungs der Sprache löst sich auf in dem ihrer ewigen Natur." (Croce, *PdE* 1, 193) „Aus der Intuition (oder Phantasie) als ursprünglichem geistigen Tatbestand [...] nur entspringt die Sprache." (Croce, *PdE* 1, 179) „Die ursprüngliche Zeit der Erschaffung der Sprache ist nie gewesen, weil sie war, ist und immer sein wird. [...] Immer, wenn man spricht, erschafft man die Sprache." (Croce, *PdE* 1, 180)

> Sprache ist dauernde Schöpfung; was einmal mit einem Wort ausgedrückt wird, wiederholt man gerade nur als Reproduktion des bereits Geschaffenen; die immer neuen Impressionen geben beständigen Veränderungen von Tönen und Bedeutungen Raum, d.h. immer neuen Impressionen. Eine Mustersprache zu suchen, bedeutet also so viel, wie die Unbeweglichkeit in der Bewegung zu suchen. (Croce, *Aesth*, 158)XIX

Und da sie von der Intuition-Expression hervorgebracht wird, ist die Sprache individuell und unwiederholbar, und sie kann außerhalb des Moments, in dem der sprachliche Ausdruck geschieht, keine Realität haben.

> Das nicht verstümmelte und tote, sondern das unversehrte und lebendige Wort ist das ausgesprochene Wort, und zwar innerlich oder äußerlich, das Wort im Akt seiner Verwendung durch den Geist oder während des Sprechens. (Croce, *PdE* 1, 144)XX

Dies ist der Grund, aus welchem in der Croceschen Sprachtheorie die einzige sprachliche Wirklichkeit der Satz darstellt, verstanden als vollendeter Ausdruck, als Sprechen, als Text. Arbiträr ist für Croce jede Teilung der sprachlichen Äußerung in voneinander getrennte und isolierte Wörter – Wörter, die nicht in lebendigem Sinne, sondern als „tote Vokabeln und Lexeme" verstanden werden – jede Einteilung in Silben und Phoneme, welche von Linguisten und Philologen vorgenommen wird, denen die geistige Natur der wahren Sprache unbekannt ist.

> Es ist falsch, daß das Nomen oder das Verb sich in bestimmten Worten, die real von anderen zu unterscheiden sind, ausdrücken. Die Expression ist etwas ganz Unteilbares; Nomen und Verb existieren nicht in ihr, sondern sind Abstraktionen, die wir bilden, indem wir ihre linguistische Realität, die der Satz ist, zerstören. Den Satz darf man nicht in der üblichen Weise der Grammatiken verstehen, sondern als expressiven Organismus von vollendetem Sinn, der in gleicher Weise einen sehr einfachen Ausruf und eine ausgedehnte Dichtung umfaßt. (Croce, *Aesth*, 154)XXI

Croce sagt hier klar und deutlich, daß aus dem Aufgehen der Sprachphilosophie in der Ästhetik schlüssig zu folgern ist, daß die einzige Realität der Sprache im lebendigen Sprechen besteht – im Satz, in der Periode, der geschriebenen Seite, der Strophe, dem Gedicht – und nicht in der einzelnen Vokabel, für sich betrachtet oder in einem mechanisch erzeugten Aggregat einzelner Vokabeln. Letztere besitzen in der Tat keinen bestimmten eigenen Sinn, sie „gehen nicht mit ihrem Wert in unsere Seele ein", wenn nicht mittels jener unspaltbaren Verbindung, dem Kontinuum des Ausdrucks, welches sie bilden, das sie zugleich so erschafft, wie sie sind und das nur die Intuition zu erfassen vermag.

Diese Interpretation enthüllt nun die offenkundigen Entsprechungen zur Humboldtschen Lehre von der Sprache als ἐνέργεια,[59] andererseits aber

---

[59] Wenn man die antilinguistische Polemik – im Sinne einer Gegnerschaft zur *langue*-Linguistik – beiseite lassen will und nur die Crocesche Haltung bezüglich der Unwiederholbarkeit des Ausdrucksaktes für sich betrachtet, so stößt man auf einen Punkt

Die Arten der Objektivierung des Geistes 141

könnte sie auch an die Saussuresche Vorstellung der Sprache als *Parole* denken lassen, mit der sie freilich nicht einfach identifiziert werden darf.[60] Es ist jedoch interessant festzustellen, wie Croce gegen Saussure polemisiert, in dem er ausschließlich den Theoretiker der *Langue* sieht:[61]

> Jede Untersuchung des einzelnen Wortes, der „langue en elle-même et par elle-même" (wie es De Saussure sagt, und Nencioni wiederholt es) wird nicht den phantastischen, musikalischen und poetischen Ausdruck betreffen, welcher die einzige Realität der Sprache darstellt, sondern etwas, das nicht die Sprache ist, das außerhalb der Sprache ist und das etwas anderes als die Sprache ist. (Croce, *LdP*, 248)[XXII]

Die Weigerung, eine Wirklichkeit der Sprache jenseits des lebendigen Sprechens finden zu wollen, ist eine der wenigen Positionen Croces, die in seiner Sprachtheorie über fast ein halbes Jahrhundert hinweg, von der *Estetica* des Jahres 1907 bis zu den *Letture di poeti* des Jahres 1946, substantiell unverändert blieben. Von der evidenten Analogie zur Lehre Humboldts darf man sich allerdings nicht zu sehr blenden lassen. Dahinter verbirgt sich nämlich auch ein großer Unterschied zu Humboldt und zu dessen Interpretation durch Cassirer: Wenn Croce von einem unteilbaren geistigen Kontinuum spricht, so enthält dies für ihn keine Artikulation. Hingegen stellt sie in der Humboldtschen Theorie und dann in der Cassirers ein wesentliches Element dar, nämlich das Element, das in der Sprache und durch die Sprache den harmonischen Zusammenfluß des Geistigen und des Sinnlichen ermöglicht:

> Silben und Vokale und Konsonanten, und die Worte genannten Reihen von Silben, alle diese Phänomene, die getrennt genommen keinen bestimmten Sinn vermitteln, darf man noch nicht linguistische Fakten nennen, sondern einfach Laute oder, besser, physisch abstrahierte und klassifizierte Laute. [...] Schließlich sind die Grenzen der Silben genau so wie die Grenzen der Wörter tatsächlich willkürlich und allenfalls für den empirischen Gebrauch gezogen worden. Primitives Sprechen oder das Sprechen eines ungebildeten Menschen ist

---

von deutlicher Analogie zur Theorie Cassirers, wobei wahrscheinlich Humboldt die Brücke bildet: „Es ist zu erwarten, daß auch in der Sprache sich dieselbe unlösliche Korrelation der geistigen Mittel, mit denen sie ihre Welt aufbaut, bewähren wird, daß auch hier jedes ihrer besonderen Motive schon die Allgemeinheit ihrer Form und das spezifische Ganze dieser Form in sich schließen wird. Und dies bewährt sich in der Tat darin, daß nicht das einfache Wort, sondern erst der Satz das eigentliche und ursprüngliche Element aller Sprachbildung ist. Auch diese Erkenntnis gehört zu den fundamentalen Einsichten, die Humboldt ein für allemal für die philosophische Betrachtung der Sprache festgestellt hat." (Cassirer, *PhsF* 1, 280)

[60] Vgl. dazu Coseriu 1975, insbes. seine Unterscheidung von ἐνέργεια, ἔργον und δύναμις.

[61] Zu den möglichen Analogien und Differenzen zwischen den Theorien Saussures und Croces, auf die im 4. Kapitel eingegangen werden soll, sei hier nur kurz angemerkt, daß sich auch hinter den von den beiden Zeitgenossen verwendeten Terminologien recht verschiedene theoretische Welten verbergen. Zum Beispiel wird man sehen, daß der Crocesche Zeichenbegriff dem Saussureschen entschieden fernsteht, daß er ‚vorsaussureanisch' ist.

ein Kontinuum, dem jedes Bewußtsein für eine Einteilung der Rede in Worte und Silben fehlt, welche imaginär gebildete Entitäten der Schulen sind. Auf diesen Entitäten begründet man nicht ein einziges Gesetz wahrer Linguistik. (Croce, *Aesth*, 157–158)XXIII

3.2.4 Die symbolische Form Sprache

3.2.4.1 Cassirer, Humboldt und die Sprache als Vermittlerin zwischen Subjektivität und Objektivität

Cassirer selbst ist es, der anerkennt, daß die Humboldtsche Sprachtheorie der Hauptbezugspunkt und die primäre Quelle, wo nicht seines Begriffs der symbolischen Form im allgemeinen, so doch seiner Überlegungen zur symbolischen Form der Sprache im besonderen ist. Jeder untersuchte Gesichtspunkt im ersten Band seines Werkes wird von zahlreichen Verweisen auf Humboldt begleitet, in denen Cassirer seine tiefe theoretisch-linguistische Verwandtschaft mit der Humboldtschen idealistisch-kritischen Betrachtungsweise der Dinge betont.[62] Gerade in dieser Betrachtungsweise wird auch in allgemeiner Hinsicht die wesentliche Beziehung zwischen Subjektivität und Objektivität der Symbolerzeugungsformen deutlich, die der Sicht jenes erwähnten besonderen Typs des Idealismus entspricht, der die Rolle der Empirie weder ignoriert noch herabsetzt:

> Für Humboldt ist das Lautzeichen, das die Materie aller Sprachbildung darstellt, gleichsam die Brücke zwischen dem Subjektiven und Objektiven, weil sich in ihm die wesentlichen Momente beider vereinen. Denn der Laut ist auf der einen Seite gesprochener und insofern von uns selbst hervorgebrachter und geformter Laut; auf der anderen Seite aber ist er, als gehörter Laut, ein Teil der sinnlichen Wirklichkeit, die uns umgibt. Wir erfassen und kennen ihn daher als ein zugleich ‚Inneres' und ‚Äußeres' – als eine Energie des Inneren, die sich in einem Äußeren ausprägt und objektiviert. (Cassirer, *PhsF* 1, 23)

In der Tat wird in der Humboldtschen Sprachauffassung der Mechanismus greifbar, mittels dessen jede Form der Symbolerzeugung geschieht: In jedem Symbol, das er sich frei erschafft – d.h. in dem er sich kundtut –, erfaßt der Geist den Gegenstand, insofern er in diesem sich selbst und das besondere Gesetz seines Wirkens erfaßt. Erst diese besondere gegenseitige Durchdringung bereitet dann den Grund für die tiefere Bestimmung von Subjektivität und Objektivität. Wenn es auch in einer ersten Phase dieser Bestimmung so erscheinen mag, als seien diese beiden Momente antithetisch und stünden

---

[62] Indem ich die Humboldtsche Spekulation idealistisch und vor allem kritizistisch interpretiere, möchte ich mich der Cassirerschen Deutung des schon genannten Aufsatzes aus dem Jahre 1923 annähern und mich der Haltung Jürgen Trabants (1986, Kap. 5) anschließen und seiner Stellungnahme (1990, Kap. 10) gegen Aarsleff (1977 und besonders 1988) in bezug auf dessen Lesart sowohl Humboldts als auch Cassirers.

sich getrennt gegenüber,⁶³ so ist doch das wahre geistige Wesen der Sprache viel komplexer. Weder drückt es nämlich etwas einseitig Subjektives noch etwas einseitig Objektives aus, sondern eine neue Vermittlung, eine besondere wechselseitige Bestimmung beider Faktoren:

> Weder die bloße Entladung des Affekts noch die Wiederholung objektiver lautlicher Reize stellt demgemäß schon den charakteristischen Sinn und die charakteristische Form der Sprache dar: diese entsteht vielmehr erst dort, wo beide Enden sich in eins verknüpfen und dadurch eine neue, vorher nicht gegebene Synthese von ‚Ich' und ‚Welt' geschaffen wird. (Cassirer, *PhsF* 1, 24)

Abermals lassen sich Analogien zwischen dem Denken Cassirers und dem Croces feststellen, wenn man etwa an die Abschnitte bei Croce denkt, die er dem Gefühlsausdruck und dem, was man landläufig ‚Interjektionen' nennt, widmet. Cassirer merkt aber an, daß dies nicht nur bei der Sprache der Fall sei: Ein entsprechenden Verhältnis konstituiert sich in jeder wahrhaft autonomen und ursprünglichen Ausrichtung des Bewußtseins.⁶⁴ Hingegen lassen sich auch verschiedene Gründe finden, die eher gegen eine solche Annäherung sprechen. Einerseits ist die Sprache als mimischer Ausdruck für Cassirer etwas ganz anderes als für Croce – nämlich eine der Phasen der Sprache und nicht ‚falsche' Sprache, die keine Spiritualität ausdrückt.⁶⁵ Andererseits liefert Cassirer eine komplexe Analyse des ganzen Prozesses der Bildung und Selbstwerdung der Sprache und betont dabei mehrfach, wie grundfalsch es sei, der Sprache ihre Autonomie abzusprechen und die Frage des sprachlichen Ausdrucks derjenigen irgendeiner anderen Ausdrucksart des Geistes unterzuordnen. Damit steht er in radikalem Gegensatz zu Croce.

Jede besondere geistige Energie trägt in ihrer jeweils besonderen Art zur Abgrenzung des Feldes von Objektivität und Subjektivität bei, wirkt daher an der Konstitution des Ich wie der Konstitution der Welt mit: Erkenntnis wie auch Sprache, Mythos und Kunst verhalten sich nicht wie ein Spiegel, der die Bilder von Gegebenheiten des äußeren oder inneren Seins einfach reflektiert, wie sie sich ihm darstellen, sondern sind selbst „die eigentlichen Lichtquellen, die Bedingungen des Sehens" (*PhsF* 1, 25) – hier scheint das

---

63   Unter dem ersten Gesichtspunkt würde dann der sprachliche Laut nichts anderes bedeuten als die Stimme des Gefühls und der Affekte, unter dem zweiten nichts anderes als einfache klangliche Imitation.

64   Vgl. das Problem der Autonomie der Formen bei Croce: Diese ist der Hauptgrund, welcher Cassirer dazu veranlaßt, sich seiner Theorie zu widersetzen.

65   „Schon in dem Übergang von den bloßen sinnlichen Erregungslauten zum Ruf bekundet sich diese allgemeine Richtung der Sprachbildung [sc. der Durchdringung des sinnlichen und des geistigen Elements]. Der Ruf kann, z.B. als Angst- oder Schmerzruf, noch ganz dem Kreise der bloßen Interjektion angehören; aber er bedeutet bereits mehr als dies, sobald sich in ihm nicht nur ein eben empfangener sinnlicher Eindruck im unmittelbaren Reflex nach außen wendet, sondern sobald er der Ausdruck einer bestimmten und bewußten Zielrichtung des Willens ist." (Cassirer, *PhsF* 1, 258)

Humboldtsche Konzept der ‚Weltansicht' durch[66] – wie sie auch die Quellen jeder gestaltenden Aktivität sind. Man darf aber auch Cassirers eigentliches linguistisches Interesse nicht übersehen, seinen Respekt vor den konkreten Fakten der Sprache und seine Aufmerksamkeit für sie. Diese führen ihn nämlich dazu, seine Sprachphilosophie ‚anzuwenden' oder besser, durch phonetische, morphologische und semantische Beispiele zu ‚erklären'.

> Handelt es sich etwa um die Sprache, so läßt sich fragen, ob die Dingbezeichnungen den Vorgangs- und Tätigkeitsbezeichnungen oder diese jenen vorangegangen seien – ob das sprachliche Denken zuerst die Dinge oder die Vorgänge erfaßt und ob es demgemäß zuerst nominale oder verbale ‚Wurzeln' gebildet habe. Aber diese Problemstellung wird hinfällig, sobald man sich einmal klar gemacht hat, daß die Unterscheidung, die hier vorausgesetzt wird, daß die Gliederung der Welt in Dinge und Vorgänge, in Dauerndes und Vergängliches, in Gegenstände und Prozesse, der Bildung der Sprache nicht als gegebenes Faktum zugrunde liegt, sondern daß die Sprache selbst es ist, die zu dieser Gliederung erst hinführt, die sie an ihrem Teile mit zu vollziehen hat. Es ergibt sich alsdann, daß die Sprache weder mit einem Stadium bloßer ‚Nominalbegriffe' noch mit einem solchen bloßer ‚Verbalbegriffe' beginnen kann, sondern daß sie es ist, die die Scheidung zwischen beiden selbst erst herbeiführt, die die große geistige ‚Krisis' schafft, in der das Beharrende dem Wechselnden, das Sein dem Werden gegenübertritt. (Cassirer, *SuM*, 236–237)

Zu wiederholten Malen weist Cassirer darauf hin, daß die ‚Kraft der Sprache' sich gerade darin zeigt, daß sie die abstrakte, als zwei sich starr gegenüberstehende und sich gegenseitig ausschließende Sphären gedachte Opposition des objektiven und des subjektiven Seins überwindet, und diese vielmehr in ihrer Durchdringung, d.h. in ihrer wechselseitigen Bestimmung begreift. Die Sprache schafft einen mittleren Bereich, in dem die Formen der Existenz und die des Handelns gegenseitig untrennbar aufeinander bezogen sind und in der Einheit des geistigen Ausdrucks verschmelzen. Damit möchte er das Problem der Beziehung zwischen Subjektivität und Objektivität aufnehmen und vertiefen. Er exemplifiziert unter anderem auf linguistische Weise den Vorgang der Entstehung der Kategorie des Pronomens, dessen Auftreten eine größere theoretische Schwierigkeit enthält als etwa die Entstehung des Verbs oder des Nomens. Mit Humboldt vertritt er die Meinung, das Ich stelle eine ursprüngliche, nicht weiter herleitbare Wirklichkeit in jeder sprachlichen Gestaltung dar. Er erkennt jedoch, daß das Auftreten der Pronomina in der Sprache diese vor einen Gegensatz stellt: Einerseits nämlich besteht das Wesen des Ichs eben darin, ‚Subjekt' zu sein. Andererseits aber muß für das wirklich denkende Subjekt jeder Begriff im Denken und in der Sprache ‚Objekt' werden:

> Dieser Gegensatz kann nur dadurch vermittelt und gelöst werden, daß dasselbe Verhältnis, das wir zuvor innerhalb des nominalen und verbalen Ausdrucks beobachtet haben, sich nunmehr auf einer höheren Stufe wiederholt. Auch im

---

[66] Zu diesem Gesichtspunkt bei Humboldt vgl. Trabant 1986 und 1990 (besonders 28–29, 47–49), a1994, 201–207.

Kreis des pronominalen Ausdrucks wird eine scharfe Bezeichnung des Ich nur dadurch gefunden werden können, daß sie sich der des Objektiven zwar einerseits gegenüberstellt, andererseits aber durch sie hindurchgeht. Auch dort, wo die Sprache den Gedanken des Ich bereits bestimmt ausprägt, wird sie ihm daher zunächst noch eine gegenständliche Fassung und Form geben müssen – wird sie an der Bezeichnung des Objektiven die des Ich gleichsam erst finden müssen. Diese Voraussetzung findet ihre Bestätigung, wenn man die Art betrachtet, in der die Sprache zum Ausdruck persönlicher Verhältnisse nicht sogleich die eigentlichen persönlichen Fürwörter, sondern die possessiven Pronomina benutzt. (Cassirer, PhsF 1, 225-226)

Dies geschieht, weil nach Cassirers Meinung gerade die durch das Possessivpronomen ausgedrückte Idee des Besitzes jene ‚mittlere Welt' darstellt, also eine besondere Zwischenstellung zwischen den Sphären der Subjektivität und der Objektivität einnimmt: das was man besitzt, ist klarerweise eine Wesenheit oder ein Gegenstand, etwas, das seine gegenständliche Natur als Sache schon dadurch kenntlich macht, daß man in seinen Besitz gelangt. Andererseits nimmt diese Sache, eben weil sie zum Eigentum erklärt wird (genau genommen, weil das Subjekt sich ihrer bemächtigt), einen neuen Charakter an, der ihr durch den Übergang von der einfachen natürlichen zur persönlichen, d.h. geistigen Existenz zugewiesen wird. Dem Diskurs Cassirers in alle Einzelheiten und Belege hinein zu folgen, würde hier zu weit gehen. Es sollte hier nur ein Beispiel angeführt werden, um die oben erwähnte spezielle Cassirersche Auffassung des Idealismus zu illustrieren und zu zeigen, daß er die empirischen Phänomene keineswegs ins Reich der Praxis verbannt. Vielmehr begreift er ihre Bedeutung, ja ihre Unentbehrlichkeit für die vollständige Analyse der Mechanismen der Sprache. Das Ich, das Moment der Individualität, abstrahiert und dematerialisiert Cassirer nicht, sondern er versieht es mit Zügen des Partikulären und des Sozialen, wobei auch er sich über die symbolische Form der Sprache der sprachlichen Verschiedenheit öffnet. Weit davon entfernt, die Konturen des Ich zu verwischen, zeichnet er seine Umrisse präzise nach und verleiht ihm solche neuer, ganz besonderer Art: die der Symbolhaftigkeit. Auch in bezug auf Cassirer ist man versucht zu sagen, was Trabant in bezug auf Humboldt gesagt hat: „Die Sprache [...] hat eine semiotische Struktur, [...] eine Struktur sui generis, die Struktur des semiotischen Zugleich, des Zugleich von Zeichenhaftem und Bildhaftem." (Trabant 1990, 38)

Vor der Schilderung des Aufbaus des der Sprache gewidmeten ersten Bandes der *Philosophie der symbolischen Formen* soll hier kurz auf die besondere Funktion hingewiesen werden, welche bei Cassirer die Berufung auf Humboldts ‚innere Form' für das Problem der Begriffsbildung hat. Dieses bezeichnet nämlich nach Cassirer den theoretischen Ort,

an dem Logik und Sprachphilosophie sich aufs nächste berühren, ja an dem sie zu einer untrennbaren Einheit zu verschmelzen scheinen. Alle logische Analyse des

Begriffs scheint zuletzt an einen Punkt zu führen, an dem die Betrachtung der Begriffe in die der Worte und Namen übergeht. (Cassirer, *PhsF* 1, 249)

Auch bei seinem Bezug auf den Humboldtschen Begriff der inneren Form kann Cassirer nämlich einen der wichtigsten Punkte seines spekulativen Denkens erneut bekräftigen: das Wesen der Sprachworte besteht nicht in der Reproduktion bleibender Determinationen von Natur und Vorstellungswelt, sondern sie charakterisieren die Richtung und die Leitlinien eines determinierenden Aktes. In der Tat stellt sich das Bewußtsein den sinnlichen Eindrücken nicht etwa passiv gegenüber, sondern es durchdringt sie mit seinem eigenen inneren Leben, denn „nur was die innere Aktivität in irgendeiner Weise berührt, was für sie ‚bedeutsam' erscheint, empfängt auch sprachlich den Stempel der Bedeutung" (*PhsF* 1, 260).

Was im vergangenen Kapitel mit Bezug auf den Begriff gesagt wurde – daß das Prinzip seiner Bildung nicht in der Abstraktion, sondern in der Selektion, im Prinzip der ‚Funktion' gesehen werden muß – gilt vor allem für die Gestaltungsform der Begriffe in der Sprache:

> Hier werden nicht irgendwelche vorhandenen, in der Empfindung oder Vorstellung gegebenen Unterschiede des Bewußtseins einfach fixiert und mit einem bestimmten Lautzeichen, gleichsam als Marke, versehen, sondern es werden die Grenzlinien innerhalb des Ganzen des Bewußtseins erst selbst gezogen. Kraft der Determination, die das Tun in sich selbst erfährt, entstehen die Determinanten und die Dominanten des sprachlichen Ausdrucks. [...] Wie der Mythos, so geht auch die Sprache von der Grunderfahrung und der Grundform des persönlichen Wirkens aus; aber sie schlingt nun die Welt nicht, wie dieser, wieder unendlich vielfältig in diesen e i n e n Mittelpunkt zurück, sondern gibt ihr eine neue Form, in welcher sie der bloßen Subjektivität des Empfindens und Fühlens gegenübertritt. (Cassirer, *PhsF* 1, 260–261)

3.2.4.2 Die Entwicklungsphasen der Sprache: Sinnlicher, anschaulicher und begrifflicher Ausdruck

Mit einer „Einleitung und Problemstellung" zur gesamten *Philosophie der symbolischen Formen* beginnt der erste Band des Werkes. Ihr folgt das philosophiegeschichtliche Kapitel, welches die eigentliche Phänomenologie der sprachlichen Form eröffnet. Darin zeichnet Cassirer die Entwicklung der Sprachidee von der antiken Philosophie bis hin zur zeitgenössischen nach, d.h. bis hin zu Croce. Ein Detail übrigens, daß meiner Ansicht nach nicht uninteressant und alles andere als zufällig ist. Er analysiert zunächst den idealistischen Strang der Tradition (mit Platon, Descartes, Leibniz) und den empiristischen (mit Bacon, Hobbes, Locke und Berkeley), denen eine theoretische Auffassung gemeinsam ist, welche die Rolle der Sprache im wesentlichen innerhalb der Erkenntnis sieht. Er kommt dann zu den Theorien, welche das Zentrum ihrer Betrachtung der Sprache von der Logik hin zur Ästhetik verlagern, angefangen beim englischen Platonismus insbesondere mit Shaftesbury und Harris, um weiter über die Behandlung der Idee vom Geist der Sprache zu Herder, Hamann und Humboldt zu gelangen. Er beschließt seine Rekonstruktion des Weges des Sprachdenkens mit einer kritischen Analyse der Thesen Schleichers, Vosslers und Croces. Im übrigen fehlt darin auch nicht ein Exkurs über die Sprachtheorie Vicos, die er als Quelle der romantischen Sprachphilosophie ansieht.

In den folgenden Kapiteln wählt Cassirer jedoch eine eher im eigentlichen Sinne theoretische, von Kants erkenntnistheoretischen Klassifikationen inspirierte Perspektive und betont, daß die Behauptung, die Begriffe seien ohne Anschauung leer, für die sprachliche Bestimmung der Begriffe nicht weniger als für ihre logische Bestimmung gelte: Auch die abstraktesten Formen der Sprache zeigen noch immer deutlich ihre Verbindung zu den ersten anschaulichen Grundlagen, in denen sie ihren Ursprung haben. Auch in der Sprache – in der symbolischen Form Sprache – geschieht jener Übergang von der Welt der sinnlichen Wahrnehmung zu der der reinen Anschauung, den die Erkenntniskritik als notwendiges Moment in der Struktur des Erkennens aufweist, d.h. als Bedingung des reinen Begriffs des Ich und des reinen Begriffs des Objekts. Auch in der Sprache wirken die ‚Formen der Anschauung', ja nur dank ihrer Vermittlung – der Anschauungen von Raum, Zeit und Zahl – kann die symbolische Form Sprache ihr wesentlich logisches Werk tun, nämlich die sinnlichen Eindrücke formal in Vorstellungen umzuarbeiten:

> So bildet auch für die Sprache die genaue Unterscheidung der räumlichen Stellen und der räumlichen Entfernungen den ersten Ansatzpunkt, von dem aus sie zum Aufbau der objektiven Wirklichkeit, zu Bestimmung der Gegenstände fortschreitet. Auf der Differenzierung der Orte gründet sich die Differenzierung der Inhalte – des Ich, Du und Er auf der einen wie der physischen Objektkreise auf der anderen Seite. Die allgemeine Erkenntniskritik lehrt, daß der Akt der räumlichen Setzung und der räumlichen Sonderung für den Akt der Objektivierung überhaupt, für die ‚Beziehung der Vorstellung auf den Gegenstand', die unentbehrliche Vorbedingung ist. […] Indem ein Inhalt räumlich bestimmt, indem er durch feste Grenzsetzungen aus der unterschiedslosen Gesamtheit des Raumes herausgehoben wird, gewinnt er damit erst eine eigene Seinsgestalt: der Akt des ‚Herausstellens' und Absondern, des ex-sistere, gibt ihm erst die Form selbständiger ‚Existenz'. Im Aufbau der Sprache prägt sich dieser logische Sachverhalt darin aus, daß auch hier die Konkretion der Orts- und Raumbezeichnung es ist, die zum Mittel dient, um die Kategorie des ‚Gegenstandes' sprachlich immer schärfer herauszuarbeiten. In verschiedenen Richtungen der Sprachentwicklung läßt sich dieser Prozeß verfolgen. (Cassirer, *PhsF* 1, 153–154)

Auf Grund dieser Überlegungen klassifiziert Cassirer die Entwicklungsphasen der Sprache und identifiziert sie als die des sinnlichen Ausdrucks, als die des anschaulichen Ausdrucks und die des Ausdrucks des begrifflichen Denkens. Der theoretische Kern dieses ersten Bandes – in welchem die Spekulation Cassirers und die Croces einander nahestehen – besteht darin, daß der Dualismus von innerer und äußerer Welt in einer besonderen Auffassung des Geistes überwunden wird. Er besteht aber auch in der folgenden Überzeugung:

> Der Geist erfaßt sich selbst und seinen Gegensatz zur ‚objektiven' Welt nur dadurch, daß er bestimmte, in ihm selbst gelegene Unterschiede als Unterschiede der Betrachtung an die Phänomene heranbringt und sie in diese letzteren gleichsam hineinlegt. [...] Der seelische Inhalt und sein sinnlicher Ausdruck erscheinen hier derart in eins gesetzt, daß jener nicht schlechthin vor dem anderen als ein Selbständiges und Selbstgenügsames besteht, sondern daß er sich vielmehr erst in ihm und mit ihm vollendet. Beide, der Inhalt wie der Ausdruck, werden erst in ihrer wechselseitigen Durchdringung zu dem, was sie sind: Die Bedeutung, die sie in ihrer Beziehung aufeinander empfangen, tritt zu ihrem Sein nicht bloß äußerlich hinzu, sondern sie ist es, die dies Sein erst konstituiert. Hier liegt kein vermitteltes Ergebnis vor; sondern es besteht hierin ebenjene grundlegende Synthese, aus der die Sprache als Ganzes entspringt und durch die alle ihre Teile, vom elementarsten sinnlichen bis zum höchsten geistigen Ausdruck, miteinander zusammengehalten werden. Und nicht nur die geformte und artikulierte Lautsprache, sondern schon der einfachste mimische Ausdruck eines inneren Geschehens zeigt diese unlösliche Verflechtung. (Cassirer, *PhsF* 1, 123)

In der Tat können die Entwicklungsphasen der Sprache auch als zunehmende Annäherung an ihre eigene Form, als ihre ‚innere Selbstbefreiung' verstanden werden, deren ersten Grad der mimische Ausdruck darstellt, den zweiten der analogische und den dritten und letzten der symbolische Ausdruck im eigentlichen Sinne. Wenn diese dreifache Stufenfolge nun, so Cassirer (vgl. *PhsF* 1, 137), anfangs nicht mehr als ein abstraktes Schema enthält, so erfüllt sich dieses doch mit ‚konkretem Gehalt', wenn sich erweist, daß es nicht nur als Klassifikationsprinzip gegebener Spracherscheinungen dienen kann, sondern auch dazu, eine funktionale Gesetzlichkeit der sprachlichen Gestaltung auszudrücken. Wenn Cassirer sagen kann, daß sich auch im ‚einfachen mimischen Ausdruck' jene grundlegende Synthese von Inhalt und Ausdruck zeigt, aus der die Sprache als ganzes entspringt, so deswegen, weil er die Nachahmung in ihrem weitesten und tiefsten Sinne versteht, indem er sich auf den aristotelischen Begriff der μίμησις bezieht. Für Aristoteles stellte diese nämlich nicht nur den Ursprung der Sprache dar, sondern auch den der künstlerischen Aktivität im allgemeinen, und sie wurde nicht etwa nur als schlichte Reproduktion (*Abbildung*) verstanden, sondern mit der ποίησις in Verbindung gebracht, der schöpferischen bildenden Tätigkeit (*Gestaltung*).

Es ist also eine Nachahmung, die sich nicht darauf beschränkt nachzubilden, sondern die frei schafft: eine scheinbare Nachahmung, die in Wirklichkeit schon ein inneres ‚Vorbilden' voraussetzt. Denn selbst im Nachahmen wird ja nicht ein Wirklichkeitsinhalt einfach reproduziert, sondern es wird das Signifikative seiner Elemente herausgehoben und so ein „charakteristischer Umriß seiner Gestalt" gewonnen:

> Damit aber befindet sich die Nachahmung selbst bereits auf dem Wege zur Darstellung, in welcher die Objekte nicht mehr einfach in ihrer fertigen Bildung hingenommen, sondern in der sie vom Bewußtsein nach ihren konstitutiven Grundzügen aufgebaut werden. Einen Gegenstand in diesem Sinne nachbilden heißt, ihn nicht bloß aus seinen einzelnen sinnlichen Merkmalen zusammenset-

zen, sondern ihn nach seinen Strukturverhältnissen erfassen, die sich nur dadurch wahrhaft verstehen lassen, daß das Bewußtsein sie konstruktiv erzeugt. Ansätze zu einer solchen höheren Form der Nachbildung bietet bereits die Gebärdensprache dar, sofern sie, in ihren entwickelten Bildungen, überall den Übergang von der bloß nachahmenden zur darstellenden Gebärde zeigt. (Cassirer, *PhsF* 1, 129-130)

Auch wenn die Sprache vom rein nachahmenden oder analogischen Ausdruck ausgeht,[67] so strebt sie doch stets danach, in ihrer zunehmenden Selbstbehauptung als geistige Energie, dessen „Kreis zu erweitern und schließlich zu durchbrechen". Was sie dazu zwingt – und was es ihr zugleich gestattet – ist ihre Natur selbst, daß sie denselben Lautzeichen stets mehrfache Bedeutungen zuweisen muß. Gerade seine Vieldeutigkeit verhindert in der Tat, daß das Zeichen bloßes ‚Individualzeichen' bleibt und ‚zwingt' den Geist, die konkrete Funktion des Bezeichnens zugunsten der allgemeinen Funktion des Bedeutens hinter sich zu lassen. Durch das ‚Bedeuten' tritt die Sprache aus jener „sinnlichen Hülle" in der sie sich bisher darstellte, heraus: „Der mimische oder analogische Ausdruck weicht dem rein symbolischen, der gerade in seiner Andersheit und kraft derselben zum Träger eines neuen und tieferen geistigen Gehalts wird." (*PhsF* 1, 146) Dies bedeutet jedoch nicht, daß die Sprache damit das Sinnliche aufgäbe oder zurückwiese, sondern daß Geistiges und Sinnliches sich wechselseitig in ihr durchdringen.[68] Dies muß betont werden, und Cassirer selbst tut es immer wieder, auch am Ende seines ersten Bandes der Philosophie der symbolischen Formen:

Wenn in der Entstehung der Sprache Sinnliches und Gedankliches unlöslich ineinander verflochten scheinen, so begründet doch diese Korrelation, eben als solche, zwischen beiden kein Verhältnis einer bloß einseitigen Abhängigkeit. Denn der intellektuelle Ausdruck vermöchte sich nicht am sinnlichen und aus dem sinnlichen zu entwickeln, wenn er in diesem nicht schon ursprünglich beschlossen läge – wenn nicht, mit Herder zu sprechen, schon die sinnliche Bezeichnung einen Akt der ‚Reflexion', einen Grundakt der ‚Besinnung' in sich faßte. Das Wort: πάντα θεῖα καὶ ἀνθρώπινα πάντα findet daher vielleicht nirgends eine so deutliche Bestätigung als in der Bedeutungs- und Formenlehre hochentwickelter Sprachen: der Gegensatz zwischen den beiden Extremen des Sinnlichen und des Intellektuellen faßt den eigentümlichen Gehalt der Sprache nicht, weil diese in all ihren Leistungen und in jeder Einzelphase ihres Fortschritts sich als

---

[67] Der Übergang von der Stufe des mimischen Ausdrucks – zu dessen Beschreibung Cassirer auf die Unterscheidung von nachahmenden und zeigenden Gesten der Gebärdensprache in der (Wundtschen) Psychologie zurückgreift – zu der des analogischen Ausdrucks wird nach Meinung des Autors in verschiedenen Erscheinungen oder sprachlichen Bildungsweisen faßbar, z.B. in der Reduplikation oder bei der Heranziehung der Lautqualität der Silben zur Bedeutungsunterscheidung gewisser Termini oder formalgrammatischer Ausdrücke.

[68] Zur Stützung dieser These vgl. seine Wiederaufnahme des Konzepts der Empirie im Humboldtschen Sinne; gegen die These von der ‚Physizität' des Idealismus bei Cassirer vgl. Ferrari 1996.

eine zugleich sinnliche und intellektuelle Ausdrucksform erweist. (Cassirer, PhSF 1, 299–300)

3.2.5 Denken und Sprache: Eine Zwischenbilanz

Um die Frage des Primats des Denkens vor der Sprache oder der Sprache vor dem Denken hat es unablässig Diskussionen gegeben. Heute gibt es sie – aus strukturalistischer, aus generativistischer oder kognitivistischer Perspektive – mehr denn je:[69]

> Daß Denken und Sprechen, daß Bewußtsein und Kommunikation nicht identisch sind, gehört gleichermaßen zum Erfahrungsschatz jedes einzelnen wie zu den Topoi der Geistesgeschichte. [...] Ebenso alt wie diese Erfahrung sind aber auch die Alltagsgewißheit sowie die Argumente von Dichtern und Philosophen, daß Denken und Sprechen nicht unabhängig voneinander gedacht und beschrieben werden können bis hin zur These, daß ohne Sprache kein menschliches Bewußtsein möglich sei. Von Locke bis Wittgenstein, von Herder und Humboldt bis Chomsky und Lyotard haben sich exzellente Geister bemüht, den Zusammenhang zwischen Sprache und Denken aufzuklären – das Thema aber ist bis heute virulent und beschäftigt jede wissenschaftliche Neuerung von der KI-Forschung bis zur Computertechnologie. (Feilke/Schmidt 1997, 269)

Die Ergebnisse dieser Diskussionen sind nicht immer zufriedenstellend, zumindest aber stellen sie nicht *alle* völlig zufrieden. Vielleicht ist es daher sinnvoll, die in den bisherigen Kapiteln dazu vorkommenden Einzelbeobachtungen nochmals aufzugreifen und die diesbezüglichen Stellungnahmen Cassirers und Croces zusammenzufassen. Denn dies könnte dazu beitragen, weitere Elemente der Nähe oder der Distanz im spekulativen Denken beider Autoren abzuklären; aber auch dazu, den aktuellen Dialog, zwar sicher nicht um eine neue Lösung, so doch um den einen oder anderen erwägenswerten Denkansatz zu bereichern.

Die Gesichtspunkte der Frage kreisen im wesentlichen um die logische und/oder definitorische Abhängigkeit oder Unabhängigkeit der Begriffe ‚Sprache' und ‚Denken' voneinander oder um die Klärung ihrer wechselseitigen Beziehung. Sie lassen sich in die nunmehr schon klassischen Fragen zusammenfassen:

– Kann Denken ohne Sprache oder Sprache ohne Denken gedacht werden?
– Kann man das eine in Begriffen des anderen definieren?

---

[69] Aus der umfangreichen Literatur vgl. Trabant 1997 (insbes. die Beiträge von Feilke/Schmidt und Franze) und das dieser Thematik gewidmete monographische Heft der Zeitschrift *Language and Communication* (2002, 22-3) (mit Beiträgen von Boucher/Gold, Clapin, Gamble, Gerrans, Jackson, McGeer/Pettit, Mortensen, O'Brian/Ople, Proudfoot/Copeland, Slezak und Sutton). Zu denken ist natürlich auch an die reiche Literatur zur kognitiven Semantik sowie an die neueren Arbeiten Chomskys (insb. 1994 und 1999). Vgl. auch Gambarara 1996.

- Kann man feststellen, ob eines von beiden das andere beeinflußt oder bestimmt?
- Kann man in diesem Fall feststellen, welches von beiden das andere beeinflußt oder bestimmt?
- Darf man in dieser Weise fragen oder führt jede Frage dieser Art in die Zirkularität?

In Croces Philosophie des Geistes setzt der Begriff die Anschauung, die Intuition voraus. Dies bedeutet: Denken ist nicht, es sei denn, es äußert sich in Sprache, offenbar in jener Sprache, der Croce den intuitivausdruckshaften Charakter zuweist. Welches als das *Prius* identifiziert werden soll, welchem von beiden der Primat zukommt, steht nicht im geringsten zur Diskussion: Es ist die Sprache, die für das Denken Voraussetzung ist. Freilich nicht jene Sprache, welche Croce amputiert und eingeengt nennt, verfälscht und auf ihre phonischen und artikulatorischen Formen reduziert, sondern jene, deren genuines Wesen darin besteht, fließende Wirklichkeit des Geistes, nämlich Ausdruck zu sein – ein Ausdruck, der seinerseits mit der Intuition identisch ist. Das Denken entsteht aus dem „bunten Schauspiel der Vorstellungen" (vgl. 2.2.2.2) und diese sind Ausdruck, sind Sprache. Bei der Erklärung der philosophischen Gründe für diese Identifizierung betont Croce an verschiedenen Stellen seines Werkes, daß keine Anschauung existiere, die nicht schon Ausdruck wäre, was darauf hinausläuft – da er ja die Existenz von Ausdrucksklassen leugnet –, daß keine Intuition existiert, die nicht schon Sprache ist. Eine Auffassung, die zweifellos eigentümlich und selten ist, und zwar sowohl in der damaligen als auch in der heutigen diesbezüglichen Diskussion, in der die folgende Meinung überwiegt:

> Seit Jahrtausenden beklagen Dichter, sie könnten sprachlich nicht ausdrücken, was sie ‚wirklich' denken und fühlen. Und in jedem Gespräch wird uns mehr oder weniger deutlich bewußt, daß wir nie in den Kopf der anderen hineinsehen können und uns deshalb damit begnügen müssen, was gesagt wird. (Feilke/Schmidt 1997, 269)

Und doch ist gerade das Beharren auf diesem Gemeinplatz, gerade diese Klage: „Ich hätte wohl großartige Vorstellungen, wenn ich sie nur adäquat auszudrücken vermöchte" nach Croces Meinung von Grund auf trügerisch. Denn das, was der Geist schaut, drückt er aus und was er ausdrückt, schaut er (die Intuition ist mit der Expression identisch). Wenn man ihn nicht auszudrücken vermag, ist der Gedanke nicht klar, andernfalls wäre er bereits Ausdruck. Die Rolle des Denkens ist der Sprache ganz entschieden untergeordnet oder einfacher gesagt: Das Denken ‚kommt danach'.

Ganz anders bei Cassirer: Die Beziehung zwischen Sprache und Denken ist hier nicht so hierarchisch, nicht so entschieden unidirektional. Vielmehr wird sie als *unentflechtbare symbolische* Beziehung bestimmt. Unentflechtbar ist sie deswegen, weil nach dem Cassirer der ‚Kulturkritik' Logik und

Sprachphilosophie sich in engster Weise berühren. Die reine Erkenntnisfunktion steht nie allein da, neben ihr gibt es zum Beispiel die in der Sprache ausgedrückte Funktion des Denkens. Die Wörter der Sprache bestehen nicht in einfachen reproduktiven Zeichen statischer und permanenter Bestimmungen der ‚objektiven' Welt. Vielmehr sind sie es, welche Richtung und Linien dieses Bestimmens festlegen. Symbolisch ist diese Beziehung, weil die Art ihres Gegebenseins, ihres Sich-Konstituierens die der Symbolisierung ist. Das Symbol ist für Cassirer nichts Geringeres als das notwendige und wesentliche Organ des Denkens, d.h. Denken und Sprache sind, wiewohl verschieden, unauflöslich verbunden in der Symbolisierung: Das Denken ist durch die Symbolisierung als sprachlich gegeben. Gleichwohl muß daran erinnert werden, daß es in der Cassirerschen Philosophie andere Arten des Gegebenseins des Denkens gibt: Durch den Prozeß der Symbolisierung kann sich das Denken auch in den anderen symbolischen Formen ausdrücken. Dies bedeutet, daß es, statt von einem Denken zu sprechen, welches sich sprachlich gibt, korrekter wäre, von einem Denken zu sprechen, welches sich *symbolisch* sprachlich, mythisch, künstlerisch etc., gibt. Für Cassirer geht es also nicht darum, ob das Denken oder die Sprache ‚vorher' oder ‚nachher' kommt; es geht nicht um eine Definition des Menschen als denkendes oder sprachliches Wesen, sondern um etwas komplexeres: um die Vielfalt der Ausdrucksweisen des Geistes des Menschen. Für Cassirer wird die menschliche geistige Existenz – mit den Worten Schwemmers – durch die Fähigkeit zur schöpferischen geistigen Gestaltung definiert:

> Letztlich geht es bei allen geistigen Leistungen und also auch bei allen symbolischen Formen darum, „das Chaos der sinnlichen Eindrücke" in eine „feste Gestalt" zu bringen, „aus dem Chaos der Eindrücke ein[en] Kosmos, ein charakteristisches und typisches ‚Weltbild'" zu formen. [...] In dieser Umbildung unserer Eindrücke „zu einer Welt des reinen geistigen Ausdrucks" sieht Cassirer die entscheidende, uns zu geistigen Wesen erhebende Leistung, die unser „Tun" in seiner höchsten Möglichkeit auszeichnet. *Wir sind* – um es pointiert zu formulieren – *„Ausdruckswesen", die ihrem Ausdruck eine Form zu geben vermögen.* Unser Geist ist das Vermögen oder auch die Kraft zur – bildlichen oder begrifflichen - Gestaltung von Ausdrucksformen. Eben dies ist auch der Sinn der berühmten Formel Cassirers vom Menschen als dem „animal symbolicum". (Schwemmer 1997, 30–31)

Die Beziehung, die Cassirer und Croce zwischen Sprache und Denken ansetzen, gestattet nun einen ersten Kontakt mit einem der problematischsten Kernpunkte des Vergleichs zwischen den beiden Autoren und zugleich einen interessanten Ausblick auf die aktuelle linguistisch-philosophische Diskussion. In der Tat ist die Vorstellung von den Begriffen als etwas Sprachlichem heute ziemlich weit verbreitet, wenn auch nicht als die einzige vertretene Position.[70] Dies ist eine Auffassung, die übrigens zu Beginn des

---

[70] Vgl. diesbezüglich Seebaß 1981.

vergangenen Jahrhunderts alles andere als ungeteilte Zustimmung fand.[71] Und auch da, wo man versucht, die Sprache vom Denken zu trennen, die modulare oder irgendwie geartete Unabhängigkeit des einen vom anderen hervorzuheben, leugnet man doch selten ihre enge Korrelation. Die Autonomie oder Nichtautonomie der Sprache von den (anderen) kognitiven Fähigkeiten – der Kommunikation von der Kognition – steht also gegenwärtig mehr denn je im Vordergrund der sprachphilosophischen Diskussion. Disputiert wird jedoch hauptsächlich um den *Grad* der Autonomie der beiden kognitiven Bereiche oder menschlichen Fähigkeiten, je nachdem wie man sie definiert und/oder um die *Richtung* des Einflusses der einen Sphäre auf die andere. Es geht also immer noch, wenn auch nun mit anderen Termini und mit neuem wissenschaftlichem Bewußtsein, um die alte Frage des Primats der einen vor der anderen. Verkompliziert – möglicherweise aber auch erleichtert – wird die Situation dadurch, daß sich mit dieser Frage natürlich heute nicht nur Philosophen, sondern auch Psychologen, Neurologen, Linguisten, Soziologen und Kulturphilosophen beschäftigen. Mit anderen Worten: Man diskutiert das Verhältnis von Sprache und Denken heute in einem viel größeren Rahmen, überall da, wo man die Beziehung zwischen Denken und Sprache oder Sprachen, zwischen sprechendem Ich und hörendem Du, zwischen sprechenden sozialen Subjekten, zwischen denkenden kulturellen Subjekten, zwischen zerebralen (für logisches Denken und Sprache zuständigen), phonatorischen und auditiven Organen, zwischen menschlicher und künstlicher Intelligenz usw. nicht ignorieren kann oder nicht ignorieren will. Und selbst Diskussionen, die längst überholt und abgetan schienen, wie die um die These der sprachlichen Relativität, flammen im Lichte neuer experimenteller Ergebnisse intensiv wieder auf.[72]

Es wurde gesagt, daß für Croce der Primat der Sprache außer Frage steht, daß er sich aber auf eine Sprache, die nicht Kommunikation ist, bezieht.[73] Diese Sprache als ‚Intuition-Expression' ist ein Element, das wir heute *die* fundierende kognitive Fähigkeit nennen würden, welche für ihn von ähnlicher Natur war wie das logische Denken (also theoretischer Natur) und doch etwas anderes als das logische Denken, das ja allererst durch diese Intuition-Expression zu begründen war. Die Interpretation Croces hat die

---

[71] Auch in dieser Hinsicht läßt sich also die Modernität der Auffassungen Cassirers und Croces feststellen sowie die Tatsache, daß sie wesentlich dazu beigetragen haben, die Sprache (wieder) ins Zentrum des Interesses der Philosophie des 20. Jahrhunderts zu rücken.

[72] Vgl. z.B. Gumperz/Levinson 1996, Lucy 1992 und 1996, Niemeier/Dirven 2000, Pütz/Verspoor 2000, Levinson 2003, oder den Artikel von Alison Motluk im *New Scientist* vom 30. November 2002, der trotz seiner Kürze eine Vorstellung davon vermittelt, wie aktuell und verbreitet diese Diskussion ist.

[73] An verschiedenen Stellen dieser Arbeit wurde schon darauf hingewiesen, daß der Croce der Reifezeit dem Thema und Problem der Kommunikation größere Aufmerksamkeit zuwendet. Man vgl. dazu aber insbes. Kap. 4.

Diskussion dahingehend geprägt, daß sie der Sprache die Priorität zuwies. Sie tat und tut damit aber nur einer der Richtungen Genüge. Und man fragt sich nun, ob es überhaupt notwendig ist, die Frage nach dem Verhältnis von Sprache und Denken in Begriffen des Primats zu stellen. Wenn man an die symbolisch-funktionalistische Interpretation Cassirers denkt, an eine Theorie, welche der Kommunikation[74] *und* der Kognition eine wesentliche Rolle zuweist, eine Theorie, welche deren gegenseitige Abhängigkeit voneinander untersuchen möchte, ohne nach einer Hierarchie oder einer Richtung dieser Beziehung zu suchen, so kommt in der Tat die Frage auf, ob das Problem überhaupt in diesen Termini gestellt werden kann. Über die symbolisch-funktionalistische Interpretation Cassirers nachzudenken, könnte in doppelter Weise von Vorteil sein: Dies würde der aktuellen Debatte um Sprache und Denken interessante Ausblicke eröffnen, indem es die Frage des Primats zurückstellen und damit ganz neue Prioritäten für die zukünftige Diskussion setzen würde. Man könnte dann, freilich jetzt in modernen Termini, die ursprüngliche philosophische – sprachliche und begriffliche – Deutung der beiden Begriffe wieder aufsuchen, insofern sie in dem einen Ausdruck λόγος zusammenkommen.

3.3 Die Polemik zwischen Croce und Cassirer um die Sprache

3.3.1 Zwei unvereinbare theoretische Welten?

Auch eine eingehendere Betrachtung der Stellen, an denen der eine Autor sich ausdrücklich und kritisch mit dem anderen bezüglich der Sprache auseinandersetzt, führt zu wertvollen Erträgen. Sie liefert nämlich ein Bild der wechselseitigen Auffassungen Croces und Cassirers, das ziemlich vielschichtig, in beständiger Entwicklung begriffen, nicht immer homogen und streckenweise durchaus von überraschender Natur ist.

Die philologische Untersuchung zeigt auf den ersten Blick zwei unvereinbare Positionen: einerseits die Identität von Kunst und Sprache, als primäre Ausdrucksform des Geistes, die auf der Identität von Intuition und Expression und auf der Unmöglichkeit, die Expression in Klassen zu unterteilen, basiert; andererseits die Suche nach einem originären Prinzip, einem geistigen Medium, das gleichsam den gemeinsamen Grund von Kunst und Sprache bildend, in der Bedeutung gefunden wird, in der symbolischen Form, auf Grund derer sie sich als verwandt erweisen und doch für sich stehend und nicht assimilierbar. Diese Positionen halten und erklären die Autoren selbst für unvereinbar miteinander.

---

[74] Auch auf den Begriff der Kommunikation bei Cassirer wird im Kap. 4 eingegangen.

Die Polemik zwischen Croce und Cassirer um die Sprache 155

Es steht nun außer Zweifel, daß die Kritik Cassirers, die er in der *Philosophie der symbolischen Formen* (1923), dem Aufsatz *Zur Logik der Kulturwissenschaften* (1942) und dem *Essay on man* (1944) an Sprachtheorie und Ästhetik Croces äußert, keine marginalen Teile betrifft. Vielmehr geht es dabei um die beiden Kernthesen seiner Theorie: um die Identifizierung von Kunst und Sprache auf der einen Seite und um seine Ablehnung der literarischen und künstlerischen Gattungseinteilungen auf der anderen. Ebenso kann nicht geleugnet werden, daß Croce bei seiner aggressiven und höhnischen Reaktion überhaupt nicht daran interessiert scheint, das Denken Cassirers zu durchdringen und zu einem wirklichen Dialog zu gelangen, sondern den Angriff und die Herabsetzung der philosophischen Argumentation vorzieht.

3.3.1.1 Cassirer und die Kritik an der Identifizierung von Kunst und Sprache

Daß Vossler sich auf Humboldt beruft und mit ihm die Notwendigkeit bekräftigt, die Sprache als Aktivität, als schöpferische Tätigkeit, zu betrachten, und sich dadurch der Auffassung der positivistischen Metaphysik widersetzt, ist für Cassirer zweifellos eines der größten Verdienste dieses Philologen. Der problematische Aspekt seiner Theorie besteht hingegen nach Cassirer darin, daß er sich dem Denken Croces anschließt und die positivistische Metaphysik durch eine auf die Ästhetik gegründete Metaphysik des Idealismus ersetzt und das Studium der Sprache so „einer neuen Gefahr" aussetzt:

> Wieder ist sie [sc. die Sprache] jetzt [sc. in der idealistischen Metaphysik Croces und also auch Vosslers] in das Ganze eines philosophischen Systems aufgenommen – aber diese Aufnahme scheint zugleich die Bedingung in sich zu schließen, daß die Sprache sich mit einem der Glieder dieses Systems identifiziert. Wie im Gedanken der allgemeinen, der rationalen Grammatik die Eigenart der Sprache zuletzt in der universellen Logik aufging, so droht sie jetzt in der Ästhetik, als allgemeine Wissenschaft des Ausdrucks, aufzugehen. (Cassirer, *PhsF* 1, 121)

Wenn diese Formulierung der Cassirerschen Kritik prinzipiell auch theoretisch akzeptabel ist und in einem friedfertig-neutralen Ton geäußert wird,[75] so läuft sie doch auch ihrerseits darauf hinaus, in der eigenen ‚die' korrekte Lösung des Problems zu sehen: Die Sprachphilosophie kann nur dann als Sonderfall der Ästhetik bezeichnet werden, wenn die letztere alle

---

[75] Cassirer enthält sich bewußt jedes kränkenden Tons oder eines Urteils über die intellektuellen Fähigkeiten Croces. Vielmehr wählt er konziliantere stilistische Verfahren, etwa das der rhetorischen Frage: „Aber ist wirklich die Ästhetik, wie Vossler mit Croce annimmt, d i e Wissenschaft des Ausdrucks schlechthin oder bedeutet sie nur e i n e Wissenschaft des Ausdrucks – eine ‚symbolische Form', die andere gleichberechtigt neben sich hat? Bestehen nicht analoge Beziehungen, wie zwischen der Sprachform und Kunstform, auch zwischen ihr und jenen anderen Formen, die, wie der Mythos, durch das Medium eine eigene Bildwelt eine eigene geistige Bedeutungswelt aufbauen?" (Cassirer, *PhsF* 1, 121)

besonderen Beziehungen mit dem künstlerischen Ausdruck gelöst hat, d.h. wenn die Aufgabe der Ästhetik in einem derartig erweiterten Sinne verstanden wird, daß sie in sich alles das begreift, das Cassirer als die Aufgabe einer universellen Philosophie der symbolischen Formen versteht. Aus diesem Gedanken zieht Cassirer indes, zumindest in dieser Phase seines Werkes, noch nicht die radikaleren und interessanteren Folgerungen, d. h. er zeigt nicht die Konsequenzen auf, die aus der Theorie Croces mit ihrem Anspruch auf Allgemeingültigkeit auch für die Theorie der Ästhetik im allgemeinen entstehen. Diese erscheinen in der Tat erst in einem späteren Stadium seiner Reflexion über das Crocesche Denken in seinem Essay aus dem Jahre 1942, und zwar im Zusammenhang mit seiner Kritik an Croces Ablehnung der Gattungseinteilungen in der Kunst.

An der erwähnten Stelle der *Philosophie der symbolischen Formen* müssen jedoch noch zwei Aspekte ins Licht gerückt werden, die – allerdings vielleicht einander widersprechend – sowohl für ein tieferes Verständnis der Polemik zwischen beiden Autoren als auch für die kritische Interpretation des Cassirerschen Denkens grundlegend sind. Zum einen ist es schwierig – es sei denn im Namen eines bis hin zum Ätherischen verallgemeinerten Prinzips wie dem Croces[76] – Einwände gegen die anticroceanischen Bemerkungen Cassirers zu erheben, mit denen er das Kapitel der *Philosophie der symbolischen Formen* beschließt, welches er dem Problem der Sprache in der Philosophiegeschichte widmet:[77]

> Soll die Sprache als eine wahrhaft selbständige und ursprüngliche Energie des Geistes erwiesen werden, so muß sie in das Ganze dieser Formen eingehen, ohne mit irgend einem anderen schon bestehenden Einzelglied desselben zusammenzufallen – so muß ihr bei aller systematischen Verknüpfung, die sie mit der Logik und Ästhetik eingeht, eine ihr eigentümliche Stelle in diesem ganzen zugewiesen und damit ihre ‚Autonomie' gesichert werden. (Cassirer, *PhsF* 1, 121)

Zum anderen aber kommt man, wenn man diese Zeilen und die zuvor zitierten genauer betrachtet, nicht umhin, die behauptete Überzeugung Cassirers, daß ein Band der Analogie die verschiedenen symbolischen Formen paritätisch, also ohne hierarchische Privilegien, nebeneinanderordne, einer kritischen Prüfung zu unterziehen. Auch er kann nämlich, ebenso wie Croce, das fundierende Prinzip seiner Theorie nicht in Frage stellen, indem er zugibt, daß die Sprache gegenüber den anderen symbolischen Formen doch in gewisser Weise eine vorgeordnete Funktion erfüllt. Gleichwohl wird in seinen Schriften, besonders denen der Marburger Zeit, deutlich das Bemühen spürbar, den semiotischen Mechanismus der Bedeutung aus dem, was ich fast sein natürliches Umfeld nennen möchte – das der Sprache –, herauszuabstrahieren, auch und vielleicht gerade dann,

---

[76] Es wurde schon angedeutet und es soll im folgenden Kapitel genauer ausgeführt werden, welche Probleme das der Identifizierung von Kunst und Sprache zugrunde liegende Prinzip mit sich bringt.

[77] Vgl. jedoch die davon abweichende Interpretation Leanders (1966).

wenn er über die Humboldtsche Sprachtheorie zur Erarbeitung des Status der Symbolizität gelangt.⁷⁸ Gestützt wird diese Interpretation durch eine rein empirische Feststellung: Es fällt nämlich schwer, die Tatsache, daß Cassirer seine Morphologie gerade mit der symbolischen Form der Sprache beginnen läßt, für bloßen Zufall zu halten. Ebenso lassen sich einige Beobachtungen Cassirers bezüglich der Sprache kaum übersehen, die ihm jedenfalls bei der Beschreibung anderer symbolischer Formen nicht in die Feder geraten:

> Die Sprache steht in einem Brennpunkt des geistigen Seins, in dem sich Strahlen ganz verschiedenartiger Herkunft vereinen und von dem Richtlinien nach allen Gebieten des Geistes ausgehen. (Cassirer, *PhsF* 1, 121)

Jenseits aller Polemik und jenseits aller Suche nach Inkohärenzen in System und Methode Cassirers ist eines jedoch sicher: Die Stellung der Sprache in seinem spekulativen Denken liefert gute Gründe dafür, Cassirer, insbesondere den ‚europäischen' Cassirer,⁷⁹ als einen der wichtigsten Protagonisten der ‚Wende hin zur Sprache' in der modernen Philosophie zu betrachten.⁸⁰

3.3.1.2 Cassirer und die Gattungen der Kunst

Um die Probleme besser zu verstehen, welche sich hinter Croces Gegenkritik an Cassirer verbergen, empfiehlt es sich, ein wenig bei Absicht und Themen von Cassirers Aufsatz aus dem Jahre 1942 zu verweilen, und dabei auch einige Stellen zu kommentieren, welche sich nicht unmittelbar auf die Theorie Croces beziehen. In *Zur Logik der Kulturwissenschaften* greift Cassirer noch einmal, wenn auch nun mit anderen Termini als in seinen früheren Schriften, in die Diskussion ein, die am Ende des 19. Jahrhunderts um die Beziehung zwischen Naturwissenschaften und historischen oder Humanwissenschaften in Deutschland aufgekommen war. Mit anderen Worten, er beschäftigt sich erneut mit der Möglichkeit, all jene Phänomen durch eine begriffliche und gesetzmäßige Disposition zu erforschen, die nicht der Objektivität und Regularität unterliegen, mit der die Naturgesetze ‚wirken', sondern zur kreativen und vitalen Sphäre gehören, zu der des Handelns und sozialen Seins des Menschen. Mit gewohnter Klarheit bezeichnet er als sein Ziel ausdrücklich nicht die Erstellung einer besonderen Logik der Kulturwissenschaften – einer besonderen gegenüber derjenigen der Naturwissenschaften – als vielmehr die Absicht, gerade den Bruch zwischen

---

[78] Den Einfluß Leibniz' auf Cassirers Symbolbegriff möchte ich, wie schon gesagt, keineswegs übergehen; doch verhalten sich die beiden Einflußrichtungen alles andere als gegenläufig. Vgl. Trabant 1990, Kap. 4, zu der Beziehung zwischen Humboldt und Leibniz wie auch die von Trabant angeführte Heideggersche Interpretation der Beziehung zwischen den beiden Philosophen.
[79] Zur Entwicklung des Cassirerschen Denkens während seiner amerikanischen Periode vgl. Kap. 4.
[80] Für Graeser (1994) und Lazzari (1995) ist er hingegen ein ‚Vorläufer'; zur Polemik um diese Bezeichnung vgl. jedoch hier Kap 1.

Naturalismus und Historismus zu überwinden. Erreichbar schien ihm diese Überwindung dadurch, daß er jede Form der Metaphysik hinter sich ließ und das Problem verlagerte, es aus der kritizistischen Perspektive heraus verstand, also aus der Sicht der Erkenntniskritik. Es sei jedoch an dieser Stelle erneut darauf hingewiesen, daß die Grenzen des Cassirerschen Kritizismus nicht mit den klassischen, von Kant gezogenen Grenzen zusammenfallen:[81] In *Zur Logik der Kulturwissenschaften* ist die Ebene der ‚Wahrnehmung' die privilegierte Ebene gegenüber der logisch-begrifflichen. Das heißt, man hat eine Art der Erkenntniskritik vor sich, die sich als Suche nach der Begründung, als Suche nach der ursprünglichen Grundlage der Hervorbringungen des Bewußtseins begreift, zu deren Gewinnung es notwendig ist, über die Grenzen der reinen Logik hinaus vorzudringen:

> Aber was bedeutet die Frage nach dem „Wesen" der Sprache oder nach dem irgendeines anderen Objekts der Kulturwissenschaft, wenn sie weder in rein historischem, noch in rein psychologischem, noch in metaphysischem Sinn gestellt werden soll? Bleibt außerhalb dieser Gebiete überhaupt noch irgend etwas übrig, wonach mit Recht und Fug gefragt werden kann? Teilen sie nicht alles „Geistige" vollständig unter sich auf? [...] der Begriff, als logischer und metaphysischer Begriff, scheint uns nicht weiterzuführen als bis zu dieser Einteilung und Dreiteilung. [...] Man muß in diese Grund- und Urschicht aller Bewußtseinsphänomene vorstoßen, um in ihr den gesuchten Archimedischen Punkt, das δός μοι ποῦ στῶ zu finden. [...] Die Analyse der Begriffsform als solcher kann die spezifische Differenz, die zwischen Naturwissenschaft und Kulturwissenschaft besteht, nicht vollständig aufhellen. Wir müssen uns vielmehr entschließen, den Hebel noch tiefer anzusetzen. Wir müssen uns der Phänomenologie der Wahrnehmung anvertrauen und fragen, was sie uns für unser Problem zu geben hat. (Cassirer, *LKW*, 38–39)

Gerade eine solche ‚Phänomenologie der Wahrnehmung' gestattet in der Tat die Überwindung der problematischen Grenzen, in denen Naturalismus und Metaphysik befangen waren und veranlaßt Cassirer dazu, das Grundprinzip seiner Philosophie erneut zu bekräftigen. Cassirer gliedert diese ‚Phänomenologie der Wahrnehmung' auf, indem er die Unterscheidung zwischen der ‚Ausdruckswahrnehmung' hervorhebt, die aus der Beziehung zwischen Subjekten entsteht, und der ‚Dingwahrnehmung', die hingegen die Beziehung von Subjekt und Objekt betrifft.

Die Widerlegung der Formen des Naturalismus und der Metaphysik, welche sich historisch – was hier auch bedeutet: philosophisch – ergeben haben, bleibt nicht beim Allgemeinen stehen. Wie in seinen zuvor behandelten Arbeiten bietet Cassirer auch in diesem Aufsatz einen Überblick über die bisherigen Theorien, an denen sich die Modalitäten des ‚Rückfalls' in die eine oder die andere der beiden philosophischen Konzeptionen illustrieren

---

[81] Es wurde oben mehrfach betont, daß es ein Irrtum wäre, den Cassirerschen Kritizismus lediglich als eine Art von ‚Erweiterung' des Kantschen aufzufassen.

lassen.[82] Und gerade im Verlauf dieser analytischen Sichtung kommt er auch zu seiner Kritik an dem Croceschen Idealismus (vgl. *LKW*, 118).

Ausdrücklich weist er Croces Kritik an den sogenannten künstlerischen Gattungen zurück. Und er führt dafür Gründe an, die zwar auch gegen diese spezielle Auffassung sprechen, die aber damit zugleich die Ablehnung der gesamten ästhetischen Theorie Croces enthalten, welche sich auf das Prinzip der Intuition-Expression, auf das Prinzip des ‚reinen' Ausdrucks gründet. Die Crocesche Konzeption der Kunst, nach der philosophisch ‚wahr' nur die Kunst und das Individuum sind, die Mittel, durch welche die Kunst sich ausdrückt, hingegen vollkommen gleichgültig, wird nach Cassirer dem Prozeß des künstlerischen Schaffens nicht gerecht. Denn sie zerbricht das Kunstwerk in zwei Teile ohne notwendigen inneren Zusammenhang. Cassirer beharrt hingegen darauf, daß die jeweils besondere Art des Ausdrucks nicht nur die technische Fertigung des Kunstwerks, seinen materiellen Aspekt im engeren Sinne, sondern seine gesamte Konzeption betrifft: „Beethovens Intuition ist musikalisch, Phidias' Intuition ist plastisch, Miltons Intuition ist episch, Goethes Intuition ist lyrisch. Dies alles betrifft nicht nur die äußere Schale, sondern den Kern ihres Schaffens." (*LKW*, 120)

Cassirer versteht einige der durchaus richtigen Motive, die Croce „zu seinem heftigem Kampf gegen die Lehre von den Gattungen" (Cassirer, *LKW*, 120) veranlaßt haben. Aber er kann nicht umhin, sich von einer Ästhetik zu distanzieren, die sich das Moment des reinen Ausdrucks, wie Croce ihn versteht, zur eigenen – spezifischen – Grundlage macht. Und das aus verschiedenen Gründen. Cassirers Analyse der Croceschen Theorie zeigt sich auf diesen Seiten präzise und scharfsinnig:

> Er [sc. Croce] legt den Akzent fast ausschließlich darauf, daß die Kunst Ausdruck des individuellen Gefühls und des individuellen Gemütszustandes sein müsse, und es gilt ihm gleichviel, welche Wege sie hierbei einschlägt, und welcher besonderen Richtung der Darstellung sie folgt. Dadurch wird die „subjektive" Seite vor der „objektiven" nicht nur bevorzugt, sondern die letztere sinkt der ersteren gegenüber fast zu einem gleichgültigen Moment herab. Alle künstlerische Intuition wird „lyrische Intuition" – gleichviel, ob sie sich in einem Drama, einem Heldengedicht, in der Skulptur, in der Architektur, in der Schauspielkunst verwirklicht. (Cassirer, *LKW*, 120)

Dies bedeutet zudem nach Cassirers Ansicht die Annullierung aller Unterschiede der Darstellungs*form* oder aber ihre Modifizierung zu bloßen Unterschieden der *physischen Mittel* des Ausdrucks. Einer solchen Annahme widerspricht nun schon der bloße Augenschein des Kunstwerks selbst. Denn das physische und das psychische Moment durchdringen sich darin dergestalt, daß sie, auch wenn sie in der Reflexion unterschieden werden können, doch für die Intuition und das ästhetische Empfinden ein unteilbares Ganzes darstellen:

---

[82] Er bezieht sich namentlich auf Russell, Carnap, Simmel u.a.

Kann man wirklich, wie Croce es tut, die konkrete „Intuition" den „abstrakten" Mitteln des Ausdrucks gegenüberstellen und demgemäß alle Differenzen, die sich im Kreise des letzteren finden, als rein begriffliche Differenzen behandeln? Oder ist nicht eben beides im Kunstwerk innerlich zusammengewachsen? Läßt sich, rein phänomenologisch, eine Art gleichförmiger Urschicht der ästhetischen Intuition aufweisen, die immer dieselbe bleibt, und die sich erst bei der Ausführung des Werkes dafür entscheidet, welchen Weg sie gehen und ob sie sich in Worten, in Tönen oder Farben verwirklichen will? (Cassirer, LKW, 121)

Zum Beweis seiner Theorie, daß die ästhetische Intuition schon als musikalische oder plastische, lyrische oder dramatische entstehe, zitiert Cassirer die Zeilen Croces, in denen er behauptet, daß die Dichtung in ihrem Innersten und untrennbar mit ihren jeweiligen besonderen Worten, mit ihrem Rhythmus, mit ihrem Metrum, mit denen sie sich ausdrückt, verbunden sei, und zwar verbunden in dem Sinne, daß sie schon als diese komplexe Verbindung entsteht. Jenseits dieser Elemente verbleibt nach Croce kein ‚absolutes' poetisches Denken, losgelöst vom Kontext, von ‚jenem' poetischen Kontext; jenseits dessen verbleibt nichts. Cassirer tut also nichts anderes, als diese Überlegung Croces auf die anderen künstlerischen Formen auszudehnen. Doch vergißt er vielleicht dabei, wie sehr für Croce gerade die Poesie einen Sonderfall des Ausdrucks darstellt – was allerdings vor allem in seinen Arbeiten der Reifezeit deutlich wird, die Cassirer im Exil wahrscheinlich nicht mehr zur Kenntnis gelangten.

Cassirers Kritik nimmt in dieser Arbeit einen anderen Charakter an, als ihn die in der *Philosophie der symbolischen Formen* geäußerte aufwies: Wendete sie sich dort nur gegen die Reduktion der Sprache auf die Kunst durch den Begriff des Ausdrucks, so geht sie hier die Crocesche Reflexion mehr in der Tiefe an, besser gesagt, sie berührt gleichsam den Punkt, in dem die Crocesche Sprachtheorie wurzelt: die Ästhetik. Denn Cassirer beschränkt sich hier nicht darauf, seine eigene sprachphilosophische Auffassung der Croces entgegenzustellen, sondern er gibt seiner Kritik nunmehr einen erweiterten Reflexionshorizont: Im Vordergrund steht jetzt das Problem einer Wissenschaft der Ästhetik die, wie die Croces, so allgemein und abstrakt gefaßt ist, daß sie sich nicht nur dadurch, daß sie der Sprache ihr eigenes spezifisches Wesen entzieht, sondern auch dadurch, daß sie die Kunst selbst ‚entcharakterisiert', als fragwürdig erweist. Die Sprache mit der Kunst zu identifizieren, nachdem man die ‚formalen' Unterschiede der Kunst auf bloße ‚materielle' Unterschiede reduziert hat, bedeutet in der Tat nicht nur, die Autonomie der Sprachwissenschaft zu leugnen, sondern auch, der ästhetischen Wissenschaft selbst ihre eigenen und für sie spezifischen Umrisse zu nehmen.

Noch radikaler, als Cassirer es tat, möchte ich zusätzlich behaupten: Nicht nur funktioniert die Gleichsetzung von Kunst und Sprache im System Croces nur, wenn man die Sprache ‚in ihrer reinen Natur betrachtet', „in dem, was an ihr auf Philosophie zurückgeführt werden kann" – wenn man ihr also viele ihrer Merkmale entzieht, die Croce ‚empirisch' nennen würde, die aber in Wirklichkeit gerade ihre charakteristischen sind – sondern auch nur, wenn man der Ästhetik alle Elemente austreibt, die sie als solche ausmachen mit Ausnahme jenes letzten, allerallgemeinsten, durch das sie einfach auf den Geist zurückgeführt, zugleich aber aus jeder besonderen Bestimmung gelöst wird. Nicht allein also nur dann, wenn man sie entmaterialisiert,[83] sondern auch nur dann, wenn man sie darauf reduziert, Ausdruck des Geistes ohne irgendeine andere Bestimmung irgendeines anderen Typs zu sein, weder empirischer, noch kategorieller Art, auf Grund deren sie als das identifiziert werden könnte, was sie ist. Mit anderen Worten, die Gleichsetzung gelingt ausschließlich dann, wenn man auch die Ästhetik nur in dem betrachtet, „was in ihr auf Philosophie zurückgeführt werden kann".

3.3.1.3 Croces Selbstverteidigung

Eben zu diesen Themen, genauer in Reaktion auf diese Kritik,[84] äußert sich nun Croce in seiner Rezension von Cassirers *Zur Logik der Kulturwissenschaften*. Zugleich ergreift er diese Gelegenheit, um den gesamten philosophischen Ansatz seines Gegners radikal zu widerlegen.

Um die „aus der Ferne aufgenommene Zwiesprache" zu beantworten findet Croce keine anderen Worte als die der Aggression und die des Spottes. Bei seinem Kommentar der Theorie der symbolischen Formen beschuldigt er Cassirer – das Paradox ist kraß und evident – des Naturalismus und des Mystizismus. Die Gründe für diese unfundierte Anschuldigung bleiben allerdings im Dunkeln oder vielmehr beruhen die diesbezüglichen Bemerkungen Croces auf Voraussetzungen, die seine Argumente philosophischen Beweisens einigermaßen schwer nachvollziehbar machen. Cassirer sei unfähig, die wahre Verbindung zu verstehen, die zwischen den verschiedenen Momenten der Aktivität des Geistes bestehe, die sich in letzterer zusammenfänden und in ihr aufgingen. Er sei unfähig, seine symbolischen Formen „in ihrer ewigen Entstehung und Entwicklung" zu behandeln. Er sei nur in der Lage, sie „aufzuzählen" und zu „beschreiben" ohne sie zu „durchdringen", d.h. ohne zu ihrer wahren Natur vorzustoßen, welche sie als Momente „des dialektischen Übergangs der einen in die andere" zeige:

> Und infolgedessen stellt er z. B. den ‚Mythos' neben die ‚Sprache': als ob der Mythos nicht immer von der Kritik, also von der Logik und vom Denken bekämpft und aufgelöst worden wäre, und die Sprache hingegen nicht notwendige Bedingung und zugleich Instrument des logischen Denkens wäre. (Croce, *ReC*, 94)[XXIV]

---

[83] Das Problem der Materialität und der Entmaterialisierung der Kunst findet sich, wie erwähnt, in großen Teilen der Ästhetik der Romantik und in Hegels.

[84] Hinzu kommt noch, wie in Kap. 2 gesehen, die Frage der Auffassung von Logik und Wissenschaft innerhalb des Systems.

Ein analoger Grund ist es, der, nach Croce, Cassirer dazu bringt, Vossler und Croce die Identifizierung von Kunst und Sprache zu bestreiten, nämlich ein weiteres Mal die vorgebliche Unfähigkeit, sich der ‚spekulativen Vernunft' zu bedienen, anstatt des ‚trennenden Intellekts', von dem sein ‚Festhalten an empirischen Klassifikationen' herrühre. Wie man ohne weiteres sieht, richtet sich Croces Attacke gegen Themen, die Cassirers Kritik in dem rezensierten Aufsatz zwar zugrunde liegen, von denen darin aber ausdrücklich überhaupt keine Rede ist. Croces Antwort auf Cassirers kritische Anmerkungen bezüglich der Gleichsetzung von Ästhetik und Sprachwissenschaft können daher auch als weitere Bestätigung dessen gelesen werden, was im vorausgehenden Kapitel bezüglich der Logik gesagt wurde: Die Rezension von *Zur Logik der Kulturwissenschaften* ist für Croce ein Anlaß, der sich ihm bietet und den er endlich aufgreift, sein wirklich unerklärlich langes Schweigen zu brechen und dem in Jahren angestauten Unmut freien Lauf zu lassen. Eine kuriose Interpretation der Theorie der symbolischen Formen liefert die Verbindung zur eigentlichen Analyse der in dem rezensierten Aufsatz enthaltenen Einwände Cassirers gegen seine Theorie. Die ‚Pluralität' dieser symbolischen Formen mißversteht er nämlich, indem er sie auf eine banale Unterscheidung von Gattungen und Arten zurückführt und sie dann durch seinen gewohnten Kritikmodus liquidiert:

> Wenn er [sc. Cassirer] die philosophischen Probleme nicht immer noch in Gattungen und Arten dächte, dann würde er dessen gewahr, daß die Sprache in ihrer ursprünglichen und reinen Natur intuitive, musikalische und poetische Form des Geistes ist, und daß die Dichtung die Ausdrucksform des Geistes ist, und daß mithin die beiden Formen in jedem Punkt zusammenfallen. Die spekulative Untersuchung der Dichtung und der Kunst hätte ihm gezeigt, daß die Sprache niemals getrennt von Intuition und Phantasie gedacht werden kann, da sie nichts anderes ist als diese selbst in ihrer konkreten Wirklichkeit, und daß die Dichtung umgekehrt, sieht man von ihrer Ausdruckskraft ab, verschwindet. Aber ich glaube zu Recht, daß Cassirer sich niemals länger bei Dichtung und Kunst aufgehalten und die diesbezüglichen Probleme nicht vertieft hat; übrigens ist auch der dritte Band seines Werkes, der die Kunst eingehend behandeln sollte, meines Wissens nie erschienen. (Croce, *ReC*, 94)[XXV]

Wenn man einmal von Croces Ton in den letzten Zeilen seines Zitats abgesehen werden soll, so geben diese doch in anderer Hinsicht Anlaß, an dieser Stelle eine kurze Parenthese einzufügen. Denn es erhebt sich hier die grundlegende Frage nach Cassirers Auffassung der Kunst. Croce hatte anscheinend Kenntnis von Cassirers ursprünglichem Plan, einen Band der *Philosophie der symbolischen Formen* der Kunst zu widmen. Cassirer selbst spricht von dieser Absicht in einem Brief an Paul Arthur Schilpp (vgl. Verene 1979, 25). Aus welcher Quelle Croce seine Information hatte, ist indes nicht klar. In der Tat aber läßt eine explizite Behandlung des Themas Kunst als symbolischer Form durch Cassirer bis zur amerikanischen Periode auf sich warten.[85] Dies macht die Haltung Croces einer Überlegung wert. Zwar beschuldigt Croce Cassirer zu Unrecht, die Kunst nur oberflächlich behandelt zu haben, und dies aus zwei Gründen. Denn zum einen übersieht er die Bemerkungen, welche Cassirer ‚indirekt' hierzu geltend macht; zum anderen kennt er auch Cassirers explizite Schriften zu diesem Thema nicht. Gleichwohl hat Croce hier mit Scharfsinn ein Grundproblem der Cassirerforschung gesehen und erfaßt. Denn zweifellos ist die Verspätung, mit der selbst die *scripta minora* Cassirers zu diesem Thema erscheinen, besonders aber das Fehlen eines mit den anderen vergleichbaren Bandes zur Kunst – und das obwohl seine Abfassung angekündigt und seine empfundene Notwendigkeit ausdrücklich erklärt worden war – ein Indiz für die Schwierigkeit, die Cassirer darin sah, das Problem der Kunst im Rahmen des Systems der *Philosophie der symbolischen Formen* anzugehen.[86] Es ist kein Zufall, daß sich Cassirers gesamte phänomenologische Perspektive, als er in *An essay on man* die Behandlung der Kunst an der Seite der anderen symbolischen Formen vorschlug, bereits immer weiter hin zu einer philosophisch-kulturellen und immer weniger auf die Sprache zentrierten Konnotation verschoben hatte. Man könnte sich fragen, ob hierin vielleicht der Grund dafür liegt, daß die amerikanische Cassirer-Rezeption, die seine Philosophie, zumindest in einer ersten Phase, hauptsächlich über die Schriften seiner letzten Schaffensperiode kennenlernte, das Problem der ‚Parität' der Sprache gegenüber den anderen symbolischen Formen nicht untersucht hat.

Damit zurück zu Croces Rezension, in der er seine Kritik schließlich doch direkt gegen Cassirers Aufsatz aus dem Jahre 1942 wendet:

> In eben diesem Aufsatz weist er [sc. Cassirer] meine Leugnung der literarischen und künstlerischen Gattungen zurück [...] und fügt hinzu, daß bei meiner Theorie alle Differenzen in der Kunst verschwinden und sich in physische Differenzen verwandeln, welche die Einheit der Kunst zerbrechen, was durch die „unbefangene Versenkung in ein großes Kunstwerk" widerlegt werde und schreibt mir damit diese und ähnliche Abscheulichkeiten zu, die mir aber so ferne stehen, daß ich sogar ihre plumpen Wörter mit wissenschaftlichem Klang vergessen habe (*„der physische und psychische Faktor!"*). (Croce, ReC, 95)[XXVI]

Es ist leicht zu sehen, daß Croces Widerstand gegen Cassirers Kritik an seiner Ablehnung einer Einteilung in künstlerische und literarische Gattungen außer der Affirmation der eigenen Theorie – und der Herabsetzung derjenigen des anderen – jede fundierte Argumentation vermissen läßt: Croce geruht nicht zu antworten. Und doch könnte man versuchen,

---

[85] Vgl. hierzu insbesondere Verene 1979, 24–32 und 145–215. Es sei gleichwohl die Schrift *Mythischer, ästhetischer und theoretischer Raum* aus dem Jahre 1931 in Erinnerung gerufen, welche einen Hinweis darauf darstellt, daß die Thematisierung und Behandlung der Kunst ‚als' symbolische Form die theoretische Arbeit Cassirers beständig als Aufgabe begleitete, wenn er auch zu keiner systematischen Darstellung gelangte, wie es für die anderen Formen geschah.

[86] Zum Thema der Kunst im allgemeinen bei Cassirer vgl. auch Langer 1942 und 1953.

dies zu tun, wie es zum Beispiel Michele Maggi in seiner Einleitung zur italienischen Ausgabe von *Zur Logik der Kulturwissenschaften* gezeigt hat. Denn dort stellt er fest: „Für Croce liegt die Universalität der künstlerischen Kreation in der Besonderheit der Explizierung und der Realisierung der freien schöpferischen Tätigkeit des Menschen, des „Geistes"; sie leitet sich nicht vom Status der Objektivität (und sei es auch nur der der Welt der Kultur eigenen Objektivität) der Produkte ab, die sie hervorbringt: Daher die Ablehnung der literarischen Gattungen, nicht in der Hinsicht, daß sie insubsistent oder unnütz wären, sondern insofern sie aus philosophischer Sicht, d.h. für das Wesen des Kunstwerks irrelevant sind." (Maggi 1979, XVII) Aber jenseits aller Probleme und Inkohärenzen, die sich hinter Croces Interpretation verbergen können,[87] läßt sich darüber Einverständnis erzielen, daß Croce die Beziehung zwischen den Kategorien der Subjektivität und der Objektivität ziemlich anders auffaßt als Cassirer. Radikaler könnte man noch hinzufügen: Gerade bei der Beziehung zwischen (individuell-geistiger) Subjektivität und (kultureller) Objektivität liegt der Punkt der größten Divergenz zwischen den Theorien Croces und Cassirers.

Zu Recht beschuldigt Croce im Fortgang seiner Gegenattacke Cassirer, daß er, als er sich an einer anderen Stelle als derjenigen zu Croces Kritik an den künstlerischen Gattungen gegen die ‚Dichtungshaftigkeit' (*liricità*) jeder Kunst wendet, den von ihm entwickelten Unterschied zwischen dem reinen Sprechen, das poetisch ist, und den affektiven, rhetorischen und prosatextlichen Äußerungen ignoriert. Das heißt, Cassirer kennt den Entwicklungsgang des Croceschen Denkens nicht, der in seinem Buch *La Poesia* in vollem Umfang sichtbar wird, und bezieht sich statt dessen auf die Konzeption von der Dichtungshaftigkeit aller Kunst, die sich in der vorausgehenden Phase seiner Theoriebildung vorfand. Dieses belegt einerseits, daß De Mauros Kritik an Coserius Interpretation (vgl. 1.3.2.2 und 4.2.2.5) auch durch die Lektüre Cassirers bestätigt wird, andererseits aber auch, wie sehr das ‚Verdikt' Croces schon feststand. Croce geht nämlich mit keinem Wort auf die Möglichkeit ein, daß Cassirer den Gang seines Denkens nur bis zu den Werken des Systems kennen könnte, sondern geht davon aus, daß er seine Theorie mißverstanden habe. Er versteigt sich paradoxerweise sogar dazu, ihn der Oberflächlichkeit und des nationalistischen Egozentrismus zu zeihen:

> Cassirer ist auch darin, daß er die außerhalb der professoralen deutschen Mentalität entstandenen Theorien nicht der notwendigen Aufmerksamkeit und Überlegung würdigt, ein typischer deutscher Akademiker, nicht ohne nationalistische Beschränktheit, wiewohl die Merkwürdigkeit des Falles es gefügt hat, daß er jetzt verfolgt und Flüchtling unter Anklage des Antinationalismus und Antirassismus ist. Der Wagen der Geschichte rollt schwer, und grausam zermalmt er Unschuldi-

---

[87] Auf diese Probleme und Inkohärenzen geht Maggi nicht ein, vermutlich auch deswegen, weil er seine Einführung in den Essay Cassirers nicht für den dazu geeigneten Ort hält.

ge; trotzdem hat er auch in diesen seinen Arbeiten, die im Exil geschrieben wurden, den lebendigen Sinn für die Geschichte und die Einsicht in ihr Problem nicht erworben, oder besser in ihre Probleme, die jedem „Scientizismus" im innersten widerstreben. (Croce, *ReC*, 95)[XXVII]

Aus Croces Auffassung von der Beziehung zwischen Subjektivität und Objektivität und aus den Grundannahmen, auf welche sie sich gründet, ergeben sich viele Konsequenzen. Darunter ist auch die weiter oben kritisch untersuchte, daß es möglich ist, eine Unterscheidung zwischen Kunst und Sprache nur auf der Basis empirischer Klassifikationen vorzunehmen, welche zu einem nicht theoretischen, sondern praktischen Bereich gehören. Diese Annahmen und Konsequenzen erklären vielleicht, auch wenn sie es sicher nicht rechtfertigen, daß alles das, was nicht dialektisch verstanden und zusammengeführt wird – dialektisch ist hier im Hegelschen Sinne gemeint – automatisch durch das Verdikt des Naturalismus, Mystizismus oder Szientizismus abgestempelt wird. Alles, sogar eine idealistische und im tiefsten kritizistische Theorie wie die Cassirers, welche nicht nur zwischen den Zeilen feststellt:

> Eine kritische Kulturphilosophie kann sich keiner der beiden Erklärungsarten gefangengeben. Sie muß ebensowohl die Scylla des Naturalismus wie die Charybdis der Metaphysik vermeiden. Und der Weg hierzu eröffnet sich ihr, wenn sie sich klarmacht, daß ‚Ich' und ‚Du' nicht fertige Gegebenheiten sind, die durch die Wirkung, die sie aufeinander ausüben, die Formen der Kultur erschaffen. Es zeigt sich vielmehr, daß in diesen Formen und kraft ihrer die beiden Sphären, die Welt des ‚Ich', wie die des ‚Du', sich erst *konstituieren*. […] Aber sobald wir nicht vom Ich und Du als zwei substanziell getrennte *Wesenheiten* ausgehen, sondern uns statt dessen in den Mittelpunkt jenes Wechselverkehrs versetzen, der sich zwischen ihnen in der Sprache oder in irgendeiner anderen Kulturform vollzieht, so schwindet dieser Zweifel. Im Anfang ist die Tat: im Gebrauch der Sprache, im künstlerischen Bilden, im Prozeß des Denkens und Forschens drückt sich je eine eigene Aktivität aus, und erst in ihr finden sich Ich und Du, um sich gleichzeitig voneinander zu scheiden. Sie sind in- und miteinander, indem sie sich in dieser Weise im Sprechen, im Denken, in allen Arten des künstlerischen Ausdrucks Einheit bleiben. (Cassirer, *LKW*, 50–51)

3.3.2 Alterität, Objektivität, Empirie: Ein Epilog

Diese Phase der Untersuchung kann nur damit schließen, noch einmal die Frage zu stellen: ‚Wieviel' an tief Unvereinbarem gibt es zwischen zwei idealistischen Theorien, hinter deren radikalen Behauptungen sich der subtile und höhnische Schatten des theoretischen Schwankens verbirgt, der auf den vorangegangenen Seiten zur Sprache kam? Wieviel trennt eine Identifizierung, die es doch nicht bis ins Äußerste ist, eine Gleichsetzung, die, zumindest in den späten Jahren ihres innersten und grundlegendsten Gehalts entleert wurde, von einer Welt der symbolischen Formen, deren antihierarchischer Charakter von der Sprache als privilegierter Vermittlerin von Objektivität und Subjektivität, zumindest in den ersten Jahren, unterminiert zu werden droht? Anstatt aber auf die Suche nach dem ‚wieviel' zu gehen – das, wie man bald sehen wird, je nach der Entwicklungsphase des Denkens beider Autoren größer oder kleiner wurde –, empfiehlt es sich vielleicht eher, sich nach dem ‚was' zu fragen: Welches ist der Punkt, an dem sich die sprachphilosophische Theorien Cassirers und Croces effektiv voneinander scheiden?

Dieser liegt, meine ich, in beider unterschiedlicher Fähigkeit, die Empirie und die Tätigkeiten des Menschen zu thematisieren, mit philosophischer Konsistenz zu versehen und sie dadurch zugleich als Tätigkeiten des Geistes und der Kultur zu kennzeichnen; in der unterschiedlichen Fähigkeit, das Ich in seinem Verhältnis zum Du zu thematisieren, den Begriff der Alterität und den damit zusammenhängenden der Sozialität mit philosophischer Konsistenz zu versehen. Diese unterschiedliche Fähigkeit beruht vielleicht auf der Möglichkeit beziehungsweise Unmöglichkeit der harmonischen Koexistenz einer ‚systematischen' und einer ‚experimentierenden' Seele (vgl. Kap. 1), auf der Fähigkeit oder Unfähigkeit, sich weitmöglichst von metaphysischen Dualismen zu entfernen.

Der experimentierende Croce geht auf parallelen Geleisen vor, er ist das *alter ego* des systematischen Croce. Der Croce des Systems läßt wenig Raum für eine wechselseitige Bestimmung des Ich und des Du, für jenen Begriff Humboldtscher Alterität, aus dem der Cassirersche Begriff der Sozialität entspringt; er läßt einen äußerst geringen Raum für die paritätisch und fundierende Berücksichtigung der Ebene der Objektivität und der Subjektivität. Auch der Croce, der die Kulturwissenschaften betrachtet, und nicht nur der der Kategorien, kann daher nicht umhin, alles aufs schärfste abzulehnen, was auch nur von ferne einer Empirie ähnelt, die außerhalb seines immer umfassender und rigoroser werdenden Systems steht. Sicher bleibt er nicht ohne Unbehagen und innere Widersprüche, nicht ohne das Bewußtsein, daß auf dem zurückgelegten Weg der Vereinheitlichung des Systems offene Probleme zurückgelassen wurden,[88] nicht ohne Bedauern und Anspielungen auf die andere verborgene ‚Seele', die sich in *La Critica* den Experimenten des Sinnlichen überläßt. Trotz allem aber muß Croce – der Croce des Systems – dies tun.

Cassirer ist Philosoph des Geistes in einem anderen Sinne. Er ist ein idealistischer Philosoph, welcher der Empirie andere Merkmale und Rollen einräumt, welcher der Kultur des Menschen – als eines dialogischen und symbolischen Wesens – den Primat überläßt, der sich weigert, die Objektivität zu einem „gleichgültigen Moment" der Subjektivität abzuwerten (vgl. *LKW*, 120), der die fleischlichen Züge des symbolischen Menschen wieder auffindet und hervorhebt. Cassirer ist in diesem Sinne Philosoph Humboldtscher Inspiration und zeitgenössischer Berufung. Er zieht es vor, in ‚flexibler' Weise zu zeigen, anzuregen, zu ordnen und zu systematisieren: In

---

[88] Diese ungelösten Probleme waren es, die dann zu beträchtlichen Modifikationen der Croceschen Theorie führten (vgl. Kap. 4).

ihm kommt die mit den Verschiedenheiten und mit den Kulturen experimentierende Seele mit der Seele des Systems zur Harmonie oder besser, die erste ‚geleitet' die zweite zu einem fundierenden methodischen Prinzip. Und dieses Charakters seines Systems, das fließend und, fast möchte ich sagen, von der Empirie verführt ist,[89] ist sich Cassirer wohl bewußt. Schon 1923 bringt er das zur Sprache, zwanzig Jahre, bevor er zur Begründung einer Morphologie der nun ausdrücklich als System und Methode einer Kulturphilosophie aufgefaßten symbolischen Formen gelangt:

> Was sich an ihr [sc. der Sprache], als gegebene Gesetzlichkeit eines bestimmten Zustandes, in der Form von Regeln festhalten läßt, ist ein bloßes Petrefakt; aber hinter diesem bloß Gewordenen stehen nun erst die eigentlichen konstitutiven Akte des Werdens, die ständig sich erneuernden geistigen Zeugungsakte. Und in ihnen, auf denen das Ganze der Sprache wesentlich beruht, soll nun auch die wahrhafte Erklärung des Einzelnen der Spracherscheinungen gefunden werden. Die positivistische Richtung der Betrachtung, die von den Elementen zum Ganzen, von den Lauten zu den Worten und Sätzen und von hier zu dem eigentümlichen ‚Sinn' der Sprache fortzuschreiten sucht, verkehrt sich daher jetzt in ihr Gegenteil. Vom Primat des ‚Sinnes' und von der Allgemeinheit der Sinnfügung aus gilt es, die Einzelphänomene der Sprachentwicklung und der Sprachgeschichte zu begreifen. (Cassirer, *PhsF* 1, 119–120)

---

[89] Ein Charakter, der unter den Formen des systematischen Idealismus sicher nicht häufig vorkommt, der es aber mit sich bringt, daß Cassirer sich, im Gegensatz zu Croce, nicht davon befreien muß, um dem Menschen und seiner sozialen Natur Raum zu geben.

Originalzitate

I   [...] il linguaggio è la prima manifestazione spirituale, e [...] la forma estetica è nient'altro che il linguaggio inteso nella sua schietta natura e in tutta la sua vera e scientifica estensione. (Croce, Est, X)

II Il nome di Wilhelm von Humboldt non era certo estraneo alla tradizione del neokantismo marburghese; [...] tuttavia il quadro in cui si colloca la ‚rinascita' humboldtiana di cui Cassirer è al tempo stesso protagonista e compartecipe si intreccia piuttosto con i contributi di Eduard Spranger o, su un piano più ampio, con il „passo decisivo dal positivismo all'idealismo" compiuto dalla scienza del linguaggio. (Ferrari 1996, 199)

III Unitamente al sottile ‚completamento' di Kant con Humboldt e, in generale, al formarsi di un interesse sistematico per la filosofia del linguaggio, queste considerazioni illuminano come meglio non si potrebbe il nodo teorico che si presenta a Cassirer agli inizi degli anni Venti, nel momento in cui la fedeltà al metodo trascendentale coheniano si complica e in qualche misura si trasforma di fronte alla necessità di estendere la filosofia trascendentale verso nuovi ambiti del sapere. Humboldt diventa ora un anello di congiunzione di straordinario rilievo proprio perché l'immagine così densa di significati dell'ἐνέργεια contrapposta all'ἔργον sembra andare incontro all'esigenza di Cassirer di cogliere le condizioni di possibilità dell'esperienza culturale non tanto sotto il profilo della loro astratta struttura categoriale, quanto nel loro attivo costituirsi come energie immanenti alle diverse oggettivazioni dello spirito. (Ferrari 1996, 205)

IV Nella costruzione della filosofia del linguaggio cassireriana Humboldt assume così un ruolo di grande rilievo, come è documentato non solo dalla frequenza con cui ricorrono i testi humboldtiani [...], ma soprattutto dall'utilizzazione di uno schema in senso lato humboldtiano che – muovendo dalla concezione olistica del linguaggio e dal suo costituire una visione globale del mondo (*Weltansicht*) – mette capo ad una interpretazione ‚teleologica' dello sviluppo delle lingue, culminante nel passaggio „dall'espressione sostanziale alla pura espressione di relazioni" in cui il primato del „*pensiero* puramente *relazionale*" celebra – nel nome di Humboldt – il trionfo cassireriano della funzione sulla sostanza." (Ferrari 1996, 203)

V   Nella mia forma espositiva e letteraria ho dunque, sempre che ho potuto, scansato ogni forte vestigio delle predilezioni fraseologiche proprie della metafisica tedesca e dei vecchi hegeliani d'Italia e ho preferito adottare, secondo i casi, ora una certa andatura didascalica che somigli a quella degli scolastici (questio I, questio II, definitio, objectio, ecc.), ora un modo disinvolto, descrittivo e popolare (latet anguis in herbis) quale usavano i filosofi inglesi del Settecento; e nel tutto insieme, posso dire di aver tenuto una forma di esposizione che è ben mia e bene italiana. (Croce, 1943/1960 1, 350)

VI Noi abbiamo francamente identificato la conoscenza intuitiva o espressiva col fatto estetico o artistico, prendendo le opere d'arte come esempi di conoscenze intuitive e attribuendo a queste i caratteri di quelle. (Croce, Est, 17)

VII L'arte è visione o intuizione. L'artista produce un'immagine o fantasma; e colui che gusta l'arte volge l'occhio al punto che l'artista già ha additato, guarda per lo spiraglio che colui gli ha aperto e riproduce in sé quell'immagine. ‚Intuizione', ‚visione', ‚contemplazione', ‚immaginazione', ‚fantasia', ‚figurazione', ‚rappresentazione', e via dicendo, sono parole che ritornano di continuo quasi sinonimi nel discorrere intorno all'arte, e che tutte sollevano la nostra mente al medesimo concetto o alla medesima sfera di concetti, indizio di universale consenso. (Croce, *BdE*, 22)

VIII Eppure vi è un modo sicuro di distinguere l'intuizione vera, la vera rappresentazione, da ciò che le è inferiore: quell'atto spirituale, dal fatto meccanico, passivo, naturale. Ogni vera intuizione o rappresentazione è, insieme, espressione. Ciò che non si oggettiva in una espressione non è intuizione, ma sensazione e naturalità. Lo spirito non intuisce se non facendo, formando, esprimendo. [...] L'attività intuitiva tanto intuisce quanto esprime. Se questa proposizione suona paradossale, una delle cause di ciò è senza dubbio nell'abito di dare alla parola ‚espressione' un significato troppo ristretto, assegnandola alle sole espressioni che si dicono verbali; laddove esistono anche espressioni non verbali, come quelle di linee, colori, toni: tutte quante da includere nel concetto di espressione, che abbraccia perciò ogni sorta di manifestazioni dell'uomo, oratore, musico, pittore o altro che sia. E pittorica o verbale o musicale o come altro si descriva o denomini, l'espressione, in una di queste manifestazioni, non può mancare all'intuizione, dalla quale è propriamente inscindibile. (Croce, *Est*, 12)

IX Dopo aver considerato l'arte come attività spirituale, come attività teoretica e come speciale attività teoretica (intuitiva), è dato agevolmente scorgere che quelle numerose e svariate determinazioni di caratteri, tutte le volte che accennano a qualcosa di reale, non fanno altro che ripresentare ciò che abbiamo già conosciuto come genere, specie e individualità della forma estetica. Alla determinazione generica si riducono, come si osservato, i caratteri, o meglio, le varianti verbali dell'unità, dell'unità nella varietà, della semplicità, dell'originalità, e via dicendo; alla specifica, la verità, la schiettezza, e simili; alla individuale, la vita, la vivacità, l'animazione, la concretezza, l'individualità, la caratteristicità. Le parole possono cangiare ancora, ma non apporteranno scientificamente nulla di nuovo. L'analisi dell'espressione in quanto tale è esaurita coi caratteri esposti di sopra. (Croce, *Est*, 86)

X Il nous semble que ces objections de Cavaciuti reposent sur une série de malentendus qu'il importe de dissiper. En premier lieu les terme ‚expression externe' a été forgé par Cavaciuti lui-même et ne se rencontre jamais sou la plume de Croce. Pour ce dernier l'‚expression' est toujours ‚interne': il est certes question, chez Croce, d'‚„extrinsécation", mais celle-ci se distingue de l'‚expression' et coïncide avec la ‚communication'. (Deneckere 1983 1, 89)

XI [come] il concetto stesso di espressione – già di per sé decisamente polisenso – mett[a] in comunicazione Cassirer con altri indirizzi filosofici del primo Novecento europeo, da Dilthey a Husserl a Croce. (Ferrari 1996, 185)
Non accidentalmente il ‚programma' generale della *Philosophie der symbolischen Formen* si colloca in misura rilevante sotto l'insegna del problema leibniziano del rapporto tra universale e particolare e del superamento dell'opposizione metafisica tra *mundus sensibilis* e *mundus intellegibilis*, nella prospettiva di un'estensione della ‚caratteristica universale' a tutte le forme di produzione e di espressione spirituale. (Ferrari 1996, 184)

XII I quattro momenti [sc. i due gradi dell'attività teoretica e i due di quella pratica] s'implicano regressivamente per la loro concretezza: il concetto non può stare senza l'espressione, l'utile senza l'una e l'altro, e la moralità senza i tre gradi che precedono. Se soltanto il fatto estetico è, in certo senso, indipendente, e gli altri sono più o meno dipendenti, il meno spetta al pensiero logico e il più alla volontà morale. [...] Una quinta forma di attività dello spirito non esiste. (Croce, *Est*, 78–79)

XIII Per quanto non siano moltissimi gli studiosi ancora disposti a prendere alla lettera la testimonianza di Gawronsky, secondo il quale il primo abbozzo di una filosofia delle ‚forme simboliche' si sarebbe rivelato a Cassirer nel 1917 durante un viaggio in tram, non si direbbe che il rinnovato interesse per la *Philosophie der symbolischen Formen* abbia comportato significativi progressi per l'analisi delle origini e delle fonti del concetto di simbolo nella filosofia cassireriana. (Ferrari 1996, 171)

XIV Certamente la nozione di ‚forma simbolica' non ha qui ancora né il significato, né l'estensione che riceverà nella riflessione matura di Cassirer; e tuttavia sarebbe ingiustificato trascurare questo importante passo cassireriano, tanto più che esso si inquadra [...] nel contesto più ampio di un'analisi di alcuni concetti-chiave del pensiero di Leibniz (espressione, rappresentazione, simbolo) sui quali Cassirer ritornerà anche negli anni successivi. (Ferrari, 1996, 175)

XV Linguaggio e poesia sono, pel Vico, sostanzialmente identici. Egli, confutando „quel comune errore dei grammatici", secondo i quali la favella della prosa nacque prima, e quella del verso dopo, trova „dentro le origini della Poesia, quali qui si sono scoperte", le „origini delle lingue e le origini delle lettere". (Croce, *Est*, 283)

XVI La scienza dell'arte e quella del linguaggio, l'Estetica e la Linguistica, concepite come vere e proprie scienze, non sono già due cose distinte ma una sola. Non che vi sia una Linguistica speciale, ma la ricercata scienza linguistica, Linguistica generale, in ciò che ha di riducibile a filosofia, non è se non Estetica. (Croce, *Est*, 179)

XVII Il concetto al quale siamo saliti dall'intuizione, non vive nel vuoto spirituale, non esiste come mero concetto, come qualcosa di astratto; ma il suo aere spirabile è l'intuizione stessa, dalla quale esso si distingue e nel cui ambiente tuttavia permane. [...] Pensare è insieme parlare, e chi non esprime e non sa esprimere il suo concetto, non lo possiede [...] Ma per abbondanza, e per evitare gli equivoci, che potrebbero nascere dalle formule abbreviate di cui ci serviremo, sarà bene ripetere che il concetto non si esprime nelle così dette forme foniche o verbali, e che, se ci riferiremo a queste di preferenza sarà per sineddoche, chiamandole cioè a rappresentanti di tutte le altre. [...] Per effetto dell'incarnazione che il concetto o la logicità ha nell'espressione e nel linguaggio, il linguaggio è tutto pieno di elementi logici; onde facilmente si è traviati dall'affermazione [...] che il linguaggio sia opera logica. Tanto varrebbe chiamare vino l'acqua, perché dentro l'acqua è stato versato il vino. Ma altro è il linguaggio come linguaggio, ossia come mero fatto estetico, e altro il linguaggio come espressione del pensiero logico, nel qual caso esso rimane bensì sempre linguaggio e soggetto alla legge del linguaggio, ma è insieme più che linguaggio. (Croce, *LSC*, 95–97)

XVIII Il problema dell'origine del linguaggio si risolve in quello della sua eterna natura. (Croce, *PdE* 1, 193)

[Dall'] intuizione (o fantasia) come fatto spirituale primitivo [...] soltanto si origina il linguaggio. (Croce, *PdE* 1, 179)

Il periodo originale di creazione del linguaggio non è stato mai, perché è stato, è, e sarà sempre. [...] Sempre se si parla si crea il linguaggio. (Croce, *PdE* 1, 180)

XIX Il linguaggio è perpetua creazione; ciò che viene espresso una volta con la parola non si ripete se non appunto come riproduzione del già prodotto; le sempre nuove impressioni danno luogo a mutamenti continui di suoni e di significati, ossia a sempre nuove espressioni. Cercare la lingua modello è dunque cercare l'immobilità nel moto. (Croce, *Est*, 188)

XX La parola, non mutilata e morta, ma integra e viva, è la parola pronunziata, interiormente o esteriormente, la parola nell'atto che lo spirito l'adopera, ossia in quanto si parla. (Croce, *PdE* 1, 144)

XXI È falso che il nome o il verbo si esprimano in determinate parole, distinguibili realmente da altre. L'espressione è un tutto indivisibile; il nome e il verbo non esistono in essa, ma sono astrazioni foggiate da noi col distruggere la sola realtà linguistica, ch'è la proposizione. La quale ultima è da intendere, non già al modo solito delle grammatiche, ma come organismo espressivo di senso compiuto, che comprende alla pari una semplicissima esclamazione e un vasto poema. (Croce, *Est*, 183)

XXII Ogni indagine della singola parola, della „langue en elle-même et par elle-même" (come dice il De Saussure e il Nencioni ripete) non riguarderà l'espressione fantastica, musicale e poetica che è l'unica realtà del linguaggio, ma qualcosa che non è il linguaggio, e che è fuori del linguaggio, e che è altro dal linguaggio. (Croce, *LdP*, 248)

XXIII Sillabe e vocali e consonanti, e le serie di sillabe dette „parole", tutte queste cose che, prese separatamente non danno senso determinato, debbono dirsi non già fatti di linguaggio, ma semplici suoni o, meglio, suoni fisicamente astratti e classificati. [...] del resto, i limiti delle sillabe, come quelli delle parole, sono affatto arbitrari, e distinti alla peggio per uso empirico. Il parlare primitivo o il parlare dell'uomo incolto è un continuo, scompagnato da ogni coscienza di divisione del discorso in parole e sillabe, enti immaginari foggiati dalle scuole. Su questi enti non si fonda nessuna legge di vera linguistica. (Croce, *Est*, 187–188)

XXIV E di conseguenza pone per es. il ‚mito' accanto al ‚linguaggio': come se il mito non fosse sempre combattuto e dissolto dalla critica ossia dalla logica e dal pensiero, e il linguaggio, per contrario, non fosse condizione necessaria e insieme strumento del pensare logico. (Croce, *ReC*, 94)

XXV Se egli [sc. Cassirer] non pensasse ancor sempre per generi e specie i problemi filosofici, si avvedrebbe che il linguaggio, nella sua originale e genuina natura, è forma intuitiva, musicale e poetica dello spirito, e che la poesia è la forma dell'espressione spirituale, e perciò le due forme coincidono di tutto punto. L'indagine speculativa della poesia e dell'arte gli avrebbe dimostrato che il linguaggio non si può pensare giammai distaccato dall'intuizione o fantasia, perché è nient'altro che questa stessa nella sua concretezza, e che, all'inverso, la poesia svanisce se si prescinde dalla sua forza espressiva. Ma io ho ragione di credere che il Cassirer non si sia mai soffermato a lungo sulla poesia e sull'arte e non abbia mai approfondito i problemi; e del resto, il terzo volume della sua opera, che doveva trattare in particolare dell'arte, non è stato mai, ch'io sappia, pubblicato. (Croce, *ReC*, 94)

XXVI In questo stesso saggio egli [sc. Cassirer] respinge la mia negazione die generi letterari ed artistici [...] e agiunge che con la mia teoria ogni differenza nell'arte sparisce e si cangia in differenza fisica, che rompe l'unità dell'arte, ed è confutata „dallo spregiudicato immergersi in una grande opera d'arte", attribuendomi questo e consimili orrori, dai quali io sono tanto lontano da averne dimenticato persino le goffe parole di suono scientifico („*der physische und psychische Faktor!*"). (Croce, *ReC*, 95)

XXVII Il Cassirer, anche in ciò, nel non degnare della necessaria attenzione e meditazione le dottrine nate fuori della mentalità professorale tedesca, è prettamente accademico tedesco, non senza angustie nazionalistiche, quantunque la stranezza del caso fa che ora egli sia perseguitato e profugo per accusa di antinazionalismo o di antirazzismo. Il carro della storia passa pesante e crudelmente schiaccia gli incolpevoli; tuttavia anche in questi suoi lavori, fatti nell'esilio, egli non ha acquistato il senso vivo della storia e intelligenza del suo problema, o meglio, dei suoi problemi, intimamente ripugnanti ad ogni „scientificismo". (Croce, *ReC*, 95)

4 Die Korollare der Sprachtheorie: Die Sprache als Zeichensystem und überindividuelle Entität, die Kommunikation

4.1 Definition und Rolle der Korollare

Die wichtigsten Elemente der Interpretation einer Theorie findet man oftmals gerade in der verdeckten Formel, zwischen den Windungen der Gedankenwege, bei den Übergängen zwischen den einzelnen logischen Schritten. Auch bei Croces und Cassirers Reflexionen über die Sprache gilt daher, was sich zu jedem logischen oder mathematischen Theorem sagen läßt: Ihre Originalität, ihre Kohärenz, ihre Gültigkeit und Tragweite muß vor allem an der Analyse ihrer Korollare gemessen werden.

Daß diese eine wichtige Rolle spielen, die oft interessanter ist als das Theorem in seiner kristallinen Unnahbarkeit selbst, daß sie sogar bisweilen unabhängig von diesem in ihrem eigenen Wert betrachtet werden können, ist also ohne weiteres verständlich ebenso wie auch, daß sie mit der Grundaussage durch ein unentwirrbares Geflecht von Fäden und Implikationen verbunden sind. Die Korollare der im vorangegangenen Kapitel vorgestellten und untersuchten Theoreme – der Identifizierung von Ästhetik und Linguistik auf Grund eines Prinzips des Ausdrucks des Geistes und der Ausarbeitung eines Systems der symbolischen Formen als ursprüngliche und irreduzible Arten der Gegebenheit des Geistes – lassen sich unter die folgenden thematischen Bereiche zusammenfassen:

- Die Definition des Begriffs des Zeichens, als Zeichen für sich allein oder in Beziehung zu anderen (also innerhalb eines Zeichensystems);
- die Auffassung einer Sprache als objektives überindividuelles System von Zeichen (bzw. die Ablehnung dieser Auffassung) und ihre Betrachtung als Kommunikationsinstrument unter den Menschen;
- das Problem der Möglichkeit von Kommunikation im allgemeinen und die Frage, welcher Wert ihr innerhalb einer Sprachtheorie zukommt.

Die genauere Untersuchung dieser Punkte führt hin zur kritischen Feststellung verschiedener unerwarteter Züge der Nähe bzw. der Differenz zwischen dem spekulativen Denken Cassirers und Croces und erlaubt damit der Arbeit die Entwicklung einiger interessanter Überlegungen und Schlußfolgerungen.

4.2 Das Zeichen und seine Beziehung zur Sprache

4.2.1 Zur Definition des Zeichenbegriffs

Die Bewertung des Zeichenbegriffs ist eine der weniger evidenten, auch weniger bekannten und behandelten Seiten der Sprachtheorien Cassirers und Croces. Zugleich hängt dieses Problem mit einigen der interessantesten Themen der aktuellen sprachtheoretischen Diskussion zusammen. Denn es betrifft sowohl die semantischen und pragmatischen Aspekte der Sprache als auch die umstrittene Beziehung zwischen Semiotik und Linguistik.

Weder der eine noch der andere Autor behandelt das Zeichen – besonders das sprachliche Zeichen – in spezifischer Weise. Daher finden sich bei ihnen auch keine Zeichenmodelle oder Zeichenklassifikationen, wie sie ungefähr im gleichen Zeitraum von Peirce, Saussure, Ogden-Richards, Bühler und Morris entwickelt wurden.[1] Trotz des Fehlens einer solchen Behandlung – oder gerade wegen dieses Fehlens – ist der Zeichenbegriff für beide Autoren jedoch viel wichtiger, als es ihre Interpreten bisher angenommen haben.[2] Er bildet vielmehr gleichsam den Schatten der Begriffe, auf die sich die sprachbezogenen Überlegungen beider Autoren gründen, nämlich den Ausdruck bei Croce, das Symbol bei Cassirer.

Ausdruck und Zeichen sind es in der Tat, die in ihrer Koexistenz, besonders aber in ihrer Opposition zueinander den sprachphilosophischen Denkweg Croces vorzeichnen, der „weit unruhiger und gewundener" verläuft, „als man es nach Klarheit und Gelassenheit der Formeln vermuten sollte" (vgl. Deneckere 1983, 10). Und der Begriff des Zeichens kann gerade in dieser Funktion als ‚Schatten' aufweisen, was der Begriff des Ausdrucks – durch den Zwang des Systems – nicht zu enthüllen vermag. Es wurde gezeigt, wie der Ausdrucksbegriff mit der Hauptformel der Croceschen Sprachtheorie, der Behauptung der Identität von Ästhetik und Linguistik, von Kunst und Sprache, in engem Zusammenhang steht.[3] Das Zeichen indes

---

[1] Vgl. Peirce 1859–1912/2000 (der erste Entwurf der Trichotomien der Korrelate eines Zeichens ist von 1903), Saussure 1916/⁵2000, Ogden/Richards 1923/¹⁰1960, Bühler 1934/³1999, Morris 1938.

[2] Dies gilt besonders für die kritische Sekundärliteratur zu Croce, innerhalb deren freilich die ganz diesem Thema gewidmete Arbeit Saluccis aus dem Jahre 1987 eine Ausnahme bildet. Von diesem Buch wird daher im folgenden öfter die Rede sein.

[3] In den beiden vorangehenden Kapiteln wurde auch gezeigt, daß diese Gleichsetzung von Ausdruck und Sprache, von Linguistik und Ästhetik, die von vielen als theoretischer Kern der Croceschen Sprachtheorie angesehen wird, aus dem Kampf entsteht, welchen Croce gegen die positivistische Kultur führt, die zu seiner Zeit in Italien noch die weithin dominante war. Wenn er sich entschieden jeder sensualistischen und assoziationistischen Theorie widersetzt und wenn er nicht nur die Kunst als expressive Aktivität definiert, sondern, noch radikaler, den aktiven Charakter aller geistigen Operationen behauptet, will Croce die physischen und psychisch-natürlichen Fakten nicht leugnen, sondern vielmehr die Bedeutung einer anderen Art von Fakten herausstellen, welche er ‚Fakten der Aktivität' (*fatti di attività*) nennt, die den eigentlichen Kern der menschlichen Natur bilden.

taucht auf, verschwindet, und erscheint erneut im Laufe der Entwicklung des Croceschen Denkens und Systems; es zeigt immer neue Gesichter, bekleidet immer neue Funktionen. Es bleibt jedoch stets in einem engen Verhältnis der Konnexion-Opposition zum Begriff des Ausdrucks. Und gerade eine genauere Untersuchung seines (Wieder-) Erscheinens gestattet es meiner Auffassung nach, exemplarisch zu überprüfen, ob Croces Überzeugung bei der Statusbehauptung seiner Formel der Identität von Kunst und Sprache nicht doch geringer wird; oder ob sich diese nicht als eine Fixierung zur Behauptung einer scheinbaren Kohärenz herausstellt, die womöglich aus schlichter Gewohnheit oder philosophischer Notwendigkeit weiterverwendet wurde, aber ihrer ursprünglichen Bedeutung längst entleert worden war. Das Zeichen wäre in diesem Sinne nicht nur der Schatten, welcher es begleitet, sondern auch der, welcher Transparenz und innere Kohärenz des Croceschen Systems und seiner Formeln in Frage stellt und unterminiert.

In der Philosophie der symbolischen Formen[4] erfüllt der Zeichenbegriff eine ähnlich wichtige Funktion, und auch wenn diese in spezifischer Weise interpretiert werden muß – da das Zeichen nur eine Begleiterfunktion des Symbols erfüllt – trägt diese Analyse ebenso ins Herz der Cassirerschen Theorie. Das Zeichen hat einen autonomen und sinnlichen Status, der aber doch von dem des Symbols untrennbar ist. Denn es stellt von diesem gleichsam eine Komponente, ein Moment dar, das aus der transzendental-philosophischen Sicht Cassirers unmöglich isoliert und unabhängig vom ‚Übrigen' des Symbols, seinem geistigen Gehalt, betrachtet werden kann. Das Projekt der symbolischen Formen führt Cassirer über die engen Grenzen einer Metaphysik hinaus hin zu einer Ausarbeitung dessen, was man heute eine allgemeine Semiotik nennen würde, darin eingeschlossen ist eine Analyse der Kommunikation, der Bedeutung in ihrer ganzen Komplexität, welche den hermeneutischen Zugang zur gesamten Welt der menschlichen Kultur zu eröffnen vermag. Die Parallele zur semiotischen Theorie von Peirce fällt in der Tat ins Auge; Krois (1984, 437) bemerkt, Cassirer habe sein Projekt nur deshalb nicht als ‚Semiotik' bezeichnet, weil er – zumindest 1917, als die erste Fassung seiner Theorie der symbolischen Formen entstand – die Arbeiten von Peirce und Saussure noch nicht kannte und daher davon überzeugt war, etwas ganz Neues unternommen zu haben, das sich noch in seiner ersten Anfangsphase befand.[5] In diesem Sinne zeigt sich nun Cassirers Reflexion auch bezüglich des Zeichenbegriffs – der direkt mit dem

---

[4] Ich beziehe mich hier auf das gesamte kulturphilosophische Projekt Cassirers und nicht nur auf das gleichnamige Werk.

[5] „Für Cassirer war ‚Semiotik' eine Lehre von Zeichen der Sprache und nicht von der Bedeutung überhaupt oder der ganzen Kultur, wie Peirce und de Saussure sie entwickelten. [Erst] am Ende seines Lebens fing Cassirer an, den Begriff ‚Semiotik' in dem heute verbreiteten (Peirceschen) Sinn als Bezeichnung für die Untersuchung des gesamten ‚universe of meaning' zu gebrauchen." (Krois 1984, 437). Vgl. dazu auch Cassirer, *SML*.

Problem der Sprache als System von Zeichen und deren natürlicher oder konventioneller Motivierung im Zusammenhang steht – als besonders avancierte Semiotik. Und durch die dialogische Konzeption, welche er ihr unterlegt, sowie die besondere Konzeption der Kommunikation, die sich aus ihr ergibt, zeugt er von der Aufgeschlossenheit des Autors gegenüber denjenigen Themen, die man heute innerhalb der Pragmatik untersucht (s.u.).[6]

Um Mißverständnissen vorzubeugen, empfiehlt es sich jedoch, der folgenden Analyse eine Anmerkung voranzuschicken, die nicht nur terminologischer Art ist: Sowohl Cassirer wie Croce verwenden den Terminus ‚Zeichen' in einem vorsaussureschen Sinne, d.h. mit Bezug auf das (materielle) Ausdrucksmittel, obgleich dieser Bezug je nach Autor und je nach der theoretischen Entwicklungsphase, in der sich beider spekulatives Denken jeweils befand, doch variiert.

4.2.2 Die drei Phasen der Croceschen Semiotik[7] und die Symbiose von Zeichen und Symbol in der Cassirerschen Semiotik

Es wurde schon erwähnt, daß die Betrachtungen Croces zur Sprache nicht in einem spezifisch diesem Thema gewidmeten Werk erscheinen und auch nicht in organischer Weise abgehandelt werden, sondern sich über die Jahre verstreut in verschiedenen Werken finden und stets im Zusammenhang mit der Theorie der Ästhetik stehen. Es wurde auch gesagt, daß gerade Croces Scheu davor, sich auf eine systematische Abhandlung dieses Themas einzulassen, bezeugt, wie wichtig es für ihn ist.

Wenn man nun die betreffenden Schriften Croces auf der Suche nach seiner Behandlung des Zeichenbegriffs analysiert, so stößt man auf drei Phasen dessen, was man eine Crocesche ‚Semiotik'[8] nennen könnte. Diesen entsprechen drei verschiedene Auffassungen des Zeichenbegriffs: Die erste erscheint in den *Tesi fondamentali di un'Estetica* (1900) und bleibt mehr oder

---

[6] Es ist kein Zufall, daß sich Cassirer bei der Klassifikation der den Prozeß der symbolischen Formung konstituierenden Elemente (zumindest terminologisch) an Bühler orientiert (vgl. *PhsF*, 3) und daß er sich mehr als auf die abstrakte Natur der Zeichen und Symbole auf ihren Gebrauch und auf ihr soziales Wesen bezieht: „Im Anfang ist die T a t : im Gebrauch der Sprache, im künstlerischen Bilden, im Prozeß des Denkens und Forschens drückt sich je eine eigene A k t i v i t ä t aus, und erst in ihr finden sich Ich und Du, um sich gleichzeitig voneinander zu scheiden." (Cassirer, *LKW*, 51)

[7] Auszüge aus diesem Kapitel sind bereits in Dessì Schmid 2004 erschienen.

[8] Ich möchte hier unterstreichen, daß ich von drei Phasen der Croceschen ‚Semiotik' (seiner Reflexion über das Zeichen) spreche und nicht von drei Phasen der Croceschen ‚Linguistik' (seiner Reflexion allgemein über die Sprache), der man hingegen die Zweiteilung De Mauros zugrunde zu legen pflegt. Bei der Einteilung dieser drei Phasen orientiere ich mich zum Teil an der Arbeit Saluccis (1987), die sich hauptsächlich auf die Behandlung des Themas in der ersten Phase der Croceschen Sprachphilosophie konzentriert und besonders auf die problematischen Aspekte der Beziehung zwischen Logik und Ästhetik eingeht.

minder unverändert bis zur ersten Ausgabe der *Estetica* (1902). Die zweite steht in der dritten Ausgabe der *Estetica* (1907) und vor allem in der *Logica* 1909.⁹ Die dritte findet sich in der Schrift *La Poesia* (1936), die eine Wende in der Croceschen Sprachphilosophie darstellt, und in den linguistischen Arbeiten der Reifezeit. Auch wenn bezüglich der ersten Phase im Folgenden einige Präzisierungen notwendig sind, so läßt sich doch sagen, daß das, was allen drei Phasen der Croceschen Semiotik gemeinsam ist und was bei allem Schwanken der jeweiligen Bedeutung und Auffassung seines Begriffs das Zeichen charakterisiert und dem ästhetischen Ausdruck gegenüberstellt, seine innere Struktur ist. Merkmal des Zeichens ist die Trennung von Form und Inhalt.¹⁰ ¹ Der Ausdruck hingegen weist, dies sei hier noch einmal gesagt, jede Trennung zwischen Mittel des Ausdrucks und ausgedrücktem Inhalt von sich ab: er ist Expression und Intuition zugleich.

Auf das Konzept des Ausdrucks gründet Croce eine Theorie der Sprache, in der sie, insofern sie wirklich Sprache, d. h. expressiver und kreativer Akt ist, niemals ihrer ästhetischen Natur entbehrt. In Croces Sprache muß die Beziehung zwischen dem Mittel und dem Inhalt des Ausdrucks in jedem Falle eine solche der Identität sein. Diese Identität „der beiden Seiten des expressiven Aktes, die eine dem Objekt (Intuition), die andere dem Subjekt (Expression) zugewandt, etabliert einen radikalen Bruch mit jedem Versuch, den signifikativen Prozeß in Ebenen zu gliedern" (Salucci 1987, 14) und schließt das Zeichen aus seiner Wirklichkeit aus. Und doch gelingt es Croce nicht, das Zeichen aus seinem System endgültig zu verbannen. Warum aber muß er auf es, wenn auch per Negation oder in oppositiver Paarung mit dem Ausdruck, in jeder Phase seines Denkens immer wieder zurückkommen, warum läßt er es, womöglich mit einem zusätzlichen oder modifizierten Merkmal versehen, immer wieder auftauchen? Ist der Ausdruck wirklich

---

9 Man vgl. dazu aber auch die Rolle der *Lineamenti* aus dem Jahre 1905, die eine erste Fassung der *Logica* darstellen.
10 „Es gilt festzuhalten, daß Croce, obwohl er, wenn er auf die Trennung zwischen Signifikant und Signifikat zu sprechen kommt, mit dem Terminus ‚Zeichen' gerade auf die Beziehung zwischen diesen beiden Seiten zu referieren scheint, in Wirklichkeit stets die Seite des Signifikanten meint, wie klar wird, sooft er konkrete Formen von Zeichen als Materialien der künstlerischen Äußerung diskutiert. Was aber relevant ist und die beiden anscheinend verschiedenen Benutzungen des Terminus vereint, ist, daß Croce nie die Trennung oder die Unterscheidung von Bezeichnetem und Bezeichnendem auch als Einheit auffassen kann oder, mit einem Saussureschen Bild, als zwei Seiten des gleichen Blatts." (Salucci 1987, 15) Dazu ist freilich anzumerken, daß es für Croce zumindest in dieser Phase seines Denkens das Vorherrschen seines allgemeinästhetischen Interesses war, das ihn daran hinderte, das Zeichen in einer Weise zu thematisieren, die sich gleichsam in linguistische Begriffe hätte übertragen lassen. Es ist auch zu betonen, daß man sich durch Saluccis Benutzung des Terminus ‚Signifikant' für Croces Zeichenauffassung nicht irreleiten lassen darf. Croce bezieht sich niemals auf die ‚abstrakte' Klasse des Signifikanten, des *image acoustique*, sondern in der ersten Phase auf ein konkretes Ausdrucksmittel, in den folgenden Phasen dann auf etwas ‚weniger klassisch' Materielles, das jedoch von der Saussureschen Konzeption des Signifikanten sehr verschieden ist.

in der Lage, wie es die Verabsolutierung, die er in der *Estetica* erfährt, beanspruchen möchte, *alle* Möglichkeiten der Sprache auszuschöpfen?

Auch bei den Überlegungen Cassirers zum Begriff des Zeichens, besonders des sprachlichen Zeichens, wird die Entwicklung seines Denkens faßbar. Allerdings ist es hier problematischer, diese in Phasen einzuteilen. Die Definition des Zeichens in der Cassirerschen Theorie berührt gleichzeitig zwei unter sich sehr verschiedene Ebenen: Denn einerseits scheint sie zu seiner recht eigentlich physischen Natur hinzuführen, andererseits aber reicht sie, da das Zeichen Teil des geistigen Prozesses der Symbolisierung ist, bis hinein in eine komplexere semiotische Reflexion. Die Nähe zu der Croceschen Konzeption des Zeichens wird vor allem in der Weise deutlich, wie beide das Zeichen ‚anders als' verstehen. Für beide Autoren ist seine innere Struktur verschieden von der – als Synthese von Form und Inhalt betrachteten – des Ausdrucks einerseits und des Symbols, der symbolischen Form, andererseits. Diese Feststellung gilt indes nur bei einem eher oberflächlichen Vergleich.

Der Status des Cassirerschen Zeichens entfaltet sich in der Tat bei einer ersten Analyse auf einer einzigen Ebene des Prozesses des Bedeutens (der materiellen), indem es seine ‚konkrete' Natur zeigt. Für Cassirer sind ‚Zeichen' gerade die ‚sinnlichen Zeichen', durch welche ein geistiger Inhalt ausgedrückt wird. Bei genauerer Untersuchung erkennt man jedoch, daß das Zeichen unlösbar mit dem Begriff des Symbols verbunden ist. Und auch seine Definition als ‚sinnliches Element' nimmt ihre *eigentliche* Bedeutung *nur* in Bezug auf dieses an, denn es stellt einen ‚Teil' des Symbols dar oder besser, eine von diesem völlig unlösbare Komponente. Das heißt, von einem Zeichen, sei es sprachlich oder künstlerisch, unabhängig vom Symbol zu sprechen, ist nur zu methodischen Zwecken, aus explikativer Notwendigkeit heraus möglich. Denn ein Zeichen wird nur durch das Symbol, d.h. als konstitutiver Teil des Symbols vorstellbar. Cassirers Untersuchung des Begriffs und der Vorstellung im dritten Band der *Philosophie der symbolischen Formen* bietet hierfür einen weiteren Beleg. Denn dort spricht er von dem Zeichen als charakteristisches ‚Merkmal', als materielle Besonderheit, welche das Subjekt in die Lage versetzt, das Geistige zu erkennen:

> Hier genügt es nicht, aus dem gegebenen noch undifferenzierten Ganzen einer Erscheinung bestimmte Elemente herauszugreifen, denen sich das Bewußtsein nun je in einem besonderen Akt der ‚Aufmerksamkeit', zuwendet. Das Entscheidende liegt vielmehr darin, daß aus diesem Ganzen nicht nur ein Moment abstraktiv herausgelöst, sondern daß es zugleich als Vertreter, als ‚Repräsentant' des Ganzen genommen wird. Denn damit erst enthält der Inhalt, ohne seine Einzelheit, seine stoffliche ‚Besonderheit' zu verlieren, eine neue allgemeine Form aufgeprägt. Jetzt erst fungiert er als ‚Merkmal' im eigentlichen Sinne: er ist zum Zeichen geworden, das uns in den Stand setzt, ihn, wenn er erneut vor uns hintritt, w i e d e r z u e r k e n n e n. (Cassirer, *PhsF* 3, 127)

Mit anderen Worten: Man kann nicht mit Fug und Recht von einem sinnlichen Zeichen und einem geistigen Inhalt sprechen, die *vorher* (wobei natürlich ein logisches ‚vorher' gemeint ist) getrennt voneinander betrachtet werden und *dann* durch ihre Vereinigung das Symbol ins Leben rufen. Im Gegenteil: Nur und allein in der unspaltbaren Einheit des Symbols lassen sich (in methodischer, nicht aber in philosophischer Trennung) ein sinnliches Zeichen und ein geistiger Inhalt voneinander unterscheiden. Für sich genommen haben beide keinerlei Realität:

> Denn ebendies ist ja sein [sc. des Ausdrucks] eigentümliches Vorrecht, daß er die Differenz von ‚Bild' und ‚Sache', von ‚Zeichen' und ‚Bezeichnetem' nicht kennt. In ihm besteht keine Trennung zwischen dem, was eine Erscheinung als ‚bloß-sinnliches' Dasein ist und einem davon verschiedenen geistig-seelischen Gehalt, den sie mittelbar zu erkennen gibt. Er ist seinem eigentlichen Wesen nach Äußerung – und doch sind und bleiben wir mit dieser Äußerung Ort für Ort im Innern. Hier gibt es weder Kern noch Schale; kein ‚Erstes' und ‚Zweites', kein ‚Eines' und ‚Anderes'. (Cassirer, *PhsF* 3, 104–105)

Es wurde oben gesagt, daß Cassirer der Auffassung ist, gerade durch das Symbol könne die traditionelle Spaltung zwischen Sinnlichem und Geistigem überwunden, die traditionelle Lehre des Idealismus erweitert werden. Denn gerade die reine Funktion des Geistes muß notwendigerweise in der Sphäre des Sinnlichen ihre volle Verwirklichung suchen, ja nur in ihr vermag sie sie recht eigentlich zu finden. Wenn es daher aus der kritizistischen Cassirerschen Perspektive heraus unmöglich ist, das Sinnliche getrennt vom Geistigen zu behandeln, so ist auch klar, daß in seiner Sprachtheorie von einem für sich bestehenden sinnlichen Zeichen nicht gesprochen werden kann. Das Symbol ist für Cassirer sowohl das Resultat des Prozesses der Symbolisierung als auch dieser Prozeß selbst. Diesem Sinnverleihungsvorgang gehört nun das sinnliche Zeichen als wesentlicher Teil an, genau so wie der bedeutungstragende geistige Inhalt, der durch die Energie des Geistes mit dem Zeichen verbunden wird und – dies ist der entscheidende Punkt – auf dieses innerlich bezogen ist.

Wiederum trennen sich also die Theorien Cassirers und Croces bei der Bewertung der Rolle, welche der Empirie bei den Manifestationen des Geistes zufällt. Denn bei dem ersteren geht sie in den (idealistisch-kritizistischen) Prozeß der Symbolisierung ein, für den zweiten hingegen wird sie dem Bereich der Pseudobegriffe zugewiesen.

4.2.2.1 Die erste Phase der Croceschen Semiotik: Die *Tesi fondamentali* und die erste Ausgabe der *Estetica*

In den *Tesi fondamentali* und in der ersten Ausgabe der *Estetica* hat Croce seine These von der Zirkularität des Geistigen noch nicht entwickelt, daher den Dualismus zwischen Natur und Geist noch nicht endgültig überwunden, und er hat Form und Inhalt noch nicht in eine Einheit aufgelöst.[11] [11] Die

---

[11] Croce selbst gibt in seinem *Contributo alla critica di me stesso* zu: „[In den] *Tesi fondamentali* und in der ersten Ausgabe der *Estetica* verbleiben übrigens noch Residuen

Natur stellt die negative Grenze der Aktivität des Geistes dar, der nur der ästhetische Ausdruck angehört, ein Fakt der Aktivität, welcher vom Fakt der Natur wohlverschieden ist. Der Geist wird von der Natur angeregt, Ausdrücke zu erzeugen, die den Eindrücken des Organismus entsprechen, die gleichsam als Mittler zwischen physischer Natur – die als gegeben angenommen wird – und Geist fungieren.

Wenn Croce die möglichen Beziehungen zwischen Eindrücken und Ausdrücken analysiert, die er in dieser Phase seines Denkens noch nicht miteinander identifiziert hat, doppelt er den Ausdruck in zwei Modalitäten: a) den geistigen Ausdruck und b) den natürlichen, je nachdem, ob der Ausdruck den Eindruck voraussetzt, ihm aber auch nicht folgen kann oder ob der Ausdruck den Eindruck nicht voraussetzt, ihm aber notwendigerweise folgt. In der Tat, nur wenn der Ausdruck sich vom Eindruck unabhängig halten kann, wenn er, obwohl jenen voraussetzend, frei bleibt, zu erfolgen oder nicht, kann man von ästhetischem Ausdruck sprechen. Dem Ausdruck, der Reflex oder physische Begleitung des Eindrucks ist, mithin dem Ausdruck im naturalistischen Sinne, den ein notwendiger streng mechanischer Bezug an den ihm vorausgehenden Eindruck bindet, welcher an der Konstitution des ausgedrückten Faktums mitwirkt,[12] gibt Croce den Namen *Symptom*:

> Die *Ausdrücke im naturalistischen Sinne* sind etwas durchaus Verschiedenes von den *Ausdrücken im ästhetischen Sinne*. Diese setzen die Eindrücke mit Notwendigkeit voraus, aber sie *sind frei, ihnen nicht zu folgen*: jene hingegen *setzen die Eindrücke nicht voraus*, aber *sie folgen ihnen* notwendigerweise. [...] Wer den Unterschied zwischen beiden Fakten intuitiv ermessen möchte, der denke an einen *zornerfüllten* Menschen und vergleiche ihn mit einem anderen, *der den Zorn zum Ausdruck bringt*; er denke an das Aussehen, die Schreie und das Gestikulieren eines, der vom Verlust einer geliebten Person zerrissen wird und er vergleiche ihn mit demselben Menschen, der *durch Wort oder Gesang abbildet*, was sich in seinem Inneren bewegt. [...] Wir wollen den Namen *Ausdruck* jedenfalls dem Ausdruck im ästhetischen Sinne vorbehalten und die anderen rein natürlichen Fakten *Symptome* oder *Phänomene* nennen. (Croce, *TfE*, 2–3)[III]

Der Dualismus zwischen Natur und Geist findet sich noch deutlicher wenige Seiten später, wo Croce (*TfE*, 60) von dem „rein äußerlichen Bezug" zwischen dem „ästhetischen Faktum, bzw. der ästhetischen Vision" einerseits spricht „und dem physischen Faktum bzw. dem Instrument, das den Ausdrücken zur Reproduktion verhilft" andererseits. Gerade, als er die natürliche Dimension diskutiert, das physische Faktum, mit dem sich der

---

    eines gewissen Naturalismus; [...] daher tritt das Spektrum der Natur hie und da wieder in Escheinung, und die Unterscheidungen werden, zumindest in den Worten und in den verwendeten Bildern, zuweilen mit einer gewissen Abstraktheit getroffen." (Croce, *CCM*, 56)

[12] Dieser Typ des naturalistisch verstandenen Ausdrucks (das Symptom) ist von dem Faktum, das er ausdrückt, sogar gänzlich untrennbar: Er bildet eine Einheit mit der Situation, in der er entsteht.

geistige Ausdruck konfrontieren muß, um sich zu reproduzieren – also die physische Existenz des Kunstwerks in seiner Stofflichkeit – führt er nun zur Definition dieses physischen Faktums den Terminus ‚Stimulus' ein und paar Zeilen danach das Synonym: *Zeichen*.

Croce betont an mehr als einer Stelle, daß die Natur des Ausdrucks gerade darin besteht, Faktum der Aktivität zu sein, und daß das ästhetische Faktum als solches sich in der expressiven Elaboration des Eindrucks erschöpft. Sobald sich das Kunstwerk in uns gebildet hat, bedarf es nichts anderen mehr.

> Das ästhetische Faktum erschöpft sich in der expressiven Elaboration der Eindrücke. Sobald wir das innere Wort gewonnen, klar und lebendig eine Figur oder eine Statue konzipiert, ein musikalisches Motiv gefunden haben, ist der Ausdruck geboren und ist er vollendet. Er bedarf nichts anderen mehr. Daß wir den Mund öffnen oder öffnen wollen, um zu sprechen, oder die Kehle, um zu singen [...], das ist ein dazukommendes Faktum, welches ganz anderen Gesetzen gehorcht als das erste. (Croce, *TfE*, 20)[IV]

Andererseits aber betont er ebenso oft, daß die menschliche Aktivität die natürliche Existenz des Menschen zur Grundlage habe und daß der vollständige Prozeß der ästhetischen Produktion aus vier Phasen bestehe: den Eindrücken, dem Ausdruck, dem Gefallen am Schönen, der Umsetzung des ästhetischen Faktums in physische Phänomene.[13][V] Nur der Fakt der Aktivität, das Moment des Ausdrucks, stellt aber das eigentliche ästhetische Moment dar, und die physischen, als Instrumente aufzufassenden Konstituenten des Werkes, welche ihm zur Reproduktion verhelfen, nehmen in bezug auf den inneren ästhetischen Akt nur eine äußere Rolle des Stimulus, des ‚Zeichens' an.[14] In diesem Sinne divergiert die Crocesche Theorie radikal von der Cassirerschen, für die nicht nur die sogenannte Übersetzung durch physische Phänomene keine sekundäre, abtrennbare Phase des Symbolisierungsprozesses im allgemeinen darstellt, sondern für die es auch im besonderen unmöglich ist, auf einen bloßen Unterschied in den physischen Ausdrucksmitteln zu reduzieren, was eine Verschiedenheit der Form ist. Für Cassirer muß sich das Kunstwerk, um ein solches zu sein, auch physisch ausdrücken, es existiert nicht *unabhängig von seinen Materialien*, die ästhetische Intuition entsteht *schon* als musikalische *oder* bildnerische *oder* malerische *oder* lyrische usf.

Wenn man nun aber sagen wollte, hinter dem Begriff des Zeichens verberge sich – selbst in dieser frühen Phase der Croceschen Semiotik – lediglich der Stoff des Kunstwerks, „die Leinwand oder die Tafel, welche

---

[13] „Das menschliche Leben besteht ganz aus Eindrücken, geistigen Erzeugnissen, Erinnerung oder Reproduktion dieser Erzeugnisse und Erzeugung anderer geistiger Fakten." (Croce, *TfE*, 55)

[14] Insofern unterscheidet sich das Zeichen eben vom Ausdruck, weil in ihm Inhalts- und Ausdrucksseite nicht vereint, sondern getrennt erscheinen; ja es hat sogar den Anschein, daß es, zumindest in dieser Phase, ausschließlich die Ausdrucksseite darstellt.

man Bild nennt oder die Reihe physischer Laute, welche man Poesie oder Musik nennt", so erfaßte man damit den tieferen Sinn seiner Zeichentheorie nicht. Dies wäre nämlich nur ein Teilaspekt des Zeichens, denn „der Stimulus in seiner Integralität enthält alle historischen Bedingungen, unter denen das physische Faktum entstand." (Croce, *TfE*, 69) Und insofern ist es nicht natürlich, sondern konventionell bzw. historisch bedingt.[15]

> Es stimmt, daß einige Ästhetiker eine Unterscheidung zwischen Stimulus und Stimuli, zwischen *natürlichen* und *konventionellen* Zeichen versucht haben, von denen die ersteren eine konstante und für alle gültige Wirkung hätten, die zweiten nur für beschränkte Kreise. [...] Doch ist der Unterschied zwischen den einen und den anderen nur graduell. [...] Natürliche Zeichen gibt es nicht: alle Zeichen sind in gleicher Weise konventionell, das heißt historisch bedingt. (Croce, *TfE*, 70)[VI]

Es ist sicher kein Zufall, daß Croce den Terminus ‚Zeichen' als Synonym von ‚Stimulus' einführt, als er seine Natürlichkeit oder Konventionalität diskutiert; hieraus ergibt sich auch ein Zweifel bezüglich der Legitimität des Gebrauchs beider Termini als Synonyme. Gleichwohl besteht er weiterhin an verschiedenen Stellen auf der physischen Natur des Stimulus und zieht noch nicht alle Konsequenzen aus seiner Behauptung, daß Bild, Gedicht und Musik die Ideen, Bräuche und alle anderen sozialen und natürlichen Umstände ihrer Entstehungszeit voraussetzen. Es ist nun einerseits klar, daß eine Konzeption des Zeichens, die es mit dem Begriff des Stimulus, also mit dem physischen Faktum, gleichsetzt und es dem Moment der Veräußerlichung zuweist, in einer Theorie der Sprache, welche sie als Schöpfung des Geistes versteht und mit dem ästhetischen Ausdrucksakt identifiziert, nur schwer unterzubringen ist. Doch ist es ebenso wichtig, nicht aus den Augen zu verlieren, daß – schon in dieser frühen Phase der Croceschen Theorie – das Konnotat eines Zeichenbegriffs vorliegt, welches über diese erklärte Physizität hinausgeht und sich vielmehr, wenn auch erst im Keim, auf die Sprache als objektive Institution bezieht. Daß Croce selbst in der allerersten seiner systematischen Schriften die Notwendigkeit erwähnt, den Stimulus ‚in seiner Integralität' zu betrachten, zeigt, daß ihm die Vielschichtigkeit der Themen und Probleme, welche die Sprache zum Bezugspunkt haben, bei der Ausarbeitung seiner Sprachtheorie von Beginn an gegenwärtig sind.

Obwohl nicht zu leugnen ist, daß die Wesenszüge der Croceschen Sprachtheorie in *La Poesia* eine grundlegende Neudefinition erfahren – welche, wie sich im folgenden zeigen wird, zur ‚Entleerung' seiner Formel

---

[15] Unter Natürlichkeit und Konventionalität des Zeichens versteht Croce etwas ziemlich Eigentümliches, wie aus dem Zitat hervorgeht. Was ich jedoch für wichtig halte und betonen möchte, ist, daß Symptom und Zeichen ungeachtet ihrer von Croce behaupteten Gleichwertigkeit schon hier in den *Tesi fondamentali* (und dann in der *Estetica*) unterschiedliche Strukturmerkmale gerade durch diese Konventionalität zeigen: Die Beziehung zwischen Symptom und Sachverhalt ist natürlich und notwendig, während das Zeichen durch die Konvention, durch die historische Bedingtheit, Bedeutung erhält. Vgl. auch Salucci 1987, 41 ff.

der Identität von Kunst und Sprache führt –, möchte ich hier nochmals die Notwendigkeit betonen, einige Elemente der Sprachtheorie aus der Zeit des Systems herauszustellen, die im Schatten der Blendkraft jener Formel nicht so ins Auge fallen, darum aber nicht weniger wesentlich sind. Auch in jenen Jahren nämlich[16] findet man, nicht einmal allzu indirekt, eine Darstellung des Sprachvermögens und der Einzelsprache, welche nicht ganz transparent ist, das heißt, die auch solchen Aspekten Raum läßt, die problematisch sind und von der Theorie, die Sprache und Kunst identifiziert, nicht weiter geklärt werden.[17] Deren Entwicklungsgang zu verfolgen bedeutet zugleich den inneren Zwiespalt zu rekonstruieren, der Croce bei den Fragen der Sprache umtreibt und läßt die Veränderungen voraussahnen, die in der Reifezeit seiner Reflexion von der Verlagerung der Achse seiner Interessen und Prioritäten von der theoretischen und systematischen Ebene hin zur praktischen und historischen zeugen.

Wer hier nun die Gründe erwähnen wollte, die Croce daran hindern, seine Thesen expliziter neu zu formulieren, anstatt so lange darauf warten zu lassen, obwohl doch alle Elemente dazu in seinem philosophischen Denken *in nuce* schon vorhanden waren, der müßte sie sicher im Zwang des Systemgeistes finden. Dieser Zwang ist allerdings nicht nur persönlicher, sondern geradezu ideologischer Art: In dem Kapitel dieser Arbeit, welches den Begriff behandelt, war davon die Rede, daß Croce zusammen mit Vossler einen langen und erbitterten Krieg gegen den Positivismus führt. Die Behauptung der geistigen Natur der Sprache durch ihre Identifizierung mit der Kunst, die Herauslösung der Linguistik – der philosophischen Linguistik, die sich mit der ‚wahren Sprache' beschäftigt – aus dem Bereich der empirischen Wissenschaften und der Ausschluß der letzteren aus der theoretischen Sphäre, all das stellt einen radikalen Angriff auf die positivistische Konzeption dar. Daß Croce weiterhin die Notwendigkeit empfindet, Fragen der Sprache zu diskutieren und nicht nur solche zur sogenannten wahren Sprache oder zur Natur und Rolle der Sprachwissenschaft, läßt sich zwischen den Zeilen der systematischen Schriften schon deutlich lesen. Und es ist vor allem der Dialog mit Vossler, der Croce Gelegenheit dazu gibt und ihn in dieser Richtung motiviert.[18] [VII] Croce kann sich freilich eine Behand-

---

[16] Es sind die Jahre, die der letzten der systematischen Schriften Croces vorausgehen (zugleich aber ihre Voraussetzung bilden), nämlich *La filosofia della pratica* aus dem Jahre 1909, in der De Mauro (a1964) infolge der Neubewertung, die Croce dort bezüglich des Verhältnisses von Theorie und Praxis, der Definition der Natur und der Rolle der Bräuche und Institutionen vornimmt, das erste Auftauchen der Motive ausmacht, die auch zur Revision der Beziehung zwischen dem ästhetischen sprachlichen Akt und seiner Kommunikation führen werden.

[17] Die gleiche Auffassung zur Croceschen Sprachphilosophie vertritt Giuliani (2002).

[18] Zur Frage der Grammatik als Wissenschaft vgl. den Briefwechsel Croce – Vossler, insbesondere zwischen Sommer 1903 und Sommer 1904 (1955, 56 ff.). Zur Beziehung Croce – Vossler und zu ihrem gemeinsamen Widerstand gegen den Positivismus vgl. auch Lia Formigari: „Als Vossler 1904 seinen Aufsatz *Positivismus und Idealismus in der Sprachwissenschaft* publiziert, wirft er den Junggrammatikern gerade die positive

lung der Sprache, die sich nicht ausschließlich in der Behauptung ihrer geistigen Natur erschöpft, die sich nicht allein in einer radikalen idealistischen gegen die exakten Wissenschaften gerichteten Linguistik äußert, erst von dem Moment an leisten, in dem der linguistische Idealismus gefestigt ist, in dem er eine ‚Tatsache' darstellt, für die nicht mehr gekämpft werden muß. Mit anderen Worten, Croce kann eine offenere Behandlung der Linguistik erst vom Moment des Waffenstillstands an riskieren, der dem Sieg in jenem Krieg folgte, aus dem der Positivismus in der Tat als Verlierer hervorging. Und die Linguistik, der er sich zuwendet, zu der er sich gleichsam bekennt, ist auch sicher nicht die positivistische Linguistik der Lautgesetzgeber, sondern die, welche sich die historische Realität der Sprache und der Texte zum Forschungsgegenstand erwählt: Es ist die Linguistik Vosslers, Spitzers und von Wartburgs, die Linguistik von Meillet und von Menéndez Pidal. Croce gibt dies offen zu:

> Vossler behauptet zu Recht, daß der Widerstreit zwischen Positivismus und Idealismus bei der Erforschung der Sprachen – jener Widerstreit, der vor dreißig Jahren so lebhaft war und in dem wir unsere Schlacht schlugen – nunmehr als überwunden gelten muß: überwunden durch den Sieg des Idealismus; denn niemand bestreitet mehr im Ernst die ideale Natur der Sprache. Ein anderes ist nun das Arbeitsfeld: zu unterscheiden, wo die Sprache autonom, Dichtung ist und wo sie anderen Bedürfnissen des Menschen dient. [...] Keiner wird die Analogie zwischen Fragen übersehen, die Vossler auf dem Gebiet der Philosophie und der Sprachgeschichte beleuchtet und jenen, die in Italien auf dem Gebiet der Literatur- und der Kunstgeschichte diskutiert werden. [...] Auch in der Literatur- und Kunstgeschichte besteht das aktuelle Problem nicht mehr darin, den lyrischen Charakter der Kunst zur Geltung zu bringen, sondern zu unterscheiden und zu verstehen, wo die Kunst autonom (reine Lyrik) ist, und wo sie in verschiedener Weise dienstbar gemacht wurde und ebenso, wo sie als Kunst zu untersuchen ist, und wo als bloße Behauptung und Bezeugung von Leben. (Croce 1928, 217)[VIII]

Und doch, wäre man versucht mit Cassirer zu fragen, ist denn nicht die Kunst, die Kunst als Aktivität des Geistes und des Menschen, Bezeugung von Leben?

4.2.2.2 Der Status des Cassirerschen Zeichens: Semiotik als ‚Symbolik'

In der Cassirerschen Theorie stellt es keinen Widerspruch dar, die Sprache sowohl als symbolische Form als auch als System von lautlichen Symbolen zu bezeichnen:

> Die Betrachtung der Sprache hat uns die allgemeine Richtung kennen gelehrt, in welcher dieser Akt der ‚Merkmal-Setzung' sich bewegt. Aus dem vorüberschwe-

---

analytische Methode vor [...] Vosslers Kritik war ein Einzelfall der tiefen epistemologischen Kehrtwende, welche seit den Jahren um 1890 die Geisteswissenschaften erfaßte und ohne die auch die Crocesche Epistemologie (oder Anti-Epistemologie) nicht zu verstehen ist." (Formigari 2001, 212)

benden ‚Traum der Bilder' hebt die Sprache zuerst bestimmte Einzelzüge, bestimmte bleibende Eigenheiten und Eigenschaften heraus. Solche ‚Eigenschaften' mögen rein inhaltlich betrachtet, durchaus sinnlicher Natur sein; aber ihre Setzung als Eigenschaft bedeutet dessen ungeachtet einen reinen Akt der Abstraktion, oder, besser gesagt, der Determination. [...] In Identifikationen dieser Art – mögen sie sich übrigens auf die Setzung und Feststellung rein ‚sinnlicher Qualitäten' beschränken – liegt der Keim und Anfang zu jedweder Form von ‚Begriffsbildung'. (Cassirer, *PhsF* 3, 128)

In der ein wenig weiter oben erläuterten Perspektive, von der man sagen kann, sie verschmelze Symbol und Zeichen, wird ohne weiteres klar, warum Cassirer lieber von Symbolen sprechen möchte als von Zeichen in einem Systemverbund. Analog dazu zeigt sich auch in den anderen symbolischen Formen, in Kunst und Mythos, jene Welt besonderer sinnlich erfaßbarer Formen, welche die Welt des Menschen darstellen. Sicher, Cassirer betont es im dritten Band seiner *Philosophie der symbolischen Formen* noch einmal: All das ist nur aus der Sicht der weiten Bedeutung, die er dem Symbolbegriff verleiht, erklärbar:

Wir [...] haben dem Symbolbegriff von Anfang an eine andere und weitere Bedeutung gegeben. Wir versuchten mit ihm das ganze jener Phänomene zu umfassen, in denen überhaupt eine wie immer geartete ‚Sinnerfüllung' des Sinnlichen sich darstellt; – in denen ein Sinnliches, in der Art seines Daseins und So-Seins, sich zugleich als Besonderung und Verkörperung, als Manifestation und Inkarnation eines Sinnes darstellt. Hierzu bedarf es nicht, daß beide Momente als solche schon scharf auseinandergetreten sind, daß sie in ihrer Andersheit und Gegensätzlichkeit gewußt werden. Diese Form des Wissens bezeichnet nicht den Anfang, sondern erst das Ende der Entwicklung. Die Doppeltheit beider Momente ist zwar in jeder noch so primitiven Erscheinung des Bewußtseins angelegt; aber diese Potenz ist keineswegs von Anfang an zur Aktualität entfaltet. (Cassirer, *PhsF* 3, 105)

Gerade darin – im durch Sinnliches ausgedrückten Geistigen – findet sich jenes allumfassende Medium, in dem sich alle Formen des Geistigen trotz ihrer Verschiedenheit treffen: Der Inhalt des Geistes erschließt sich in der Tat für Cassirer nur in seiner Äußerlichwerdung. Er läßt sich nur durch die Gesamtheit und in der komplexen Gesamtheit der sinnlichen Zeichen erkennen, deren er sich zu seinem Ausdruck bedient, und die zugleich, gerade weil sie Ausdrucksmittel des Geistigen sind, mehr als einfache sinnliche Zeichen sind.

So zeigt etwa der Prozeß der Sprachbildung, wie das Chaos der unmittelbaren Eindrücke sich für uns erst dadurch lichtet und gliedert, daß wir es ‚benennen' und es dadurch mit der Funktion des sprachlichen Denkens und des sprachlichen Ausdrucks durchdringen. In dieser neuen Welt der Sprachzeichen gewinnt auch die Welt der Eindrücke selbst einen ganz neuen ‚Bestand', weil eine neue geistige Artikulation. Die Unterscheidung und Sonderung, die Fixierung gewisser Inhaltsmomente durch den Sprachlaut bezeichnet an ihnen nicht nur, sondern verleiht ihnen geradezu eine bestimmte gedankliche Qualität, kraft deren sie nun über die bloße Unmittelbarkeit der sogenannten sinnlichen Qualitäten erhoben sind. So wird die Sprache zu einem der geistigen Grundmittel, vermöge dessen sich für uns der Fortschritt von der bloßen Empfindungswelt zur Welt der Anschauung und Vorstellung vollzieht. (Cassirer, *PhsF* 1, 18)

Daß die Symbole die Brücke zwischen dem Sinnlichen und dem Geistigen bilden, oder besser, daß es eine reine Aktivität des Geistes gibt, die sich in der Schaffung der verschiedenen Systeme sinnlicher Zeichen enthüllt, findet nach Cassirer seinen Ausdruck auch darin, daß sich alle diese Symbole *von Anfang an* mit einem bestimmten Anspruch der Objektivität und des Wertes darstellen. In der Tat gehen die verschiedenen Systeme sinnlicher Symbole über die Sphäre der bewußten rein individuellen Phänomene hinaus und beanspruchen, diesen ein universell gültiges Element entgegenzusetzen. Und selbst wenn ein solcher Anspruch bei weiterer kritischer philosophischer Überlegung sich letztlich als unhaltbar erweisen kann, gehört doch schon die Tatsache, daß er als Anspruch konzipiert wird, zum Wesen und Charakter der einzelnen Grundformen (vgl. Cassirer, *PhsF* 1, 19).

Der Mechanismus der Symbolisierung verbindet verschiedene Ebenen. Dies wurde oben gezeigt und im einzelnen analysiert, als die symbolische Form definiert wurde (vgl. Kap. 3): die Ebene des sinnlichen Zeichens, die des geistigen Inhalts (der Bedeutung), die der geistigen Energie. Es kann daher auf den ersten Blick widersprüchlich oder zumindest problematisch erscheinen, daß eine Unterscheidung zwischen ‚willkürlichen' und ‚natürlichen' Symbolen vorgenommen wird, als Cassirer – nun abgesehen von der retrospektiven Rekonstruktion, also den ‚Grundlagen' des Symbols – sich prospektiv mit der konkreten Entfaltung und Vervollkommnung beschäftigt, die dieses auf den verschiedenen Feldern der menschlichen Zivilisation und Kultur erfährt.

Wenn das Bewußtsein sich *in* und *mit* einem bestimmten Inhalt auf etwas bezieht, schafft es ‚natürliche' Symbole; wenn dieses Etwas mittels eines sinnlichen Zeichens *fixiert* wird, hat man hingegen ‚willkürliche' Zeichen vor sich:[19]

> Auf die ‚natürliche' Symbolik, auf jene Darstellung des Bewußtseinsganzen, die schon in jedem einzelnen Moment und Fragment des Bewußtseins notwendig enthalten oder mindestens angelegt ist, müssen wir zurückgehen, wenn wir die künstliche Symbolik, wenn wir die ‚willkürlichen' Zeichen begreifen wollen, die das Bewußtsein in der Sprache, in der Kunst, im Mythos erschafft. Die Kraft und Leistung dieser mittelbaren Zeichen bliebe ein Rätsel, wenn sie nicht in einem ursprünglichen, im Wesen des Bewußtseins selbst gegründeten geistigen Verfahren ihre letzte Wurzel hätte. (Cassirer, *PhsF* 1, 39)

Aber diese Schwierigkeit verschwindet, sobald man sich in Erinnerung ruft, daß Cassirer immer wieder klärend darauf hingewiesen hat, wie absurd es wäre, von einer natürlichen Symbolik *getrennt* von einer willkürlichen

---

[19] Es gilt den Irrtum zu vermeiden, das sinnliche Zeichen mit dem willkürlichen Symbol zu identifizieren. Der Vergleich mit Croces Definition des Zeichens und deren Modifikation im Laufe der Jahre ist in diesem Zusammenhang recht interessant.

Symbolik zu sprechen, bzw. wie absurd es wäre, den Prozeß der Sinnvergebung, der Symbolisierung, in zwei Teile zu zerbrechen. Ebenso betont er die Tatsache, daß wenn ein einzelnes sinnliches Element, „wie es z.B. der physische Sprachlaut ist" (Cassirer, *PhsF* 1, 39), in der Lage ist, Träger einer geistigen Bedeutung zu werden, dies nur dadurch geschieht, daß die Funktion des Bedeutens selbst *schon* vorhanden und wirksam ist, *bevor* das einzelne Symbol (hier also das einzelne sinnliche Zeichen im Prozeß der willkürlichen Symbolik) gesetzt wird. Damit wird übrigens nochmals klargestellt, was oben schon gesagt wurde, daß es nämlich unmöglich ist, eine Abhandlung der Theorie vom sprachlichen Zeichen zu liefern, die nicht zugleich auch eine solche des Symbols ist.[20] Die Funktion des Bedeutens, der Symbolisierung, wird in der Tat in dieser Setzung nicht geschaffen, sie wird sozusagen fixiert, „nur auf einen Einzelfall angewandt" (Cassirer, *PhsF* 1, 40). Die willkürliche Symbolik ist also notwendigerweise auf die natürliche zurückzuführen, und beide nehmen an der Strukturierung, an der Organisierung der Wirklichkeit teil, indem sie zusammen den Prozeß der Symbolisierung konstituieren (bzw. beide *und zusammen* daran mitwirken). Cassirer verlagert dann langsam die speziellere Auffassung des Begriffs der symbolischen Form hin zu einer allgemeineren, die einige Jahre später – im dritten Band der *Philosophie der symbolischen Formen* – in der Formulierung des Begriffs der ‚symbolischen Prägnanz' münden wird. Zu diesem gelangt Cassirer über Analyse und Versuch der Lösung des alten Problems der Beziehung zwischen Form und Materie im Bereich des Bewußtseins.

> Statt dieses symbolische Verhältnis auf dingliche Bestimmungen zu reduzieren, müssen wir in ihm vielmehr die Bedingung der Möglichkeit für die Setzung solcher Bestimmungen anerkennen. Die Vorstellung verhält sich zum Gegenstand nicht wie das Bewirkte zum Bewirkenden, noch wie das Abbild zu seinem Urbild: sie steht vielmehr zu ihm in einer analogen Beziehung, wie das Darstellungsmittel zum dargestellten Gehalt, wie das Zeichen zu dem in ihm ausgedrückten Sinn. Bezeichnen wir die Beziehung, derzufolge ein Sinnliches einen Sinn in sich faßt und ihn für das Bewußtsein unmittelbar darstellt als die der ‚symbolischen Prägnanz', so läßt sich der Sachverhalt dieser Prägnanz weder auf bloß reproduktive noch auf mittelbare intellektuelle Prozesse zurückführen: er muß zuletzt als eine selbständige und autonome Bestimmung anerkannt werden, ohne die es für uns weder ein ‚Objekt', noch ein ‚Subjekt', weder eine Einheit des ‚Gegenstandes', noch eine Einheit des ‚Selbst' geben würde. (Cassirer, *PhsF* 3, 271–72)

Ein wesentlicher Punkt bei der Kontroverse bezüglich der von Cassirer vorgenommen Unterscheidung zwischen natürlichen und willkürlichen Symbolen ist die hieraus folgende Einstellung gegenüber dem Konventiona-

---

[20] Diese Argumentation schließt sich an das im vorangegangenen Kapitel Ausgeführte an, wo die symbolische Form als ursprüngliches Phänomen definiert und die Absurdität jeder Gegenüberstellung von Symbol und (symbolisiertem) Gegenstand behauptet wurde. In diesem Sinne auch, nämlich im Sinne der Unmöglichkeit, das Zeichen getrennt vom Symbol abzuhandeln, ist der Untertitel dieses Abschnittes zu verstehen: „Semiotik als Symbolik."

lismus. Bei der Diskussion dieser Problematik weist Krois (1984) jedoch darauf hin, daß Cassirers Theorie, auch wenn man ihren Symbolen eine konventionelle Komponente zugestehen muß, doch weit davon entfernt ist, dadurch eine konventionalistische zu werden.[21] Davor bewahrt sie, so die fast einhellige Meinung der Kritik, ihr transzendentaler Charakter. Und es ist ja gerade der transzendentale Universalismus Cassirers – der Objektivitätsanspruch der Symbole, welcher auf ihrer geistigen ‚Begründung' beruht –, der seine Art, das Symbol aufzufassen, ganz entschieden von jeder Form des Konventionalismus entfernt. Hierin liegt meiner Ansicht nach ein weiterer wichtiger Zug der Nähe zur Humboldtschen Sprachtheorie. Daß Cassirer das Vorhandensein eines konventionalistischen Elements im Prozeß des Bedeutens, der Sinngebung, nicht leugnet, hat in der Tat keine philosophisch problematischen Konsequenzen für die Philosophie der symbolischen Formen, da es nicht die üblicherweise unter Konventionalismus verstandene Auffassung ist – ganz zu schweigen von einer instrumentalistischen Konzeption der Sprache –, die seiner Art, den symbolischen Prozeß zu verstehen, zugrunde liegt. Und, was vielleicht noch wesentlicher ist: Nicht auf Grund dieses Elements des Bedeutens vollzieht sich die Kommunikation. Zwar vollzieht sich diese – und die diesbezügliche Position Cassirers bleibt konstant, auch viele Jahre nach der Ausarbeitung seiner Lehre von den symbolischen Formen (s.u.) – über ein System. Aber an erster Stelle ist dies ein System von Symbolen, wie es soeben definiert wurde und zweitens ist dieses System nicht das primäre Ziel der intersubjektiven Relation, welche das Ich an das Du bindet, sondern sozusagen nur einer seiner Aspekte, da die einzelnen Subjekte beim Sprechen und Erschaffen von Formen nicht nur das, was sie schon besitzen, kommunizieren, sondern gerade durch diese Kommunikation erst in diesen Besitz gelangen.

Die Analogie mit der antikonventionalistischen Vision der Sprache bei Croce ist nicht zu übersehen und verdankt sich vermutlich der Vermittlung Humboldtscher Ideen. Daß die Sprache ἐνέργεια in ständigem Werden ist, d.h. daß jede Diskussion über ihren Ursprung absurd ist, und daß alle Theorien, die sie auf ein reines Kommunikationsinstrument reduzieren wollen, jeden Fundamentes entbehren, steht sowohl für Croce wie für Cassirer außer Zweifel:

---

[21] „Es gibt in allen symbolischen Formen konventionelle Komponenten, aber Cassirers semiotische Theorie ist nicht konventionalistisch. Er sagt, daß Zeichengebrauch und Bedeutungsverleihung in der Kultur eine ‚künstliche' Art der Semiotik sind, doch er macht darauf aufmerksam, daß den kulturellen Bedeutungszusammenhängen eine natürliche ‚Symbolik' vorausgeht. Alle kulturellen Schöpfungen hängen von ‚Zeichengebung' irgendeiner Art ab, doch damit wird nicht die Funktion der Repräsentation als solche erfunden. […] Er nennt diese Funktion etwas irreführend ‚natürliche Symbolik', denn was er im Sinne hat, ist eine Art ‚Transzendentalphilosophie', die die Bedingungen der Möglichkeit aller Sinngebung erläutert, indem sie die a priori gegebene Struktur des Bedeutens als solchen aufweist." (Krois 1984, 440–441)

Meine Grundidee ist, daß die Ästhetik eine *Linguistik* ist, oder besser, daß die Linguistik ein Sonderfall der allgemeinen Ästhetik ist; und daß, wie die Sprache nicht ein rein psychologisches Faktum ist, so das allgemeine ästhetische Faktum sich nicht in psychologische Gesetze oder in den *Assoziationismus* auflösen läßt. Den Ursprung der Kunst zu suchen, ist also so absurd, wie den Ursprung der Sprache, des Bewußtseins etc. zu suchen. (Croce 1896-1924/1981, 61)[IX]

Ebenso steht für beide außer Frage, daß die in idealistischem Sinne verstandene Sprache auch die Kommunikation zwischen den Individuen in Rechnung stellen muß und damit die Sprache als System von Zeichen/Symbolen, das deren Realisierung ermöglicht. Was die Theorien beider Autoren voneinander trennt, ist die Art, wie sie das Wesen und die Aufgabe der Kommunikation auffassen, sind die Beziehungen, die sie zwischen dem Geistigen und dem Sozialen annehmen sowie die Interpretation eben dieser Kategorien des Geistigen und Sozialen. In diesem Zusammenhang sei übrigens noch erwähnt, daß sich gerade bezüglich dieser Themen die tiefgreifendste Transformation der Croceschen Theorie feststellen läßt sowie die Hinwendung des spekulativen Denkens beider Autoren hin zur Aufwertung des Sozialen und all dessen, welches das Leben des Menschen ausmacht, ausdrückt oder zum Zentrum hat. Dies geschieht allerdings im Falle Cassirers auf weniger gewundenem Wege.

4.2.2.3 Der Begriff der ‚symbolischen Prägnanz'

Um alle Feinheiten von Formulierung und Lösung des Problems der Beziehung zwischen Form und Materie, zwischen Sinnlichem und Geistigem durch die Idee der ‚symbolischen Prägnanz', eines der zentralen[22] und zugleich besonders rätselhaften Begriffe der Cassirerschen Philosophie (vgl. Schwemmer 1997, 69), verstehen zu können, muß kurz auf die Struktur des dritten Bandes der *Philosophie der symbolischen Formen*: *Phänomenologie der Erkenntnis* eingegangen werden.[23] Die in diesem Band vertretenen Auffas-

---

[22] Auf die zentrale Rolle der Idee der symbolischen Prägnanz hat zuerst Krois hingewiesen (vgl. 1987, insb. 52-56, 108 ff., 1988, insb. 22-26 und 1992, insb. 448-450). Gleicher Meinung sind Paetzold (1993, insb. 43) Orth (1988, insb. 59) und Schwemmer (1997, insb. Kap. 2). Gegen diese These stellt sich hingegen Dubach (1995), dem Schwemmer (1997, 118) seinerseits widerspricht.

[23] Der Band mit dem Untertitel *Phänomenologie der Erkenntnis* erscheint offiziell 1929. Cassirer datiert seine endgültige Abfassung aber auf das Jahr 1927 zurück. Ursprünglich war zusätzlich zu den drei effektiv geschriebenen Teilen ein Schlußkapitel geplant, das die Beziehungen zwischen der Cassirerschen Philosophie der symbolischen Formen und dem gesamten Ertrag der zeitgenössischen Philosophie untersuchen sollte. Dieses Vorhaben wurde von Cassirer nie in systematischer Weise verwirklicht, sondern nur fragmentarisch: Lediglich mit einigen kritischen Aufsätzen und Vorträgen greift Cassirer in die philosophische, insbesondere sprachphilosophische Debatte der Zeit ein. Erwähnt davon seien hier nur die Aufsätze über Cohen, Natorp, Scheler, Heidegger, Bergson, Hägerström, die Vorträge von Davos (1929) und der über den linguistischen Strukturalismus (vgl. Cassirer, *SML*).

sungen hatte Cassirer schon im Jahre 1927 bei seinem Vortrag auf dem Kongreß zur Ästhetik in Halle vorweggenommen.

Es wurde schon gesagt, daß es für Cassirer drei Elemente sind, welche den Prozeß der symbolischen Formung ausmachen: *Ausdruck*, *Darstellung* und *Bedeutung*. Es muß jedoch betont werden, daß er die drei entsprechenden Funktionen – oder Momente – dieser Elemente in der *Ausdrucksfunktion*, *Darstellungsfunktion* und der *Bedeutungsfunktion*[24] ausmacht, denen die drei Kapitel des dritten Bandes gewidmet sind (*PhsF* 3, 49, 119 und 323). Die Ausdrucksfunktion[25] wird durch die Möglichkeit des Übergangs von einer Bedeutungsfunktion zur anderen dargestellt, durch den Primat der Sinnperspektive; die Darstellungsfunkion ist die prädikative Funktion der Sprache; die Bedeutungsfunktion schließlich entspricht der begrifflichen Funktion.

Während Cassirer in der Einleitung zur *Phänomenologie der Erkenntnis* in allgemeinerer Weise von der Wiederaufnahme, aber auch der Neuinterpretation der Transzendentalphilosophie handelt – in der ausdrücklichen Absicht, das Verhältnis seiner Philosophie der symbolischen Formen zum kantischen Kritizismus zu klären –, reflektiert er hingegen im ersten Teil des dritten Bandes über das methodische Problem einer Phänomenologie des Bewußtseins. Es geht dabei insbesondere um eine Analyse des Wahrnehmungsbewußtseins, die sich in einer Wiederaufnahme der Analyse des sprachlichen und des mythischen Bewußtseins expliziert. Der zweite Teil des Bandes, welcher der Phänomenologie des intuitiven Bewußtseins gewidmet ist, beschäftigt sich vor allem mit der Rekonstruktion des Bildungsprozesses von Sprache und Intuition in dem Bestreben, die Konstitution der Sprache und die der intuitiven Weltsicht auf die gleiche Grundfunktion zurückzuführen:

> So ist es eine gemeinsame Funktion, die auf der einen Seite die Sprache, auf der anderen Seite die spezifische Gliederung der anschaulichen Welt erst ermöglicht. Die Frage, ob die ‚Artikulation' der anschaulichen Welt der Entstehung der artikulierten Sprache als vorausgehend oder als folgend gedacht werden müsse, – die Frage, ob die erstere die ‚Ursache' oder aber die ‚Wirkung' der letzteren sei: sie ist in dieser Form falsch gestellt. Was sich aufzeigen läßt, ist kein solches ‚Früher' oder ‚Später', sondern nur der innere Zusammenhang, der zwischen den beiden Grundformen und Grundrichtungen der geistigen Gliederung besteht. […] Wieder offenbart sich hierbei die unlösliche Einheit des psychologischen Zusammenhangs. Die Grundkraft der ‚Reflexion' wirkt in jedem ihrer Akte

---

[24] Zur Definition dieser Funktionen benutzt Cassirer zum Teil die Bühlersche Terminologie, obwohl er sie neu interpretiert. Zum Vergleich zwischen Cassirer und Bühler vgl. Schlieben-Lange 1997, die eine eingehende Untersuchung des effektiven und idealen Dialogs zwischen den beiden Autoren anempfiehlt.

[25] Zur Illustrierung dieser Funktion greift Cassirer auf ein bekanntes Bild zurück, nämlich das der gezeichneten Linie, die verschieden interpretiert werden und damit sozusagen verschiedene Bedeutungen annehmen kann: Je nach der Sinnperspektive, aus der sie betrachtet wird, kann sie als Teil eines Ornaments, als mythisches Zeichen oder als geometrische Figur verstanden werden.

zugleich ‚nach innen' und ‚nach außen': sie tritt auf der einen Seite in der Gliederung des Lautes, in der Artikulation und Rhythmisierung der Sprachbewegung, auf der anderen in der immer schärferen Differenzierung und Abhebung der Vorstellungswelt zutage. Der eine Prozeß wirkt ständig auf den anderen hinüber: und diese lebendige dynamische Wechselbeziehung ist es, aus der allmählich ein neues Gleichgewicht des Bewußtseins entsteht, aus der ein stabiles ‚Weltbild' sich herstellt. (Cassirer, *PhsF* 3, 127–128)

Die genauere Analyse der Auffassung von der Sprache, die Cassirer im dritten Band des Werkes vertritt und die sich im soeben angeführten Zitat beispielhaft zeigt, führt meiner Ansicht nach zu einer doppelten Einsicht. An erster Stelle tritt immer klarer die Analogie zu der Lehre Humboldts hervor, nach der die Sprache – insofern sie Energie des Geistes *und* Artikulation in einem ist – verschiedene, kulturell verschiedene Sichtweisen der Welt hervorbringt. Zweitens gewinnt auch in dem der Phänomenologie der Erkenntnis gewidmeten Werk ein Zweifel ständig mehr Konsistenz: ob es nämlich weiterhin legitim ist, von einer paritätischen Stellung der symbolischen Form Sprache neben den anderen zu sprechen, wenn man die Rolle betrachtet, welche der Sprache an der Seite der Intuition bei der Analyse der kognitiven Mechanismen zugedacht und den anderen symbolischen Formen im gleichen Maße abgesprochen wird.

Auch der zweite Gesichtspunkt hängt übrigens indirekt mit Humboldt zusammen. Wenn es auch stimmt, daß Cassirer bemüht ist, die Eigentümlichkeit jeder symbolischen Form festzustellen und die nicht-hierarchische Anordnung der einzelnen Formen zu behaupten, so läßt sich doch nicht übersehen, daß das, was seiner Ansicht nach das Charakteristischste der Sprache ist, sie nicht zu einem der Mittler, sondern zur Mittlerin *par excellence* zwischen dem Geistigen und dem Sinnlichen macht. Zwar besteht Cassirer darauf – auch in *Die Sprache und der Aufbau der Gegenstandswelt* (1932) –, daß die Universalität der Sprache die gleiche ist wie die jeder anderen symbolischen Form; doch wenn man jene „spezifische Provinz des Geistigen", welche die typische und unbestrittene Domäne der Sprache ist, aufsuchen will, so ist man gehalten, sie in nichts Geringerem als in der Vermittlung zwischen Subjektivität und Objektivität ausfindig zu machen: Die Sprache erweist sich als Mittel der Aneignung und Konstitution der Gegenstandswelt.[26]

Keineswegs greift die Sprache etwa in den Bereich der objektiven Wahrnehmung nur ein, um den schon gegebenen und durch ihre wechselseitige Beziehung bestimmten Gegenständen rein äußerlich und arbiträr verstandene Namen zuzuweisen. Vielmehr greift die Sprache aktiv, d.h. kreativ in diesen Prozeß der Setzung und wechselseitigen Bestimmung der Objekte ein. Was die Sprache für das Leben der Menschen in seiner ganzen Vielfalt leistet, läßt sich nur verstehen, wenn man sich bewußt macht, daß die bildende und vermittelnde Tätigkeit der Sprache nicht univok ist, sondern

---

[26] Vgl. dazu auch Göller 1986, 48 ff.

sich in verschiedene Richtungen entfaltet: Ihre Aufgabe beschränkt sich nicht darauf, das vornehmste Element des Erkenntnisprozesses zu sein. Die Sprache konstituiert nämlich nicht nur das theoretische Bild der Welt, eben als Mittlerin zwischen Subjektivität und Objektivität, zwischen Geist und Erfahrung, sondern auch das praktische, moralische und soziale, das Bild des Ichs und des Anderen. Und dies geschieht, weil klar ist, daß die Vermittlung der Sprache sich nicht in einer bipolaren Struktur (Subjekt – Objekt), sondern in einer tripolaren (Ich – Du – Gegenstandswelt) artikuliert. Es gibt kein Subjekt, das zum Objekt gelangt, ohne durch den Dialog mit dem Anderen hindurchzugehen. Der signifikativ-kommunikative Mechanismus der Sprache erfüllt die Vermittlung zwischen dem Geistigen und dem Sinnlichen nur über das dialogische Moment. Und aus dieser Vermittlung entsteht die Welt der Begriffe, die des Willens und die der Gegenstände:

> Wenn es gelänge, eine Provinz des Seelischen aufzuweisen, die spezifisch mit der Sprache verknüpft und die wesentlich auf sie angewiesen ist, so ließe sich an ihrer Struktur vielleicht indirekt ein Zeugnis über das Werden und Wachsen der Sprache gewinnen – so ließe sich an ihrer Entwicklung vielleicht das Bildungs- und Gestaltungsgesetz, dem sie untersteht, in irgendeiner Weise ablesen. […] Die These, die ich hier vertreten möchte […], geht nun dahin, daß eine solche Provinz in der Tat besteht, insofern ein wesentlicher und notwendiger Zusammenhang zwischen der Grundfunktion der Sprache und der Funktion des gegenständlichen Vorstellens anzunehmen ist. […] Die Sprache tritt nicht in eine Welt der fertigen gegenständlichen Anschauung ein, um hier zu den gegebenen und klar gegeneinander abgegrenzten Einzeldingen nur noch ihre ‚Namen' als rein äußerliche und willkürliche Zeichen hinzuzufügen – sondern sie ist selbst ein Mittel der Gegenstandsbildung, ja sie ist im gewissen Sinne das Mittel, das wichtigste und vorzüglichste Instrument für die Gewinnung und den Aufbau einer reinen ‚Gegenstandswelt'. (Cassirer, *AGW*, 115–116)

An dieser Stelle muß jedoch eine Präzisierung erfolgen, die eine kurze Digression notwendig macht. Zwischen dem Cassirer der *Philosophie der symbolischen Formen* und dem des *Essay on man* besteht ein Unterschied bei der Behandlung der Beziehungen zwischen den einzelnen symbolischen Formen. Freilich gibt schon die äußere Struktur dieses Werkes der Rolle, welche – mehr oder weniger bewußt und gewollt – der Sprache zugestanden wird, einen neuen Zuschnitt. Cassirer schreibt den *Essay* in der Absicht, dem amerikanischen Publikum eine Synthese des Projekts der *Philosophie der symbolischen Formen* zu liefern. Daß er damit aber ein von dem zwanzig Jahre zuvor verfaßten beträchtlich verschiedenes Werk schreibt und daß nicht nur die stilistischen Usancen des Englischen und die philosophischen Vorlieben des überseeischen Publikums dafür verantwortlich zu machen sind,[27] steht außer Zweifel. Bei dem Cassirer der letzten Jahre des Exils akzentuiert sich das ethische und politische, das anthropologische Interesse immer deutlicher: Im Zentrum der Schriften dieser Zeit steht die allgemeine

---

[27] Von der mühsamen Redaktion des Textes berichtet Toni Cassirer (1981, 113–114).

kulturelle Perspektive des Menschen in ihrer ganzen Vielfalt, und dabei wiederum gilt seine besondere Aufmerksamkeit – die Parallele zu Croce ist frappierend – dem Handeln des Menschen:

> Die Philosophie der symbolischen Formen geht von der Voraussetzung aus, daß, wenn es überhaupt eine Definition des ‚Wesens' oder der ‚Natur' des Menschen gibt, diese Definition nur als funktionale, nicht als substantielle verstanden werden kann. [...] Das Eigentümliche des Menschen, das, was ihn wirklich auszeichnet, ist nicht seine metaphysische oder physische Natur, sondern sein Wirken. Dieses Wirken, das System menschlicher Tätigkeiten, definiert und bestimmt die Sphäre des ‚Menschseins'. Sprache, Mythos, Religion, Kunst, Wissenschaft, Geschichte sind die Bestandteile, die verschiedenen Sektoren dieser Sphäre. Eine ‚Philosophie des Menschen' wäre daher eine Philosophie, die uns Einblick in die Grundstruktur jeder dieser verschiedenen Tätigkeiten gibt und uns zugleich in die Lage versetzt, sie als ein organisches Ganzes zu verstehen. Sprache, Kunst, Mythos, Religion sind keine isolierten, zufälligen Schöpfungen. Sie werden von einem gemeinsamen Band zusammengehalten. (Cassirer, *VüM*, 110)

Folgerichtig wird im *Essay* einerseits die gleichwertige Stellung der symbolischen Formen betont, andererseits wird die Sprache bei aller Anerkennung ihrer Besonderheit ausgewogener abgehandelt, schon allein hinsichtlich des ihr gewidmeten Raums. Die Sprache erfährt hier also eine Behandlung, die derjenigen der anderen Formen, denen noch die symbolische Form der Kunst beigesellt wird, nicht ‚die Luft nimmt'. Anhand der bisher untersuchten Stellen hat sich indes gezeigt, daß sich diese Interpretation schwerlich auf das ganze symbolisch-philosophische Denken Cassirers ausdehnen läßt.

Gerade die Ergebnisse der in den ersten beiden Teilen des dritten Bandes der *Philosophie der symbolischen Formen* vorgenommenen Analyse leiten hin zur Einführung und Behandlung des Begriffs der ‚symbolischen Prägnanz'.[28] Denn sie bringen die Grundfrage der Phänomenologie der Erkenntnis zur Sprache. Diese besteht, wie oben gesehen, im Problem der Beziehung zwischen Form und Materie, zwischen Sinnlichem und Geistigem. Im dritten Teil des Bandes geht es daher um die Analyse der Bedeutungsfunktion und des erkennenden Bewußtseins. Und indem er die in *Substanzbegriff und Funktionsbegriff* formulierte Theorie des Begriffs wieder aufnimmt, definiert Cassirer sie hier in semiotischer Auslegung neu (d.h. als Theorie der Funktion des Bedeutens und der reinen Bedeutung). Der Begriff ‚symbolische Prägnanz' illustriert nun genau das transzendentale Verfahren Cassirers. Er klärt nämlich die Bedingungen der Möglichkeit von Bedeutung

---

[28] Die Phänomenologie des Wahrnehmungsbewußtseins und des intuitiven Bewußtseins hat in der Tat gezeigt, daß die Bewußtseinsfunktionen „so geartet sind, daß von jedem ihrer Momente ein Übergang zum Ganzen möglich ist, weil die Verfassung dieses Ganzen in jedem Moment darstellbar und dargestellt ist. Kraft des Ineinandergreifens dieser Darstellungsfunktionen gewinnt das Bewußtsein die Fähigkeit ‚Erscheinungen zu buchstabieren, um sie als Erfahrungen lesen zu können'." (Cassirer, *PhsF* 3, 218)

oder besser, er stellt die apriorische Struktur des Bedeutens vor. Als Beispiel wählt er die Beschreibung der Farben und sagt:

> Hier sind uns die Farben gleichsam freischwebende Lichtgebilde und Lichtgefüge – dort machen sie nicht sich selbst, sondern, durch sich hindurch ein anderes sichtig. Und auch in diesem Falle läßt sich nicht etwa ein indifferentes und gleichgültiges Substrat der Farbe überhaupt aufweisen, das späterhin in verschiedene Formen eintritt und hierdurch in mannigfacher Weise modifiziert wird. Es ergab sich vielmehr, daß die Farbphänomene selber, rein in ihrer phänomenalen Beschaffenheit schon von der Ordnung abhängig sind, in der sie stehen – daß ihre reine Erscheinungsweise durch eben diese Ordnung bestimmt wird. Wir suchen diese Wechselbestimmung dadurch zum Ausdruck zu bringen, daß wir für sie den Begriff und Terminus der ‚symbolischen Prägnanz' einführen. Unter ‚symbolischer Prägnanz' soll also die Art verstanden werden, in der ein Wahrnehmungserlebnis, als ‚sinnliches' Erlebnis, zugleich einen bestimmten nicht-anschaulichen ‚Sinn' in sich faßt und ihn zur unmittelbaren konkreten Darstellung bringt. (Cassirer, *PhsF* 3, 230–231)

Es ist klar, daß es aus einer solchen Sicht heraus keinen Sinn hat, von einfachen Wahrnehmungsdaten zu sprechen, denen nachträglich ‚apperzeptive Akte' aufgepfropft würden, die dann dazu dienten, sie zu deuten, zu beurteilen und umzuformen. Es ist vielmehr die Wahrnehmung selbst, die „kraft ihrer eigenen immanenten Gliederung eine Art von geistiger ‚Artikulation' gewinnt – die, als in sich gefügte, auch einer bestimmten Sinnfügung angehört" (Cassirer, *PhsF* 3, 231). Diese ist in ihrer vollständigen Aktualität, in ihrer Gesamtheit und Vitalität – so Cassirer – „zugleich ein Leben ‚im Sinn'"; ein Leben, das in diese Sphäre nicht etwa erst im Nachhinein aufgenommen wird, sondern ihr von Anfang an angehört: „Diese ideelle Verwobenheit, diese Bezogenheit des einzelnen hier und jetzt gegebenen Wahrnehmungsphänomens auf ein charakteristisches Sinn-Ganzes, soll der Ausdruck ‚Prägnanz' bezeichnen." (Cassirer, *PhsF* 3, 231). Der Begriff der ‚symbolischen Prägnanz'[29] soll also die besondere Beziehung ausdrücken, die zwischen Materie und Form besteht, bzw. die Konvertibilität der Materie aus einer besonderen Form des Bedeutens in eine andere Form, d.h. von einer Modalität des Bedeutens in die andere. In dieser Hinsicht stellt er zweifellos einen der Schlüsselbegriffe der Cassirerschen Philosophie dar und betont den wesentlichen Charakter der engen Beziehung zwischen der Identität einer einzelnen Wahrnehmung (oder ihrer

---

[29] Der Terminus stammt von Leibniz. Cassirer selbst bringt die Herkunft des Terminus ins Spiel, als er wenige Zeilen nach der Definition der symbolischen Prägnanz hinzufügt: „Wenn wir uns etwa, in einer Grund- und Hauptrichtung unseres Zeitbewußtseins, der Zukunft zuwenden und gleichsam in sie vorstoßen, so bedeutet dieser Vorstoß nicht, daß nur einfach zu der Summe der gegenwärtigen Wahrnehmungen, wie sie uns im Jetzt gegeben sind, ein neuer Eindruck, ein Phantasma des Zukünftigen sich zugesellt. Die Zukunft stellt sich vielmehr in einer völlig eigenen Weise der „Sicht" dar: sie wird von der Gegenwart her ‚vorweggenommen'. Das Jetzt ist ein zukunfterfülltes und zukunftgesättigtes Jetzt: *praegnans futuri* wie Leibniz es genannt hat." (Cassirer, *PhsF* 3,231)

einzelnen Momente) und ihrer Einordnung in allgemeine Zusammenhänge, in die Bedeutungswelten des menschlichen Bewußtseins, d.h. zwischen dem einzelnen und besonderen Erfahren und dem universellen Bedeuten. Es mutet daher seltsam an, daß Cassirer selbst in seiner *Philosophie der symbolischen Formen* nur an zwei Stellen direkt von symbolischer Prägnanz spricht.[30] Man muß sich aber der Meinung Schwemmers anschließen, der bemerkt:

> Angesichts der systematischen Bedeutung, die der symbolischen Prägnanz zugesprochen wird, scheint dies ein eher merkwürdiger Befund. Dieser Eindruck verliert sich aber, wenn man die Stellen zur symbolischen Prägnanz in den Zusammenhang all der Texte stellt, in denen Cassirer die Herausbildung der Identität von Bewußtseinsmomenten bis hin zu ihrem Gegenstandsbezug und dann auch noch weiter bis zum Aufbau der kulturellen Symbolismen und zur Entfaltung der symbolischen Formen darstellt. Die kurzen Abschnitte über die symbolische Prägnanz bilden in diesem Gesamtzusammenhang so etwas wie den Schlußstein, der die gesamte Analyse vollendet – und mit dem Ornament eines Titels versehen wird, der Cassirers geistige Ausrichtung, seine Auseinandersetzung mit den Werken bekannter Gestaltpsychologen seiner Zeit, dokumentiert. (Schwemmer 1997, 118)

Von Schwemmer stammt auch eine thematisch-schematische Synthese, die geeignet ist, den Begriff der symbolischen Prägnanz exemplarisch zu klären, und die ich hier anführen möchte:

> Die Erläuterung zur symbolischen Prägnanz läßt sich in einige Thesen aufteilen [...]: (1) *Im sinnlichen Erleben einer Wahrnehmung wird ein bestimmter nicht-anschaulicher Sinn dargestellt.* [...] (2) Die Darstellung eines bestimmten nicht-anschaulichen Sinnes im sinnlichen Erleben einer Wahrnehmung ist unmittelbar und konkret. [...] (3) Die Darstellung eines bestimmten nicht-anschaulichen Sinnes im sinnlichen Erleben einer Wahrnehmung gelingt durch die immanente Gliederung der Wahrnehmung. [...] (4) In ihrer Gliederung gewinnt die Wahrnehmung eine Art von geistiger Artikulation, die einer bestimmten Sinnfügung angehört. [...] (5) Die Einbettung eines einzelnen Wahrnehmungsphänomens in ein Sinn-Ganzes gehört von Anfang an zur Wahrnehmung. [...] (6) Jede Wahrnehmung ist in jedem ihrer Einzelzüge auf eine Sinnfügung ausgerichtet. [...] (7) Durch seine Ausrichtung auf eine Sinnfügung gewinnt das Wahrnehmungserlebnis seine objektive Wirklichkeit und Bestimmtheit, seine konkrete Fülle und zugleich damit auch seine feste, in sich geschlossener Form. (Schwemmer 1997, 119)

Auf der Basis dieser Bedeutungstheorie – deren Struktur so allgemein gefaßt ist, daß sie unter sich jeden besonderen Fall der einzelnen symbolischen Formen zu subsumieren vermag – läßt sich der tiefere Grund verstehen, aus dem Cassirer behauptet, daß alles Sinnliche schon sinngesättigt sei und daß

---

[30] Vgl. das der symbolischen Prägnanz gewidmete Kapitel *PhsF* 3, 230–233 und den der Pathologie der Dingwahrnehmung gewidmete Paragraph *PhsF* 3, 271–272.

nichts anderes existiere (d.h. erfahrbar sei) als ein ‚sinnhaftes Sinnliches', ein Sinnliches, das mit Sinn versehen ist („alles Sinnliche ist sinnhaft").[31]

Ebenso verständlich ist es, daß sich in dieser Sicht die Bewertung des Sinnlichen, des ‚Konkreten' von der in der Croceschen Philosophie grundlegend unterscheidet. Zwar gibt Cassirer zu, daß man aus phänomenologischer und erkenntniskritischer Sicht nicht zulassen kann, daß sich Stoffe und Formen, Phänomene und kategoriale Ordnungen miteinander verbinden, ebenso, wie es in der Mathematik unmöglich ist, gerichtete und nicht-gerichtete Größen zueinander zu addieren. Gleichwohl ist er vom folgenden überzeugt:

> Wohl aber kann nicht nur, sondern es muß jegliches Besondere im „Hinblick" auf solche Ordnungen bestimmt werden, wenn ‚Erfahrung' als theoretisches Gefüge entstehen soll. Die „Teilhabe" an diesem Gefüge gibt der Erscheinung erst ihre objektive Wirklichkeit und ihre objektive Bestimmtheit. Die „symbolische Prägnanz", die sie gewinnt, entzieht ihr nichts von ihrer konkreten Fülle; – aber sie bildet zugleich die Gewähr dafür, daß diese Fülle nicht einfach verströmt, sondern sich zu einer festen, in sich geschlossenen Form rundet. (Cassirer, *PhsF* 3, 237)

Die Ebene, auf der Cassirer sich bewegt, ist äußerst allgemein, fast ist man versucht zu sagen ‚äußerst transzendental': Die Sinnwahrnehmung ist nicht nur Bedingung der Möglichkeit der begrifflichen Erkenntnis, sondern geradezu der Erfahrung selbst, da eine Erfahrung ohne symbolische Prägnanz – einer Erfahrung, die nicht mit Bedeutung versehen wäre – keine Gesamtstruktur aufwiese und sich in die einzelnen Phänomene und Ereignisse auflöste.[32] Wie jede Theorie des Transzendentalen kann auch die Cassirers ihr Prinzip nicht auf etwas, das jenseits seiner selbst liegt, zurückführen, sie kann es nicht erklären; vielmehr muß sie es als ein *a priori* betrachten: sie kann es zeigen, angeben, definieren, aber sie kann es nicht begründen.

Ausgeprägt kritizistisch – und damit meine ich hier mehr den Kritizismus Humboldtscher denn den Kantscher Inspiration – ist folglich auch der Schlüssel zum Verständnis des Symbols als eines notwendigen oder wesentlichen Organs des Denkens. Das gleiche gilt für die Unterscheidung der ‚darstellenden' Funktion des Zeichens von der ‚bedeutenden' Funktion

---

[31] Als Beispiel für seine Theorie zieht Cassirer öfter die Betrachtung einer Zeichnung heran, die als Gesamtheit von Linien, welche eine Figur darstellen, wahrgenommen werden kann, als ästhetisches Produkt, als Hinweis auf eine magische und mythische Welt etc. (vgl. *SpSP*, 256–257; *LSB*, 211; *PhsF* 3, 220–221).

[32] Vgl. dazu auch Graeser, der mit Bezug auf Cassirer selbst anmerkt: „Die symbolische Beziehung [ist] innerlich an Strukturen gebunden […], die mit der begrifflichen Ordnung der Elemente gegeben sind. Sie ist dasjenige, was Referenz stiftet und Gegenstandsbezug ermöglicht." In der Cassirerschen Theorie spiele die Bedeutung eine so grundlegende Rolle, daß sie sogar die Bedingung der Referenz darstelle: „Nur durch die Vermittlung von Bedeutung ist die Referenz möglich." (Graeser 1994, 148)

und der Definition des Symbols als eines bedeutungstragenden Zeichens (die 1923 eingeführt und 1929 vertieft wurden):

> Denn das Zeichen ist keine bloß zufällige Hülle des Gedankens, sondern sein notwendiges und wesentliches Organ. Es dient nicht nur dem Zweck der Mitteilung eines fertiggegebenen Gedankeninhalts, sondern ist ein Instrument, kraft dessen dieser Inhalt selbst sich herausbildet und kraft dessen er erst seine volle Bestimmtheit gewinnt. Der Akt der begrifflichen Bestimmung eines Inhalts geht mit dem Akt seiner Fixierung in irgendeinem charakteristischen Zeichen Hand in Hand. So findet alles wahrhaft strenge und exakte Denken seinen Halt erst in der Symbolik und Semiotik, auf die es sich stützt. (Cassirer, *PhsF* 1, 16)[33]

4.2.2.4 Die zweite Phase der Croceschen Semiotik: Die dritte Ausgabe der *Estetica* und die *Logica*

Bei Croce wandeln sich die Merkmale des Begriffs ‚Stimulus' (und des Synonyms ‚Zeichen') deutlich zwischen der ersten und der dritten Auflage der *Estetica*. Wollte man den Grund dafür wissen, so müßte man ihn vor allem in Croces gewandelter Auffassung der Natur suchen, welche sich wiederum in den weiteren Rahmen der Konstitution des Systems der *Filosofia dello Spirito* einfügt, die Croce in jenen Jahren ausarbeitete.[34] X Croce selbst sagt dazu folgendes, als er im *Contributo* die Entwicklung seines Denkens beschreibt:

> In der harten Arbeit, die mich [...] die *Ästhetik* kostete, überwand ich jedoch in mir und für mich den Naturalismus und Herbartianismus, die mich noch gefangen hielten: d.h. ich überwand die naturwissenschaftlich gerichtete Logik durch jene der geistigen Stufen oder der Entfaltung, da ich in keiner andern Weise das Verhältnis von Wort und Logizität, von Phantasie und Intellekt, von Nutzen und Sittlichkeit zu verstehen vermochte; ich überwand die naturalistische Transzendenz auf dem Wege der Kritik, die ich in unabweisbarer Art an den literarischen Gattungen, der Grammatik, den Sonderkünsten, den rhetorischen Formen zu üben mich gezwungen sah, und erfuhr gleichsam handgreiflich, wie in die ausschließlich geistige Welt der Kunst die „Natur" eingeführt wird, eine Konstruktion des Menschengeistes selbst; so ebnete ich mir durch Leugnung der Realität der Natur in der Kunst den Weg dazu, sie allenthalben zu verneinen, da ich sie überall nicht als Realität, sondern als ein Erzeugnis des abstrahierenden

---

[33] Ferrari weist zu Recht darauf hin (1996, insbes. Kap. 6), daß Cassirer selbst (*PhsF* 1, 15-16) den unbestreitbaren Einfluß anerkennt, den die Leibnizsche Konzeption des Symbolbegriffs auf seine eigene ausgeübt hat: Indem er dem mathematischen und logischen Symbol Findungswert zuschrieb, hatte Leibniz in ihm die Möglichkeit erfaßt, über das rein Gegebene hinauszugehen, d.h. er hatte die allgemeine in der Funktion der Symbolisierung enthaltene Problemstellung verstehen und dem Plan seiner *Characteristica universalis* einen zutiefst philosophischen Wert verleihen können.

[34] Croce selbst räumt im Vorwort zur dritten Auflage der *Estetica* (1907) ein: „Gewiß, diese drei Bände [sc. der *Filosofia dello Spirito*] sind nicht auf einmal konzipiert und geschrieben worden; wäre dies der Fall, so würde ihre Ordnung und Anlage teilweise anders geworden sein. Als ich den ersten Band schrieb, dachte ich nicht daran, ihm die beiden Begleiter zu geben, die ich ihm später hinzugesellt habe." (Croce, *Aesth*, LV)

> Gedankens entdeckte. Was ich endlich später den Dualismus der Werte nannte und von dem Dualismus zwischen Geist und Natur säuberte, wurde von mir dank der Folgerung überwunden, zu der ich durch das Studium des Kunsturteils wie jeder anderen Urteilsform gelangte: daß der wahre Gedanke einfach der Gedanke selbst sei, der schöne Ausdruck Ausdruck schlechthin, und so weiter. (Croce, BKM, 32-33)[XI]

Dabei ist auch zum Beleg der oben aufgestellten These interessant festzustellen, wie, gleichsam direkt proportional zur Affirmation und Stabilisierung des Systems, die kritischeren Reflexionen über den sozialen Aspekt der Kommunikation als – nunmehr in die utilitaristisch-pseudokonzeptuelle Sphäre verwiesenen – Gegenpart zum sprachlich-ästhetischen Akt zurück ins Dunkle treten.

Der zunehmenden Auflösung des in den *Tesi fondamentali* noch anzutreffenden Dualismus zwischen Natur und Geist, die sich hauptsächlich daran zeigt, daß die äußere Natur in der praktischen Dimension des Geistigen aufgeht, treten nun zwei Begleitphänomene zur Seite: Einerseits wird der ‚Eindruck' mit dem ‚Ausdruck' identifiziert, wobei der erstere eine Reinigung von seinen naturalistischen Residuen, von seiner passiven Natur erfährt;[35] andererseits verändert sich der Status des Stimulus und mithin des Zeichens, das nun definiert wird als eine durch den abstrakten Intellekt fixierte Beziehung von Ursache und Wirkung. Was sich ändert ist in der Tat die ganze Art der Auffassung von der Äußerung (*estrinsecazione*) als äußerlichem Stoff der Intuition-Expression, die gegenüber letzterer die Funktion des Stimulus hat. Das Ergebnis einer solchen Transformation hätte Croce ohne weiteres auf einen ähnlichen Entwicklungsweg führen können wie den von Cassirer durchschrittenen. Doch drängt es Croce gerade in die entgegengesetzte Richtung: zur Leugnung jedes – es sei denn des rein praktischen – Wertes der Empirie und folglich zu deren Ausschluß aus dem Prozeß des Bedeutens. Der Begriff der Materie und der physischen Realität, in welche die Stimuli eingehen, verliert in der Tat eben diese seine Physizität und bezeichnet keine effektive Wirklichkeit mehr, sondern stellt einen durch Abstraktion und zu einem bestimmten – praktischen – Zweck gebildeten Begriff dar:[36]

> Die von der praktischen Aktivität unterschiedene ästhetische Aktivität ist bei ihrer Entfaltung immer von der anderen begleitet. [...] Aber diese praktische Seite

---

[35] Der ‚Inhalt' – um hier einen Terminus zu verwenden, den der Croce der *Tesi fondamentali* noch von der ‚Form' trennte, der Inhalt der Ausdrücke also wird der natürlichen Äußerlichkeit entzogen und in den Bereich des Geistes verlagert, wo er mit dem Empfinden identifiziert wird. Man vgl. hierzu Salucci (1987, 38) bezüglich der Mittlerrolle, welche zwischen den *Tesi fondamentali* und der 3. Auflage der *Estetica* die *Lineamenti* spielen, wo Croce neben die Bedeutung der Natur als untere Ebene der Realität auch die der pseudokonzeptuellen Fiktion stellt.

[36] Salucci (1987, 40) macht darauf aufmerksam, daß die den physischen Stimuli oder Zeichen zunehmend entzogene objektive Realität als erste Konsequenz die Klärung der pseudobegrifflichen Natur der sprachlichen Verfahren hat.

> der ästhetischen Aktivität ist ihrerseits vom Physischen oder Psychophysischen begleitet, das in Lauten, Tönen, Bewegungen, Kombinationen von Linien und Farben besteht usw. Besitzt sie dieses wirklich? oder scheint es nur so, daß sie dies infolge jener Konstruktion besäße, die wir in der physischen Wissenschaft daraus errichten, oder auf Grund der bequemen und willkürlichen Methoden, von denen wir schon mehrfach hervorgehoben haben, daß sie den empirischen und abstrakten Wissenschaften eigen sind? Unsere Antwort kann nicht zweifelhaft sein, d. h. sie muß der zweiten dieser beiden Hypothesen zustimmen. [...] Allein der Hinweis möge genügen, um zu verhindern, daß aus unserer Erwähnung des physischen Elementes als etwas Objektivem und Existierenden, die aus Gründen der Einfachheit und des gewöhnlichen Sprachgebrauchs geschieht, voreilige Schlüsse über die Begriffe und die Beziehung zwischen Geist und Natur gezogen werden. (Croce, *Aesth*, 99)[XII]

Der Begriff des Zeichens – obwohl weiterhin in klarer Opposition zum Begriff des Ausdrucks – wird entmaterialisiert, wird zunehmend vergeistigt: die physischen Stimuli oder Zeichen gleiten sozusagen auf die praktischgeistige Ebene hinüber und werden als Pseudobegriffe interpretiert, die für das Leben des Menschen nützlich und wertvoll sind, aber ohne Erkenntniswert und von den Begriffen völlig verschieden.

Die Tatsache, daß die Definition des Zeichens sich zugleich verlagert hat – indem sie sich immer mehr zum sprachlichen Zeichen spezifiziert – führt ferner zur Klärung der pseudobegrifflichen Natur der sprachlichen Fakten und Verfahren im üblichen Verständnis. Letztere verbleiben in klarer Opposition zu den linguistisch-ästhetischen Fakten zur ‚wahren' Sprache, welche – als fließende Schöpfung des Geistes – keineswegs als Zeichen aufgefaßt werden kann oder darf, sondern als Bild, das bedeutend ist, das heißt, so Croce, als Zeichen seiner selbst. Dagegen setzt das Zeichen, in dem der Mensch mit dem Menschen übereinkommt, das Bild voraus und darum auch die Sprache in ihrem wahren Sinne. Wenn man die Koinzidenz von Kunst und Sprache annimmt, wenn man versteht, was die Sprache *wirklich* ist, dann muß man die irrige Idee aufgeben, das Wort sei entweder etwas Natürliches und Mechanisches oder ein dem Gedanken aufgeklebtes Zeichen, man muß überhaupt den Begriff des Zeichens aufgeben und die aktive ausdrückende Phantasie entdecken, die Wortphantasie, die Sprache als Ausdruck der Intuition und nicht des Intellekts:

> Es wird nicht mehr [...] nötig sein, zwischen Bild und Zeichen absurde Parallelismen zu konstruieren oder mystische Hochzeiten zu begehen; vorausgesetzt, daß die Sprache nicht mehr als Zeichen aufgefaßt wird, sondern als Bild, das bedeutungsvoll ist, d.h. Zeichen in sich selbst und damit farbiges, tönendes, singendes, artikuliertes Bild. Das bedeutungsvolle Bild ist das unmittelbare Werk der Phantasie, während das Zeichen, das auf Vereinbarung zwischen den Menschen beruht, das Bild und somit die Sprache voraussetzt; wenn man das Sprechen unbedingt mittels des Zeichenbegriffs erklären will, ist man schließlich genötigt, auf Gott zurückzugreifen als den Geber der ersten Zeichen. Das heißt nur wieder in anderer Weise die Sprache voraussetzen, indem man sie ins Unerkennbare verweist. (Croce, *BdÄ*, 40)[XIII]

Dieser Gegensatz zwischen Zeichen und Ausdruck, zwischen Konvention und Phantasie bedeutet, daß Croce sich jeder Linguistik widersetzen muß, die nicht in der Ästhetik aufgeht: gerade also der Linguistik seiner Zeit, jener Linguistik der *langue*, welche die Sprache als System von Zeichen und bloßes Mittel der Kommunikation auffaßt. In der Tat, neben den bisher genannten Verständnisarten des Terminus ‚Zeichen' – nämlich als die Stimuli generell, welcher Natur auch immer, und als eine besondere Art von Stimulus, die der sprachlichen Äußerung – muß nun noch eine andere, angeführt werden, die Croce polemisch verwendet: das Zeichen als Untersuchungsgegenstand der abstrakten Wissenschaft der Sprache, der Wissenschaft der Linguisten.

Um jedoch nicht in eine Fehlinterpretation der Croceschen Sprachtheorie zu verfallen, muß jedenfalls vorab gesagt werden, daß Croce, wenn er die Identität von Sprache und Kunst behauptet, sicher nicht beabsichtigt, die Intuition mit dem zu identifizieren, was man üblicherweise unter ‚Wort' versteht. Das heißt, er will damit keineswegs sagen, daß die phonetischen, morphologischen, syntaktischen und semantischen Elemente der Sprache poetisch, also Frucht einer poetischen Schöpfung (Intuition-Expression) seien. Für Croce sind vielmehr – wohlgemerkt allerdings für den Croce der *Estetica* – die Phoneme, die Moneme, die Silben, die Wörter und ihre Bedeutungen, die Einheiten und Funktionen der Sprache Abstraktionen, es sind Pseudobegriffe. Die Elemente, die linguistischen Einheiten der Grammatik oder der Lexikographie sind in der Tat für Croce Produkte der abstrahierenden, schematisierenden Aktivität der Individuen, es sind „‚pseudobegriffliche Fiktionen', geformt von praktischer Aktivität zum Zweck der praktischen Aktivität des Unterrichts" (vgl. De Mauro a1964, 94). Dies will besagen – und nochmals muß dieses hier betont werden –,[37] daß Croce weit davon entfernt ist, behaupten zu wollen, daß irrationale, phantastische Motive bar jeder Logik bei der Bildung und Transformation der linguistischen Elemente im üblichen Verständnis der zeitgenössischen Sprachwissenschaft am Werk gewesen seien. Besagen will es hingegen, daß man in der Croceschen Sprachtheorie effektiv unterscheiden kann zwischen einer ‚wahren Sprache' und einer ‚falschen', praktischen und nicht theoretischen, besser noch, einer zergliederten und zu praktischen Zwecken klassifizierten Sprache, zwischen einer Sprache der Philosophen und einer der Linguisten.

Das, was Croce ‚wahre Sprache' nennt, ist eine Kategorie des Geistes, weil es mit der Intuition-Expression identisch ist. Daher obliegt ihre Untersuchung der philosophischen Wissenschaft der ‚intuitiven' Kategorie (der des Individuellen): der Ästhetik. Die zweite Art, die Sprache zu

---

[37] Mehr als dreißig Jahre nach seinem ersten diesbezüglichen Kommentar (1964, 90–92), weist De Mauro erneut darauf hin, und zwar in seinem Vortrag bei den „Giornate di Studio: Cent'anni dall *Estetica* di Benedetto Croce. Filosofia, Estetica e Linguistica", Rom, 12. – 13. November 2002.

verstehen – der er noch nicht einmal den Namen Sprache eigentlich zuerkennt – gehört für Croce zum Bereich der Praxis. Er stellt dar, was den praktischen Bedürfnissen der Menschen entspringt: die Entitäten, die sich mittels solcher Abstraktionen gewinnen lassen, sind pseudokonzeptuelle Fiktionen, die einen anderen Grad der Realität besitzen als der intuitiv-expressive Akt, die für die Bedürfnisse des ‚normalen' menschlichen Lebens durchaus wertvoll sind, aber nicht universell wahr. Wahre und wirkliche universelle Entität ist einzig der undifferenzierte Begriff der Intuition, ist die Kategorie der Intuition selbst (vgl. auch De Mauro a1964, 103).[38]

Gegen die ‚falsche' Sprache der Philologen und Linguisten spart Croce nicht an polemischen Worten. Gleichwohl bemüht er sich (wie aus Anlaß seiner Definition der Pseudobegriffe in der *Logica* gezeigt wurde) um eine differenziertere Darstellung seines Urteils:[39] [XIV] Er bemerkt, daß die Lautgesetze, wie auch die Grammatik, als schwerer Fehler der Sprachtheorie angesehen werden können, zugleich aber auch als legitim und nützlich, je nach der Weise, wie sie aufgefaßt werden:

> Die Lautgesetze sind legitim und nützlich, [...] wenn sie uns lediglich dazu dienen, komprimiert und approximativ bestimmte Unterschiede aufzuweisen, die sich in den Sprachen beim Vergleich zwischen verschiedenen Zeiten und Völkern feststellen lassen. Ihre Nützlichkeit ist in diesem Falle die gleiche wie die der Grammatik; ja, im innersten sind sie eigentlich nichts anderes als Grammatik. [...] Wenn man hingegen ihren willkürlichen und bequemlichkeitsbedingten Ursprung vergißt und jene Gesetze wie wirkliche Gesetze des Sprechens behandelt und betrachtet, dann verfällt man dem Irrtum. (Croce, *PdE* 1, 174)[XV]

In der Tat gehorcht der Mensch nach Croce beim Sprechen nicht den Lautgesetzen, sondern den Gesetzen des ästhetischen Geistes, welcher allein ihn jedes Mal den adäquaten Ausdruck zur Vermittlung dessen finden läßt, was er in seinem Sinn bewegt. Und zwar ist dieser Ausdruck immer neu, da das zum Ausdruck drängende Gefühl immer neu ist. Ein unverzeihlicher Fehler wäre es daher, die Lautgesetze als reale Gesetze zu betrachten. Denn

---

[38] Zu den Pseudobegriffen vgl. auch Kap. 2 und 3.
[39] In der *Estetica* (vgl. 176 ff.) erklärt Croce an verschiedenen Stellen seine Auffassung, vermutlich auch unter dem Einfluß seines von gegenseitiger Wertschätzung und Freundschaft gekennzeichneten Verhältnisses zu Vossler. In dem der Kommunikation gewidmeten Abschnitt wird sich zeigen, wie sich die Meinung Croces hierzu im Lauf der Jahre wandelt und daß seine ‚differenzierte' Bewertung der philologischen Studien nach und nach in eine regelrechte Aufwertung einmündet. Auch an anderer Stelle bemerkt Croce: „Wohlgemerkt: nicht nur habe ich nie gesagt, sondern es ist überhaupt unzulässig zu sagen – und zwar, weil es noch vor der Wissenschaft der gesunde Menschenverstand verbietet –, daß diese Betrachtung des Einzelwortes an sich willkürlich und sinnlos sei. Vielmehr ist diese Betrachtung mit gutem Recht immer vorgenommen worden und wird weiterhin vorgenommen, wann immer man nach der Etymologie der Einzelwörter und nach den verschiedenen Veränderungen sucht, denen sie im Laufe der Geschichte unterworfen waren, so daß sie zuweilen beinahe unkenntlich wurden, außer für das kundige und wohlgerüstete Auge des Sprachforschers." (Croce, *LdP*, 248)

es hieße, den unzulässigen Übergang von den empirischen zu den philosophischen Begriffen zu vollziehen, den Grundirrtum des Empirismus und des Materialismus.

Analog kann auch die Grammatik auf zwei voneinander beträchtlich verschiedene Weisen verstanden werden: Abzulehnen ist eine Auffassung von Grammatik, die dazu verleitet, an das zu glauben, das Croce das Vorurteil nennt, nach dem die Wirklichkeit der Sprache in isolierten, miteinander kombinierbaren Wörtern bestehe und nicht in lebendiger Rede, in „rational nicht teilbaren Organismen des Ausdrucks". Völlig anders verhält es sich hingegen, wenn die Grammatik als rein empirische Disziplin aufgefaßt wird, als Zusammenstellung von zur Spracherlernung nützlichen Schemata „ohne jeden Anspruch auf philosophische Wahrheit". In diesem Fall hält Croce auch die Abstraktionen der Redeteile, bei Anerkennung ihrer rein pseudobegrifflichen Natur, für „zulässig und hilfreich".

Linguisten und Philologen haben also die Wahl: Entweder betrachten sie sich als einfache Wissenschaftler und verzichten darauf, ihren Forschungsradius über die – empirischen – Grenzen der eigenen Disziplin auszudehnen, oder aber sie wenden sich an die Philosophen. Wenn sie sich aber in der Tat als „philosophisch begabt" erweisen und die Fragen nach der wahren Sprache wirklich vertieft haben, dann können sie nicht umhin, sich „in der Lage von Tunnelarbeitern [wiederzufinden]: an einem gewissen Punkte müssen sie die Stimmen ihrer Kameraden, der Philosophen der Ästhetik, hören, die auf der anderen Seite angefangen haben" (Croce, *Aesth*, 160).[XVI]

Allerdings muß hier angemerkt werden, daß sich die Crocesche Einstellung bezüglich der den Forschungen der Sprachwissenschaftler anzuvertrauenden Aufgaben und des ihnen zuzugestehenden Wertes im Laufe der Zeit schrittweise, parallel zu seiner Einstellung bezüglich der ‚Fakten der Sprache' selbst verändert. Der Anerkennung ihrer Nützlichkeit unter den empirischen Gesichtspunkten des Lebens – bzw. ihre Auffassung als Pseudobegriffe – tritt immer mehr die Idee ihrer sozialen Notwendigkeit zur Seite. Im Rahmen der revidierten Rolle von Dichtung und Literatur als „Lehrmeisterin des Menschengeschlechts", wie sie in *La Poesia* ihren Ausdruck findet, werden sie eine neue Deutung erfahren.

4.2.2.5 Die dritte Phase der Croceschen Semiotik: *La Poesia* und die Schriften der Reifezeit

Die ästhetische Natur der Sprache zeigt Croce affirmativ in der *Estetica*, durch Negation hingegen, also durch den Erweis ihrer Nicht-Zugehörigkeit zur Sphäre der Logizität, in der *Logica*. Seiner Meinung nach vermag das Vorurteil der substantiellen Identität von Sprache und logischem Denken nicht die Natur der nicht logisch konstituierten sprachlichen Elemente zu erklären. Denn wenn man der Sprache logische und nicht ästhetische Natur zuspräche, müßte man annehmen, daß sie das Universelle, den Begriff, ausdrückte und nicht das Individuelle. Hieraus aber würde die Unmöglichkeit folgen, ihr die Dichtung einzuschreiben, welche Ausdruck des Individuellen ist. Und für Croce, der die ästhetische Sphäre der Intuition als die des Individuellen und die logische Sphäre des Begriffes als die des Universellen nicht nur streng voneinander getrennt hält, sondern beide auch intern noch systematisch in Stufen ordnet, ist offensichtlich, daß das Individuelle durch das Universelle nicht ausgedrückt werden kann.[40]

Gerade bei der Behandlung der definitorischen und der individuellen Urteile findet man nun eine weitere Verlagerung, genauer gesagt, eigentlich eine völlig neue Verwendung des Begriffs ‚Zeichen'.[41] Wiederum taucht dieser im Zusammenhang mit dem des Ausdrucks auf, genauer, er soll einem an diesem festzustellenden Mangel abhelfen.

Logisch denken heißt zugleich sprechen; denn – so Croce – ein nicht ausgedrückter Gedanke, ein logischer Gedanke, für den sich kein Ausdruck finden ließ, ist kein Gedanke. Dies folgt kohärent aus der These, daß, während die ästhetische Form des Geistes unabhängig von der logischen ist, letztere es hingegen von der ersteren nicht ist: Die logische Erkenntnis, die eine Erkenntnis über Begriffe ist, setzt die Intuitionen, Anschauungen voraus, welche vom Denken unabhängig sind. Wenn aber einerseits der Gedanke die Intuitionen-Expressionen schon vorfinden muß und ihm die Sprache insofern zur Voraussetzung wird, hat andererseits aber der Gedanke selbst eine eigene Expressivität, der Ausdruck ist eine Bestimmung seiner selbst. In der Tat gehört der Begriff zur theoretischen Form des Geistes, und wenn er keinen eigenen Ausdruckscharakter hätte, dann wäre er nicht „Erkenntnisleistung", sondern „nur ein wortloser geistiger Akt, wie das, an sich genommen, das praktische Verhalten wäre." (Croce, *LWB*, 27)[42] Nun besteht der Ausdruck des Begriffs im definitorischen Urteil, in der Definition und, sagt Croce, ein Urteil ist ein Ausdruck, insofern es vom Begriff bestimmt ist. Der Ausdruck kann von zweierlei Art sein: entweder

---

[40] Vgl. gerade hierzu die Kritik Croces an Hegel.
[41] Salucci (1987, 54) weist darauf hin, daß die Sprachphilosophie Croces seiner Logik „eine schwere Hypothek" auferlege, die bis in ihr eigentliches Zentrum reiche. Die beiden eigentlichen Merkmale der Croceschen Logik leiteten sich aus seiner Kritik am Verbalismus der formalen Logik her: die Aufgabe der Unterscheidung zwischen Begriff, Urteil und Schluß zugunsten einer einzigen universellen logischen Form und die Zusammenführung des definitorischen und des individuellen Urteils, welche die Grundlage einer Theorie der Einheit von Philosophie und Geschichte bilden.
[42] Ich beziehe mich auf die zweite, vollkommen überarbeitete Ausgabe der *Logica* und nicht auf die *Lineamenti*. Die Wichtigkeit dieses Übergangswerks möchte ich keineswegs in Abrede stellen. Aus ökonomischen Gründen beschränke ich mich hier darauf, einige Innovationen zwischen den beiden Formulierungen der Croceschen Logik anzudeuten: die Behauptung der Identität des definitorischen Urteils und des Individualurteils, die theoretische Präzisierung der Relation zwischen Begriffen und Pseudobegriffen, die (Neu)definition der Natur und des Wesens des Begriffs auf der Grundlage der Ergebnisse, zu denen Croce durch die von ihm vorgenommene Differenzierung zwischen der Dialektik des Entgegengesetzten und der Verbindung des Distinkten gekommen war. Zu einer eingehenden Analyse des Themas vgl. Sasso a1996.

reiner Ausdruck des Begriffs, bzw. Ausdruck nur des Begriffs oder aber begrifflicher Ausdruck der Individualität. Da aber der Ausdruck, wie Croce immer wieder betont hat, Individualität ist, ist auch das definitorische Urteil, allein dadurch, daß es sich ausdrückt, Individualität. Croce steht daher vor einer großen Schwierigkeit: Die auf den Ausdrucksbegriff gegründete Sprachtheorie ist unfähig, begriffliche Inhalte auszudrücken, ohne in Widerspruch mit sich selbst zu geraten oder ihr – ureigenstes – Wesen aufzugeben. Denn in der Tat: Da es für das Universelle unmöglich ist, das Individuelle auszudrücken, ist auch das Individuelle nicht in der Lage, die Universalität auszudrücken. Das Modell des Ausdrucks ist in der Krise. Und diese Krise erschüttert die Beziehungen zwischen Logik und Ästhetik und droht, das ganze System zum Einsturz zu bringen.

Auf diese Krise reagiert Croce, indem er auf die interne Struktur des Zeichens zurückkommt, welche dadurch gekennzeichnet war, daß der Bedeutensprozeß in zwei Ebenen aufgespalten wird.[43] Zwar verwendet Croce weiterhin eine mit seinem System kompatible Terminologie, indem er von ästhetischem Ausdruck spricht (wenn das Individuelle das Individuelle ausdrückt) und von ‚Ausdruck des Begriffs' (wenn das Individuelle das Universelle ausdrückt). Aber damit der Ausdruck den Begriff ausdrücken kann und einen universalen ihm heterogenen Inhalt zu übermitteln vermag, muß er seine innere Struktur ändern, muß er eben zum Zeichen des Begriffs werden und jene Identität von Form und Inhalt aufgeben, die ihn stets charakterisiert und ihn zum Zeichen in Opposition gesetzt hatte:

> Der Begriff, [44] das Universale ist an sich, abstrakt betrachtet, nicht auszudrücken. Kein einziges Wort ist ihm eigen. Dies ist so weitgehend wahr, daß der logische Begriff trotz aller Veränderungen seiner verbalen Formen immer derselbe bleibt. Gegenüber dem Begriff ist die Expression ein einfaches Zeichen oder *Indicium*: sie kann nicht fehlen, eine Expression muß vorhanden sein; aber welche Expression es sein muß, ob diese oder jene, das wird durch historische oder psychologische Bedingungen des redenden Individuums bestimmt: die Qualität der Expression wird nicht aus der Qualität des Begriffs deduziert. (Croce, *Aesth*, 46)[XVII]

Diese Lösung des Dilemmas erweist sich indes als wenig befriedigend, sogar für Croce selbst, dem es nicht gelingt, die Notwendigkeit einer Grundklärung der Beziehung zwischen den beiden Ausdrucksformen zu verdrängen. In der Tat kreisen die Überlegungen über die Sprache, die hin zur letzten Phase des Croceschen Denkens führen, hauptsächlich um zwei Problemkerne. Der eine geht aus, wie soeben gesehen, von der Reflexion um Themen eher logisch-ästhetischer Art: Kann der Ausdruck, so wie er in der *Estetica* strukturiert ist, wirklich nicht ästhetisch-individuelle Inhalte darstellen bzw. bedeuten und sich infolgedessen aufspalten, die Identität von Form und

---

43 Vgl. hierzu Salucci 1987; zu einer anderen Interpretation kommt Maggi 1994.
44 Es handelt sich hier um die dritte Auflage der *Estetica*, die kurz vor der *Logica* erschien. In letzterer finden sich allerdings Anzeichen, die auf das gleiche Problem hinweisen oder vielleicht sogar auf eine noch grundsätzlicher empfundene Form des Dualismus.

Inhalt verlieren? Und vor allem, ist der so verstandene Ausdruck wirklich in der Lage, alle Möglichkeiten der Sprache auszuschöpfen? Der zweite Problemkreis, der bei der Reflexion über die Rolle der Kommunikation und ihre Beziehung zum kreativen Ausdrucksakt herangereift war, betrifft vornehmlich den ethischen Teil der Croceschen Spekulation. Denn er ergibt sich aus der Entwicklung von Croces Anschauungen bezüglich der sozialen Gebräuche, der menschlichen Institutionen und des allgemeinen Verhältnisses zwischen dem Moment der Theorie und dem der Praxis.

Was nun den ersten der theoretischen Kerne betrifft, bei denen Croce seine Sprachtheorie revidiert, so kann dazu gesagt werden, daß die Reflexion des Autors über den Begriff des Ausdrucks und über die Möglichkeit, die *ganze* Sprache – alle Möglichkeiten der Sprache und alle Bedürfnisse des Menschen an und in der Sprache – unter die einheitliche Definition der Linguistik als Ästhetik zu subsumieren, seine Schriften nach der *Logica* charakterisiert und bedrängt. Sie gelangt erst in *La Poesia* zu einem neuen Ausgleich. Hier erfährt die Sprachtheorie Croces in der Tat eine radikale Änderung. Und der Begriff des Zeichens nimmt nun einen autonomen theoretischen, von dem praktisch-pseudobegrifflichen verschiedenen Status an, der von dem des Stimulus entschieden getrennt und in Opposition zu dem des Wortes gestellt wird.

Bei der systematischen Erforschung der Beziehung zwischen Dichtung und Literatur untersucht Croce den Begriff des ‚literarischen Ausdrucks' im Vergleich zu den „vier anderen Ausdrucksformen, von denen man gewöhnlich spricht, dem e m o t i o n a l e n oder unmittelbaren Ausdruck, dem d i c h t e r i s c h e n, dem p r o s a i s c h e n und dem p r a k t i s c h e n oder rhetorischen Ausdruck" (Croce, *Dic*, 26). Die Untersuchung des emotionalen Ausdrucks bietet, anders als die des eigentlichen geistigen, keine größeren Überraschungen. Der Autor kommt zu seiner Kennzeichnung auf die Definition des natürlichen Ausdrucks zurück: Dieser ist kein Ausdruck im eigentlichen Sinne, da er es weder in praktischer, noch in theoretischer Hinsicht ist und mit Hilfe von Symptomen erfolgt. Der rhetorische Ausdruck hingegen, der geistiger Natur, seinem inneren Aufbau nach aber praktisch und nicht theoretisch ist, bedient sich der artikulierten Laute,[45] um bestimmte Gemütszustände hervorzurufen.[46] XVIII

---

[45] Es sei daran erinnert, daß es der Bereich der Praxis ist, welcher die Pseudobegriffe schafft und sich ihrer bedient. Zuvor waren diese mit den Zeichen im allgemeinen identifiziert worden, jetzt nur noch mit den begrifflichen.

[46] Alles entwickelt sich nach dem Zyklus des Systems der Aktivitäten: „Der rhetorische Ausdruck hat uns mitten in den praktischen Bereich des Willens und der Tat geführt; auf logischem Wege sind wir dahin gelangt. Ausgegangen sind wir dabei vom Gefühl und seiner natürlichen Ausdrucksform, dann sind wir übergegangen zu Intuition oder Phantasie, die es zu einem Bild und zu einem entsprechenden Wort formt und diese in Dichtung verwandelt; von hier aus kamen wir zum Gedanken, welcher die Welt der Bilder realisiert und sie beurteilt, und vom Gedanken sind wir zur Tat fortgeschritten, die über die so erkannte Welt hinausgeht und eine neue Realität schafft." (Croce, *Dic*, 25)

Nur dem poetischen Ausdruck gesteht Croce die reine Ästhetizität zu, die Unmittelbarkeit, die Fähigkeit, das Partikuläre mit dem Universellen zu verknüpfen,[47] [XIX] aber von diesem – und das ist die große Neuerung – unterscheidet er klar den prosaischen Ausdruck. Und gerade bei der vergleichenden Betrachtung des poetischen und des prosaischen Ausdrucks läßt sich die weitere Veränderung von Croces Auffassung des Zeichens am besten erfassen. Denn der Prosaausdruck ist in der Tat Zeichen und nicht Wort, was hingegen der poetische Ausdruck ist, von dem er sich unterscheidet wie der Gedanke von der Phantasie, wie das Philosophieren vom Dichten:

> Wenn nun das Denken keine andere Funktion hat, als die Bilder des Realen von denen des Irrealen zu scheiden, und nicht selber die Bilder herstellt, die als solche der Stoff sind, den die Phantasie und die Dichtung ihr liefern, dann besteht der prosaische Ausdruck, anders als der dichterische, nicht im Ausdruck von seelischen Regungen und Gefühlen, sondern in gedanklichen Bestimmungen, nicht in Bildern also, sondern in Symbolen oder begrifflichen Zeichen. [...] Als Symbol oder Zeichen ist der Prosaausdruck nicht Wort, wie andererseits die natürliche Äußerung des Gefühls nicht Wort ist; Wort im eigentlichen Sinne ist nur der dichterische Ausdruck. (Croce, *Dic*, 16–18)[XX]

An diesem Punkt der Reflexion Croces wird also die Sprache gleichsam aufgespalten. Zwar beharrt Croce weiter darauf, daß „die Dichtung die Sprache in ihrem wahren Wesen" sei, daß ihre Natur nicht mit Interjektion, Onomatopöie, sozialer Konvention verwechselt werden kann und darf. Aber gerade in dem Moment, als er die Möglichkeit leugnet, daß die wahre Sprache, die Dichtung, zum „Instrument der Praxis und der Nützlichkeit" herabsinken könne, ist er gezwungen, zuzugeben, daß eben diese als etwas anderes existiert, und ihren historischen und sozialen Wert anzuerkennen. Diese Veränderung der Wesensmerkmale des Systems spiegelt sich nun abermals in der Modifizierung der Züge seines Zeichenbegriffs.

Die folgende Tabelle gibt eine schematische Zusammenstellung der sich wandelnden Definitionen des Zeichens in den verschiedenen Phasen des Croceschen Denkens:

---

[47] „Streng genommen wohnen Inspiration und Genialität und das ‚Quid divinum' jedem Menschen und jedem menschlichen Werk inne, sonst wären sie nicht wirklich menschlich. Aber die Bedeutung, die diese Wesenszüge im dichterischen Werk zu erhalten scheinen, beruht auf der Ausweitung des Individuellen ins Universale, des Endlichen ins Unendliche, welches in der Praxis und im Gefühlsleben nicht oder nicht in dieser Form existiert; dort vollzieht sich die umgekehrte Bewegung, die zwar das Denken und die Philosophie kennt, aber indirekt und durch die Dichtung vermittelt." (Croce, *Dic*, 11)

Das Zeichen und seine Beziehung zur Sprache 207

	ZEICHEN Trennung Inhalt – Form	AUSDRUCK Identität Inhalt – Form	
1. PHASE (*Tesi fondamentali* – *Estetica* 1. Aufl.) ⇨ Dualismus Natur – Geist ⇨ Erster Entwurf des Systems ⇨ Ästhetik = Linguistik	⇨ Natur: Konkretes Material des Kunstwerks (der Sprache) ⇨ Historische Bedingungen des Kunstwerks	⇨ Theoretischer Bereich des Geistes ⇨ Eindruck (*Intuizione*) = Ausdruck (*Espressione*) ⇨ Ästhetik, Erkenntnis des Individuellen (Kunst = Sprache)	
2. PHASE (*Estetica* 3. Aufl. – *Logica*) ⇨ Auflösung des Dualismus ⇨ System (theoretische – praktische Sphäre) ⇨ Ästhetik = Linguistik ⇨ Probleme im Bereich der Logik und der Ästhetik	⇨ Vergeistigung des Zeichens: Schema, Pseudobegriff ⇨ Praktischer Bereich des Geistes ⇨ nützlich aber ‚falsch' (Kommunikation)	⇨ Geistiger intuitiv-expressiver Akt ⇨ Theoretische Bereich des Geistes ⇨ ‚wahr' ↙ Ausdruck des Begriffs (Individuelles drückt Universelles aus) ⇨ Ausdruck = Zeichen des Begriffes	↘ ästhetischer Ausdruck (Individuelles drückt Individuelles aus)
3. PHASE (*La Poesia* – Schriften der Reifezeit) ⇨ Umstrukturierung der Beziehung zw. Theorie und Praxis (Neubewertung der Praxis im System) ⇨ Pseudobegriff ist Gesetz geworden (willensmäßige Gewohnheit) ⇨ Neubewertung der Kommunikation ⇨ Ästhetik nicht mehr identisch mit Linguistik		Unpoetischer (prosaischer, rhetorischer, usw.) Ausdruck ⇨ Zeichen	Poetischer Ausdruck ⇨ Wort ⇨ Kunst = nicht die ‚ganze' Sprache

Croces spekulatives Denken – und zwar nicht nur der speziell mit der Sprache befaßte Teil davon – räumt dem Sprachvermögen und der Einzelsprache im Verlauf der Jahre eine stetig wachsende historische und soziale Bedeutung ein. Der Versuch, für die Sprache im System des Geistes eine Stelle zu finden, welche das erreichte Gleichgewicht nicht wieder in Frage stellt, ist zweifellos kein leichtes Unterfangen:

> Aber die Sprache ist niemals verdorben und hat niemals ihre dichterische Beschaffenheit verloren (das hätte gegen ihre Natur verstoßen); diese imaginäre Gebrauchssprache ist nichts anderes als der Komplex der unpoetischen Ausdrucksformen, d.h. der emotionalen und prosaischen und schließlich der rhetorischen. (Croce, Dic, 18)[XXI]

In dieser Phase des Croceschen Nachdenkens über die Sprache rückt nun jener Punkt ins Licht, an welchem sich die erwähnte Polemik zwischen De Mauro und Coseriu entzündete (vgl. auch 1.3.2.2.2). Die wahre Sprache, von der Croce in *La Poesia* spricht, ist nun nicht mehr die ‚ganze' Sprache, ist nicht mehr der Ausdruck in seiner ganzen mächtigen Bedeutung in sich und an sich. Vielmehr wird die Sprache nun um einige ihrer wesentlichen Teile reduziert. Belassen wird ihr nur, was mit dem ästhetischen Ausdruck identifiziert werden kann – eben das poetische Element –, sodaß sie dann mit diesem, gleichgesetzt werden kann. In dieser Phase also, und erst in dieser Phase, zeigt sich die ‚wahre' Sprache als Ergebnis der Gleichsetzung, von der Coseriu spricht. Der Versuch, auch die ‚falsche' Sprache in sein System zu integrieren, erweist sich als endgültig gescheitert. Denn beim Nachdenken über die Möglichkeit, mittels ihrer den Mängeln der ‚wahren' Sprache abzuhelfen, beim Nachdenken über die sozialen Funktionen, die sie – und nur sie – zu erfüllen vermag, bei der Neubewertung ihrer Beziehung zum ‚Leben' wird Croce dessen gewahr, daß von ‚falscher' Sprache nun nicht mehr angebracht ist zu reden. *La Poesia* sanktioniert nun auch ‚offiziell', daß die Feststellung der Identität von Kunst und Sprache *tout court* ihre Gültigkeit verloren hat. Das aber führt zur Lösung jenes Knotens im Croceschen System, der die Linguistik auf die Ästhetik reduziert hatte. Emblematisch für diesen Prozeß ist das Zeichen. Beim Zeichen handelt es sich ja in der Tat um einen Begriff, den Croce in gewisser Weise ablehnt, der aber trotzdem oft in seinen philosophischen Diskursen geflüstert wird, manchmal auch nur schweigend zwischen den Zeilen steht. Es ist ein Begriff, der im Verlauf der Jahre in den Werken auftaucht und wieder verschwindet, und der bei jedem neuen Wiedererscheinen eine neue philosophische Stellung einnimmt, oder neu – und wieder anders – definiert wird. Aber gerade in dieser Schaukelbewegung, in diesem seinem den Mängeln des Ausdrucksbegriffs Abhelfen-Müssen, zeigt er meiner Ansicht nach jene Entwicklung des Croceschen Denkens, die dieser selbst in klarer Weise nicht zugeben will oder kann. Das Zeichen, das auch durch seine charakteristische Struktur dem Ausdruck gegenübersteht – bei dem die Ebenen des Bedeuteten und des Bedeutenden nicht aufgespalten sind –

erweist sich für Croce als interessant und ‚lösungsmächtig' bezüglich einiger in Logik und Ästhetik aufgekommener Probleme, und zwar gerade dank seiner bivalenten, gespaltenen Struktur. Bei jedem Auftauchen stellt das Zeichen die Züge der Croceschen Sprachtheorie erneut zur Diskussion, zeigt ein neues Stadium der Reflexion an, mit der Croce auf die zunehmende Konfrontation mit eher sprachbezogenen Problemen im Verlauf der Jahre reagiert, die immer dringlicher werden. Jene Crocesche Sprachtheorie, die ursprünglich die Sprache – die ‚ganze' Sprache – mit der Kunst identifiziert hatte, muß dieser Identifikation mit den Jahren einen Teil, einen großen Teil der Sprache entziehen, weil sie sich dessen bewußt wird, daß eine Globaltheorie, welche die Sprache mit dem künstlerischen Ausdruck identifiziert, auf diese Probleme nicht zu antworten vermochte und vermag. Die Grundformel der Verschmelzung von Linguistik und Ästhetik erscheint nun ihrer tiefsten Bedeutung, ihrer Kraft, ihrer Radikalität entleert. Daß Croce sie, obwohl er sich des durchlaufenen Weges seiner Philosophie bewußt ist, notdürftig abgeschirmt hinter den Ruinen seines Begriffs des poetischen Ausdrucks nach außen weiterhin erklärt, geschieht kraft jenes Geistes des Systems, der ihn öfter als einmal hat behaupten lassen:

> Sicherlich ist diese Theorie, wonach die Sprache sich im Begriff der Dichtung verwirklicht und auflöst, schwer zu verstehen und in einem entschlossenen und spontanen Zugriff zu beherrschen; denn wie jede philosophische Theorie verweist sie notwendigerweise auf die ganze Philosophie. (Croce, *DvF* 1, 237)[XXII]

4.3 Die Sprache als objektive überindividuelle Institution und das Problem der Kommunikation

4.3.1 Der soziale Aspekt der Sprache

Bisher wurde die Entwicklung der Auffassung von der Sprache als objektive, überindividuelle Institution sozusagen über die Untersuchung ihres internen Aspekts, d.h. über die Analyse des Zeichens verfolgt. Noch zu untersuchen bleiben die hauptsächlich mit dem sozialen Aspekt der Sprache verbundenen Themen, nämlich das Individuum auf der einen Seite und die Möglichkeit der zwischenindividuellen Kommunikation auf der anderen. Bezüglich dieser Aspekte finden sich die Punkte der größten Distanz und der größten Ähnlichkeit zwischen den Sprachtheorien Cassirers und Croces. Ja, gerade die Rekonstruktion des Entwicklungsweges beider Autoren führt zu der Feststellung, daß sie sich in der letzten Phase ihres Nachdenkens über die Sprache einander annäherten.

Dieser Entwicklungsweg verläuft entlang zweier verschiedener Geleise. Auf der einen Seite haben wir die mühsamen Meditationen Croces über das Verhältnis zwischen Ausdrucksakt und kommunikativer Praxis, die ihn von der Konstruktion seines Systems über den Zerfall der Gleichsetzung von Sprache und Kunst hin zum Leben und zur Geschichte des Menschen führen; auf der anderen ist die immer deutlichere Akzentuierung der anthropologischen Züge der Philosophie der symbolischen Formen Cassirers. Dem Entwicklungsgang der Theorien beider Autoren zu folgen, heißt daher, eine gegenseitige thematische Annäherung in der letzten Phase ihrer Reflexion festzustellen, nämlich die Hinwendung zum Menschen und seiner sozialen Dimension. Wie aber diese Begriffe von beiden verstanden werden, zeigt uns abermals ihre Distanz voneinander.

4.3.2 Croce und die Entdeckung der Kommunikation

Es wurde soeben bei der Behandlung des Zeichenbegriffs gezeigt, daß zwischen dem ersten und dem zweiten Croce kein unheilbarer Zwiespalt besteht – sicher auch deshalb, weil Croce selbst dies nicht will.[48] [XXIII] Auch das, was bei aufmerksamer Lektüre als innere Aushöhlung der Gleichsetzung von Linguistik und Ästhetik erscheint, wird von Croce selbst nicht so wahrgenommen. Vor allem aber bedeutet es für ihn nicht, auf die Integration der neuen Ergebnisse in die früher gewonnenen zu verzichten, nicht einmal nach der erfolgten Modifikation, also nach 1936. Außer Zweifel steht jedenfalls, daß Croce in graduellen Übergängen dahin gelangt, über fast geflüsterte Nebenbemerkungen, durch eine rastlose Reflexion über die Natur und die Bedürfnisse des Menschen und seine Geschichte, besonders aber geschieht dies durch seinen Dialog mit Vossler – und damit indirekt mit der Linguistik ganz allgemein.[49]

In der *Estetica* und der *Logica*, trennt Croce Ausdruck und Kommunikation klar voneinander und stellt sie auf antipodische Ebenen. Nur dem (ästhetisch-geistigen) Akt des Ausdrucks – der durch seine ureigene Natur kreativ ist – gesteht er Erkenntniswert zu, den er hingegen der Übermittlung dieses Aktes, also der Kommunikation, abspricht. Diese verweist er in die praktische Sphäre und läßt sie dem Vergessen anheimfallen. In ihr auch,

---

[48] Auch De Mauro – der mit Recht als der maßgebende Vertreter der Lehrmeinung von der Aufspaltung der Croceschen Sprachtheorie in zwei Hauptphasen angesehen werden kann – vergißt bei der Gegenüberstellung des Croce des Systems und des Croce der *Saggi critici* nicht zu betonen, daß zwischen diesen beiden Croceschen Seelen (ebenso wie zwischen den beiden Phasen seiner sprachtheoretischen Spekulation) kein radikaler Bruch angenommen werden darf: „Und trotzdem scheint, was Ästhetik und Sprachphilosophie angeht, unzweifelhaft, daß die Trennung [sc. zwischen dem „Croce der Einheit" und dem „unermüdlichen Experimentierer"] nicht so streng aufgefaßt werden kann, wie dies bisher geschehen ist. Ohne Zweifel könnte man die letzte Motivierung der Einlassungen Croces zur Sprachtheorie nirgends anders finden als in dem Bedürfnis, die Fragen, die sich ihm nach und nach stellten, im Rahmen eines Systems, und zwar seines Systems, zu ordnen und zu klären." (De Mauro, a1964, 100)

[49] Daß die Diskussion mit Vossler zur Vertiefung des Verständnisses sprachwissenschaftlicher und allgemeinwissenschaftlicher Probleme führte, läßt sich in dem Briefwechsel an verschiedenen Stellen belegen. Vgl. dazu etwa die Themen Grammatik, Klassen des Ausdrucks, Verhältnis von Natur- und Geisteswissenschaften sowie die Frage, wie die Sprachwissenschaft zu verstehen sei. Vossler stimmt hierbei mit seinem Freund nicht immer überein.

und nur in ihr, liegt auch die Möglichkeit des Irrtums, denn der Intellekt ist unkorrumpierbar und kann daher nicht irren:

> Es gibt nun nur einen einzigen Weg, den Gegensatz auszugleichen, der zwischen der Unbegreiflichkeit des Irrtums als realen Seins und der Unmöglichkeit besteht, die Existenz bestimmter Irrtümer zu leugnen, und wir haben verschiedentlich Gelegenheit genommen auf diesen Weg hinzuweisen. Jener Irrtum nämlich, dem Existenz zukommt, ist gar nicht Irrtum und Negation, sondern er ist etwas Positives; er stellt ein Erzeugnis des Geistes dar. Und da dieses Geistesprodukt an der Wahrheit keinen Anteil hat, so kann es sich dabei nicht um ein Erzeugnis des theoretischen Geistes handeln. Außer dieser theoretischen gibt es für unsere Betrachtung aber nur die praktische Form, und so stellt sich denn der Irrtum, den wir als etwas Existentes nachweisen können, notwendig als ein Produkt des praktischen Geistes heraus, das mit einer ihm allein eigentümlichen Art der Rationalität behaftet ist.
> Tatsächlich hat der, der einen Irrtum begeht, gar nicht die Macht, die Wahrheit zu verdrehen, zu fälschen oder zu entstellen. Denn sie ist sein eigenes Denken selbst, ist das Denken, das sich in ihm wie in allen anderen Menschen auswirkt, und sobald er mit diesem Denken in Kontakt kommt, kann er sich seinem Einfluß nicht mehr entziehen; er denkt und irrt nicht mehr. Das einzige, was ihm übrig bleibt, ist der Uebergang vom Denken zum Handeln. Ein bloßes Tun aber und nicht schon ein Denken ist es, wenn man nur den Mund aufmacht oder Töne bildet, denen kein Gedanke oder, was das nämliche ist, denen kein wertvoller, präziser, notwendiger, wahrer Gedanke entspricht. (Croce, LWB, 262-263)[XXIV]

Um diese Haltung richtig zu verstehen, muß man hier noch einmal einen Schritt zurück tun und versuchen, ihre politische und ideologische Motivierung zu rekonstruieren. Den Positivismus zu bekämpfen, bedeutet für Croce hauptsächlich, eine allgemeine Ästhetik zu begründen und seit 1902[50] ein System der Aktivitäten des Geistes, welches die geistige, im Werden begriffene und kreative Natur der Sprache bestätigen und sich von ihrer naturalistischen Betrachtung befreien sollte, die für die kritisierten und bekämpften antiidealistischen und konventionalistischen Doktrinen kennzeichnend war. Daher muß er, da er an der Sprache die Aspekte ihrer Autonomie[51] und Kreativität betonen möchte, sich von jeder Auffassung fernhalten, die die Bedeutung als etwas Gegebenes betrachtet: In der reifsten Phase seines Denkens gelangt er zu der Behauptung, der Sinn der Wörter sei am ehesten in ihrem Gebrauch durch den Sprecher, in dem ihnen von Fall zu Fall zugewiesenen Inhalt zu finden. Anderseits kommt er nicht umhin, den kommunikativen Aspekt der Sprache, der in den trügerischen Bereich der Nützlichkeit verbannt wird, zu vernachlässigen:

---

[50] Von dem Projekt spricht Croce zu Vossler in seinem Brief vom 14. September 1902 (Croce 1955, 50-51). Es sei hier noch einmal betont, daß die Bemerkungen zum Thema der Kommunikation, die auf eine komplexere und weniger ‚systematisierte' bzw. ‚systematisierende' Reflexion schließen lassen, in der ersten Fassung der Ästhetik (den *Tesi fondamentali*) wesentlich deutlicher ausfallen als in den folgenden.

[51] Es wurde gezeigt, daß für Croce die Sprache selbst von der Logik, vom Denken autonom ist, die sie vielmehr ihrerseits voraussetzen.

> In Wirklichkeit ist dabei jede Frage und somit auch jede Definition von der anderen unterschieden, so ähnlich und so genau umschrieben sie durch die Wahl bestimmter Worte immer klingen mag. Denn diese Worte unterscheiden sich tatsächlich nach der verschiedenen geistigen Verfassung der Individuen, die sie aussprechen und die als solche immer durch individuell gegebene und neue Situationen bedingt sind – wenn auch die Worte, deren sie sich bedienen, an sich genommen, dieselben zu sein scheinen. „Die Tugend besteht in der ständigen Ausübung moralischer Handlungen" ist ein Ausspruch, der wohl tausendmal laut werden kann; wenn er aber dabei jedesmal im Ernst ausgesprochen wird (nämlich um das Wesen der Tugend wirklich zu definieren), so entspricht er ebensovielen, mehr oder weniger verschiedenen psychologischen Situationen und stellt in Wirklichkeit nicht eine einzige sondern tausend und abertausend Definitionen dar. (Croce, LWB, 136)XXV [52]

Zu dieser Auffassung gelangt Croce dadurch, daß er die konkrete, d.h. hier philosophische, Realität all dessen leugnet, das überindividuell, aber nicht universell ist, also auch die des Interindividuellen.[53] Dieser Ausschluß der empirischen Begriffe aus der theoretischen Sphäre und ihre Einordnung in die pseudobegriffliche Sphäre implizieren in der Tat auch den Ausschluß des Begriffs der Sprache als prototypische über- und interindividuelle Struktur, ja selbst den des Begriffs der Person. Beides sind nämlich Begriffe, die Croce als empirisch definiert:[54]

> [Es ist zu sagen,] daß der empirische Begriff einfach ein Dingbegriff oder eine Gruppe von Dingen ist, die irgendeinem anderen und dabei als Typus dienenden Ding untergeordnet wurde. [...] So kann endlich der empirische Begriff sogar Begriff des Individuellen sein. Denn wenn in der Wirklichkeit das Individuelle die Verfassung des allgemeinen Geistes in einem bestimmten Momente darstellt, so verwandelt sich für die empirische Auffassung das Individuum in etwas isoliertes, in sich und von der Umwelt abgeschlossenes, sodaß man ihm eine gewisse Konstanz gegenüber den Schicksalen zuschreiben kann, die das Individuum durchlebt. Das Leben wird dabei in Analogie zu den Bestimmungen eines Begriffs gedacht. Sokrates ist das Leben des Sokrates und als solches untrennbar mit dem Leben der Epoche verknüpft, in der sich dieses Leben abspielte. Aber aus diesem läßt sich empirisch der Begriff eines Sokrates erschließen, eines Polemikers und Erziehers von unbeirrbarer Gemütsruhe, demgegenüber der

---

[52] Die Implikationen dieser Haltung, daß sie nämlich zu einem sprachtheoretischen Ansatz mit pragmatischen Zügen führt, werde ich später noch ansprechen.

[53] Zur Unwiederholbarkeit und zur Individualität des Konkreten und zu der Idee, daß nur das Konkrete (ein Konkretes, das einem mit dem Empirischen identifizierten Abstrakten gegenübersteht) in der Geschichte und bei ihrer Erkenntnis zählt, kommt Croce nach Garin (1955, 200 ff.) durch die Assimilierung von Gedankengut De Sanctis' und Marx'.

[54] De Mauro weist hin auf die „explosive Narretei" (*l'esplosiva follia*), die sich hinter dem verbirgt, was die Notwendigkeiten des Croceschen Systems hervorgebracht haben, d.h. hinter Croces Auflösung des Begriffs der Person als konkret handelnder Einheit in Leben und Geschichte und auf das Paradox, diese Konzeption dann dazu benutzen zu wollen, um jeden zu den Notwendigkeiten des politischen und ethischen Lebens zu rufen, in jedem Moment und bei Verdammung aller abstrakten Programme (vgl. De Mauro, a1964, 107).

Sokrates, der aß, trank und sich kleidete und unter diesen und jenen Zufälligkeiten lebte, als eine Art besonderer Erscheinungsform wirkt. Es läßt sich also ebenso wie von den Dingen auch von den Individuen der Pseudobegriff [...] bilden. (Croce, *LWB*, 43)[XXVI]

Es ist aber auch wahr, daß sich die Anzeichen des Unbehagens über das Aufeinanderstoßen der Notwendigkeiten des Lebens und der des Systems nicht ganz unterdrücken lassen, nicht einmal innerhalb der systematischen Schriften selbst, wie beim Fluktuieren des Stellenwerts des Zeichens zu sehen ist. Hie und da steigt schon der Rauch des vor seinem Ausbruch stehenden Magmas auf:

> Ohne Tradition und historische Kritik würde der Genuß aller oder fast aller Kunstwerke unwiderruflich verloren sein: wir würden kaum mehr als Tiere sein, nur in die Gegenwart oder eine ganz nahe Vergangenheit versenkt. Es ist geckenhaft, die zu verachten oder zu verlachen, die einen authentischen Text rekonstruieren, die den Sinn von Worten oder von vergessenen Seiten erklären, die die Bedingungen untersuchen, unter denen ein Künstler gelebt hat, die alle jene Arbeiten leisten, die die Züge und die originale Färbung der Kunstwerke wieder lebendig machen. (Croce, *Aesth*, 136)[XXVII]

In der *Filosofia della Pratica* jedoch, wo die Begriffe der ‚willensmäßigen Gewohnheiten' (*abiti volitivi*) und der ‚Gesetze' (*leggi*) eingeführt werden und in der Konsequenz dessen eine Parallele zwischen verschiedenen institutionellen Gewohnheiten etabliert wird, was wiederum mit der gesamten Neubewertung der Beziehung zwischen Theorie und Praxis zusammenhängt, wird der Rauch schon zum Funken. Die Symptome des Unbehagens und des Bestrebens, sich davon zu befreien, treten in dieser Schrift ganz unzweideutig zutage: Hier zeigt sich eine Behandlung der Kommunikation und folglich auch der Sprache als Institution, die ihr nicht nur den Wert einer allgemeinen und empirischen Zweckmäßigkeit zuspricht, sondern immer mehr auch den einer sozialen und historischen Notwendigkeit.[55]

Das Problem der Unmöglichkeit einer Kommunikation zwischen sich wandelnden Individuen in einer sich wandelnden Wirklichkeit und mittels einer sich stets wandelnden Sprache wird in der Tat durch die Leistung der Gebräuche und Gesetze gelöst, welche ihre innere Organisation und Bewegung ermöglichen und dadurch „das Knochengerüst des Körpers der Wirklichkeit" darstellen:

> Solche Leidenschaften oder willensmäßigen Gewohnheiten sind nichts Strenges und fest Bestimmtes, weil es auf dem Gebiet des Realen nichts Strenges und fest

---

[55] In diesem Punkt decken sich die Interpretationen von De Mauro (a1964) und Deneckere (1983). Worin sie sich unterscheiden, ist die jeweilige Betonung des Moments der Kontinuität bzw. der Diskontinuität innerhalb der Entwicklung des Croceschen Denkens (vgl. die Darstellung beider Interpretationen in Kap. 1). Man vgl. ferner die ausführliche Analyse der Veränderung des von Croce festgestellten Verhältnisses zwischen dem expressiven und dem kommunikativen Moment der Sprache in Giuliani 2002.

> Bestimmtes gibt. So wie ein Flußbett den Lauf des Flusses regelt und zugleich von diesem dauernd verändert wird, genau so ist es mit den Leidenschaften und willensmäßigen Gewohnheiten, die die Realität bildet und dauernd verändert und im Verändern neu bildet und im Neubilden verändert. Daher liegt immer etwas Willkürliches darin, wenn man die Gewohnheiten so definiert, als ob sie einer feststehenden und gut umrissenen Realität entsprächen. Die Gewohnheiten sind keine Kategorien und sie sind nicht als bestimmte Begriffe denkbar, sondern sie sind das Aehnliche [sic] im Unähnlichen, unähnlich auch in sich selbst und dennoch in gewisser Weise von anderen Gruppen unähnlicher Fakten zu unterscheiden. Ihre Bedeutung ist groß, weil sie sozusagen das Knochengerüst im Körper der Realität bilden. (Croce, *PhdP*, 139–140)[XXVIII]

Wiederum steht man hier vor einem sehr interessanten Begriff; denn er bewegt sich – ähnlich wie es bei der Untersuchung des Begriffs Zeichen zu sehen war, als von dem Ausdruck die Rede war, der geeignet ist, dem Begriff als Zeichen zu dienen – an dem problematischen Punkt der Interferenz, fast wäre man versucht zu sagen der Kommunikation, zwischen zwei Ebenen, der theoretischen und der praktischen, die Croce sonst streng voneinander getrennt halten möchte. Diese Gesetze, welche das Skelett der Wirklichkeit darstellen, sind weder Begriffe (weder Individual- noch Universalbegriffe), noch Pseudobegriffe (empirische Begriffe) und sind das Ergebnis der Umwandlung eines Schemas, eines Pseudobegriffes, in ein Gesetz, und zwar dann, wenn Pseudobegriffe zum Gegenstand des Willens werden:

> Und ganz exakt zeigt sich uns hier noch einmal die Analogie der Konstitution des praktischen Geistes mit der des theoretischen Geistes. Auch in diesem letzteren begegnen einander theoretische Formationen, die keine sind und sich selbst widersprechen, indem sie Vorstellungen setzen, die als Universalien fungieren, und Universalien, die vorstellungsartig sind. [...] Aber wir wissen, daß jene falschen Begriffe, jene Schemata, jene Gesetze, die keine Gesetze sind, jene bekenntnismäßig ausgesprochenen und darum nicht falschen Falschheiten das Gedächtnis stützen und es dem Geiste leicht machen, sich gegenüber dem vielfältigen Schauspiel der Welt, das er von sich aus durchdringt, zu orientieren. Wir denken sie nicht, aber sie helfen uns zu denken; wir erdichten sie nicht, aber sie helfen uns zu erdichten. So läßt der Philosoph für gewöhnlich seinen Geist vor den Pseudobegriffen haltmachen, um von dort zu den Universalien aufzusteigen; und auch der Künstler lenkt darauf seine Aufmerksamkeit, um unter ihnen das Individuelle und die naive und lebendige Intuition, die er sucht, zu finden. Dieselben Pseudobegriffe, zum Objekt der Wollung gemacht, aus Schemata in Gesetze verwandelt, erfüllen ein analoges Amt im praktischen Geiste, indem sie es dem Willen möglich machen, in einer gewissen Richtung zu wollen, in der später die nützliche Handlung, die immer individualisiert ist, stattfinden wird. (Croce, *PhdP*, 311)[XXIX]

Auch im Falle der Revision der Beziehung zwischen theoretischer und praktischer Aktivität – und der Übertragung eines essentiellen Wertes an jene, möchte ich meinen – bestätigt sich, was bei der Untersuchung des Zeichenbegriffs als das Abgleiten seiner Definition von der pseudobegrifflichen zu einer Ebene komplexerer Art bezeichnet wurde. Daher darf man sich nicht von der Tatsache täuschen lassen, daß Croce weiterhin auf der praktischen Natur der Kommunikation besteht.[56] [XXX] Denn einerseits stellt die Einführung jener *mittleren Realität* der Gebräuche und Gesetze eine tiefgreifende Veränderung dar, andererseits sind Gewicht, Wert und Rolle des Moments der Praxis im gesamten Bereich der Philosophie des Geistes nun ganz andere geworden. Und Croce selbst ist es, der den Leser darauf hinweist, als er in seinen *Note autobiografiche*, die er seinem *Contributo alla critica di me stesso* zwanzig Jahre später hinzufügte, die Veränderungen seines Denkens und seines Systems besonders hinsichtlich der Beziehung zwischen Philosophie und Geschichte, zwischen Theorie und Praxis nachdrücklich betont:

> Wesentlich geringer an Umfang im Vergleich mit den zwei vorausgegangen Jahrzehnten war hingegen mein rein philosophisches Werk, und anders hätte ich es mir auch gar nicht gewünscht. Denn die Philosophie als Beruf widerstrebt mir, und ich betrachte das Philosophieren als nichts anderes denn ein Auflösen der Knoten, die jeweils die Erkenntnis der einzelnen Sachen verhindern, und die daher dazu zwingen, auf Leitbegriffe und Kategorien zurückzugreifen. [...] Wichtige Weiterentwicklungen nahm ich an meiner ästhetischen Theorie vor, insbesondere in den *Nuovi saggi di estetica*, die sozusagen eine Neubearbeitung meiner ersten *Estetica* sind und in den theoretischen und historischen Aufsätzen des Bandes *Ultimi saggi*; [...] Im übrigen wurde mir die Natur meines eigenen und jedes effektiven Philosophierens immer klarer bewußt, und ich verlieh ihr Ausdruck in der scheinbar paradoxen Formel: „Die Philosophie ist die Methodologie der Historiographie." Andererseits führte mich die aufmerksame Betrachtung dessen, was man einmal die *facultates inferiores* des Geistes nannte, weil sie mehr mit Empfindung und Verlangen, mit der Phantasie, zu tun zu haben scheinen, d.h. mit dem zweckgerichteten oder ökonomischen Willen, dazu, in der Vernachlässigung oder Geringschätzung dieser das Hindernis, und in der Anerkennung ihrer Kraft und ihres Wertes den notwendigen Weg zu sehen, um die Einheit des Geistes vollständig zu verstehen, den fälschlich als vom Geist verschieden aufgefaßten Begriff der Natur zu kritisieren und aufzulösen und die Immanenz des Wirklichen festzustellen. (Croce, CCM, 78–79)[XXXI]

Dieser Entwicklungsweg führt allmählich hin zu den Seiten von *La Poesia*, die uns also, ebenso wie die anderen Schriften der Reifezeit, einen Croce zeigen, der seinen „jugendlichen Radikalismus" (vgl. Croce, *Dic*, 31) offen „korrigiert", einen Croce, der neben der poetischen Form des Ausdrucks auch die literarische zuläßt, denn diese „entsteht aus einem besonderen Akt

---

[56] „Damit Irrtum entstehe, damit man sich selbst versichere, ein Ergebnis erreicht zu haben, das nach dem Zeugnis des Bewußtseins nicht erreicht ist, muß zum theoretischen Geist etwas Fremdes hinzukommen, was daher nichts anderes als ein praktischer Akt sein kann, der sich als theoretisch ausgibt. Er darf sich nicht nur zuinnerst dafür ausgeben, [...] sondern indem er rasch das praktische Mittel der Mitteilung ergreift, das Wort und den Ausdruck als Schall und physischen Akt und dieses zur Bezeichnung dessen benutzt, was es in diesem Fall nicht bezeichnen kann. Die irrtümliche Versicherung wird möglich, weil auf die wahre, rein theoretische Versicherung etwas anderes folgt, das man fälschlich Versicherung im praktischen Sinne nennt, wo es in Wirklichkeit nichts als Mitteilung ist." (Croce, *PhdP*, 40)

der geistigen Ökonomie, der sich in einer besonderen Verfassung und einem besonderen Rahmen vollzieht" (*Dic*, 29). Der literarische Ausdruck wird nunmehr zu einem Teil von Kultur und Erziehung, Begriffe die ja in der Croceschen Theorie eine immer entscheidendere Bedeutung annehmen: „Wenn die Dichtung die Muttersprache des Menschengeschlechts ist, ist die Literatur sein Lehrmeister in der Kultur." (*Dic*, 30)

Die klaren Formeln des perfekten Croceschen Systems haben ihre ursprüngliche Kraft und Transparenz zweifellos verloren: Nur recht wenig verbleibt noch von der absoluten Identität von Linguistik und Ästhetik. Und parallel zu der Neufassung der Beziehung zwischen Poesie und Literatur wird auch die zwischen sprachlichem Ausdrucksakt und Kommunikation revidiert, von deren ehemaligen Trennung man nur noch ein fernes Echo vernimmt. Die Werke der Reifezeit zeigen Croce nicht nur als nachsichtigeren Kritiker, sondern regelrecht als offenen Bewunderer der Linguisten und Philologen. Vielleicht gelingt dies, weil er sich nun dessen bewußter ist, welche ‚Mysterien' selbst seine mächtige Sprachtheorie noch ungelöst ließ, vielleicht auch, weil ihn das Mysterium der Kommunikation zwischen den Menschen nun selbst in seinen Bann zog. Sie zeigen einen passionierten sprachwissenschaftlichen Forscher und Sammler[57] [XXXII] jener Wörterbücher, die ihm nun immer weniger wie sektionierende, denaturierende Abstellkammern vorkommen, sondern immer mehr als Verwahrungsorte der Kultur und der Institutionen eines Volkes:

> In der Philologie gibt der Verlust oder die Verstreuung dichterischer Dokumente den Anstoß zur Heuristik, jenen Nachforschungen, Wiederauffindungen oder ‚Entdeckungen', die dazu befähigte und ausgebildete Männer in vortrefflicher Weise durchgeführt haben. [...] Die Wiederherstellung der ursprünglichen Lautung, bei der man die Entscheidung zwischen verschiedenen Lesarten trifft, die die verschiedenen Exemplare ein und desselben Textes bieten, ist die Textkritik; [...] Dann kommen die Glossare der Laute und Formen für die einzelnen Werke und Autoren, Wörterbücher der Sprache eines Volkes oder mehrerer Sprachen auf einmal, in denen die Vokabeln zueinander in Beziehung gesetzt werden, Lehrbücher der Morphologie, Syntax, Metrik und ähnliche solche Hilfsmittel, literarische und historische Kommentare, in denen die Bedeutung der Wörter und Sätze abgegrenzt wird, indem sie mit Aufzeichnungen von Sachen, Fakten und Ideen in Beziehung gesetzt werden. (Croce, *Dic*, 55–56)[XXXIII]

---

[57] „Es ist interessant zu wissen, welchen Platz die die Sprache und die Linguistik betreffenden Werke in der Bibliothek Croces hatten [...]. Croce besaß eine eindrucksvolle Anzahl von Wörterbüchern, Vokabularen, Lexika und Grammatiken, nicht nur des Italienischen und seiner Dialekte, sondern auch der wichtigsten europäischen Sprachen [...]. Wir finden auch den größten Teil der bedeutenden Werke der italienischen Linguistik seit Ascoli [...]. Was die ausländischen Linguisten betrifft, so finden wir natürlich den Großteil der Werke von Vossler und Spitzer, aber auch von von Wartburg, Meillet, Menéndez Pidal [...], A. Alonso und anderer. Die Bibliothek Croces ist gleichermaßen gut mit dem ausgestattet, was die allgemeine Linguistik und die romanische Linguistik des 19. Jahrhunderts betrifft." (Deneckere 1983, 6)

Die Schriften der Reifezeit zeigen einen idealistischen Philosophen, der die Bedeutung des sozialen und zugleich konkreten Charakters der Kommunikation nicht mehr ignoriert, sondern sich bemüht, seiner Rechnung zu tragen, einen Philosophen, der also nicht nur in der Nachfolge Humboldts den Weg zur Pragmatik findet. Sie zeigen einen Historiker, für den die Sprachgeschichte immer mehr als Kulturgeschichte zu lesen ist, einen Historiker, für den die Wörter schließlich wahre ‚Sprachfakten'[58] werden und der auf dem Weg zur Untersuchung der Bedeutung der Wörter findet, daß sie im Gebrauch liegt, den die Sprecher von ihnen machen:

> Müßte ich demnach irgendwie die geschichtliche Auslegung, die der geschichtlich-ästhetischen Deutung eigentümlich ist, oder den analytischen Gesichtspunkt, der dem synthetischen vorausgeht, bezeichnen, so würde ich sagen, sie liege in der *explanatio verborum*, der im weitesten Sinne verstandenen Auslegung des Wortsinnes: der, wie allgemein bekannt, sich nicht aus der Herkunft der Worte, aus der Folge der Begriffe und Gefühle ergibt, die dazu beigetragen haben, sie zu bilden und die eine überwundene Vorgeschichte darstellen, sondern aus dem allgemeinen Sprachgebrauch einer gegebenen Zeit, aus dem Umkreis, in dem er vorkommt, und der im Verhältnis zu der neuen Wendung, die aus jenen Worten gebildet ist, sie zugleich bildet und ins Leben ruft, bestimmt wird und Eigenprägung erhält. Philosophische Lehrsätze, Namen von Personen, Anspielungen auf geschichtliche Vorfälle, sittliche, politische Urteile und so weiter, sind in der Dichtung nichts weiter als Worte, stofflich allen anderen Worten völlig gleichgestellt und innerhalb dieser Grenzen deutbar. In der ‚Nebensachen'-Deutung sind sie aber und dürfen sie auch nicht mehr Worte, das heißt Bilder sein, sondern Sachen. Es ist möglich, daß es dieser *explanatio verborum* nicht in allen Fällen gelingt, den genauen Sinn mancher Worte zu fassen, den sittlichen, philosophischen und, allgemein gesprochen, historischen Gehalt, der in ihnen lebt; allein das nämliche kann bei jedem anderen Wort geschehen, selbst bei solchen, die man dem gewöhnlichen Hausgebrauch zuteilt. (Croce, *DD*, 26–27)[XXXIV]

In *La Poesia* zeigt sich Croce als Philosoph der Ästhetik und der Sprache, der die Fragen nach der ‚wahren' Natur der Sprache vertieft hat, also wirklich in der Lage „eines Arbeiters bei einem Tunneldurchstich": Von einem bestimmten Punkt an muß er die Stimmen seiner Kollegen, der Linguisten, vernehmen, die sich von der anderen Seite auf ihn zuarbeiten (vgl. 4.2.2.4).

---

[58] Daß sich die Haltung Croces dazu tiefgreifend gewandelt hat, zeigt ein Vergleich mit den in Kap. 2 behandelten antilinguistischen Sätzen in der *Estetica*, die davor warnten, den Fehler zu begehen, Physisches und Ästhetisches zu verwechseln, auf die Jagd nach sprachlichen Elementarfakten zu gehen und sie getrennt zu nehmen; denn Silben und Wörter könne man nicht als Fakten der Sprache ansehen sondern man müsse sie betrachten als „einfache Laute, oder, besser, physisch abstrahierte und klassifizierte Laute", als imaginäre, von den Schulen geformte Wesenheiten (Croce, *Aesth*, 157).

4.3.3 Die transzendentale Begründung der Kommunikation: Cassirer und die Alterität

Für Cassirer besteht kein Zweifel daran, daß die Sprache, über die die Menschen kommunizieren, ein System von Zeichen, besser noch, ein System von sprachlichen Symbolen ist. Da er das Problem der Spaltung von sinnlichem und geistigem Element in der Symbolisierung überwunden hat, behauptet er, Kommunikation geschehe gerade kraft jenes semiotischen – transzendentalen – Prinzips, durch welches sich die Sprache als geistige Energie entfaltet. Die Sprache stellt sich für Cassirer als ein System bedeutungstragender Symbole dar, als symbolische Form. Die Kommunikation ist nicht der Zweck des Prozesses der Symbolisierung, der Verleihung von Sinn, durch welchen die verschiedenen symbolischen Formen (die Sprache, wie auch die Kunst oder der Mythos) geschaffen werden, doch ist sie von jenem Prozeß untrennbar, durch den das Ich und das Du im Dialog sich selbst, den Anderen und die Welt erkennen und bilden. Es existieren nicht schon an sich zwei innere Welten, die des Ich und die des Du, welche getrennt voneinander, sowie einander und einer Gegenstandswelt gegenübergestellt wären und – sodann – in eine Kommunikation miteinander einträten. Vielmehr konstituieren sie sich erst durch und in der intersubjektiven Kommunikation, die sich zwar unweigerlich eines Systems bedeutsamer Symbole bedient, die aber nun in einem weiteren Sinne, nämlich als dialogische Schaffung symbolischer Welten aufgefaßt werden muß:

> In der Teilhabe an einer gemeinsamen Sprachwelt besteht der wahre Zusammenhang zwischen ‚Ich' und ‚Du', und in dem ständigen tätigen Eingreifen in sie stellt sich die Beziehung zwischen beiden her. Freilich kann dieser Umstand ebensowohl in negativem wie in positivem Sinne verstanden und gewertet werden. Die Klage, daß die Sprache nicht nur verbindet, sondern auch trennt, ist uralt. [...] Dennoch beruht die Sehnsucht nach einer unmittelbaren Gedanken- und Gefühlsübertragung, die aller Symbolik, aller Vermittlung durch Wort und Bild, entraten könnte, auf einer Selbsttäuschung. Sie wäre nur dann berechtigt, wenn die Welt des ‚Ich' als eine gegebene und fertige bestünde, und Wort und Bild keine andere Aufgabe hätten, als dieses Gegebene auf ein anderes Subjekt zu übertragen. Aber eben diese Auffassung wird dem wirklichen Sinn und der wirklichen Tiefe des Prozesses des Sprechens und Bildens nicht gerecht. [...] Im Sprechen und Bilden teilen die einzelnen Subjekte nicht nur das mit, was sie schon besitzen, sondern sie gelangen damit erst zu diesem Besitz. (Cassirer, *LKW*, 53)

Die Semiosis, das Sich-Geben des Geistes in und mit den symbolischen Formen, impliziert also die Kommunikation, stellt ihre Voraussetzung dar, in transzendentaler Hinsicht; es ist eine Kommunikation, die, wohlgemerkt, nach Cassirer im Sinne Humboldts verstanden werden muß, also als Teilhabe an einer gemeinsamen sprachlichen Welt. Durch den Dialog, durch Fragen und Antworten kommunizieren das Ich und das Du miteinander nicht nur, um sich gegenseitig zu verstehen, sondern ein jedes von ihnen auch, um sich selbst zu verstehen. Denn in der Tat: Hätte die Sprache nur die Funktion, die inneren Welten der verschiedenen Subjekte durch eine Brücke zu verbinden, so wäre der Einwand, eine solche Brücke zu erwarten sei utopisch, allerdings gerechtfertigt. Der trennende Abgrund könnte nicht überwunden werden. Jedes Universum gehört im Grunde nur sich selbst, sagt Cassirer, und nur von sich selbst hat es Kenntnis. Aber die wahre Beziehung ist eine andere: Die Verflechtung zwischen den Gesprächspartnern ist kontinuierlich und unauflöslich: „Das Denken des einen Partners entzündet sich an dem des andern, und kraft dieser Wechselwirkung bauen sie beide, im Medium der Sprache, eine ‚gemeinsame Welt' des Sinnes für sich auf." (Cassirer, *LKW*, 53–54). Wo dieses Medium fehlt, wird auch, was man als das Eigene ansah, unsicher und problematisch, das heißt, es unabhängig von dem Dialogpartner besitzen zu wollen, erweist sich als Illusion.

Übermächtig zeigt sich die Analogie zum Denken Croces, wenn Cassirer, wie Croce in der *Estetica*,[59] [XXXV] die Notwendigkeit und Unverzichtbarkeit des Momentes der Expressivität, der Äußerung des Gedachten herausstellt. Allerdings erweist sich auch in dieser Hinsicht die Einstellung Cassirers zu dem Element des Sinnlichen als weniger problematisch, und es ist evident, daß sich diese Einstellung mit seiner Berufung zum Sozialen besser vereinbaren läßt:

> Wo uns dieses Medium fehlt, da wird auch unser eigener Besitz unsicher und fragwürdig. Alles Denken muß die Probe der Sprache bestehen; und selbst die Kraft und Tiefe des Gefühls beweist und bewährt sich erst im Ausdruck des Gefühls. Jeder von uns hat die Erfahrung gemacht, daß er in jenem ‚unformulierten' Denken, das dem Traum eigentümlich ist, oft der erstaunlichsten Leistungen fähig ist. Spielend gelingt uns die Lösung eines schwierigen Problems. Aber im Augenblick des Erwachens ist dies zerronnen; die Notwendigkeit, das Errungene in Worte zu fassen, läßt seine Schattenhaftigkeit und Nichtigkeit erkennen. Die Sprache ist also keineswegs lediglich Entfernung von uns selbst; sie ist vielmehr, gleich der Kunst und gleich jeder anderen ‚symbolischen Form' ein Weg zu uns selbst; sie ist produktiv in dem Sinne, daß sich durch sie unser Ichbewußtsein und Selbstbewußtsein erst konstituiert. (Cassirer, *LKW*, 54)

Die Sprache ist also ein Weg, um zu sich selbst zu gelangen. Wie schwierig es ist, eine solche – transzendentale und empirische – Auffassung des

---

[59] „Die intuitive Aktivität erkennt so viel intuitiv, wie sie ausdrückt. [...] Gefühle und Impressionen gelangen [...] kraft des Wortes aus dem dunklen Bereich der Psyche in das klare Licht des kontemplativen Geistes. Es ist unmöglich, bei diesem Erkenntnisvorgang die Intuition vom Ausdruck zu unterscheiden. Die Intuition kommt zusammen mit dem Ausdruck zur Welt und gleichzeitig mit ihm, denn Intuition und Ausdruck sind nicht zweierlei, sondern ein und dasselbe. Der wichtigste Grund für die scheinbare Paradoxie der von uns vertretenen These liegt in der Illusion oder dem Vorurteil, daß man von der Realität mehr intuitiv erfasse, als es tatsächlich der Fall ist. Man hört oft, daß Menschen viele und bedeutende Gedanken im Kopf hätten, daß es ihnen aber nicht gelänge, diese zum Ausdruck zu bringen. Wenn sie aber tatsächlich solche Gedanken hätten, dann würden sie sie wahrlich in ebenso viele und tönende Worte umgesetzt und somit zum Ausdruck gebracht haben." (Croce, *Aesth*, 10–11)

Individuums mit seiner Betrachtung als Pseudobegriff zu vereinbaren, braucht hier nicht besonders betont zu werden. Und doch sind es gerade diese Zeilen aus einem der fünf Aufsätze, die Cassirer in seiner schwedischen Zeit unter dem Titel *Zur Logik der Kulturwissenschaften* zusammengestellt hat, die hinsichtlich der Identifizierung verwandter Elemente in den Theorien Cassirers und Croces nicht wenige Überraschungen bereithalten; und zwar paradoxerweise gerade in diesen Zeilen, die der Stelle so unmittelbar benachbart sind, die die schwerwiegendsten Punkte von Cassirers Kritik an Croce enthält.

Indem er ins Bewußtsein ruft, wie dies auch Croce tut (vgl. *LdP*, 248), daß die Kommunikation stets auch die mit sich selbst einschließt, betont Cassirer, daß die Seele „im Selbstgespräch aufhört, ein bloß-einzelnes, ein „Individuum" zu sein. Sie wird zur „Person" – in der etymologischen Grundbedeutung dieses Wortes, das an die Maske und an die Rolle des Schauspielers erinnert." (*LKW*, 54) Zur Bestätigung seiner Bemerkung zieht Cassirer dann Vossler heran, welcher in *Geist und Kultur in der Sprache* (1925) die radikale Meinung vertritt, der Akt der Kommunikation selbst – welche die Unterscheidung und die Wiedervereinigung geistiger Teilwesen mit sich bringe – impliziere die Tatsache, daß die Menschen nicht so sehr Individuen, als vielmehr Personen seien.

Aber die Folge der erstaunlichen Berührungspunkte im Denken beider Autoren ist damit noch nicht zu Ende. Denn Cassirer setzt noch hinzu, die charakteristische Doppelfunktion jedes symbolischen Prozesses, die Kopräsenz der unterscheidenden und der wieder zusammenführenden Funktion stelle sich in noch klarerer und überzeugenderer Weise in der Kunst dar:

> „Man weicht der Welt nicht sicherer aus als durch die Kunst, und man verknüpft sich nicht sicherer mit ihr als durch die Kunst." Dieses Wort Goethes drückt ein Grundgefühl aus, das in jedem großen Künstler wirksam ist. Der Künstler besitzt den stärksten Willen und das stärkste Vermögen zur Mitteilung. Er kann nicht rasten und ruhen, bis er den Weg gefunden hat, all das, was in ihm lebt, in anderen zum Leben zu erwecken. Und dennoch fühlt er sich gerade in diesem ständig sich erneuernden Strom der Mitteilung zuletzt vereinsamt und auf die Grenzen seines eigenen Ich zurückgeworfen. Denn kein einziges Werk, das er schafft, kann die Fülle der Gesichte, die er in sich trägt, festhalten. Immer bleibt hier ein schmerzlich empfundener Gegensatz zurück; das „Außen" und das „Innen" lassen sich niemals vollständig zur Deckung bringen. Aber diese Grenze, die er anerkennen muß, wird für den Künstler nicht zur Schranke. Er fährt fort zu schaffen, weil er weiß, daß er nur im Schaffen sich selbst finden und sich selbst besitzen kann. Er hat seine Welt und sein eigenes Ich erst in der Gestalt, die er ihnen gibt. (Cassirer, *LKW*, 55)

Wieder stehen wir hier vor einem weiteren Paradox: Eine Sprachtheorie, die die Sprache anfänglich mit der Kunst identifiziert hatte und die dann über die Reflexion von Fragen des Sinnes und der Kommunikation zur Auflösung dieser Gleichung gelangt, steht einer solchen gegenüber, die, nachdem sie die Arten der Gegebenheit des Geistes, Kunst und Sprache, als semiotische Prozesse definiert hat, schließlich die Möglichkeit, einen der typischsten Mechanismen der Semiosis, eben den der Kommunikation, am besten zu erfassen, ausgerechnet in der Kunst findet.[60]

4.4 Das Individuum und das Soziale: Ein Epilog

Die Sprache ist ein kreativer Akt des Geistes, stets im Fluß und faßbar nur als Gesamtes und im Augenblick des Sprechens, in der Rede, im Text. Es ist klar, daß es völlig absurd ist, sie als bloßes (womöglich konventionalistisch fundiertes) Instrument der Kommunikation aufzufassen, sie zu vergegenständlichen und sie damit in einer Weise zu untersuchen, die ihrer geistigen Natur nicht gerecht wird, oder auch nur ihren Ursprung untersuchen zu wollen. Diese Sicht der Dinge ist Cassirer und Croce gemeinsam.

Das, was Croce aus der Humboldtschen Lehre von der ἐνέργεια nicht aufgreift – Gesichtspunkte, die dagegen weder Cassirer, noch die durch Paul und Vossler vertretene deutsche idealistische Tradition vernachlässigt hatten – ist einerseits die Rolle, welche bei diesem geistigen Prozeß die Artikulation spielt, andererseits die Berücksichtigung der empirischen Subjektivität neben der transzendentalen, sowie die der Empirie ganz allgemein. Hieraus entsteht eine Auffassung von System und Methode, von Geist und Dialektik, von Geschichte und Sozialität, die sich mit der Cassirers nicht harmonisieren läßt. Denn auch, als Cassirer und Croce, und zwar beide, in der reiferen Phase ihres Werkes die Bedeutung des Sozialen herausstellen, so tun sie dies doch in einer recht unterschiedlichen Weise.

Sicher stellen innerhalb der Croceschen Philosophie die Aufwertung des Moments der Praxis, die Auflösung der Gleichsetzungsformel von Ästhetik und Linguistik, die Konzentration auf das kommunikative Moment, auf Sprache und Sprecher, revolutionäre Elemente dar. Sicher ist Croces auch mit dem ‚Beistand der Philologie'[61] [XXXVI] geführte Polemik gegen den ästhetischen Skeptizismus ein Element, das von einer neuen linguistischen

---

[60] Die Frage nach dem Verhältnis, das Cassirer zwischen seiner symbolischen Form der Kunst und der der Sprache annimmt, und vor allem die nach der Entwicklung dieses Verhältnisses im Verlauf der Jahre, kann hier nicht näher untersucht werden.

[61] „Neue, uns fremde Sprachen sind nicht nur diejenigen, die wir dem normalen Sprachgebrauch nach so bezeichnen, jedes Wort vielmehr, das wir hören ist (um an der Realität des Phänomens und an begrifflicher Präzision festzuhalten) eine neue, fremde Sprache, da es niemals zuvor ausgesprochen wurde und sich mit keinem der früheren Worte deckt; wenn wir es zum ersten Mal hören, so verstehen wir es nur aufgrund eines jener Akte der Übereinstimmung und der Sympathie, die wir als grundlegend und wesentlich erkannt haben. Immer gehen ihnen Bemühungen voraus, immer eine ‚philologische Vorarbeit', mehr oder minder ausführlich, deutlich oder verborgen und beinahe unsichtbar, auf Lektüre oder auf dem eigenen Gedächtnis beruhend, mühevoll und langsam oder leicht und rasch." (Croce, *Dic*, 63)

und anthropologischen Perspektive zeugt. Und sicher ist es ein Croce, der sich dem Leben öffnet, welcher behauptet:

> Da man also diesen circulus vitiosus nicht ablehnen darf, ohne die Idee der Dichtung selbst zu verwerfen, gibt es nur noch die Möglichkeit, genauer hinzusehen, um schließlich zu merken, daß dieser Zirkel keineswegs ‚teuflisch' ist, sondern vielmehr magisch (wenn man so will), magisch von eben jener Magie, kraft deren wir uns in jedem Augenblick gegenseitig durchdringen, leben und denken, nur weil die anderen mit uns leben und denken; gerade dabei sind wir personal und sozial, individuell und universal, Mensch und Menschheit. (Croce, *Dic*, 63)[XXXVII]

Aber man kommt auch nicht umhin, die Unbestimmtheit, die Mysteriosität dieser Analyse des Moments der Alterität festzustellen, das in der Croceschen Philosophie nicht als wesentliches – als vermittelndes – Element begriffen wird, weder für die Subjektivität, noch für die Sozialität. Das Crocesche Individuum, das noch das eine oder andere ‚pseudobegriffliche' Merkmal durchscheinen läßt, wirklich ‚berühren' zu können, erweist sich entschieden als schwierig. Croce kann nicht zugleich von einem transzendentalen und von einem empirischen Individuum Rechenschaft ablegen – und noch viel weniger von einem Ich, das sich, zusammen mit seiner Welt, nur im Dialog mit dem Du allererst erkennt und begründet.

Es kann kein Zweifel daran bestehen, daß auch die Philosophie Cassirers sich in idealistischen Bahnen bewegt: Die Wirklichkeit wird von den Strukturen der Wahrnehmung und des Denkens bestimmt, das Sein der Dinge ist in letzter Instanz auf das Sich-Geben, auf das Tun des Geistes zurückzuführen. Welche grundlegende Rolle aber in dieser Form des Idealismus die Empirie spielt, und zwar sowohl durch ihr subjektives als durch ihr objektives Element, war im Verlauf dieser Arbeit oft genug Gelegenheit zu erwähnen. Daß die Cassirersche Sprachphilosophie – wie die Philosophie der symbolischen Formen überhaupt – auf einer solchen Form des Idealismus beruht, ist die Voraussetzung eines anderen Zugangs zu Anthropologie und Sozialität, ist Voraussetzung für einen neuen Humanismus.[62] Es ist also kein Zufall, daß sie im Laufe der Zeit eine immer stärkere kulturelle Konnotation erfährt, immer mehr *Kulturphilosophie* wird, und ins Zentrum ihrer Forschung immer mehr den Menschen rückt. Einen Menschen, der als *animal symbolicum* in einem von ihm selbst geschaffenen Universum von Symbolen lebt: Jede Erkenntnis, jede Wahrheit, läßt sich aus Cassirerscher Sicht in letzter Instanz als Moment menschlicher Erfahrung interpretieren. Und es ist sicher kein Zufall, daß das letzte Wort Cassirers zum Symbol ein Wort vom transzendentalen und empirischen Ich ist, ein Wort vom Menschen, der Öffnung hin zur Diversität alles Menschlichen:

> Im ganzen genommen könnte man die Kultur als den Prozeß der fortschreitenden Selbstbefreiung des Menschen beschreiben. Sprache, Kunst, Religion und Wissen-

---

[62] Vgl. dazu Cassirers Analysen von Renaissance und Humanismus, insbesondere, welche Rolle er dabei dem Individuum zuweist (Cassirer 1927 und 1932).

schaft bilden unterschiedliche Phasen in diesem Prozeß. In ihnen allen entdeckt und erweist der Mensch eine neue Kraft – die Kraft, sich eine eigene, eine ‚ideale' Welt zu errichten. Die Philosophie kann die Suche nach einer grundlegenden Einheit dieser idealen Welt nicht aufgeben. Sie verwechselt diese Einheit freilich nicht mit Einfachheit. Sie übersieht nicht die Spannungen und Reibungen, die starken Kontraste und tiefen Konflikte zwischen den verschiedenen Kräften des Menschen. Sie lassen sich nicht auf einen gemeinsamen Nenner bringen. Sie streben in verschiedene Richtungen und gehorchen unterschiedlichen Prinzipien. Aber diese Vielfalt und Disparatheit bedeutet nicht Zwietracht oder Disharmonie. Alle diese Funktionen vervollständigen und ergänzen einander. Jede von ihnen öffnet einen neuen Horizont und zeigt uns einen neuen Aspekt der Humanität. Das Dissonante steht im Einklang mit sich selbst: die Gegensätze schließen einander nicht aus, sondern verweisen aufeinander. (Cassirer, *VüM*, 345–346)

Originalzitate

I   Bisogna osservare che sebbene Croce, quando tematizza la separazione tra significante e significato, sembri riferire il termine segno allo stesso rapporto tra i due lati, in realtà intende sempre il solo lato del significante, come appare chiaro ogniqualvolta egli discute di forme concrete di segni, quali i materiali dell'estrinsecazione artistica. Ma ciò che è rilevante e che accomuna i due, apparentemente diversi, usi del termine, è che Croce non può mai concepire la separazione o la distinzione tra significato e significante anche come unità o, per dirla con un'immagine saussuriana, come due facce dello stesso foglio. (Salucci 1987, 15)

II [Nelle] *Tesi fondamentali* e nella prima edizione dell'*Estetica* rimangono peraltro residui di un certo naturalismo [...]; onde lo spettro della natura qua e là ricompare, e le distinzioni sono, almeno nelle parole e immagini adoperate, poste talvolta con qualche astrattezza. (Croce, *CCM*, 56)

III [...] le *espressioni in senso naturalistico* son cosa affatto diversa delle *espressioni in senso estetico*. Queste *presuppongono* di necessità le impressioni, ma *possono non seguirle*: quelle invece *non presuppongono* le impressioni, ma le *seguono* necessariamente. [...] Chi voglia misurare intuitivamente la differenza tra i due fatti, ripensi ad un uomo *in preda all'ira* e lo paragoni ad un altro *che esprime l'ira*; ripensi all'aspetto, ai gridi e al gesticolar di un uomo [...] che *ritrae con la parola o col canto* ciò che egli si agitava dentro. [...] Noi, riserbando il nome di *espressione* senz'altro all'espressione in senso estetico, chiameremo gli altri fatti meramente naturali *sintomi* o *fenomeni*. (Croce, *TfE*, 2–3)

IV Il fatto estetico si esaurisce nell'elaborazione espressiva delle impressioni. Quando abbiamo conquistato la *parola interna*, concepita netta e viva una figura o una statua, trovato un motivo musicale, l'espressione è nata ed è completa. Non ha bisogno d'altro. Che noi poi apriamo o *vogliamo* aprir la bocca per parlare, o la gola per cantare [...]: è questo un fatto sopraggiunto, che ubbidisce a tutt'altre leggi che non il primo. (Croce, *TfE*, 20)

V   La vita umana consiste tutta in impressioni, prodotti spirituali, ricordi o riproduzione di questi prodotti, e produzione di altri fatti spirituali. (Croce, *TfE*, 55)

VI È vero che alcuni estetici hanno tentato una distinzione tra stimolo e stimoli, tra segni *naturali* e segni *convenzionali*, i primi dei quali avrebbero un effetto costante e per tutti, e i secondi solo per circoli ristretti. [...] Ma la differenza tra gli uni e gli altri è solo di grado. [...] I segni *naturali* non esistono: tutti i segni sono a un modo stesso *convenzionali*, cioè storicamente condizionati. (Croce, *TfE*, 70)

VII Quando nel 1904 Vossler pubblica il suo saggio *Positivismo e idealismo in linguistica*, ai neogrammatici rimprovera appunto il metodo analitico positivo [...] La critica di Vossler era un caso particolare di una svolta epistemologica profonda che a partire dagli anni 1890 investe le scienze umane e senza la quale non si comprende neppure l'epistemologia (o anti-epistemologia) crociana. (Formigari 2001, 212)

VIII Il Vossler afferma a ragione che il contrasto di positivismo e idealismo, nello studio dei linguaggi, – quel contrasto che fu così vivo or sono trent'anni e nel quale combattemmo la nostra battaglia – deve considerarsi ormai superato: superato con la vittoria dell'idealismo, ché nessuno contesta più sul serio la natura ideale del linguaggio. Altro ora è il campo di lavoro: discernere dove il linguaggio è autonomo, è poesia, e dove serve agli altri bisogni dell'uomo. [...] A nessuno sfuggirà l'analogia delle questioni che il Vossler lumeggia nel campo della filosofia e storia dei linguaggi con quelle che si agitano in Italia nel campo della storia letteraria ed artistica. [...] Anche nella storia letteraria e artistica il problema attuale non è più di far valere il carattere lirico dell'arte, ma di discernere e intendere dove l'arte è autonoma (pura lirica) e dove è variamente asservita, e, altresì, dove è da studiare come arte e dove come mera asserzione e attestazione di vita. (Croce 1928, 217)

IX La mia idea fondamentale è, che l'*estetica* sia una *linguistica*, o meglio che la linguistica sia un caso speciale dell'*estetica* generale; e che come il linguaggio non è un fatto meramente psicologico, così il fatto estetico generale non si può risolvere in leggi psicologiche o nell'*associazionismo*. Cercar l'origine dell'arte è tanto assurdo, dunque, come cercare l'origine del linguaggio, della coscienza ecc. (Croce 1896–1924/1981, 61)

X Certo, i tre volumi [sc. della *Filosofia dello Spirito*] non sono stati concepiti e scritti tutti in una volta; nel quale caso avrebbero avuto ordine e disposizione in parte diversi. Quando scrissi il primo, non pensavo di dargli i due compagni, che poi gli ho dati. (Croce, *Est*, XI)

XI Fu nell'aspro travaglio che [...] mi costò l'*Estetica*, che io superai per me e da me il naturalismo e lo herbartismo, che ancora mi legavano: superai, cioè, la logica naturalistica mercé quella dei gradi spirituali o dello sviluppo, non riuscendomi in altro modo d'intendere il rapporto di parola e logicità, di fantasia e intelletto, di utilità e moralità; e superai la trascendenza naturalistica attraverso la critica che venni irresistibilmente compiendo dei generi letterari, della grammatica, delle arti particolari, delle forme rettoriche, toccando quasi con mano come nello schietto mondo spirituale dell'arte s'introduca la ‚natura', costruzione dello spirito stesso dell'uomo; e, negata realtà alla natura nell'arte, mi spianai la strada a negargliela dappertutto, scoprendola dappertutto non come realtà, ma come prodotto del pensiero astraente. Infine, quello che poi chiamai dualismo di valori, e sceverai dal dualismo di spirito e natura, fu da me superato mercé la conclusione alla quale pervenni studiando il giudizio sull'arte e ogni altra forma di giudizio; che il pensiero vero è semplicemente il pensiero, l'espressione bella semplicemente l'espressione, e via dicendo. (Croce, *CCM*, 55–56)

XII L'attività estetica, distinta dalla pratica, è nel suo esplicarsi accompagnata sempre dall'altra [...]. Ma questo lato pratico dell'attività estetica ha a sua volta un accompagnamento fisico, o psicofisico, che consiste in suoni, toni, movimenti, combinazioni di linee e colori, e via discorrendo. Lo ha realmente, o pare che lo abbia per effetto della costruzione che ne facciamo nella scienza fisica, e dei procedimenti comodi e arbitrari, che già più volte abbiamo messi in rilievo come propri delle scienze empiriche ed astratte? La nostra risposta non può esser dubbia, e cioè deve affermare la seconda delle due ipotesi. [...] Basti la sola avvertenza a impedire, intanto, che il nostro parlare, per ragione di semplicità e di adesione al linguaggio comune, dell'elemento fisico come di alcunché di oggettivo e di esistente, induca ad affrettate conclusioni circa i concetti e la relazione di spirito e natura. (Croce, *Est*, 119)

XIII Non sarà più necessario [...] costruire assurdi parallelismi o promuovere misteriosi matrimoni tra immagine e segno; posto che il linguaggio non viene più concepito come segno, ma come immagine che è significante, cioè come segno a sé stessa, e perciò colorita, sonante, cantante. L'immagine significante è l'opera spontanea della fantasia, laddove il segno, nel quale l'uomo conviene con l'uomo, presuppone l'immagine e perciò il linguaggio; e, quando s'insista a spiegare mercé il concetto di segno il parlare, si è costretti a ricorrere a Dio, come datore dei primi segni, cioè a presupporre in altro modo il linguaggio, rinviandolo all'inconoscibile. (Croce, *BdE*, 66–67)

XIV Si noti bene: non solo io non ho mai affermato, ma non è lecito in alcun modo, – per divieto, prima che della scienza, del buon senso, – affermare che quella considerazione del singolo vocabolo per sé sia arbitraria e vuota. Con buon diritto, sempre essa e stata fatta, e di continuo la si fa a quel modo, sempre si son cercate le etimologie dei singoli vocaboli e le varie modificazioni che hanno ricevuto nel corso delle vicende fin quasi diventare talora irriconoscibili salvo che all'occhio esperto ed armato del glottologo. (Croce, *LdP*, 248)

XV Le leggi fonetiche sono legittime e utili, [...] quando servono solamente a presentare in compendio e per approssimazione certe diversità che si notano nei linguaggi da un tempo a un altro o da un popolo all'altro. La loro utilità è in tal caso quella medesima della Grammatica; e anzi, esse nell'intrinseco non sono altro che Grammatica. [...] Quando invece, dimenticandosi la loro origine arbitraria e di comodo, quelle leggi vengono impostate e considerate come leggi reali del parlare, si entra nell'errore. (Croce, *PdE* 1, 174)

XVI [...] nella condizione dei lavoratori di un traforo: a un certo punto debbono sentire le voci dei loro compagni, i filosofi dell'Estetica, che si sono mossi dall'altro lato. (Croce, *Est*, 190)

XVII Il concetto, l'universale è in sé, astrattamente considerato, inesprimibile. Nessuna parola gli è propria. Ciò è tanto vero, che il concetto logico resta sempre il medesimo, nonostante il variare delle forme verbali. Rispetto al concetto, l'espressione è semplice segno o indizio: non può mancare, un'espressione dev'esserci; ma quale debba essere, questa o quella, è determinato dalle condizioni storiche e psicologiche dell'individuo che parla: la qualità dell'espressione non si deduce dalla qualità del concetto. (Croce, *Est*, 55)

XVIII L'espressione oratoria ci ha portati nel bel mezzo della cerchia pratica della volontà e dell'azione, alla quale siamo pervenuti per logico processo, movendo dal sentimento e dalla sua naturale espressione, passando all'intuizione o fantasia che gli dà forma d'immagine e di correlativa parola e lo trasfigura in poesia, e di là al pensiero che esistenzializza e giudica il mondo delle immagini, e dal pensiero all'azione, che dal mondo così conosciuto va oltre a creare un nuovo mondo di realtà. (Croce, *Poe*, 38)

XIX A rigor di termini, ispirazione e genialità, e il „quid divinum", sono in ogni essere e in ogni opera umana, che altrimenti non sarebbe veramente umana. Ma il risalto che questi caratteri sembrano ricevere nella creazione poetica, viene appunto dal riportamento dell'individuale all'universale, dal finito all'infinito, che non è, o non è a quel modo, nella praxis e nella passione, dove ha luogo il moto inverso, e che è bensì nel pensiero e nella filosofia, ma in guisa secondaria e mediata dalla poesia. (Croce, *Poe*, 21)

XX Ora, se il pensiero non ha altro ufficio che di discernere le immagini del reale da quelle dell'irreale, e non crea esso le immagini, che come tali sono la materia che la fantasia e la poesia gli apprestano, l'espressione prosastica, diversamente dalla poetica, non consisterà in espressioni di affetti e sentimenti, ma di determinazioni del pensiero; non dunque in immagini, ma in simboli o segni di concetti. [...] In quanto è simbolo o segno, l'espressione prosastica non è parola, come per un altro verso non è parola la manifestazione naturale del sentimento, e sola parola è veramente l'espressione poetica. (Croce, *Poe*, 27-29)

XXI Ma il linguaggio non si è mai pervertito e non ha mai perso (che sarebbe stato contro natura) la propria poetica natura; e quella immaginaria lingua utilitaria non è altro che il complesso delle espressioni impoetiche, cioè delle sentimentali e delle prosastiche, e infine delle oratorie. (Croce, *Poe*, 29-30)

XXII Certamente, questa teoria per la quale il linguaggio s'invera e si risolve nel concetto della poesia è difficile a ben intendere e a possedere con sicuro e pronto dominio, perché come ogni teoria filosofica rimanda di necessità a tutta la filosofia. (Croce, *DvF* 1, 237)

XXIII E tuttavia per quanto riguarda l'estetica e la filosofia del linguaggio, sembra indubbio che la scissione [tra ‚il Croce dell'unità' e quello ‚sperimentatore indefesso' sds] non possa essere concepita così rigidamente come è stata prospettata finora: senza dubbio le motivazioni ultime degli interventi del Croce in materia di linguistica non si saprebbero rintracciare se non nel bisogno di sistemare, di chiarire nella prospettiva di un sistema, del suo sistema, le questioni che a mano a mano gli si posero. (De Mauro a1964, 100)

XXIV Quest'antinomia tra l'inconcepibilità dell'errore come esistente e l'impossibilità di negare l'esistenza di determinati errori non si risolve se non nel modo che già abbiamo avuto occasione più volte di accennare. Quell'errore che ha esistenza, non è errore e negatività, ma qualcosa di positivo, un prodotto dello spirito. E poiché quel prodotto dello spirito è privo di verità, non può essere opera dello spirito teoretico; e poiché quel prodotto dello spirito è privo di verità, non può essere opera dello spirito teoretico; e poiché oltre la forma teoretica dello spirito, non vi ha da considerare se non la forma pratica, l'errore che incontriamo come qualcosa di esistente dev'essere prodotto, a suo modo razionale, dello spirito pratico.
In effetti, colui che commette un errore non ha nessun potere di torcere o snaturare o inquinare la verità, che è il suo pensiero stesso, il pensiero che opera in lui come in tutti, e anzi, non appena egli tocca il pensiero, ne è toccato: pensa e non erra. Egli ha solamente il potere pratico di passare dal pensiero al fare; e un fare e non già un pensare è l'aprire la bocca o l'emettere suoni ai quali non corrisponda un pensiero, o, che è lo stesso, non corrisponda un pensiero che abbia valore, precisione, coerenza, verità. (Croce, *LSC*, 276-277)

XXV In realtà ogni domanda è diversa dall'altra, e ogni definizione, per costante che suoni e circoscritta da certe determinate parole, in realtà è diversa dall'altra, perché le parole, anche quando sembrino materialmente le stesse, sono effettivamente diverse secondo la diversità spirituale di coloro che le pronunciano, i quali sono individui e si trovano perciò sempre in circostanze individuali e nuove. „La virtù è l'abito di azioni morali" è una formula che può essere stata pronunciata migliaia di volte; ma, se ciascuna di quelle volte è stata pronunciata sul serio per definire la virtù, risponde ad altrettante situazioni psicologiche, più o meno diverse, ed in realtà non è una, ma mille e mille definizioni. (Croce, *LSC*, 160)

XXVI [...] il concetto empirico non è altro se non un concetto di cose, ossia aggruppamento di un certo numero di cose sotto una o altra di esse, che funge da tipo. [...] Il concetto empirico può essere perfino concetto dell'individuale. Perché, se nella realtà l'individuo è la situazione dello spirito universale in un determinato momento, nella considerazione empirica l'individuo si cangia in qualcosa d'isolato, di ritagliato e di chiuso in sé, al quale si dà per tal modo una certa costanza rispetto alle vicende della vita che l'individuo vive: vita che viene in questo caso rappresentata come le determinazioni di un concetto. Socrate è la vita di Socrate, inseparabile dalla vita tutta del tempo in cui quella vita si svolse; ma di essa si può, nel procedere empirico, ricavare il concetto di un Socrate, polemista, educatore, fornito di calma imperturbabile, del quale il Socrate che mangiò, bevve e vestì panni, e visse tra questi e quegli avvenimenti, sembra una determinazione particolare. Dunque, come delle cose, così degl'individui è dato formare lo pseudoconcetto [...]. (Croce, *LSC*, 68–69)

XXVII Senza la tradizione e la critica storica, il godimento di tutte o quasi le opere d'arte sarebbe irremissibilmente perduto: noi saremmo poco più che animali, immersi nel solo presente o in un passato ben vicino. È da fatui spregiare e deridere chi ricostituisce un testo autentico, spiega il senso di parole o costumanze obliate, investiga le condizioni tra le quali visse un artista, e compie tutti quei lavori che ravvivano le fattezze e il colorito originario delle opere d'arte. (Croce, *Est*, 162)

XXVIII Coteste passioni o abiti volitivi non sono rigidi e fissi, perché niente di rigido e fisso v'ha nel campo del reale. Come il letto del fiume regola il corso del fiume e ne viene insieme e di continuo modificato, così accade delle passioni e degli abiti volitivi che la realtà viene formando e modificando, e nel modificare forma da capo e nel formare modifica. Perciò qualcosa di arbitrario vi ha sempre nel definire gli abiti come se rispondessero a una realtà ferma e ben delimitata. Gli abiti non sono categorie né sono pensabili come concetti distinti, ma sono il simile nel dissimile, dissimile anch'esso in sé stesso, e nondimeno in certo modo discernibile da altri gruppi di fatti dissimili. La loro importanza è grande, perché compongono come l'ossatura del corpo della realtà. (Croce, *FdP*, 165)

XXIX E qui ci si mostra ancora una volta esattissima l'analogia tra la costituzione dello spirito pratico e quella dello spirito teoretico. Anche in quest'ultimo s'incontrano formazioni teoretiche, che non sono tali e che si contradicono in loro stesse, ponendo rappresentazioni che fungono da universali, e universali che sono rappresentativi [...]. Ma noi sappiamo che quei finti concetti, quegli schemi, quelle leggi che non sono leggi, quelle falsità confessate e perciò non false sorreggono la memoria e agevolano il pensiero a orientarsi dinanzi al multiforme spettacolo del mondo, che esso penetra di sé. Non li pensiamo, ma ci aiutano a pensare; non li immaginiamo, ma ci aiutano a immaginare. Così il filosofo ferma di solito la mente sugli pseudoconcetti, per ascendere di là agli universali; e l'artista anch'esso vi rivolge l'attenzione, per ritrovare sotto di quelli l'individuale e l'intuizione ingenua e viva, ch'egli cerca. I medesimi pseudoconcetti, fatti oggetto di volizione e mutati da schemi in leggi, adempiono analogo ufficio nello spirito pratico, rendendo possibile alla volontà di volere in un certo indirizzo, dove poi s'incontrerà l'azione utile, che è sempre individuata. (Croce, *FdP*, 343)

XXX Perché quest'ultimo [sc. l'errore] nasca, perché si affermi di avere raggiunto un risultato che il testimonio della coscienza dice che non è stato raggiunto, deve intervenire qualcosa di estraneo allo spirito teoretico, e che perciò non può esser altro se non un atto pratico, che simuli quello. E lo simuli non già intrinsecamente [...] ma col dar di piglio al mezzo pratico della comunicazione, alla parola o all'espressione in quanto suono e fatto fisico, e volgerlo a significare ciò che, in quel caso, non può significare. L'affermazione erronea è resa possibile, perché alla vera affermazione, che è puramente teoretica, succede qualcos'altro che impropriamente si dice affermazione in senso pratico, laddove è soltanto comunicazione. (Croce, FdP, 60)

XXXI Assai minore di mole rispetto a quella del ventennio precedente è stata invece la mia produzione di pura filosofia; né ho mai desiderato che fosse altrimenti, aborrendo dalla filosofia come mestiere, considerando il filosofare nient'altro che uno scioglimento dei nodi che ostacolano di volta in volta la conoscenza delle cose particolari e che perciò costringono a ricorrere ai concetti direttivi e alle categorie. [...] Importanti svolgimenti diedi della mia dottrina estetica, particolarmente nei *Nuovi saggi di estetica*, che sono quasi un rifacimento della mia prima *Estetica*, e in quelli teorici e storici che si contengono negli *Ultimi saggi*; [...] Inoltre, acquistai coscienza sempre più limpida della natura del mio e di ogni effettivo filosofare, e l'espressi nella formula, di apparenza paradossale, che la ‚filosofia è la metodologia della storiografia.' Per un altro verso, la considerazione attenta di quelle che un tempo si dicevano le *facultates inferiores* dello spirito, perché più sembravano attenersi al senso e all'appetizione, la fantasia, cioè, e l'utilitaria o l'economica volontà, mi condusse a vedere nella trascuranza o nel disprezgio di queste l'impedimento, e nel riconoscimento della loro impotenza e valore la via necessaria a intendere in pieno l'unità dello spirito, a criticare e dissolvere il concetto di Natura, malamente intesa come ‚altro' dallo spirito, e a stabilire l'immanenza del reale. (Croce, CCM, 78–79)

XXXII Il est intéressant de savoir quelle place les ouvrages relatifs au langage et à la linguistique ont tenue dans la bibliothèque de Croce [...]. Croce possédait un nombre impressionnant de dictionnaires, vocabulaires, lexiques et grammaires, non seulement pour l'italien et ses dialectes, mais aussi pour les principales langues européennes [...]. Nous trouvons aussi la plupart des œuvres marquantes de la linguistique italienne depuis Ascoli [...]. En ce qui concerne les linguistes étrangers, nous trouvons naturellement la plupart des œuvres de Vossler et Spitzer, mais aussi von Wartburg, Meillet, Menéndez Pidal [...], A. Alonso et d'autres. La bibliothèque de Croce est également bien fournie en ce qui concerne la linguistique générale et la linguistique romane du XIXe siècle. (Deneckere 1983, 6)

XXXIII Nella filologia, lo smarrimento o dispersione dei documenti della poesia dà la spinta all'euristica, a quelle ricerche, a quei ritrovamenti o ‚scoperte' che con molta lode sono compiute da uomini a ciò disposti e disciplinati. [...] La restituzione dell'originario fonema o suono articolato, scegliendo tra le varie lezioni offerte dalle varie copie dell'unico testo e introducendo correzioni e riempiendo lacune, è la critica del testo [...]. Alla quale seguono glossari dei suoni e delle forme per le singole opere e autori, e lessici della lingua di un popolo o di più lingue insieme, in cui i vocaboli sono messi in corrispondenza tra loro, e morfologie e sintassi e metriche e altri simili istrumenti, e commenti letterari e storici, in cui si determina il significato di vocaboli e di frasi, che si pongono in relazione con notizie di cose, di fatti e d'idee. (Croce, Poe, 75–76)

XXXIV E se io dovessi designare in qualche modo l'interpretazione storica che è propria dell'interpretazione storico-estetica, ossia il momento analitico che precede quello sintetico, direi che è *l'explanatio verborum*, l'interpretazione, largamente intesa, del senso delle parole: senso che, come tutti sanno, si trae non dalla loro etimologia e dalla sequela di concetti e dei sentimenti che hanno concorso a formarle e che ne costituiscono una sorpassata preistoria, ma dall'uso generale dei parlanti di un dato tempo, dall'ambiente in cui sono adoperate, e si determina e individua poi in relazione alla nuova frase che è composta di esse e insieme le compone e crea. Proposizioni filosofiche, nomi di persone, accenni o casi storici, giudizî morali e politici e via dicendo, sono, in poesia, nient'altro che parole, identiche sostanzialmente a tutte le altre parole, e vanno interpretate in questi limiti. Nella interpretazione allotria non sono più, e non debbono essere, parole, ossia immagini, ma c o s e . Può darsi che non in tutti i casi si riesca a determinare, in quella *explanatio verborum*, il senso preciso di talune parole, il contenuto morale, filosofico, e, in genere, storico, che in essa vibra; ma lo stesso può accadere per ogni altra parola, perfino di quelle che si dicono di materia comune o familiare. (Croce, P*dD*, 23–24)

[XXXV] L'attività intuitiva tanto intuisce quanto esprime. [...] Sentimenti e impressioni passano [...] per virtù della parola, dall'oscura regione della psiche alla chiarezza dello spirito contemplatore. È impossibile, in questo processo conoscitivo, distinguere l'intuizione dall'espressione. L'una viene fuori con l'altra, nell'attimo stesso dell'altra, perché non sono due ma uno. Ma la cagione principale che fa sembrare paradossale la tesi da noi affermata, è l'illusione o pregiudizio che si intuisca della realtà più di quanto effettivamente se ne intuisce. Si ode spesso taluni asserire di avere in mente molti e importanti pensieri, ma di non riuscire a esprimerli. In verità, se li avessero davvero, li avrebbero coniati in tante belle parole sonanti, e perciò espressi. (Croce, *Est*, 12–13)

[XXXVI] E le lingue a noi nuove e straniere non sono solo quelle che tali chiamiamo nell'usuale designare, ma (per attenerci alla realtà della cosa e al rigore del concetto) ogni parola che ascoltiamo è una lingua nuova e straniera, perché non fu mai detta per l'innanzi e non si identifica con nessuna di quelle dette innanzi, e noi, udendola per la prima volta, la comprendiamo solamente con uno di quegli atti di consenso e simpatia che abbiamo riconosciuti fondamentali ed essenziali. Atti di consenso che sono sempre preceduti da sforzi, sempre da ‚preparazione filologica', maggiore o minore, spiccante o celata quasi invisibile, attinta da libri o dalla propria memoria, faticosa e lenta o facile e rapidissima [...]. (Croce, *Poe*, 86)

[XXXVII] Poiché dunque non si può buttar via quel circolo vizioso [sc. delle argomentazioni scettiche poco sopra analizzate] senza buttar via l'idea stessa di poesia, non rimane se non di guardar meglio per accorgersi alfine che quel circolo non è punto vizioso, ma piuttosto (se così piace ammirarlo) magico: della magia stessa per cui in ogni istante ci compenetriamo gli uni con gli altri, viviamo e pensiamo solo perché gli altri con noi vivono e pensano, e nell'atto stesso siamo personali e sociali, individui e universali, uomini e umanità. (Croce, *Poe*, 85)

Schlußbemerkungen
Die Wiederentdeckung des Geistes

Wer in der eigenen Geschichte stöbert, sucht zweifellos nach Zeichen der Bestätigung oder der Ablehnung des eigenen Status, des eigenen Wirkens oder zumindest nach Anregungen oder Hinweisen, nach einzuschlagenden oder wieder zu begehenden Wegen, zuweilen auch nur nach Trost. Das, was bei einem solchen Versuch evident erscheint – wie immer es sich kundtun mag –, ist die Notwendigkeit, das eigene Bild und die eigene Strategie neu zu definieren. Vor der Gefahr, die man beim nochmaligen Durchlaufen schon beschrittener Pfade eingeht, hat unter anderen Karl Marx (1852/1965, 9) gewarnt, indem er anmerkte, daß die Fakten der Geschichte oft als Farce wiederkehren. So kann die Orientierung an einer Tradition auch nur kritisch und aktualisierend erfolgen, nicht aber in schlicht reproduktiver Weise. Und allzu klar sind die Grenzen einer Rückkehr zur idealistischen Philologie, wie man sie einmal verstanden hat und noch versteht; weniger denn je ist eine Rückkehr zu jenem System des Idealismus auch wünschenswert.[1] Was kann man dann aber von einem solchen Abstecher in die Welt des Idealismus vom Anfang des vergangenen Jahrhunderts – im Sinne eines *wiederholenden Wiederholens* – in das gegenwärtige Panorama der Sprachforschung mitbringen?

Die vergleichende Untersuchung der Sprachtheorien Cassirers und Croces hat Aspekte der Nähe und der Distanz zwischen beiden ans Licht gebracht. Gemeinsam ist beiden Autoren eine idealistische Grundkonzeption der Sprache, die als schöpferische Energie des Geistes bestimmt wird. Das impliziert zum einen die Ablehnung jeder banalen Form des Konventionalismus und der Vergegenständlichung und Instrumentalisierung der Sprache, zum anderen die Hinwendung zu ihrer Betrachtung aus pragmatischer Sicht. Wahr und lebendig ist die Sprache für beide Autoren im Satz, in der Rede, im Text. Sie ist Sprache des Sprechers, des Menschen. Dieser Ansatz zeigt sich bei Croce in besonderer Weise darin, daß dieser das kommunikative Moment der Sprache herausstellt, das er als ihre soziale Funktion auffaßt, und darin, daß er die Bedeutung der Wörter mit ihrem Gebrauch identifiziert. Bei Cassirer läuft dies eher über eine kritizistisch-humboldtsche Deutung der Kommunikation (Ich und Du fundieren im Dialog sich selbst und die Gegenstandswelt), die eine ontologisch-transzendentale Begründung der Pragmatik liefert.

---

[1] Schon vor dreißig Jahren wollte Helmut Christmann (1974, 7) nicht einer Rückkehr zur idealistischen Philologie *tout court* das Wort reden, obwohl die Gefahr bestand, daß der Anfang der Linguistik schlichtweg mit den Überlegungen Chomskys identifiziert wurde.

Im Zusammenhang mit diesem Aspekt des Denkens der beiden Autoren steht ein weiterer, ebenso fundamentaler Gedanke: Der Mensch – insbesondere der handelnde Mensch – rückt mit der Zeit immer mehr ins Zentrum ihrer geschichtsphilosophischen Reflexionen. Gerade die Bedeutung, welche dem Handeln des Menschen beigemessen wird, führt zur Neubewertung der Beziehung zwischen Theorie und Praxis in der Croceschen Philosophie; und das Produkt, das der Mensch seiner kulturellen Welt abgewinnt, steht im Brennpunkt der letzten Phase des Cassirerschen Denkens.

Sicher, in der Art und Weise, wie Cassirer und Croce das Individuum und das Soziale auffassen, unterscheiden sie sich voneinander. Dieser Unterschied artikuliert sich besonders um zwei Kerne herum: in allgemeinerer Hinsicht um die Interpretation der Beziehung zwischen Geist und Empirie, in spezieller Hinsicht um die Rolle, welche der Symbolisierung, dem Bedeutungsprozeß, bei der Selbstaffirmation des Ichs, bei der Vermittlung des Moments der Subjektivität und der Objektivität jeweils zugewiesen oder abgesprochen wird.

Der Punkt der größten Distanz zwischen Cassirers und Croces spekulativem Denken bezüglich der Sprache – aus dem sich auch die anderen Unterschiede ableiten – findet sich in der Tat in der Weise, wie der Idealismus aufgefaßt wird, d.h. wie die Rolle der Empirie, der sinnlichen Wahrnehmung, innerhalb des geistigen Prozesses bestimmt wird: Bei Croce wird sie ignoriert, gestrichen oder in die Sphäre der Pseudobegriffe verwiesen, so lange, bis sie dann durch das ‚Fenster' der Geschichte wieder ‚einsteigen' kann, denn durch die Tür läßt Croce die Empirie nie. Bei Cassirer ist sie wesentlicher konstitutiver Teil im Prozeß der Manifestation des Geistes. Diese Grundpositionen beeinflussen sowohl die Auffassung von der Wissenschaft – insbesondere das Verhältnis zwischen Naturwissenschaften und Geisteswissenschaften und ihre jeweilige Definition – als auch die Auffassung von der Sprache, die von Croce, zumindest in der ersten Phase seines Denkens, als mit der Kunst identisch angesehen wird, wogegen Cassirer sie als *eine* symbolische Form neben den anderen betrachtet, wenn er sie auch in der ersten Phase seines Denkens in gewisser Hinsicht privilegiert.

Bei der Rekonstruktion des kritischen Dialogs zwischen den beiden Autoren und vor allem bei der Suche nach den Elementen der Nähe und der Distanz im Verlauf der Jahre und der Werke konnte eine Entwicklung ihres Denkens festgestellt werden, das sich besonders im Falle Cassirers zwar als fortschreitende Akzentuierung gewisser Positionen, als Verlagerung des Interessenhorizontes, nie jedoch als radikale Abkehr von der anfänglichen Theorie erwies. Ich sage hier *besonders* im Falle Cassirers, weil man dies, wie wir gesehen haben, analog auch von Croce sagen kann. Dies setzt allerdings voraus, daß man einerseits die Tatsache betont, daß sich die Elemente, welche die reifere Phase seines Denkens charakterisieren, auch schon in der ‚systematischen' Phase nachweisen lassen, und daß man andererseits den lautstark von seinem System und dessen schematisierenden Notwendigkeiten vorgetragenen Formeln weniger Gewicht beimißt. In der Tat konnte man sehen, wie es im Verlauf der Jahre zu einer fortschreitenden Sinnentleerung der Gleichsetzung von Linguistik und Ästhetik kam – die letztlich ihre Auflösung bedeutet – und zu einer intensivierten Aufmerksamkeit Croces auf die Komplexität der sprachlichen Phänomene: die Bedeutung der Wörter, die Kommunikation zwischen den Individuen. Diese Entwicklung verlief parallel zur Revision einiger Fragen der Logik (der Beziehung zwischen Ausdruck und Zeichen in Bezug auf den Begriff), zur Neubewertung der Rolle der Praxis gegenüber der Theoresis, welche Croce dazu veranlaßten, das System immer mehr außer acht zu lassen, und zwar zugunsten der Geschichte und der Kultur, der Beziehung zwischen Literatur und Poesie.

Eine ähnliche Ebenenverschiebung – und dieses Thema wäre noch ausführlicher zu untersuchen – läßt sich auch in der Sprachtheorie Cassirers feststellen: Erst in der letzten Phase seines Denkens findet man, parallel zur Vertiefung und Präzisierung seiner Reflexion über die Kunst eine ausgewogenere Behandlung der Sprache als einer symbolischen Form neben den anderen, mit denen zusammen sie in eine übergeordnete allgemeine semiotische Struktur eingeordnet wird. Damit öffnet sich der Weg zu einer höchst komplexen und bedeutsamen Semiosis, die sich als Kulturphilosophie des Menschen darstellt, in der Natur- und Geisteswissenschaften paritätisch nebeneinander stehen.

Es kann daher kein Zweifel daran bestehen, daß von einem solchen Ausflug vieles mitgebracht und der aktuellen philologischen und philosophischen – auch der romanistischen – Diskussion um die Sprache (wieder) zugeführt werden kann. Und eher als um ein Buch, eine Idee, eine Ideologie oder ein System geht es dabei um eine Sichtweise und um eine Methode. Eine Methode, die nicht etwa zu typisch für eine vergangene und ausgelebte Zeit ist, um noch gebraucht zu werden, sondern die sich aus einer historischen Sicherheit heraus in einen europäischen ‚Haushalt' einfügt. Aber nicht nur das. Vielmehr könnte man dabei auch auf jene modernen Aussagen eines Croce stoßen, den die Fanfaren seines Systems eingeschüchtert und zum Schweigen verurteilt hatten; und es wäre jener Croce, der an den Geist glaubt, an die Geschichte und das Handeln des Menschen, jener Croce, der die Dichtung Dantes und die Wörterbücher liebt, der Croce des lebendigen, wahren Gemeinguts der italienischen Sprache[2], jener des ‚Kontextes', der hingerissen ist von der *explanatio verborum*, der in allen Wörtern „selbst bei solchen, die man dem gewöhnlichen Hausgebrauch zuteilt" (Croce, *DD*, 27),

---

[2] Schon De Mauro merkt an, daß Croce „in der italienischen Sprachgeschichte positiv wirksam wurde, indem er die Rhetorik der ‚Vorbildsprache' bekämpfte und die Argumente der expressiven Spontaneität gegen einen abergläubischen Purismus verfocht [...]. In einem Land, das seine effektive sprachliche Einheit zu verwirklichen suchte, hatte die Intervention Croces eine außerordentlich positive Bedeutung" (De Mauro a1964, 108).

den präzisen Sinn, den moralischen, philosophischen und ganz allgemein historischen Gehalt sucht, der in ihnen mitschwingt.

Und vor allem könnte man jenen Cassirer der symbolischen Formen finden, der – vor einem Jahrhundert vielleicht noch zu sehr Avantgarde – von Pluralismus und Differenz mit aktuellem Klang spricht, der eine Art methodischen Idealismus vorschlägt, der zutiefst human, d.h. dem Anderen gegenüber offen und vom konkret Wahrnehmbaren nicht abgespalten, sich nie in ein starres System einzwängen läßt. Dies ist auch der Cassirer, der das Problem der Definition und der Trennung von Natur- und Geisteswissenschaften neu stellt und strukturiert, indem er beide im Horizont der humanen Kulturwissenschaften aufgehen läßt, d.h. der Cassirer, der den Disziplinen der Natur- wie denen der Geisteswissenschaften Autonomie und Erkenntniswert verleiht, indem er sie in einen theoretischen Rahmen stellt, der den interdisziplinären Dialog gestattet. Es ist auch der Cassirer, der der Sprache eine autonome und zentrale Rolle zuweist, wobei weder materielle noch geistige Aspekte außer acht gelassen werden. Es ist der Philosoph und Linguist Cassirer, der mit seiner Form des Idealismus, die den Geist funktionell interpretiert, einen anderen Weg zur Behandlung der ihn betreffenden Fragen eröffnet, der zur Lösung einiger der von den kognitiven Wissenschaften offen gelassenen Probleme beitragen, zumindest aber für diese ein privilegierter Gesprächspartner werden könnte. Und es ist der Cassirer, der Ansätze liefert, um die alte Frage nach der Beziehung zwischen Semiotik und Linguistik neu zu stellen und zu bewerten – aus einer Perspektive, welche beiden Disziplinen Raum und Autonomie beläßt.

Die Sprachwissenschaftler wären sicher nicht die ersten, denen dies in den Sinn käme – denn die Renaissance der Cassirerstudien hat, wie wir gesehen haben, die Natur- und Geisteswissenschaften längst erreicht, von der Physik bis hin zur Pädagogik, Geschichtswissenschaft und Theologie[3] –, und sie könnten bei Auffassung ihres Faches als *Kulturwissenschaft* den ihnen eigenen vergleichenden und interdisziplinären Charakter ohne weiteres beibehalten, ohne sich der Gefahr des Dogmatismus auszusetzen. Denn wie Cassirer selbst im Falle Kants verfuhr, so kann man von ihm im Grundsatz die Methode übernehmen und sie an Zeiten, Ziele und Instrumente anpassen, ,transformieren'. Einer ihrer evidentesten Vorteile besteht nämlich gerade darin, daß sie einen gedanklichen Rahmen bietet, innerhalb dessen sich ein gegenüber anderen Positionen nicht nur toleranter, sondern auch interessierter Dialog führen läßt.

Im Panorama der aktuellen Sprachforschung geht es – mit den Worten Eugenio Garins – vielleicht darum, „die Menschlichkeit des Philosophierens wiederzufinden, nicht in einem offenen oder verdeckten Abstandnehmen von der Wirklichkeit in ihrer ,körperhaften' Bestimmtheit, sondern in der Vermenschlichung der Wirklichkeit und der Instrumente, mittels deren man ihrer habhaft wird, sie entwickelt und verwandelt: in der Verteidigung des

---

[3] Vgl. z.B. Kittsteiner 1997 und Vögele 1999.

Sinnes des menschlichen Daseins, nicht durch deren illusionäre Heraushebung aus den Dingen, sondern mit ihnen und zwischen ihnen als Bewußtsein einer Mitte, bei deren Verlust alles seine Farbe verlöre." (Garin 1955, 530–531)[II] Denn das vergangene Jahrhundert hat zwar die Sprache – der Schritt war unvermeidlich – wieder ins Zentrum des Interesses der Philosophie und der Philosophen gerückt. Aber häufig hat es sie zugleich mechanisiert und hypostasiert, wiederum zum ‚Gegenstand' gemacht und paradoxerweise zum Gegenstand einer Analyse, die es vorzieht, von ihren geistigen Aspekten abzusehen.

Vielleicht ist es daher die Aufgabe dieses neuen Jahrhunderts, die Philosophie ins Zentrum des Interesses an der Sprache zurückzuholen. Auch dieses ist ein unvermeidlicher Schritt. Denn ebenso wesentlich menschlich wie die Sprache ist auch die Philosophie. Die Zurückgewinnung der Philosophie ist daher Zurückgewinnung des Menschen – der sozialen Historizität Croces, die sein System sprengt und der dialogischen Humanität Cassirers, welche die Verschiedenheit kultureller Welten zeigt – und sie ist Wiedergewinnung der Taten und Tätigkeiten des Menschen in ihrem Reichtum und in ihrer Verschiedenheit und, warum nicht, auch in ihrer Widersprüchlichkeit, aus einer semiotisch-kulturellen Sicht. Vielleicht wird dieses Jahrhundert die Philosophie ins Zentrum der Interessen der Sprachwissenschaftler zurückbringen, sie einladen, mit ihrer Erforschung der empirischen und kommunikativen Phänomene der Sprache des Menschen, des Subjektes und seines Gegenübers, fortzufahren und dabei das spekulative Denken nicht aus den Augen zu verlieren. Und vielleicht wird es sie dazu einladen, womöglich mit Cassirer und Croce, den Geist wiederzuentdecken.

Originalztitate

I [...] intervenne con positiva efficacia nella storia linguistica italiana, combattendo le retoriche della ‚lingua modello', e sostenendo le ragioni della spontaneità espressiva contro il superstite purismo [...] in un paese che andava cercando di realizzare una sua effettiva unità linguistica, l'intervento di Croce fu di eccezionale importanza positiva. (De Mauro a1964, 108)

II [...] ritrovare l'umanità del filosofare non in un distacco aperto o nascosto dalla realtà nella sua ‚corpulenta' definitezza, ma nella umanizzazione della realtà e degli strumenti con cui si possiede, si elabora e si trasforma: nel difendere il senso della presenza umana, non esaltandola illusoriamente al di fuori delle cose, ma con esse e fra esse, come coscienza di un centro, perduto il quale tutto perderebbe colore. (Garin 1955, 530–531)

Abkürzungen

Schriften von Ernst Cassirer

AGW	Die Sprache und der Aufbau der Gegenstandswelt
BsFG	Der Begriff der symbolischen Form im Aufbau der Geisteswissenschaften
EGL	Erkenntnistheorie nebst den Grenzfragen der Logik
EGLD	Erkenntnistheorie nebst den Grenzfragen der Logik und Denkpsychologie
LKW	Zur Logik der Kulturwissenschaften, Fünf Studien
LSB	Zur Logik des Symbolbegriffs
PhsF	Philosophie der symbolischen Formen
SML	Structuralism in Modern Linguistics
SpSP	Das Symbolproblem und seine Stellung im System der Philosophie
SuF	Substanzbegriff und Funktionsbegriff
SuM	Sprache und Mythos. Ein Beitrag zum Problem der Götternamen
VüM	Versuch über den Menschen. Einführung in eine Philosophie der Kultur
WiS	Was ist ‚Subjektivismus'?

Schriften von Benedetto Croce

Aesth	Aesthetik als Wissenschaft vom Ausdruck und allgemeine Sprachwissenschaft
BdÄ	Brevier der Aesthetik
BdE	Breviario di estetica
BKM	Beitrag zur Kritik meiner selbst
CCM	Contributo alla critica di me stesso
DD	Dantes Dichtung
Dic	Die Dichtung
DvF	Discorsi di varia filosofia
Est	Estetica come scienza dell'espressione e linguistica generale
FdP	Filosofia della pratica
FdV	La filosofia di Giambattista Vico
LdP	Letture di poeti
LSC	Logica come scienza del concetto puro
LWB	Logik als Wissenschaft vom reinen Begriff
PdD	La poesia di Dante
PdE	Problemi di estetica e contributi alla storia dell'estetica italiana
PhdP	Philosophie der Praxis
PhGV	Die Philosophie Giambattista Vicos
Poe	La Poesia
ReC	Recensione a Cassirer: „Zur Logik der Kulturwissenschaften"
TfE	Tesi fondamentali di un'Estetica come scienza dell'espressione e linguistica generale

Bibliographie

Die drei Abschnitte der vorliegenden Bibliographie umfassen jeweils die Schriften Cassirers, die Schriften Croces und die Sekundärliteratur zu beiden Autoren. In diesem letzten Teil erscheinen auch Werke anderer Autoren, die in der Arbeit zitiert wurden oder wichtig für ihre Entstehung waren. Die Werke Cassirers und Croces sind chronologisch nach dem Datum der Ersterscheinung geordnet, neben dem auch das Datum der zitierten Ausgaben genannt wird, bei denen es sich, soweit die jeweiligen Werke in diesen Ausgaben bereits erschienen sind, um die *Hamburger Ausgabe* der *Gesammelten Werke* Cassirers und die *Edizione Nazionale delle Opere* Croces handelt. Der dritte Teil ist alphabetisch geordnet. Diese Bibliographie soll die Instrumente nennen, mit denen bei der Erstellung dieses Buches gearbeitet wurde, zu einer umfangreicheren Darstellung der Primär- und der Sekundärliteratur sei auf die folgenden Bibliographien verwiesen:

Zu Ernst Cassirer:

HAMBURG, C. H./SOLMITZ, W. (1966): „Bibliographie der Schriften Ernst Cassirers", in: Schilpp, P. A. (Hrsg.), *Ernst Cassirer*, Stuttgart, 613–633 [schon in: Schilpp 1949].
KLIBANSKY, R./SOLMITZ, W. M. (1936/1963): „Bibliography of Ernst Cassirer's Writings", in: Klibansky, R./Paton H. J. (Hrsg.), *Philosophy and History. Essays presented to Ernst Cassirer*, New York, 338–353 [eine aktual. und erweiterte Version findet sich in: Cassirer, E. (1966): *Filosofia delle forme simboliche. III: Fenomenologia della conoscenza*, Florenz, 3.2, 335–378].
VERENE, D. Ph. (1964): „Ernst Cassirer. A Bibliography", in: *Bulletin of Bibliography and Magazine Notes* 24, 103–106.
EGGERS, W./MAYER, S. (1988): *Ernst Cassirer. An Annotated Bibliography*, New York.
NADEAU, R. (1990): „Etudes cassirériennes. Répertoire bibliographique des ouvrages et des articles de revues portant sur l'œuvre d'Ernst Cassirer", in: Seidengart, J. (Hrsg.), *Ernst Cassirer. De Marbourg à New York. L'itinéraire philosophique*, Paris, 323–359.

Zu Benedetto Croce:

CIONE, E. (1956): *Bibliografia crociana*, Mailand.
BORSARI, S. (1964): *L'Opera di Benedetto Croce. Bibliografia*, Neapel.
DENECKERE, M. (1983): „Bibliographie", in: *Benedetto Croce et la Linguistique*, 2 Bde., Antwerpen, 2, 273–325.
OCONE, C. (1993): *Bibliografia ragionata degli scritti su Benedetto Croce*, Neapel.

Schriften von Ernst Cassirer

(1902/1998): *Leibniz' System in seinen wissenschaftlichen Grundlagen*, in: *Gesammelte Werke. Hamburger Ausgabe*, Bd. 1, hrsg. von B. Recki, Text und Anm. bearbeitet von M. Simon, Hamburg.

(1906/1999): *Das Erkenntnisproblem in der Philosophie und Wissenschaft der neueren Zeit. Erster Band*, in: *Gesammelte Werke. Hamburger Ausgabe*, Bd. 2, hrsg. von B. Recki, Text und Anm. bearbeitet von T. Berben, Hamburg.

(1910/1999): *Das Erkenntnisproblem in der Philosophie und Wissenschaft der neueren Zeit. Zweiter Band*, in: *Gesammelte Werke. Hamburger Ausgabe*, Bd. 3, hrsg. von B. Recki, Text und Anm. bearbeitet von D. Vogel, Hamburg.

(1910/2000): *Substanzbegriff und Funktionsbegriff. Untersuchungen über die Grundfragen der Erkenntniskritik*, in: *Gesammelte Werke. Hamburger Ausgabe*, Bd. 6, hrsg. von B. Recki, Text und Anm. bearbeitet von R. Schmücker, Hamburg.

(1912): „Hermann Cohen und die Erneuerung der Kantischen Philosophie", in: *Kant-Studien* 17, 252–273.

(1913/2001): „Erkenntnistheorie nebst den Grenzfragen der Logik", in: *Aufsätze und kleine Schriften (1902–1921)*, in: *Gesammelte Werke. Hamburger Ausgabe*, Bd. 9, hrsg. von B. Recki, Text und Anm. bearbeitet von M. Simon, Hamburg, 139–200.

(1916/2001): *Freiheit und Form. Studien zur deutschen Geistesgeschichte*, in: *Gesammelte Werke. Hamburger Ausgabe*, Bd. 7, hrsg. von B. Recki, Text und Anm. bearbeitet von R. Schmücker, Hamburg.

(1917–1918 und 1919–1920/2001): „Hölderlin und der deutsche Idealismus", in: *Aufsätze und kleine Schriften (1902–1921)*, in: *Gesammelte Werke. Hamburger Ausgabe*, Bd. 9, hrsg. von B. Recki, Text und Anm. bearbeitet von M. Simon, Hamburg, 346–388.

(1918/2001): *Kants Leben und Lehre*, in: *Gesammelte Werke. Hamburger Ausgabe*, Bd. 8, hrsg. von B. Recki, Text und Anm. bearbeitet von T. Berben, Hamburg [1. Ausg. 1918 als Bd. 11 der kritischen Ausg. von *Immanuel Kants Werke*, hrsg. von E. Cassirer und H. Cohen, Berlin 1912–1922].

(1920/2000): *Das Erkenntnisproblem in der Philosophie und Wissenschaft der neueren Zeit. Dritter Band*, in: *Gesammelte Werke. Hamburger Ausgabe*, Bd. 4, hrsg. von B. Recki, Text und Anm. bearbeitet von M. Simon, Hamburg.

(a1921/2001): *Zur Einsteinschen Relativitätstheorie. Erkenntnistheoretische Betrachtungen*, in: *Gesammelte Werke. Hamburger Ausgabe*, Bd. 10, hrsg. von B. Recki, Text und Anm. bearbeitet von R. Schmücker, Hamburg.

(b1921/2001): „Idee und Gestalt. Goethe – Schiller – Hölderlin – Kleist", in: *Aufsätze und kleine Schriften (1902–1921)*, in: *Gesammelte Werke. Hamburger Ausgabe*, Bd. 9, hrsg. von B. Recki, Text und Anm. bearbeitet von M. Simon, Hamburg, 243–435.

(1921–1922/2003): „Der Begriff der symbolischen Form im Aufbau der Geisteswissenschaften", in: *Aufsätze und kleine Schriften (1922–1926)*, in: *Ge-*

sammelte Werke. Hamburger Ausgabe, Bd. 16, hrsg. von B. Recki, Text und Anm. bearbeitet von J. Clemens, Hamburg, 75–104.

(1922/2003): „Die Begriffsform im mythischen Denken", in: *Aufsätze und kleine Schriften (1922–1926)*, in: *Gesammelte Werke. Hamburger Ausgabe*, Bd. 16, hrsg. von B. Recki, Text und Anm. bearbeitet von J. Clemens, Hamburg, 3–73.

(1923/2001): *Philosophie der symbolischen Formen. Erster Teil. Die Sprache*, in: *Gesammelte Werke. Hamburger Ausgabe*, Bd. 11, hrsg. von B. Recki, Text und Anm. bearbeitet von C. Rosenkranz, Hamburg.

(1923/2003): „Die Kantischen Elemente in Wilhelm von Humboldts Sprachphilosophie", in: *Aufsätze und kleine Schriften (1922–1926)*, in: *Gesammelte Werke. Hamburger Ausgabe*, Bd. 16, hrsg. von B. Recki, Text und Anm. bearbeitet von J. Clemens, Hamburg, 105–133.

(1925): „Paul Natorp", in: *Kant-Studien* 30, 273–298.

(1925/2002): *Philosophie der symbolischen Formen. Zweiter Teil. Das mythische Denken*, in: *Gesammelte Werke. Hamburger Ausgabe*, Bd. 12, hrsg. von B. Recki, Text und Anm. bearbeitet von C. Rosenkranz, Hamburg.

(1925/2003): „Sprache und Mythos. Ein Beitrag zum Problem der Götternamen", in: *Aufsätze und kleine Schriften (1922–1926)*, in: *Gesammelte Werke. Hamburger Ausgabe*, Bd. 16, hrsg. von B. Recki, Text und Anm. bearbeitet von J. Clemens, Hamburg, 227–311.

(1927/2002): *Individuum und Kosmos in der Philosophie der Renaissance. Die platonische Renaissance in England und die Schule von Cambridge*, in: *Gesammelte Werke. Hamburger Ausgabe*, Bd. 14, hrsg. von B. Recki, Text und Anm. bearbeitet von F. Plaga und C. Rosenkranz, Hamburg.

(a1927/2004): „Das Symbolproblem und seine Stellung im System der Philosophie", in: *Aufsätze und kleine Schriften (1927–1931)*, in: *Gesammelte Werke. Hamburger Ausgabe*, Bd. 17, hrsg. von B. Recki, Text und Anm. bearbeitet von T. Berben, Hamburg, 253–282.

(b1927/2004): „Die Bedeutung des Sprachproblems für die Entstehung der neueren Philosophie", in: *Aufsätze und kleine Schriften (1927–1931)*, in: *Gesammelte Werke. Hamburger Ausgabe*, Bd. 17, hrsg. von B. Recki, Text und Anm. bearbeitet von T. Berben, Hamburg, 3–11.

(c1927/2004): „Erkenntnistheorie nebst den Grenzfragen der Logik und Denkpsychologie", in: *Aufsätze und kleine Schriften (1927–1931)*, in: *Gesammelte Werke. Hamburger Ausgabe*, Bd. 17, hrsg. von B. Recki, Text und Anm. bearbeitet von T. Berben, Hamburg, 13–81.

(1929): „Neo-kantianism", in: *Encyclopedia Britannica*, London/New York, 16, 214–215.

(1929/2002): *Philosophie der symbolischen Formen. Dritter Teil. Phänomenologie der Erkenntnis*, in: *Gesammelte Werke. Hamburger Ausgabe*, Bd. 13, hrsg. von B. Recki, Text und Anm. bearbeitet von J. Clemens, Hamburg.

(1930): „Geist und Leben in der Philosophie der Gegenwart", in: *Die neue Rundschau* 41, 244–264.

(1931): „Kant und das Problem der Metaphysik. Bemerkungen zu Martin Heideggers Kantinterpretation", in: *Kant-Studien* 36, 1–26.

(1931/2004): „Mythischer, ästhetischer und theoretischer Raum", in: *Aufsätze und kleine Schriften (1927–1931)*, in: *Gesammelte Werke. Hamburger Ausgabe*, Bd. 17, hrsg. von B. Recki, Text und Anm. bearbeitet von T. Berben, Hamburg, 411–432.

(1932/2003): *Die Philosophie der Aufklärung*, in: *Gesammelte Werke. Hamburger Ausgabe*, Bd. 15, hrsg. von B. Recki, Text und Anm. bearbeitet von C. Rosenkranz, Hamburg.

(a1932/2004): „Die Sprache und der Aufbau der Gegenstandswelt", in: *Aufsätze und kleine Schriften (1932–1935)*, in: *Gesammelte Werke. Hamburger Ausgabe*, Bd. 18, hrsg. von B. Recki, Text und Anm. bearbeitet von R. Bekker, Hamburg, 111–116.

(b1932/2004): „Das Problem Jean-Jacques Rousseau", in: *Aufsätze und kleine Schriften (1932–1935)*, in: *Gesammelte Werke. Hamburger Ausgabe*, Bd. 18, hrsg. von B. Recki, Text und Anm. bearbeitet von R. Becker, Hamburg, 3–82.

(1933): „Henri Bergsons Ethik und Religionsphilosophie", in: *Der Morgen* 9, 20–29.

(1937/2004): *Determinismus und Indeterminismus in der modernen Physik. Historische und systematische Studien zum Kausalproblem*, in: *Gesammelte Werke. Hamburger Ausgabe*, Bd. 19, hrsg. von B. Recki, Text und Anm. bearbeitet von C. Rosenkranz, Hamburg.

(1938/^{8}1994): „Zur Logik des Symbolbegriffs", in: Ders., *Wesen und Wirkung des Symbolbegriffs*, Darmstadt, 201–230.

(1939): „Axel Hägerström. Eine Studie zur schwedischen Philosophie der Gegenwart", in: *Göteborgs Högskolas Årsskrift* 45.1.

(1939/1993): „Was ist ‚Subjektivismus'?", in: *Erkenntnis, Begriff, Kultur*, hrsg. und mit einer Einl. von R. A. Bast, Hamburg, 199–229.

(1942/1961): *Zur Logik der Kulturwissenschaften. Fünf Studien*, Darmstadt.

(1943): „Hermann Cohen, 1842–1918", in: *Social Research* 10, 219–232.

(1944/1990): *Versuch über den Menschen. Einführung in eine Philosophie der Kultur*, übers. von R. Kaiser, Frankfurt a.M. [engl. Originaltitel *An Essay on Man: An Introduction to a Philosophy of Human Culture*].

(a1946): *The Myth of the State*, New Haven/London.

(b1946): „Structuralism in modern linguistics", in: *Word* 1.2, 99–120.

(1950/2000): *Das Erkenntnisproblem in der Philosophie und Wissenschaft der neueren Zeit. Vierter Band. Von Hegels Tod bis zur Gegenwart (1832–1932)*, in: *Gesammelte Werke. Hamburger Ausgabe*, Bd. 5, hrsg. von B. Recki, Text und Anm. bearbeitet von T. Berben und D. Vogel, Hamburg. [engl. Originaltitel *The Problem of Knowledge. Philosophy, Science, and History since Hegel*, übers. vom dt. Manuskr., erst 1957 erschienen]

(1956/^{8}1994): *Wesen und Wirkung des Symbolbegriffs*, Darmstadt [Sammlung verschiedener Aufsätze Cassirers (1922–1938)].

(1979): *Symbol, Myth, and Culture. Essays and Lectures of Ernst Cassirer 1939–1945*, hrsg. von D. Ph. Verene, New York/London [Auszüge aus dem Nachlaß von Cassirer].
(1985): *Symbol, Technik, Sprache. Aufsätze aus den Jahren 1927–1933*, hrsg. von E. W. Orth und J. M. Krois unter Mitarbeit von J. M. Werle, Hamburg.
(1993): *Erkenntnis, Begriff, Kultur*, hrsg. und mit einer Einl. von R. A. Bast, Hamburg.
(1995): *Nachgelassene Manuskripte und Texte. Zur Metaphysik der symbolischen Formen*, Bd. 1, hrsg. von J. M. Krois, unter Mitwirkung von A. Appelbaum, R. A. Bast, K. C. Köhnke, O. Schwemmer, Hamburg.
(1999): *Nachgelassene Manuskripte und Texte. Ziele und Wege der Wirklichkeitserkenntnis*, Bd. 2, hrsg. von J. M. Krois und K. C. Köhnke, Hamburg.
(2002): *Nachgelassene Manuskripte und Texte. Geschichte. Mythos*, mit Beilagen: *Biologie, Ethik, Form, Kategorienlehre, Kunst, Organologie, Sinn, Sprache, Zeit*, Bd. 3, hrsg. von K. C. Köhnke, H. Kopp-Oberstebrink, R. Kramme, Hamburg.
(2003): *Nachgelassene Manuskripte und Texte. Goethe-Vorlesungen (1940–1941)*, Bd. 11, hrsg. von J. M. Krois, Hamburg.
(2005): *Nachgelassene Manuskripte und Texte. Zur Kulturphilosophie und zum Problem des Ausdrucks*, Bd. 5, hrsg. von R. Kramme, unter Mitarbeit von J. Fingerhut, Hamburg.

Schriften von Benedetto Croce

Schriften in Originalsprache

(1893/1919): „La storia ridotta sotto il concetto generale dell'arte", in: Ders., *Primi saggi*, Bari, 1–46.
(a1900): *Materialismo storico ed economia marxistica. Saggi critici*, Mailand/Palermo.
(b1900): *Tesi fondamentali di un'estetica come scienza dell'espressione e linguistica generale*, in: *Atti dell'Accademia Pontaniana* 30, Neapel.
(1902/1990): *Estetica come scienza dell'espressione e linguistica generale. Teoria e storia*, hrsg. von G. Galasso, Mailand. [3. rev. Ausg. 1907]
(1905): *Lineamenti di una logica come scienza del concetto puro*, in: *Atti dell'Accademia Pontaniana* 35, Neapel.
(1906/^{5}1967): „Ciò che è vivo e ciò che è morto nella filosofia di Hegel", in: Ders., *Saggio sullo Hegel seguito da altri scritti di storia della filosofia*, Bari, 1–142.
(a1909/1996): *Logica come scienza del concetto puro*, 2 Bde., hrsg. von C. Farnetti mit einer „Nota al testo" von G. Sasso (Edizione nazionale delle opere di B. C.), Neapel [2. vollst. rev. Ausg. von Croce 1905].

(b1909/1996): *Filosofia della pratica. Economica ed etica*, 2 Bde., hrsg. von M. Tarantino mit einer „Nota al testo" von G. Sasso (Edizione nazionale delle opere di B. C.), Neapel.
(1910/2003): *Problemi di estetica e contributi alla storia dell'estetica italiana*, 2 Bde., hrsg. von M. Mancini (Edizione nazionale delle opere di B. C.), Neapel.
(1911/1997): *La filosofia di Giambattista Vico*, hrsg. von F. Audisio (Edizione nazionale delle opere di B. C.), Neapel.
(1913/1950): „Una discussione tra filosofi amici", in: *Conversazioni critiche. Serie II*, Bari, 67–95.
(1913/⁵1967): *Saggio sullo Hegel seguito da altri scritti di storia della filosofia*, Bari.
(1913/⁴1998): *Breviario di estetica. Quattro lezioni*, in: *Breviario di estetica. Aesthetica in nuce*, hrsg. von G. Galasso, Mailand, 9–190 [Die 1. Ausg. wurde vom Autor später weiter ergänzt].
(1917): *Teoria e storia della storiografia*, Bari.
(1918/1950): *Conversazioni critiche. Serie I e II*, 2 Bde., Bari.
(1918/⁴2000): *Contributo alla critica di me stesso*, Mailand [Die 1. Ausg. wurde vom Autor später weiter ergänzt].
(a1919): *Primi saggi*, Bari.
(b1919): *Pagine sparse. Serie I: Pagine di letteratura e di cultura. Serie II: Pagine sulla guerra*, Neapel.
(1920): *Pagine sparse. Serie III: Memorie, schizzi biografici e appunti*, Neapel.
(1920/1991): *Nuovi saggi di estetica*, hrsg. von M. Scotti (Edizione nazionale delle opere di B. C.), Neapel.
(1921/1922): *La poesia di Dante*, Bari.
(1923): *Poesia e non poesia. Note sulla letteratura europea del secolo decimonono*, Bari.
(1927): *Pagine sparse. Serie IV: Politica e letteratura. Ricordi di vita ministeriale*, Neapel.
(1928/2004): *Storia d'Italia dal 1871 al 1915*, hrsg. von G. Talamo (Edizione nazionale delle opere di B. C.), Neapel.
(1929): „Recensione a K. Vossler: *Der Kampf gegen den Abstraktismus in der heutigen Sprachwissenschaft*", in: *La Critica* 28, 217.
(1929/⁴1998): *Aesthetica in nuce*, in: *Breviario di estetica. Aesthetica in nuce*, hrsg. von G. Galasso, Mailand, 190–244.
(1931): *Etica e politica*, Bari.
(1932/1951): *Conversazioni critiche. Serie III e IV*, 2 Bde., Bari.
(a1935): „Pretesa rivendicazione del 700", in: *La Critica* 33, 316–317.
(b1935): *Ultimi saggi*, Bari.
(1936/1994): *La Poesia. Introduzione alla critica e storia della poesia e della letteratura*, Mailand.
(1938/2002): *La storia come pensiero e come azione*, hrsg. von M. Conforti mit einer „Nota al testo" von G. Sasso (Edizione nazionale delle opere di B. C.), Neapel.

(1939/1951): *Conversazioni critiche. Serie V*, Bari.
(1941): „Intorno allo Hölderlin e ai suoi critici", in: *La Critica* 39, 201–214.
(1941/1991): *Il carattere della filosofia moderna*, hrsg. von M. Mastrogregori (Edizione nazionale delle opere di B. C.), Neapel.
(1942/1993): *La mia filosofia*, hrsg. von G. Galasso, Mailand [engl. Originaltitel *My Philosophy and Other Essays*, hrsg. von R. Klibansky, London].
(1943): „Recensione a Ernst Cassirer: *Zur Logik der Kulturwissenschaften*", in: *La Critica* 41, 93–95.
(1943/1960): *Pagine sparse*, 3 Bde., Bari.
(1945): *Discorsi di varia filosofia*, 2 Bde., Bari.
(1949/1966): *Nuove pagine sparse. Serie I e II*, 2 Bde., Neapel.
(1950): *Letture di poeti e riflessioni sulla teoria e la critica della poesia*, Bari.
(1951): *Carteggio Croce – Vossler (1899–1949)*, hrsg. von V. De Caprariis, Bari.
(1952/1997): *Indagini su Hegel e schiarimenti filosofici*, hrsg. von A. Savorelli (Edizione nazionale delle opere di B. C.), Neapel.
(1955): *Terze pagine sparse. Raccolte e ordinate dall'autore*, 2 Bde., Bari.
(1976): *Lettere a Vittorio Alfieri (1925–1952)*, Milazzo.
(1977): *Carteggio Croce – Auerbach*, hrsg. von O. Besomi, Bellinzona.
(1981): *Lettere a Giovanni Gentile (1896–1924)*, hrsg. von A. Croce, Einl. von G. Sasso, Mailand.
(1993): *Scritti e discorsi politici (1943–1947)*, 2 Bde., hrsg. von A. Carella (Edizione nazionale delle opere di B. C.), Neapel.

Schriften in deutscher Übersetzung

(1915/1923): „Beitrag zur Kritik meiner selbst", in: Schmidt, R. (Hrsg.), *Die Philosophie der Gegenwart in Selbstdarstellungen*, Leipzig, 4, 1–46.
(1921): *Dantes Dichtung*, übers. von J. von Schlosser, Zürich/Leipzig/Wien.
(1927): *Die Philosophie Giambattista Vicos*, übers. von E. Auerbach und T. Lükke, Tübingen.
(a1928): *Kleine Schriften zur Aesthetik*, 2 Bde., ausgew. und übers. von J. von Schlosser, Tübingen [Sammlung fast aller wichtigen Abhandlungen und Aufsätze aus *Problemi di Estetica* und *Nuovi Saggi di Estetica*].
(b1928): *Brevier der Aesthetik*, in: *Kleine Schriften zur Aesthetik*, 2. Bd., ausgew. und übers. von J. von Schlosser, Tübingen [Der Band enthält nur den früheren Text Croces ohne die vom Autor im italienischen Text später hinzugefügten Passagen].
(1929): *Philosophie der Praxis. Oekonomik und Ethik*, übers. von H. Feist und R. Peters, Tübingen.
(a1930): *Aesthetik als Wissenschaft vom Ausdruck und allgemeine Sprachwissenschaft. Theorie und Geschichte*, übers. von H. Feist und R. Peters, Tübingen.
(b1930): *Logik als Wissenschaft vom reinen Begriff*, übers. von F. Noeggerath, Tübingen.
(1955): *Briefwechsel Benedetto Croce – Karl Vossler*, Einl. von O. Vossler, Frankfurt a.M.

(1970): *Die Dichtung: Einführung in die Kritik und Geschichte der Dichtung und der Literatur*, übers. von W. Eitel und mit einem Vorw. von J. Hösle, Tübingen.

Sekundärliteratur und Schriften anderer Autoren

AARSLEFF, H. (1977): „Guillaume de Humboldt et la pensée linguistique des Idéologues", in: Aarsleff, H./Joly, A. (Hrsg.), *La grammaire générale. Des modistes aux idéologues*, Villeneuve-d'Ascq, 217–241.
AARSLEFF, H. (1988): „Introduction", in: Humboldt, W. von, *On Language. The Diversity of Human Language-Structure and its Influence on the Mental Development of Mankind*, übers. von P. Heath, Cambridge.
ABBAGNANO, N. (1956): „L'ultimo Croce e il soggetto della storia" in: Ders., *Possibilità e libertà*, Turin, 229–231.
ABBAGNANO, N. (1966): „L'estetica dell'idealismo italiano", in: *Terzo Programma* 6.2, 31–40.
ABBAGNANO, N. (1982): „Croce trent'anni dopo", in: *Nuova Antologia* 117, Okt.–Dez., 140–145.
ABRAMS, M. (1953): *The Mirror and the Lamp: romantic Theory and the critical Tradition*, Oxford.
ALLIOTTA, A. (1904): *La conoscenza intuitiva nell'Estetica del Croce*, Piacenza.
ALLIOTTA, A. (1920): *L'estetica del Croce e la crisi dell'idealismo moderno*, Rom.
AMMANN, H. (1929): *Vom Ursprung der Sprache*, Lahr.
AMMANN, H. (1933): *Sprachwissenschaft und humanistische Bildung*, Lahr.
ANTOMARINI, B. (Hrsg.) (1991): *I filosofi della scuola di Marburgo*, monographische Ausg. von *Il Cannocchiale* 1/2.
ANTONI, C. (1955): *Commento a Croce*, Venedig.
ANTONI, C. (1959): *La teoria linguistica di Benedetto Croce*, Venedig.
ANTONI, C. (1960): *Chiose all'Estetica*, Rom.
ANTONI, C. (1964): *Storicismo e antistoricismo*, Neapel.
ANTONI, C. (1967): *Il tramonto delle ideologie*, Neapel.
ANTONI, C./MATTIOLI, R. (Hrsg.) (1950): *Cinquant'anni di vita intellettuale italiana, 1896–1946. Scritti in onore di Benedetto Croce*, 2 Bde., Neapel.
APEL, K.-O. (1976): *Transformation der Philosophie*, 2 Bde., Frankfurt a.M.
ASSUNTO, R. (1965): „La revisione critica del pensiero crociano e il problema della categoria estetica", in: AA.VV., *Interpretazioni crociane*, Bari, 5–106.
ASTER, E. von (1911): „Neukantianismus und Hegelianismus. Eine philosophiegeschichtliche Parallele", in: *Münchener Philosophische Abhandlungen. Theodor Lipps zu seinem sechzigsten Geburtstag gewidmet von früheren Schülern*, Leipzig, 1–25.
ASTER, E. von (1921): *Geschichte der neueren Erkenntnistheorie*, Berlin.
ASTER, E. von (1935): *Die Philosophie der Gegenwart*, Leiden.

AUBENQUE, P. (1972): „Présentation", in: Cassirer, E./Heidegger, M., *Débat sur le Kantisme et la Philosophie (Davos, mars 1929) et autres textes de 1929–1931*, übers. von P. Aubenque, J. N. Fataud und P. Quillet, Paris, 7–16.
AUBENQUE, P. (1990): „Le débat 1929 entre Cassirer et Heidegger", in: Seidengart, J. (Hrsg.), *Ernst Cassirer. De Marbourg à New York. L'itinéraire philosophique*, Paris, 81–96.
AUERBACH, E. (1946): *Mimesis: dargestellte Wirklichkeit in der abendländischen Literatur*, Bern.
AUERBACH, E. (1949): *Introduction aux études de philologie romane*, Frankfurt a.M.
AUERBACH, E. (1967): *Gesammelte Aufsätze zur Romanischen Philologie*, ausgew. und hrsg. von G. Konrad, Bern.
BANFI, A. (1926/1967): *Principi di una teoria della ragione*, Rom.
BANFI, A. (1950): *L'uomo copernicano*, Verona.
BARTOLI, M. (1925): *Introduzione alla neolinguistica. Principi, scopi, metodi*, Genf/Florenz.
BATTISTINI, A./RAIMONDI, E. (1990): *Le figure della retorica: una storia letteraria italiana*, Turin.
BECCHI, E. (1966): „Linguaggio e mito nella ‚Filosofia delle forme simboliche' di Cassirer", in: *Rivista critica di storia della filosofia* 21, 178–188.
BERMES, C. (1997): *Philosophie der Bedeutung – Bedeutung als Bestimmung und Bestimmbarkeit. Eine Studie zu Frege, Husserl, Cassirer und Hönigswald*, Würzburg.
BERTONI, G. (a1923): *Programma di filosofia come scienza idealistica*, Genf/Florenz.
BERTONI, G. (b1923): „Linguistica ed Estetica", in: *Archivium Romanicum* 7, 421–446.
BLOCH, E. (1970): *Über Methode und System bei Hegel*, Frankfurt a.M.
BLUMENBERG, H. (1974): „Ernst Cassirers gedenkend bei Entgegennahme des Kuno Fischer Preises der Universität Heidelberg im Juli 1974", in: *Revue internationale de philosophie* 28, 456–463.
BOBBIO, N. (a1955): *Politica e Cultura*, Turin.
BOBBIO, N. (b1955): „Benedetto Croce e il liberalismo", in: Ders., *Politica e cultura*, Turin, 211–268.
BOBBIO, N. (1962): „Benedetto Croce a dieci anni dalla morte", in: *Belfagor* 17, 621–639.
BOBBIO, N. (1966): „Il clima culturale e politico nell'età dell'idealismo italiano", in: *Terzo Programma* 2, 7–14.
BODAMMER, T. (1969): *Hegels Deutung der Sprache*, Hamburg.
BOINE, G. (1912): „Un ignoto", in: *La Voce* 4, 750–752.
BONELLI, G. (1968): „L'estetica crociana e la grammatica", in: *Rivista di studi crociani* 5.4, 469–481.
BONELLI, G. (1969): „L'estetica crociana e la grammatica", in: *Rivista di studi crociani* 6.1, 50–60 und 6.3, 307–319.

BONELLI, G. (1970): „L'estetica crociana e la grammatica", in: *Rivista di studi crociani* 7.1, 81–90.
BONETTI, P. (⁵1996): *Introduzione a: Croce*, Rom/Bari.
BONETTI, P. (Hrsg.) (1998): *Per conoscere Croce*, Neapel.
BONFANTE, G. (1947): „The neolinguistic position", in: *Language* 23, 344–375.
BONFANTE, G. (1964): „La teoria crociana e la linguistica strutturale", in: *Proceedings of the 9th international congress of linguists. Cambridge Mass. 27.-31. Aug. 1962*, London/Den Haag, 260.
BORCHARDT, R. (1925/1957): „Benedetto Croce", in: Ders.; *Prosa*, Bd. 1, Stuttgart, 10–27.
BORCHARDT, R. (1942): „Benedetto Croce", in: *L'opera filosofica, storica e letteraria di Benedetto Croce*, Bari, 8–9.
BORGESE, G. A. (1934): *Poetica dell'unità*, Mailand.
BORSCHE, T. (1981): *Sprachansichten. Der Begriff der menschlichen Rede in der Sprachphilosophie Wilhelm von Humboldts*, Stuttgart.
BORSCHE, T. (1990): *Wilhelm von Humboldt*, München.
BORSCHE, T. (Hrsg.) (1996): *Klassiker der Sprachphilosophie. Von Platon bis Chomsky*, München.
BOSANQUET, B. (1919): „Croce's aesthetics", in: *Proceedings of the British Academy* 9, 261–288.
BOUCHER, S./GOLD, I. (2002): „A computational approach to linguistic knowledge", in: *Language and Communication* 22.3, 211–229.
BRAUN, H.-J./HOLZHEY, H./ORTH, E. W. (Hrsg.) (1988): *Über Ernst Cassirers Philosophie der symbolischen Formen*, Frankfurt a.M.
BRUNO, A. (Hrsg.) (1974): *Benedetto Croce*, Catania.
BRUNO, A. (Hrsg.) (1983): *Benedetto Croce trent'anni dopo, Atti del Convegno di studi su B. C. promosso dalla Facoltà di Lettere e Filosofia di Catania nei giorni 6–8 maggio 1982*, Rom/Bari.
BUBLITZ, S. (1994): *Der ‚linguistic turn' der Philosophie als Paradigma der Sprachwissenschaft*, Münster/New York.
BUCELLATO, M. (1955): „Il linguaggio e la filosofia delle forme simboliche", in: *Rivista critica di storia della filosofia* 10, 58–68.
BÜHLER, K. (1934/³¹999): *Sprachtheorie. Die Darstellungsfunktion der Sprache*, Stuttgart.
BURCKHART, H. (1991): *Sprachreflexion und Transzendentalphilosophie*, Würzburg.
CALOGERO, G. (1938): „Il carattere della filosofia crociana", in: Ders., *La conclusione della filosofia del conoscere*, Florenz.
CANTONI, R. (1941): *Pensiero dei primitivi*, Mailand.
CANTONI, R. (1958): *Umano e disumano*, Mailand.
CAPEILLÈRES, F. (a1992): „L'édition française de Cassirer", in: *Revue de Métaphysique et de Morale* 96.4, 547–552.
CAPEILLÈRES, F. (b1992): „Sur le néo-kantisme de Ernst Cassirer", in: *Revue de Métaphysique et de Morale* 96.4, 517–546.

CARACCIOLO, A. (1948): *L'estetica di Benedetto Croce nel suo svolgimento e nei suoi limiti*, Turin.
CARBONARA, C. (1937): *Sviluppi e problemi dell'estetica crociana*, Neapel.
CASSIRER, T. (1981): *Mein Leben mit Ernst Cassirer*, Hildesheim.
CAUSSAT, P. (1990): „Entre Humboldt et le Structuralisme. La philosophie du langage d'Ernst Cassirer", in: Seidengart, J. (Hrsg.), *Ernst Cassirer. De Marbourg à New York. L'itinéraire philosophique*, Paris, 233–248.
CAVACIUTI, S. (1959): *La teoria linguistica di Benedetto Croce*, Mailand.
CAVACIUTI, S. (1965): „A proposito del problema del linguaggio in Croce", in: *Giornale di metafisica* 20, 317–321.
CENTI, B. (1995): „Die Cassirer-Forschung in Italien", in: Rudolph, E./ Sandkühler, H. J. (Hrsg.), *Symbolische Formen, mögliche Welten: Ernst Cassirer*, Hamburg, 145–154.
CHABOD, F. (1952): „Croce storico", in: *Rivista storica italiana* 64, 473–530.
CHOMSKY, N. (1968): *Language and Mind*, Harcourt.
CHOMSKY, N. (1972): *Studies on Semantics in Generative Grammar*, Den Haag.
CHOMSKY, N. (1984): *Modular Approaches to the Study of the Mind*, San Diego.
CHOMSKY, N. (1988): *Language and Problems of Knowledge*, Cambridge Mass.
CHOMSKY, N. (1994): *Language and Thought*, Wakefield.
CHOMSKY, N. (1999): *Linguistics and Brain Science*, Essen.
CHRISTMANN, H. H. (1974): *Idealistische Philologie und moderne Sprachwissenschaft*, München.
CILIBERTO, M. (Hrsg.) (a1993): *Croce e Gentile fra tradizione nazionale e filosofia europea*, Rom.
CILIBERTO, M. (b1993): „Filosofia e autobiografia in Croce", in: Ders., *Croce e Gentile fra tradizione nazionale e filosofia europea*, Rom, 15–36.
CIMATTI, F. (1996): „Esperienza e linguaggio. I fondamenti percettivi dell'attività linguistica", in: Gambarara, D. (Hrsg.), *Pensiero e linguaggio. Introduzione alle ricerche contemporanee*, Rom, 49–89.
CLAPIN, H. (2002): „Content and cognitive science", in: *Language and Communication* 22.3, 231–242.
COHEN, H. (1912): *Aesthetik des reinen Gefühls*, Berlin.
COLLINGWOOD, R. G. (1930): *The Philosophy of History*, London.
COLLINGWOOD, R. G. (1938): *Principles of Art*, Oxford.
COLLINGWOOD, R. G. (1942): *The Idea of History*, London.
CONTINI, G. (1967): *L'influenza culturale di Benedetto Croce*, Mailand/Neapel.
CONTINI, G. (1989): *La parte di Benedetto Croce nella cultura italiana*, Turin.
COOK, D. J. (1972): „Language and consciousness in Hegel's Jena writings", in: *Journal of the History of Philosophy* 10, 197–211.
COOK, D. (1973): *Language in the Philosophy of Hegel*, Den Haag/Paris.
COSERIU, E. (1952/1975): „System, Norm, Rede", in: Ders., *Sprachtheorie und allgemeine Sprachwissenschaft. Fünf Studien*, 11–101 [1. Ausg. 1952 Orig. span.].
COSERIU, E. (1956): *La creación metafórica en el lenguaje*, Montevideo.

COSERIU, E. (1962/1975): "Determinierung und Umfeld. Zwei Probleme einer Linguistik des Sprechens", in: Ders., *Sprachtheorie und allgemeine Sprachwissenschaft. Fünf Studien*, 253–290 [1. Ausg. 1962 Orig. span.].
COSERIU, E. (1986): *Introducción a la lingüística*, Madrid.
CRADDOCK, J. R. (2003): "Reflections on a premature intimation of impending doom", in: *La Corónica* 31.2, 19–23.
D'ANGELO, P. (1982): *L'estetica di Benedetto Croce*, Rom/Bari.
D'ANGELO, P. (1989): *Simbolo e arte in Hegel*, Rom.
D'ANGELO, P. (1997): *L'estetica del romanticismo*, Bologna.
D'ATRI, A. (1990): *Cultura, creatività e regole fra Kant e Cassirer*, Cosenza.
DE ALOYSIO, F. (1963): "Gli studi italiani sul Croce nel dopoguerra", in: *Cultura e Scuola* 8, Jun.–Aug., 101–108.
DE LAUNAY, M. B. (1992): "L'Etat, le mythe, les totalitarismes", in: *Revue de Metaphysique et de Morale* 96.4, 553–558.
DE MAURO, T. (1954): "Origine e sviluppo della linguistica crociana", in: *Giornale critico della filosofia italiana* 15, 376–391.
DE MAURO, T. (1955): "Studi italiani di filosofia del linguaggio (1945–1955)", in: *Rassegna di filosofia* 4.4, 301–329.
DE MAURO, T. (a1964): *Introduzione alla semantica*, Bari.
DE MAURO, T. (b1964): "La letteratura critica più recente sull'estetica e la linguistica crociana", in: *De Homine* 3.11/12, 273–286.
DE RUGGIERO, G. (1911): "Recensione a Ernst Cassirer: *Substanzbegriff und Funktionsbegriff*", in: *La Critica* 9, 289–296.
DE RUGGIERO, G. (1912): *La filosofia contemporanea*, Bari.
DE RUGGIERO, G. (1933): "Recensione a Ernst Cassirer: *Philosophie der Aufklärung*", in: *La Critica* 31, 455–461.
DECLÈVE, H. (1969): "Heidegger et Cassirer interprètes de Kant", in: *Revue philosophique de Louvain* 68, 517-545.
DECLÈVE, H. (1970): *Heidegger et Kant*, Den Haag.
DELLA VOLPE, G. (1924): "Il neohegelismo italiano" in: *Logos* 1.2, 106–120.
DELLA VOLPE, G. (1940/1963): "Crisi critica dell'estetica romantica", in: Ders., *Crisi critica dell'estetica romantica e altri saggi*, Rom, 16–92.
DELLA VOLPE, G. (1956): *Logica come scienza positiva*, Messina.
DENECKERE, M. (1983): *Benedetto Croce et la Linguistique*, 2 Bde., Antwerpen.
DERBOLAV, J. (1959): "Hegel und die Sprache", in: Gipper, H. (Hrsg.), *Sprache – Schlüssel zur Welt*, Festschrift für L. Weisgerber, Düsseldorf, 56–86.
DERRIDA, J. (1972): "Le puits et la pyramide. Introduction à la sémiologie de Hegel", in: Ders. (Hrsg.), *Marges de la philosophie*, Paris, 79–127.
DESSÌ, S. (1998): "Sul linguaggio e sull'alterità: osservazioni sulle Sprachtheorien di Humboldt e di Hegel", in: *PhiN. Philologie im Netz* 5.1, 1–24.
DESSÌ SCHMID, S. (2003): "Der ‚reine Begriff' und die idealistische Philologie. Zu Cassirers und Croces Verständnis der Wissenschaft", in: Estelmann, F./Krügel, P./Müller, O. (Hrsg.), *Traditionen der Entgrenzung. Beiträge zur romanistischen Wissenschaftsgeschichte*, Frankfurt a.M., 105–119.

DESSÌ SCHMID, S. (2004): „Das Zeichen in der Sprachtheorie Benedetto Croces" in: Hassler, G./Volkmann, G. (Hrsg.), *History of Linguistics in Texts and Concepts. Geschichte der Sprachwissenschaft in Texten und Konzepten*, 2 Bde., Münster, 2, 699–713.
DESSÌ SCHMID, S. (im Druck): „Benedetto Croce e la critica delle categorie retoriche", in: *Retorica: Ordnungen und Brüche, Akten des Italianistentages des Deutschen Italianistenverbandes 25.–27. März 2004*, Tübingen.
DEVOTO, G. (1950): „Cinquant'anni di studi linguistici italiani", in: Antoni, C./Mattioli, R. (Hrsg.): *Cinquant'anni di vita intellettuale italiana, 1896–1946. Scritti in onore di Benedetto Croce*, Neapel, 1, 369–391.
DEVOTO, G. (1951): *I fondamenti della storia linguistica*, Florenz.
DEVOTO, G. (1953): „Croce storico e Croce linguista", in: Flora, F. (Hrsg.), *Benedetto Croce*, Mailand, 183–193.
DEVOTO, G. (1958): „L'eredità crociana", in: *Orbis litterarum*, 59–66.
DEVOTO, G. (1966): „Croce e la linguistica", in *Terzo Programma* 6.2, 50–56.
DEWEY, J. (1934): *Art as experience*, New York.
DI CESARE, D. (1988): „Die aristotelische Herkunft der Begriffe *ergon* und *energeia* in Wilhelm von Humboldts Sprachphilosophie", in Albrecht, J. et al. (Hrsg.), *Energeia und Ergon. Studia in honorem Eugenio Coseriu*, Tübingen, 2, 29–46.
DI CESARE, D. (1991): „Introduzione", in: Humboldt, W. von, *La diversità delle lingue*, hrsg. und übers. von D. Di Cesare und mit einem Vorwort von T. De Mauro, Rom, XI–XCVI.
DI CESARE, D. (1996): „Wilhelm von Humboldt (1767–1835)", in: Borsche, T. (Hrsg.), *Klassiker der Sprachphilosophie. Von Platon bis Chomsky*, München, 275–289.
DOHERTY, J. E. (1972): *Sein, Mensch und Symbol: Heidegger und die Auseinandersetzung mit dem neukantianischen Symbolbegriff*, Bonn.
DONDOLI, L. (1964): *Arte e linguaggio*, Rom.
DONDOLI, L. (a1967): „Appunti sulla linguistica crociana", in: *Scuola e cultura*, Juli–Sept., 5–34.
DONDOLI, L. (b1967): „Ancora sulla linguistica crociana: metodo storicistico e realismo linguistico nel confronto tra diritto e linguaggio", in: *Scuola e cultura*, Okt.–Dez., 18–40.
DONDOLI, L. (1988): *Genesi e sviluppi della teoria linguistica di Benedetto Croce*, Rom.
DUBACH, P. (1995): „,Symbolische Prägnanz' – Schlüsselbegriff in Ernst Cassirers Philosophie der symbolischen Formen?", in: Rudolph, E./Küppers, B.-O. (Hrsg.), *Kulturkritik nach Ernst Cassirer*, Hamburg, 47–84.
DWORKIN, S. N. (2003): „Thoughts on the Future of a Venerable and Vital Discipline", in *La Corónica* 31.2, 9–17.
ECHENIQUE-ELIZONDO, M. T. (2003): „Perspectivas de la lingüística diacrónica y lingüística histórica en el estudio de la lengua española", in *La Corónica* 31.2, 25–33.

ENGLER, W. (2003): *Die französische Romantik*, Tübingen.
FABBRI, P./MARRONE, G. (1994): „Un cuore nel cuore. Per una lettura semiotica del *Contributo alla critica di me stesso* di Benedetto Croce", in: Costa, F./Marrone, G. (Hrsg.): *Il testo filosofico*, Palermo, 1, 53–81.
FANO, G. (1964): „Estetica e linguistica in Croce e dopo Croce", in: *De Homine* 3.11/12, 129–140.
FEILKE, H./SCHMIDT, J. S. (1997): „Denken und Sprechen. Anmerkungen zur strukturellen Kopplung von Kognition und Kommunikation", in: Trabant, J. (Hrsg.), *Sprache denken. Positionen aktueller Sprachphilosophie*, Frankfurt a.M., 269–297.
FERRARI, M. (1988): *Il giovane Cassirer e la scuola di Marburgo*, Mailand.
FERRARI, M. (1991): „Logica dell'origine e filosofia del linguaggio. Appunti sul linguaggio come forma simbolica in Ernst Cassirer", in: *Il Cannocchiale* 1/2, 307–326.
FERRARI, M. (1992): „La philosophie de l'espace chez Ernst Cassirer", in: *Revue de Métaphysique et de Morale* 96.4, 455–478.
FERRARI, M. (1994): „La Cassirer-Renaissance in Europa", in: *Studi Kantiani* 7, 111–138.
FERRARI, M. (1995): „Ursprünge und Motive der Sprachphilosophie E. Cassirers", in: Rudolph E./Sandkühler, H. J. (Hrsg.), *Symbolische Formen, mögliche Welten: Ernst Cassirer*, Hamburg, 109–120.
FERRARI, M. (1996): *Ernst Cassirer. Dalla scuola di Marburgo alla filosofia della cultura*, Florenz.
FERRARI, M. (1997): *Introduzione a: Il Neocriticismo*, Rom/Bari.
FERRARI, M. (2003): *Ernst Cassirer. Stationen einer philosophischen Biographie: Von der Marburger Schule zur Kulturphilosophie*, übers. von M. Lauschke, Hamburg.
FERRETTI, F. (1996): „I linguaggi del pensiero. Le forme della rappresentazione mentale", in: Gambarara, D. (Hrsg.), *Pensiero e linguaggio. Introduzione alle ricerche contemporanee*, Rom, 91–125.
FERRETTI, S. (1984): *Il demone della memoria. Simbolo e tempo storico in Warburg, Cassirer e Panofsky*, Casale Monferrato.
FERRETTI, S. (1991): „L'ispirazione platonica di Cassirer, interprete della matematica moderna", in: *Il Cannocchiale* 1/2, 131–194.
FIGAL, G./RUDOLPH, E. (Hrsg.) (1992): *Vieldeutigkeit des Verstehens*, Stuttgart, monographische Ausg. der *Internationalen Zeitschrift für Philosophie* 1.
FIGAL, G./RUDOLPH, E. (Hrsg.) (1992): „Editorial", in: Dies., *Vieldeutigkeit des Verstehens*, Stuttgart, monographische Ausg. der *Internationalen Zeitschrift für Philosophie* 1, 163–166.
FLORA, F. (Hrsg.) (1953): *Benedetto Croce*, Mailand.
FORMIGARI, L. (2001): *Il linguaggio. Storia delle idee*, Rom/Bari.
FRAENKEL, A. (1929): *Die Philosophie Benedetto Croces und das Problem der Naturerkenntnis*, Tübingen.
FRANCHINI, R. (1953): *Esperienze dello storicismo*, Neapel.

FRANCHINI, R. (1964): *Croce interprete di Hegel*, Neapel.
FRANCHINI, R. (1966): *La teoria della storia di Benedetto Croce*, Neapel.
FRANCHINI, R. (1967): *La logica della filosofia*, Neapel.
FRANZEN, W. (1997): „Die Sprachen und das Denken. Zum Stand der Diskussion über den ‚linguistischen Relativismus'", in: Trabant, J. (Hrsg.), *Sprache denken. Positionen aktueller Sprachphilosophie*, Frankfurt a.M., 249–268.
FREDE, D./SCHMÜCKER, R. (Hrsg.) (1997): *Ernst Cassirers Werk und Wirkung, Kultur und Philosophie*, Darmstadt.
FRONTY, C. (1977): „La philosophie du langage chez Ernst Cassirer et le problème du langage comme institution", in: *Psychologie et Éducation* 4, 53–64.
FUBINI, M. (1948): *Stile, linguaggio, poesia*, Mailand.
FUBINI, M. (1956): *Critica e poesia*, Bari.
FUBINI, M. (1965): „Appunti sulla critica di Benedetto Croce", in: *Rivista di studi crociani* 2.3, 249–262.
FUNKE, O. (1927): *Studien zur Geschichte der Sprachphilosophie*, Bern.
GALASSO, G. (1969): *Croce, Gramsci e altri storici*, Mailand.
GALASSO, G. (1990): *Croce e lo spirito del suo tempo*, Mailand.
GAMBARARA, D. (Hrsg.) (1996): *Pensiero e linguaggio. Introduzione alle ricerche contemporanee*, Rom.
GAMBLE, D. (2002): „Defending semantic realism", in: *Language and Communication* 22.3, 243–258.
GARIN, E. (1955): *Cronache di filosofia italiana (1900–1943)*, Bari.
GARIN, E. (1973): „Kant, Cassirer e Heidegger", in: *Rivista critica di storia della filosofia* 43, 203–206.
GARIN, E. (1974): „Appunti sulla formazione e su alcuni caratteri del pensiero crociano", in: Ders., *Intellettuali italiani del XX secolo*, Rom, 3–31.
GARIN, E. (1985): „Agonia e morte dell'idealismo italiano", in: AA.VV., *La filosofia italiana dal dopoguerra a oggi*, Rom/Bari, 3–29.
GARIN, E. (Hrsg.) (1994): *Croce e Gentile un secolo dopo. Saggi, testi inediti e un'appendice bibliografica 1980–1993*, Florenz, monographische Ausg. des *Giornale critico della filosofia italiana* 14.2/3.
GAWRONSKY, D. (a1949): „Ernst Cassirer. His life and his work. A biography", in: Schilpp, P. A. (Hrsg.), *The philosophy of Ernst Cassirer*, New York, 1–37.
GAWRONSKY, D. (b1949): „Cassirer's contribution to the epistemology of physics", in: Schilpp, P. A. (Hrsg.), *The philosophy of Ernst Cassirer*, New York, 215–237.
GENTILE, G. (1909): „A proposito della terza edizione dell'‚Estetica'", in: *Giornale storico della letteratura italiana* 53, 160–166.
GENTILE, G. (1921): *Frammenti di Estetica e di Letteratura*, Lanciano.
GENTILE, G. (1930): *Filosofia dell'arte*, Mailand.
GENTILE, G. (a1941): *La filosofia italiana contemporanea*, Florenz.

GENTILE, G. (b1941): „La distinzione crociana di pensiero e azione", in: *Giornale critico della filosofia italiana* 9.4, 274–278.

GENTILE, G. (1972): *Lettere a Benedetto Croce, 1896–1900*, hrsg. von S. Giannantoni, Florenz.

GERRANS, P. (2002): „Modularity reconsidered", in: *Language and Communication* 22.3, 259–268.

GILBERT, K. (1949): „Cassirer's placement of art", in: Schilpp, P. A. (Hrsg.), *The philosophy of Ernst Cassirer*, New York, 605–629.

GIPPER, H. (1987): „Sprache und Denken in der Sicht Wilhelm von Humboldts", in: Hoberg, R. (Hrsg.), *Sprache und Bildung: Beiträge zum 150. Todestag Wilhelm von Humboldts*, Darmstadt, 53–85.

GIPPER, H. (1992): *Wilhelm von Humboldts Bedeutung für Theorie und Praxis moderner Sprachforschung*, Münster.

GIULIANI, F. (2002): *Espressione ed Ethos. Il linguaggio nella filosofia di Benedetto Croce*, Neapel.

GOLA, E./FEDERICI, S. (1996): „Il linguaggio senza il pensiero. Intelligenza linguistica e sistemi artificiali", in: Gambarara, D. (Hrsg.), *Pensiero e linguaggio. Introduzione alle ricerche contemporanee*, Rom, 161–206.

GÖLLER, T. (1986): *Ernst Cassirers kritische Sprachphilosophie: Darstellung, Kritik, Aktualität*, Würzburg.

GÖLLER, T. (1988): „Zur Frage nach der Auszeichnung der Sprache in Cassirers Philosophie der symbolischen Formen", in: Braun, H. J./Holzhey, H./Orth, E. W. (Hrsg.), *Über Ernst Cassirers Philosophie der symbolischen Formen*, Frankfurt a.M., 137–155.

GÖLLER, T. (1991): „Ernst Cassirer über Geschichte und Geschichtswissenschaft", in: *Zeitschrift für philosophische Forschung* 45, 224–248.

GOZZANO, S. (1996): „Il pensiero senza linguaggio. Comportamento e comunicazione animale", in: Gambarara, D. (Hrsg.), *Pensiero e linguaggio. Introduzione alle ricerche contemporanee*, Rom, 15–48.

GRAESER, A. (1994): *Ernst Cassirer*, München.

GRAMSCI, A. (1948/1971): *Il materialismo storico e la filosofia di Benedetto Croce*, Turin.

GRAMSCI, A. (1950): *Letteratura e vita nazionale*, Turin.

GRAMSCI, A. (1965): *Lettere dal carcere*, hrsg. von S. Caprioglio und E. Fubini, Turin.

GRAMSCI, A. (^{2}2001): *Quaderni del carcere*, 4 Bde., kritische Ausg. des Istituto Gramsci, hrsg. von V. Gerratana, Turin.

GRÖBER, G. (Hrsg.) (1888): *Grundriß der romanischen Philologie*, Bd. 1: *Geschichte und Aufgabe der romanischen Philologie. Quellen der romanischen Philologie und deren Behandlung. Romanische Sprachwissenschaft*, unter Mitw. von G. Baist, Straßburg.

GRÜNDER, K. (1988): „Cassirer und Heidegger in Davos 1929", in: Braun, H. J./Holzhey, H./Orth, E. W. (Hrsg.), *Über Ernst Cassirers Philosophie der symbolischen Formen*, Frankfurt a.M., 290–302.

GUMBRECHT, H. U. (2002): *Vom Leben und Sterben der großen Romanisten*, München/Wien.
GUMPERZ, J./LEVINSON, S. C. (Hrsg.) (1996): *Rethinking linguistic relativity*, Cambridge.
GÜNTHER, W. (1937): „Benedetto Croce", in: *Revue de théologie et de philosophie* 102, 72–76.
GÜNTHER, W. (1977): „L'ideale classico di Benedetto Croce e la sua problematica", in: *Rivista di studi crociani* 14, 1–19.
GUTMANN, J. (1949): „Cassirer's humanism", in: Schilpp, P. A. (Hrsg.), *The philosophy of Ernst Cassirer*, New York, 443–463.
HABERMAS, J. (1968): *Erkenntnis und Interesse*, Frankfurt a.M.
HABERMAS, J. (1997): „Die befreiende Kraft der symbolischen Formgebung. Ernst Cassirers humanistisches Erbe und die Bibliothek Warburg", in: Ders., *Vom sinnlichen Eindruck zum symbolischen Ausdruck*, Frankfurt a.M., 9–40.
HAMBURG, C. H. (1949): „Cassirer's conception of philosophy", in: Schilpp, P. A. (Hrsg.), *The philosophy of Ernst Cassirer*, New York, 73–119.
HAMBURG, C. H. (1956): *Symbol and Reality: Studies in the Philosophy of Ernst Cassirer*, Den Haag.
HARRIS, E. E. (1983): *An Interpretation of the Logic of Hegel*, London.
HARTMAN, R. S. (1949): „Cassirer's philosophy of symbolic forms", in: Schilpp, P. A. (Hrsg.), *The philosophy of Ernst Cassirer*, New York, 289–333.
HARTMANN, K. (1999): *Hegels Logik*, hrsg. von O. Müller mit einem Vorw. von K. Brinkmann, Berlin/New York.
HASSLER, M./WERTHEIMER, J. (Hrsg.) (1997): *Der Exodus aus Nazideutschland und die Folgen. Jüdische Wissenschaftler im Exil*, Tübingen.
HAUSMANN, F.-R. (2000): *‚Vom Strudel der Ereignisse verschlungen'. Deutsche Romanistik im ‚Dritten Reich'*, Frankfurt a.M.
HAUSMANN, F.-R. (2001): *‚Auch im Krieg schweigen die Musen nicht'. Die deutschen wissenschaftlichen Institute im zweiten Weltkrieg*, Göttingen.
HEGEL, G. W. F. (1830/⁴1995): *Enzyklopädie der philosophischen Wissenschaften*, in: Ders., *Werke in 20 Bänden* [auf der Grundl. der *Werke* von 1832–1845], Bd. 8–10, Frankfurt a.M.
HEGEL, G. W. F. (1832–1845/⁴1995): *Vorlesungen über die Ästhetik*, in: Ders., *Werke in 20 Bänden* [auf der Grundl. der *Werke* von 1832–1845], Bd. 13–15, Frankfurt a.M.
HEGEL, G. W. F. (1801–1807/⁴1995): *Jenaer Schriften 1801–1807*, in: *Werke in 20 Bänden* [auf der Grundl. der *Werke* von 1832–1845], Bd. 2., Frankfurt a.M.
HEGEL, G. W. F. (1807/⁴1995): *Phänomenologie des Geistes*, in: *Werke in 20 Bänden* [auf der Grundl. der *Werke* von 1832–1845], Bd. 3, Frankfurt a.M.
HEIDEGGER, M. (1927): *Sein und Zeit*, Halle a.d.S.
HEIDEGGER, M. (1928): „Rezension zu Cassirers *Philosophie der symbolischen Formen. Bd. 2. Das mythische Denken*", in: *Deutsche Literaturzeitung* 49, 1000–1012.

HEIDEGGER, M. (1929): *Kant und das Problem der Metaphysik*, Bonn.
HEIDEGGER, M. (1959): *Unterwegs zur Sprache*, Pfullingen.
HEIDEGGER, M. (1963): *Kants These über das Sein*, Frankfurt a.M.
HENRICH, D. (1967): *Hegel im Kontext*, Frankfurt a.M.
HENRY, B. (1993): „Cassirer e Croce. Un possibile confronto", in: *Archivio di storia della cultura* 6, 115–137.
HEYMANS, G. (1928): „Zur Cassirerschen Reform der Begriffslehre", in: *Kant-Studien* 33, 109–128.
HOBERG, R. (Hrsg.) (1997): *Sprache und Bildung. Beiträge zum 150. Todestag Wilhelm von Humboldts*, Darmstadt.
HOFFMANN, T. S. (1996): „Georg Wilhelm Friedrich Hegel (1770–1831)", in: Borsche, T. (Hrsg.), *Klassiker der Sprachphilosophie. Von Platon bis Chomsky*, München, 257–273.
HOGREBE, W. (1974): *Kant und das Problem einer transzendentalen Semantik*, Freiburg/München.
HOLTUS, G./METZELTIN, M./SCHMITT, Ch. (Hrsg.) (2001): *Lexikon der Romanistischen Linguistik (LRL)*, Bd. 1.1, *Geschichte des Faches Romanistik. Methodologie (Das Sprachsystem)*, Tübingen.
HOLZHEY, H. (a1986): *Cohen und Natorp*, Basel/Stuttgart.
HOLZHEY, H. (b1986): „Die Leibniz-Rezeption im „Neukantianismus" der Marburger Schule", in: *Studia Leibnitiana*, Beiheft zu Bd. 26, 289–300.
HOLZHEY, H. (1988): „Cassirers Kritik des mythischen Bewußtseins", in: Braun, H. J./Holzhey, H./Orth, E. W. (Hrsg.), *Über Ernst Cassirers Philosophie der symbolischen Formen*, Frankfurt a.M., 191–205.
HÖNIGSWALD, R. (1906): *Beiträge zur Erkenntnistheorie und Methodenlehre*, Breslau.
HÖNIGSWALD, R. (1912): „Rezension zu Cassirers *Substanzbegriff und Funktionsbegriff*" in: *Deutsche Literaturzeitung* 33, 2821–2843 u. 2885–2902.
HÖNIGSWALD, R. (1937): *Philosophie und Sprache*, Basel.
HÖSLE, V. (1987): *Hegels System. Der Idealismus der Subjektivität und das Problem der Intersubjektivität*, 2 Bde., Hamburg.
HUBBERT, J. (1993): *Transzendentale und empirische Subjektivität in der Erfahrung bei Kant, Cohen, Natorp und Cassirer*, Frankfurt a.M.
HÜBNER, K. (1963): „Beiträge zur Philosophie der Physik", in: *Philosophische Rundschau* 11, 2–27.
HUMBOLDT, W. von (1820–1835/⁸1996): *Schriften zur Sprachphilosophie*, in: Ders., *Werke in fünf Bänden*, Bd. 3, Darmstadt.
HUMBOLDT, W. von (1994): *Über die Sprache. Reden vor der Akademie*, hrsg., kommentiert und mit einem Nachwort von J. Trabant, Tübingen/Basel.
HUSSERL, E. (1922): *Ideen zu einer reinen Phänomenologie und phänomenologischen Philosophie*, Tübingen.
HUSSERL, E. (1929): *Versuch einer Kritik der logischen Vernunft*, Tübingen.
IHMIG, K.-N. (1993): „Cassirers Begriff von Objektivität im Lichte der Wissenschaftsauffassungen des ausgehenden 19. Jahrhunderts", in: *Philosophia Naturalis* 30, 29–62.

IHMIG, K.-N. (2001): *Grundzüge einer Philosophie der Wissenschaften bei Ernst Cassirer*, Darmstadt.
IPSEN, G. (1930): *Sprachphilosophie der Gegenwart*, Berlin.
JACKSON, R. (1990): *The Cassirer-Heidegger debate: A critical and historical study*, Dissertation an der Emory University, Ann Arbor.
JACKSON, F. (2002): „Language, thought and the epistemic theory of vagueness", in: *Language and Communication* 22.3, 269–279.
KABATEK, J. (2003): „La lingüística románica histórica: tradición e innovación en una disciplina viva", in: *La Corónica* 31.2, 35–40.
KAEGI, D. (1995): „Jenseits der symbolischen Formen. Zum Verhältnis von Anschauung und künstlicher Symbolik bei Ernst Cassirer", in: Rudolph, E./Sandkühler, H. J. (Hrsg.), *Symbolische Formen, mögliche Welten: Ernst Cassirer*, Hamburg, 73–84.
KAEGI, D. (1996): „Ernst Cassirer", in: Borsche, T. (Hrsg.), *Klassiker der Sprachphilosophie*, München, 347–363.
KAJON, I. (1984): *Il concetto dell'unità della cultura e il problema della trascendenza nella filosofia di Ernst Cassirer*, Rom.
KAJON, I. (1988): „Das Problem der Einheit des Bewußtseins im Denken Ernst Cassirers", in: Braun, H. J./Holzhey, H./Orth, E. W. (Hrsg.), *Über Ernst Cassirers Philosophie der symbolischen Formen*, Frankfurt a.M., 249–273.
KANT, I. (1781/³1990): *Kritik der reinen Vernunft*, hrsg. von R. Schmidt und mit einer Bibliogr. von H. Klemme, Hamburg.
KANT, I. (1788/¹⁰1990): *Kritik der praktischen Vernunft. Grundlegung zur Metaphysik der Sitten*, hrsg. von K. Vorländer, Hamburg.
KANT, I. (1790/⁷1990): *Kritik der Urteilskraft*, hrsg. von K. Vorländer, Hamburg.
KANT, I. (⁶1968): *Schriften zur Anthropologie, Geschichtsphilosophie, Politik und Pädagogik*, in: Ders., *Werke [in zwölf Bänden – Werkausgabe]*, Bd. 11 und 12, hrsg. von W. Weischedel, Frankfurt a.M.
KANT, I. (2001): *Schriften zur Ästhetik und Naturphilosophie*, Text und Kommentar hrsg. von M. Frank und V. Zanetti, 3 Bde., Frankfurt a.M.
KAUFMANN, Fe. (1949): „Cassirer's theory of scientific knowledge", in: Schilpp, P. A. (Hrsg.), *The philosophy of Ernst Cassirer*, New York, 183–213.
KAUFMANN, Fr. (1949): „Cassirer, neo-kantianism, and phenomenology", in: Schilpp, P. A. (Hrsg.), *The philosophy of Ernst Cassirer*, New York, 799–853.
KITTSTEINER, H. D. (1997): „Was heißt und zu welchem Ende studiert man Kulturgeschichte?", in: *Geschichte und Gesellschaft* 23, 5–27.
KLIBANSKY, R./PATON H. J. (Hrsg.) (1936/1963): *Philosophy and History. Essays presented to Ernst Cassirer*, New York.
KNIESCHE, H. (1992/1996): „Ernst Cassirer (1874–1945)", in: Dascal, M./Gerhardus, D./Lorenz, K./Meggle, G. (Hrsg.), *Sprachphilosophie. Ein internationales Handbuch zeitgenössischer Forschung*, Bde. 7.1 und 7.2 der

HSK, Handbücher zur Sprach und Kommunikationswissenschaft, Berlin/New York 7.1, 524–550.
KNOPPE, T. (1992): *Die theoretische Philosophie Ernst Cassirers: zu den Grundlagen transzendentaler Wissenschafts- und Kulturtheorie*, Hamburg.
KOCH, A. F./SCHICK, F. (2002): *G.W.F. Hegel. Wissenschaft der Logik*, Berlin.
KOCH, P. (2003): „Historical romance linguistics and the cognitive turn", in: *La Corónica* 31.2, 41–55.
KREMER-MARIETTI, A. (1990): „Le problème de la symbolisation chez Cassirer", in: Seidengart, J. (Hrsg.), *Ernst Cassirer. De Marbourg à New York. L'itinéraire philosophique*, Paris, 249–260.
KROIS, J. M. (1983): „Cassirer's unpublished critique of Heidegger", in: *Philosophy and Rhetoric* 16.3, 147–166.
KROIS, J. M. (1984): „Ernst Cassirers Semiotik der symbolischen Formen", in: *Zeitschrift für Semiotik* 6, 433–444.
KROIS, J. M. (1987): *Cassirer: symbolic forms and history*, New Haven/London.
KROIS, J. M. (1988): „Problematik, Eigenart und Aktualität der Cassirerschen Philosophie der symbolischen Formen", in: Braun, H. J./Holzhey, H./Orth, E.-W. (Hrsg.), *Über Ernst Cassirers Philosophie der symbolischen Formen*, Frankfurt a.M., 15–44.
KROIS, J. M. (1992): „Cassirer, neo-kantianism and metaphysics", in: *Revue de Métaphysique et de Morale* 96.4, 437–453.
KROIS, J. M. (1995): „Semiotische Transformation der Philosophie: Verkörperung und Pluralismus bei Cassirer und Peirce", in: Rudolph, E./Sandkühler, H. J. (Hrsg.), *Symbolische Formen, mögliche Welten: Ernst Cassirer*, Hamburg, 61–72.
KROIS, J. M./LOHSE, G./NICOLAYSEN, R. (1994): *Die Wissenschaftler: Ernst Cassirer, Bruno Snell, Siegfried Landshut*, Hamburg.
KUHN, H. (1949): „Ernst Cassirer's philosophy of culture", in: Schilpp, P. A. (Hrsg.), *The philosophy of Ernst Cassirer*, New York, 545–573.
LABRIOLA, A. (⁶1953): *Discorrendo di socialismo e di filosofia*, hrsg. von B. Croce, Bari.
LAMANNA, E. P. (1969): *Introduzione alla lettura di Croce*, Florenz.
LANCELLOTTI, M. (1974): *Funzione, simbolo e struttura. Saggio su Ernst Cassirer*, Rom.
LANCELLOTTI, M. (1982): *Filosofie sintetiche del linguaggio: Kierkegaard, Croce, Cassirer, Heidegger*, Rom.
LANGER, S. (1942): *Philosophy in a New Key. A Study in the Symbolism of Reason Rite and Art*, Cambridge.
LANGER, S. (1949): „On Cassirer's theory of language and myth", in: Schilpp, P. A. (Hrsg.), *The philosophy of Ernst Cassirer*, New York, 380–400.
LANGER, S. (1953): *Feeling and Form. A Theory of Art Developed Form Philosophy in a New Key*, New York.
LAURETANO, B. (1968): „Il linguaggio tra mito e logo nel pensiero di Ernst Cassirer", in: *Il pensiero* 13, 159–208, 243–293.

LAZZARI, R. (1995): „Cinquant'anni di studi su Cassirer", in: *Rivista di storia della filosofia* 50, 889–921.
LEANDER, F. (1949): „Further Problems Suggested by the Philosophy of Symbolic Forms", in: Schilpp, P. A. (Hrsg.), *The philosophy of Ernst Cassirer*, New York, 335–357.
LEANDER, F. (1966): „Über einige offene Fragen, die aus der Philosophie der symbolischen Formen entspringen: Cassirer – Croce – Litt", in: Schilpp, P. A. (Hrsg.), *Ernst Cassirer*, Stuttgart, 229–247.
LEANDER, F. (1974): „Lettera di un crociano parziale", in: *Rivista di studi crociani* 11, 286–302.
LEIBNIZ, G. W. (1904–1906): *Hauptschriften zur Grundlegung der Philosophie*. Übers. von A. Buchenau, durchgesehen und mit Einl. und Erläut. hrsg. von E. Cassirer, 2 Bde., Leipzig.
LEIBNIZ, G. W. (1710/1996): *Die Theodizee. Von der Güte Gottes, der Freiheit des Menschen und dem Ursprung des Übels*, Frz. und Dt. hrsg. und übers. von W. von Engelhardt und H. H. Holz, Bd. 2.1 und 2.2, Frankfurt a.M.
LEIBNIZ, G. W. (1765/1996): *Neue Abhandlungen über den menschlichen Verstand*, in: *Philosophische Schriften*, Frz. und Dt. hrsg. und übers. von W. von Engelhardt und H. H. Holz, Bd. 3.1 und 3.2, Frankfurt a.M.
LEIBNIZ, G. W. (1995): *L'armonia delle lingue*, ausgew., kommentiert und hrsg. von S. Gensini mit einem Vorwort von T. De Mauro, Rom/Bari.
LENNENBERG, E. (1955): „A note on Cassirer's philosophy of language", in: *Philosophy and phenomenological Research* 15, 512–522.
LERCH, E. (1930–31): *Hauptprobleme der französischen Sprache*, 2 Bde., Braunschweig.
LERCH, E. (1940): „Difesa della grammatica", in: *Lingua nostra* 2.2, 42–43.
LERCH, E. (1942): *Sinn, Sinne, Sinnlichkeit*, Leipzig.
LEVINSON, S. C. (2003): *Space in Language and Cognition. Explorations in Cognitive Diversity*, Cambridge.
LEVY, H. (1927): *Die Hegel-Renaissance in der deutschen Philosophie, mit besonderer Berücksichtigung des Neukantianismus*, Charlottenburg.
LEVY, H. (1934): „La filosofia di Ernst Cassirer", in: *Giornale critico della filosofia italiana* 15, 247–280.
LIEBRUCKS, B. (1964–1979): *Sprache und Bewußtsein*, 7 Bde., Frankfurt a.M.
LINDORFER, B./NAGUSCHEWSKI, D. (Hrsg.) (2002): *Hegel: Zur Sprache. Beiträge zur Geschichte des europäischen Sprachdenkens. Festschrift für Jürgen Trabant zum 60. Geburtstag*, Tübingen.
LIPTON, D. R. (1978): *Ernst Cassirer. The dilemma of a liberal intellectual in Germany 1914–1933*, Toronto.
LOFTS, S. G. (1997): *Ernst Cassirer. La vie de l'esprit*, Leuven.
LOMBBARDI, F. (1964): „Continuità e rottura. Che cosa resta della filosofia, oggi", in: *De Homine* 3.11/12, 168–228.
LOMBBARDI, F: (1967): „Benedetto Croce a cento anni dalla nascita", in: *De Homine* 6, 71–94.

LOMBARDO RADICE, G. (1903): „Recensione a Paul Natorp: *Eine Einführung in den Idealismus*", in: *La Critica* 1, 366–370.
LÖNNE, K.-E. (1967): *Benedetto Croce als Kritiker seiner Zeit*, Tübingen.
LÖNNE, K.-E. (1994): „Storia e politica nel pensiero di Benedetto Croce", in: Garin, E. (Hrsg.), *Croce e Gentile un secolo dopo. Saggi, testi inediti e un'appendice bibliografica 1980–1993*, Florenz, 226–237.
LÖNNE, K.-E. (2002): *Benedetto Croce. Vermittler zwischen deutschem und italienischem Geistesleben*, Tübingen/Basel.
LOPORCARO, M. (2003): „Muhammad, Charlemagne and Apocope, or the Cultural Relevance of Romance Historical Linguistics", in: *La Corónica* 31.2, 57–65.
LÜBBE, H. (1975): *Cassirer und die Mythen des 20. Jahrhunderts*, Göttingen.
LUCY, J. A. (1992): *Language Diversity and Thought: a Reformulation of the Linguistic Relativity Hypothesis*, Cambridge.
LUCY, J. A. (1996): *Grammatical Categories and Cognition: A Case Study of the Linguistic Relativity Hypothesis*, Cambridge.
LÜDTKE, J. (2003): „Para la historia de la lengua", in: *La Corónica* 31.2, 67–72.
LUGARINI, L. (a1967): „Cassirer e il compito di fondazione delle scienze umane", in: *Il Pensiero* 12, 142–161.
LUGARINI, L. (b1967): *„Criticismo" e „fondazione soggettiva"*, Vol. 1: *Il criticismo come „teoria dell'esperienza"*, Urbino.
LUGARINI, L. (1968): „L'uomo in prospettiva cassireriana", in: *Il Pensiero* 13, 7–30.
LUGARINI, L. (1983): *Critica della ragione e universo della cultura. Gli orizzonti cassireriani della filosofia trascendentale*, Rom.
LYNCH, D. A. (1990): „Ernst Cassirer and Heidegger: The Davos-Debate", in: *Kant-Studien* 81, 360–370.
MAGGI, M. (1979): „Universalismo e mondo tedesco nella ‚Kulturphilosophie' di Ernst Cassirer", in: E. Cassirer, *Sulla logica delle scienze della cultura*, Florenz, V–XXXV.
MAGGI, M. (1989): *La filosofia di Benedetto Croce*, Florenz.
MAGGI, M. (1993): „La logica di Croce", in: Ciliberto, M. (Hrsg.), *Croce e Gentile fra tradizione nazionale e filosofia europea*, Rom, 75–92.
MAGGI, M. (1994): *La logica di Croce ed altri scritti*, Neapel.
MARC-WOGAU, K. (1936): „Der Symbolbegriff in der Philosophie Ernst Cassirers", in: *Theoria* 2, 270–332.
MARCONDES, D. (1992): „Language and Knowledge in Cassirer's Philosophy of Symbolic Forms", in: *Internationale Zeitschrift für Philosophie* 1, 250–260.
MARKIS, D. (1982): „Das Problem der Sprache bei Kant", in: Scheer, B./ Wohlfart, G. (Hrsg.), *Dimensionen der Sprache in der Philosophie des Deutschen Idealismus*, Würzburg, 110–154.
MARTINET, A. (1960): *Éléments de linguistique générale*, Paris.
MARX, K. (1852/1965): *Der 18. Brumaire des Louis Bonaparte*, Frankfurt a.M.

MARX, W. (1975): „Cassirers Symboltheorie als Entwicklung und Kritik der neukantianischen Grundlagen einer Theorie des Denken und Erkennens. Überlegungen zur Struktur transzendentaler Logik als Wissenschaftstheorie", in: *Archiv für Geschichte der Philosophie* 57, 188–206, 304–339.

MARX, W. (1988): „Cassirers Philosophie, ein Abschied von kantianisierender Letztbegründung", in: Braun, H. J./Holzhey, H./Orth, E. W. (Hrsg.), *Über Ernst Cassirers Philosophie der symbolischen Formen*, Frankfurt a.M., 75–88.

MATHIEU, V. (1967): „Il posto di Croce nella filosofia contemporanea", in: Ders., *Lezioni crociane*, Triest, 5–22.

McGEER, V./PETTIT, P. (2002): „The self-regulating mind", in: *Language and Communication* 22.3, 281–299.

MEILLET, A. (1936): *Linguistique historique et linguistique générale*, Paris.

MEILLET, A. (1937): *Introduction à l'étude comparative des langues indoeuropéennes*, Paris.

MENÉNDEZ PIDAL, R. (1904/⁵1925): *Manual de gramática histórica española*, Madrid.

MENÉNDEZ PIDAL, R. (1926/¹⁰1986): *Orígenes del Español. Estado lingüístico de la península ibérica hasta el siglo 11*, in: Ders., *Obras completas*, Bd. 8, Madrid.

MENÉNDEZ PIDAL, R. (1961): *Estudios de lingüística (las leyes fonéticas, Menendus, el diccionario ideal y otros)*, Madrid.

MENZE, C. (1963): „Sprechen, Verstehen, Antworten als anthropologische Grundphänomene in der Sprachphilosophie Wilhelm von Humboldts", in: *Pädagogische Rundschau* 17, 475–489.

MERLEAU-PONTY, M. (1945): *Phénoménologie de la perception*, Paris.

MILLIKAN, R. G. (1984): *Language, Thought, and other Biological Categories. New Foundations for Realism*, Cambridge Mass.

MORPURGO-TAGLIABUE, G. (1951): *Il concetto dello stile*, Rom/Mailand.

MORPURGO-TAGLIABUE, G. (1960): *L'esthétique contemporaine. Une enquête*, Mailand.

MORRIS, Ch. W. (1938): „Foundations of the Theory of Signs", in: *International Encyclopedia of United Science*, Chicago, 77–138.

MORRIS, Ch. W. (³1949): *Signs, Language and Behaviour*, New York.

MORTENSEN, C. (2002): „Paradoxes inside and outside language", in: *Language and Communication* 22.3, 301–311.

MOTLUK, A. (2002): „You are what you speak", in: *New Scientist* 30, 35–38.

NEGRI, A. (1966): „La concezione metapolitica della storia di Benedetto Croce", in: *Giornale critico della filosofia italiana* 45.4, 485–540.

NEGRI, A. (1975): „Hegel e il linguaggio dell'illuminismo", in: *Giornale critico della filosofia italiana* 54, 477–521.

NENCIONI, G. (1946): *Idealismo e realismo nella scienza del linguaggio*, Florenz.

NEUMANN, K. (1973): „Ernst Cassirer: Das Symbol", in: Speck, J. (Hrsg.), *Grundprobleme der großen Philosophen. Philosophie der Gegenwart II*, Göttingen, 102–145.

NICOLINI, F. (1962): *Benedetto Croce*, Turin.
NIEMEIER, S./DIRVEN, R. (Hrsg.) (2000): *Evidence for Linguistic Relativity*, Amsterdam/Philadelphia.
O'BRIAN, G./OPIE, J. (2002): „Radical connectionism: thinking with (not in) language", in: *Language and Communication* 22.3, 313-329.
OGDEN, C. K./RICHARDS, I. A. (1923/[10]1960): *The meaning of meaning. A study of the influence of language upon thought and the science of symbolism*, London.
OLDRINI, G. (1994): „La ‚rinascita dell'idealismo' e il suo retroterra napoletano", in: Garin, E. (Hrsg.), *Croce e Gentile un secolo dopo. Saggi, testi inediti e un'appendice bibliografica 1980-1993*, Florenz, 204-225.
ORTH, E. W. (1982): „Zum Zeitbegriff Ernst Cassirers", in: *Phänomenologische Forschungen* 13, 65-89.
ORTH, E. W. (1988): „Operative Begriffe in Ernst Cassirers Philosophie der symbolischen Formen", in: Braun, H. J./Holzhey, H./Orth, E. W. (Hrsg.), *Über Ernst Cassirers Philosophie der symbolischen Formen*, Frankfurt a.M., 45-74.
ORTH, E. W. (1989): „Einheit und Vielheit der Kulturen in der Sicht Edmund Husserls und Ernst Cassirers", in: Jamme, Ch./Pöggler, O. (Hrsg), *Phänomenologie im Widerstreit. Zum 50. Todestag Edmund Husserls*, Frankfurt a.M., 332-351.
ORTH, E. W. (1990): „Der Begriff der Kulturphilosophie bei Ernst Cassirer", in: Brockert, H./Wefelmeyer, F. (Hrsg.), *Kultur. Bestimmungen im 20. Jahrhundert*, Frankfurt a.M., 156-191.
ORTH, E. W. (a1991): „Die anthropologische Wende in Neukantianismus: Ernst Cassirer und Richard Hönigswald", in: *Il Cannocchiale* 1/2, 261-287.
ORTH, E. W. (b1991): „Georg Simmel als Kulturphilosoph zwischen Lebensphilosophie und Neukantianismus", in: *Reports on Philosophy* 15, 105-120.
ORTH, E. W. (1992): „Ernst Cassirers Philosophie der symbolischen Formen und ihre Bedeutung für unsere Gegenwart", in: *Deutsche Zeitschrift für Philosophie* 40, 119-163.
ORTH, E. W. (1996): *Von der Erkenntnistheorie zur Kulturphilosophie: Studien zu Ernst Cassirers Philosophie der symbolischen Formen*, Würzburg.
PACI, E. (1949): *Ingens sylva. Saggio sulla filosofia di G.B. Vico*, Mailand.
PACI, E. (1950): *Esistenzialismo e storicismo*, Mailand.
PACI, E. (1950/1988): *Il nulla e il problema dell'uomo*, Mailand.
PACI, E. (1957): „Benedetto Croce", in: Ders., *La filosofia contemporanea*, Mailand, 65-70.
PACI, E. (1969): „Vico and Cassirer", in: Tagliacozzo, G./White, H. V. (Hrsg.), *Giambattista Vico. An International Symposium*, Baltimore, 457-473.
PAETZOLD, H. (a1981): „Sprache als symbolische Form. Zur Sprachphilosophie Ernst Cassirers", in: *Philosophisches Jahrbuch* 88, 301-315.

PAETZOLD, H. (b1981): „Ernst Cassirers ‚Philosophie der symbolischen Formen' und die neuere Entwicklung der Semiotik", in: Lange-Seidl, A. (Hrsg.), *Zeichenkonstitution*, Berlin, 90–100.
PAETZOLD, H. (1993): *Ernst Cassirer zur Einführung*, Hamburg.
PAETZOLD, H. (1994): *Die Realität der symbolischen Formen: die Kulturphilosophie Ernst Cassirers im Kontext*, Darmstadt.
PAETZOLD, H. (a1995): *Ernst Cassirer. Von Marburg nach New York. Eine philosophische Biographie*, Darmstadt.
PAETZOLD, H. (b1995): „Cassirers Leibnizianische Begriffslehre als Grundlage seiner kulturhistorischen Symboltheorie", in: Rudolph, E./Sandkühler, H.J. (Hrsg.), *Symbolische Formen, mögliche Welten: Ernst Cassirer*, Hamburg, 97–108.
PAGLIARO, A. (1952): *Il segno vivente. Saggi sulla lingua e altri simboli*, Neapel.
PAGLIARO, A. (1956): *Nuovi saggi di critica semantica*, Messina/Florenz.
PAGLIARO, A. (1957): *La parola e l'immagine*, Neapel.
PAGLIARO, A. (1961): *Altri saggi di critica semantica*, Messina/Florenz.
PAGLIARO, A. (1963): „Linguaggio e conoscenza dopo l'idealismo", in: *De Homine* 7/8, 3–24.
PAGLIARO, A./De MAURO, T. (1973): *La forma linguistica*, Mailand.
PALMER, L. M./HARRIS, H. S. (Hrsg.) (1975): *Thought, Action and Intuition as a Symposium on the Philosophy of Benedetto Croce*, Hildesheim/New York.
PANOFSKY, E. (1924–25): „Die Perspektive als ‚symbolische Form'", in: *Vorträge der Bibliothek Warburg* 4, 258–330.
PAPI, F. (1990): *Vita e filosofia. La scuola di Milano: Banfi, Cantoni, Paci, Preti*, Mailand.
PAPINI, G. (1906/⁴1988): „A proposito dei *Lineamenti di una Logica come scienza del concetto puro*", in: *Stroncature. Seconda serie dei 24 cervelli*, in: Ders., *Opere*, hrsg. von L. Baldacci, Mailand, 581–592.
PAPINI, G. (a1913/⁴1988): „A proposito del *Breviario di* Estetica, in: *Stroncature. Seconda serie dei 24 cervelli*, in: Ders., *Opere*, hrsg. von L. Baldacci, Mailand, 592–600.
PAPINI, G. (b1913/⁴1988): „Sciocchezzario crociano", in: *Stroncature. Seconda serie dei 24 cervelli*, in: Ders., *Opere*, hrsg. von L. Baldacci, Mailand, 601–607.
PARENTE, A. (1953): „La terza scoperta dell'estetica crociana. Dialettica delle passioni e suo superamento nell'arte", in: Flora, F. (Hrsg.), *Benedetto Croce*, Mailand, 25–105.
PARENTE, A. (1967): „Assolutezza del gusto", in: *Rivista di studi crociani* 4, 47–53.
PAUL, H. (1880/1970): *Prinzipien der Sprachgeschichte*, Tübingen.
PEIRCE, Ch. S. (1859–1912/2000): *Semiotische Schriften*, hrsg. von Ch. J. Kloesel/H. Pape, 3 Bde., Frankfurt a.M.

PELLEN, R. (2003): "Diacronía y descripción del cambio lingüístico", in: *La Corónica* 31.2, 73–82.
PENNY, R. (2003): "Historical Romance Linguistics: A Sociolinguistic Perspective", in: *La Corónica* 31.2, 83–88.
PENZENSTADLER, F. (2000): *Romantische Lyrik und klassizistische Tradition: Ode und Elegie in der Französischen Romantik*, Stuttgart.
PETERS, J.-P. (1983): *Cassirer, Kant und die Sprache. Ernst Cassirers "Philosophie der symbolischen Formen"*, Frankfurt a.M.
PHILONENKO, A. (1989): *L'École de Marbourg: Cohen, Natorp, Cassirer*, Paris.
PINKARD, T. B. (1988): *Hegel's Dialectic. The Explanation of Possibility*, Philadelphia.
PIPPIN, R. B. (1989): *Hegel's Idealism. The Satisfactions of Self-Consciousness*, Cambridge.
PLÜMACHER, M./SCHÜRMANN V. (Hrsg.) (1996): *Einheit des Geistes. Probleme ihrer Grundlegung in der Philosophie Ernst Cassirers*, Frankfurt a.M./Berlin u.a.
POGGI, S. (1993): "L'estetica di Croce e la filosofia tedesca", in: Ciliberto, M. (Hrsg.), *Croce e Gentile fra tradizione nazionale e filosofia europea*, Rom, 37–74.
POMA, A. (1981): *Il mito nella Filosofia delle forme simboliche di Ernst Cassirer*, Turin.
PONZIO, A. (1971): "Funzione e struttura nella linguistica cassireriana", in: *Lingua e stile* 6, 379–395.
PORZIG, W. (1923): "Der Begriff der inneren Sprachform", in: *Indogermanische Forschung* 41, 150–169.
PRETI, G. (1970): "Presentazione", in: Cassirer, E., *Determinismo e indeterminismo nella fisica moderna*, Florenz, V–XVII.
PRETI, G. (1973): "Presentazione", in: Cassirer, E., *Sostanza e funzione. Sulla teoria della relatività di Einstein*, Florenz, V–XX.
PREZZOLINI, G. (1909): *Benedetto Croce*, Neapel.
PROUDFOOT, D./COPELAND, B. J. (2002): "Wittgenstein's deflationary account of reference", in: *Language and Communication* 22.3, 331–351.
PÜTZ, M./VERSPOOR, M. (Hrsg.) (2000): *Explorations in Linguistic Relativity*, Amsterdam/Philadelphia.
PUNTEL, L. B. (1973): *Darstellung, Methode und Struktur. Untersuchungen zur Einheit der Systematischen Philosophie G. W. F. Hegels*, Bonn.
PUPPO, M. (1960): "La teoria linguistica di Benedetto Croce", in: *Filologia moderna* 1, 47–58.
PUPPO, M. (a1964): *Croce e D'Annunzio e altri saggi*, Florenz.
PUPPO, M. (b1964): *Il metodo e la critica di Benedetto Croce*, Mailand.
PUPPO, M. (1985): *Poetica e critica del romanticismo italiano*, Rom.
RAGGIUNTI, R. (1956): *La conoscenza e il problema della lingua*, Florenz.
RAIO, G. (1991): *Introduzione a: Cassirer*, Rom/Bari.
RECKI, B. (2004): *Kultur als Praxis. Eine Einführung in Ernst Cassirers Philosophie der symbolischen Formen*, Berlin.

REICHENBACH, H. (1921): „Der gegenwärtige Stand der Relativitätsdiskussion", in: *Logos* 10, 316–378.
REICHENBACH, H. (1947): *Elements of symbolic Logic*, New York.
REICHENBACH, H. (1977–): *Gesammelte Werke [in neun Bänden]*, hrsg. von A. Kamlah und M. Reichenbach, Wiesbaden.
RICOEUR, P. (1965): *De l'interprétation. Essai sur Freud*, Paris.
RICOEUR, P. (Hrsg.) (1992): *Cassirer*, monographische Ausg. der *Revue de Métaphysique et de Morale* 96.4.
RIEDEL, M. (1982): „Kritik der reinen Vernunft und Sprache. Zum Kategorienproblem bei Kant", in: *Allgemeine Zeitschrift für Philosophie* 7, 1–15.
RIEDEL, M. (1986): „Sprechen und Hören. Zum dialektischen Grundverhältnis in Humboldts Sprachphilosophie", in: *Zeitschrift für philosophische Forschung* 40, 337–351.
RINI, J. (2003): „Romance Linguistics: An Evolving Discipline", in: *La Corónica* 31.2, 89–95.
ROE, N. (Hrsg.) (2005): *Romanticism: an Oxford guide*, Oxford.
ROHLFS, G. (1925): „Idealistische Neuphilologie", in: *Zeitschrift für französische Sprache und Literatur* 48.1/2, 121–136.
RORTY, R. (Hrsg.) (1967): *The Linguistic Turn. Recent Essays in Philosophical Method*, Chicago/London.
ROSENZWEIG, F. (1930): „Vertauschte Fronten", in: *Der Morgen* 6, 85–87.
ROSSI, Pi. (a1957): *Benedetto Croce e lo storicismo assoluto*, Bologna.
ROSSI, Pi. (b1957): „La ‚rivalutazione' dell'Illuminismo e il problema dello storicismo assoluto", in: *Rivista critica di storia della filosofia*, 146–174.
ROSSI, Pi. (c1957): „Benedetto Croce e lo storicismo assoluto", in: *Il Mulino* 6, 332–354.
ROSSI, Pi. (Hrsg.) (1974): *Le filosofie del Novecento. Il pensiero contemporaneo attraverso i testi*, Florenz.
RUDOLPH, E. (1992): „Sprache zwischen Mythos und Erkenntnis. Zu Cassirers Diagnose der Tragik des sprachlichen Fortschritts", in: Rudolph, E./Wismann, H. (Hrsg.), *Sagen, was die Zeit ist. Analysen zur Zeitlichkeit der Sprache*, Stuttgart, 79–92.
RUDOLPH, E. (2003): *Ernst Cassirer im Kontext. Kulturphilosophie zwischen Metaphysik und Historismus*, Tübingen.
RUDOLPH, E./KÜPPERS, B. O. (Hrsg.) (1995): *Kulturkritik nach Ernst Cassirer*, Hamburg.
RUDOLPH, E./SANDKÜHLER, H. J. (Hrsg.) (1995): *Symbolische Formen, mögliche Welten: Ernst Cassirer*, monographische Ausgabe von *Dialektik – Enzyklopädische Zeitschrift für Philosophie und Wissenschaft* 1.
RUDOLPH, E./STAMATESCU, I. O. (Hrsg.) (1997): *Von der Philosophie zur Wissenschaft. Cassirers Dialog mit der Naturwissenschaft*, Hamburg.
RUSSO, L. (1929): *Problemi di metodo critico*, Bari.
RUSSO, L. (1942): *La critica letteraria contemporanea*, Bari.
RUSSO, L. (a1953): „Conversazioni con Benedetto Croce", in: *Belfagor* 1, 1–15.

RUSSO, L. (b1953): "Nuove conversazioni con Benedetto Croce", in: *Belfagor* 2, 158–171.
SALUCCI, M. (1987): *Segno ed espressione in Benedetto Croce*, Florenz.
SANDKÜHLER, H. J./PAETZOLD, D. (Hrsg.) (2003): *Kultur und Symbol. Ein Handbuch zur Philosophie Ernst Cassirers*, Stuttgart.
SASSO, G. (1967): "Per un'interpretazione di Croce", in: Ders., *Passato e presente nella storia della filosofia*, Bari, 69–151.
SASSO, G. (1975): *Benedetto Croce. La ricerca della dialettica*, Neapel.
SASSO, G. (1989): *Per invigilare me stesso. I Taccuini di lavoro di Benedetto Croce*, Bologna.
SASSO, G. (1994): "L'estetica di Benedetto Croce", in: *Filosofia e Idealismo*, Bd. 1: *Benedetto Croce*, Neapel, 232–245.
SASSO, G. (a1996): "Nota al testo", in: Croce, B., *Logica*, hrsg. von G. Sasso, Neapel, 2, 423–437.
SASSO, G. (b1996): "Nota al testo", in: Croce B., *Filosofia della Pratica. Economia ed Etica*, hrsg. von G. Sasso, Neapel, 2, 407–420.
SAUSSURE, F. de (1916/2000⁵): *Cours de linguistique générale*, hrsg. und kommentiert von T. De Mauro, Paris.
SAPIR, E. (1970): *Language. An Introduction to the Study of Language*, New York.
SCHARF, H.-W. (Hrsg.) (1989): *Wilhelm von Humboldts Sprachdenken*, Essen.
SCHARF, H.-W. (1994): *Das Verfahren der Sprache. Humboldt gegen Chomsky*, Paderborn.
SCHILPP, P. A. (Hrsg.) (1949): *The philosophy of Ernst Cassirer*, New York.
SCHILPP, P. A. (Hrsg.) (1966): *Ernst Cassirer*, Stuttgart/Berlin/Köln/Mainz [Überarbeitete deutsche Ausg. von Schilpp 1949].
SCHLIEBEN-LANGE, B. (1983): *Traditionen des Sprechens. Elemente einer pragmatischen Sprachgeschichtsschreibung*, Stuttgart.
SCHLIEBEN-LANGE, B. (1997): "Ernst Cassirer und Karl Bühler", in: Hassler, M./Wertheimer, J. (Hrsg.), *Der Exodus aus Nazideutschland und die Folgen. Jüdische Wissenschaftler im Exil*, Tübingen, 274–285.
SCHLIEBEN-LANGE, B. (1998): "Alterität als sprachtheoretisches Konzept", in: *Lili (Zeitschrift für Literaturwissenschaft und Linguistik)* 110, 41–57.
SCHLIEBEN-LANGE, B. (1999): "Die deutsche Romanistik – ein Modell für die Zukunft?", in: Fürbeth, F./Krügel, P./Metzner, E. E./Müller, O. (Hrsg.), *Zur Geschichte und Problematik der Nationalphilologien in Europa. 150 Jahre Erste Germanistenversammlung in Frankfurt am Main (1846–1996)*, Tübingen, 847–854.
SCHWARZSCHILD, S. S. (1991): "Judaism in the Life and Work of Ernst Cassirer" in: *Il Cannocchiale* 1/2, 327–344.
SCHWEMMER, O. (1995): "Die Vielfalt der symbolischen Welten und die Einheit der Vernunft. Zu Ernst Cassirers Philosophie der symbolischen Formen", in: Rudolph, E./Sandkühler, H. J. (Hrsg.), *Symbolische Formen, mögliche Welten: Ernst Cassirer*, Hamburg, 37–46.

SCHWEMMER, O. (1997): *Ernst Cassirer. Ein Philosoph der europäischen Moderne*, Berlin.
SEEBASS, G. (1981): *Das Problem von Sprache und Denken*, Frankfurt a.M.
SEIDENGART, J. (Hrsg.) (1990): *Ernst Cassirer. De Marbourg à New York. L'itinéraire philosophique*, Paris.
SIMON, J. (1966): *Das Problem der Sprache bei Hegel*, Stuttgart/Berlin/Köln.
SIMON, J. (1971): „,Daseiender' und ,absoluter' Geist. Diskussionsbeitrag zu T. Bodammer: Hegels Deutung der Sprache", in: *Zeitschrift für philosophische Forschung* 25, 307–315.
SIMON, J. (1981): *Sprachphilosophie. Handbuch Philosophie*, Freiburg/München.
SIMON, J. (1989): „Wilhelm von Humboldts Bedeutung für die Philosophie", in: Scharf, H.-W. (Hrsg.), *Wilhelm von Humboldts Sprachdenken*, Essen, 259–271.
SIMON, J. (1996): „Immanuel Kant (1724–1804)", in: Borsche, T. (Hrsg.), *Klassiker der Sprachphilosophie. Von Platon bis Chomsky*, München, 233–256.
SIMONE DE, C. (1967): „Die Sprachphilosophie von Benedetto Croce", in: *Kratylos* 12, 1–32.
SLEZAK, P. (2002): „Thinking about thinking: Language, thought and introspection", in: *Language and Communication* 22.3, 353–373.
SLOBIN, D. I. (1996): „From ,thought and language' to ,thinking for speaking'", in: Gumperz, J./Levinson, S. (Hrsg.), *Rethinking Linguistic Relativity*, Cambridge, 70–96.
SLOCHOWER, H. (1949): „Ernst Cassirer's Functional Approach to Art and Literature", in: Schilpp, P. A. (Hrsg.), *The philosophy of Ernst Cassirer*, New York, 631–659.
SMART, H. (1943): „Cassirer versus Russell", in: *Philosophy of Science* 10, 167–175.
SMITH, J. C. (2003): „Romance Linguistics: Future Perfect or Future in the Past?", in: *La Corónica* 31.2, 97–102.
SPIRITO, U. (1923): *Il nuovo idealismo italiano*, Rom.
SPIRITO, U. (1964): *Critica dell'estetica*, Florenz.
SPITZER, L. (1928): *Stilstudien*, Bd. 1: *Sprachstile*, Bd. 2: *Stilsprachen*, München.
SPITZER, L. (1929–1930): *Meisterwerke der romanischen Sprachwissenschaft*, München.
SPITZER, L. (1931): *Romanische Stil- und Literaturstudien*, 2 Bde., Marburg.
SPITZER, L. (1954): *Critica stilistica e storia del linguaggio*, ausgew. und hrsg. von A. Schiaffini, Bari.
STEPHENS, I. K. (1949): „Cassirer's Doctrine of *A Priori*", in: Schilpp, P. A. (Hrsg.), *The philosophy of Ernst Cassirer*, New York, 149–181.
STRAUSS, M. (1984): *Empfindung, Intention und Zeichen*, Freiburg i. Br.
SUTTON, J. (2002): „Cognitive conceptions of language and the development of autobiographical memory", in: *Language and Communication* 22.3, 375–390.

SWABEY, W. C. (1949): „Cassirer and Metaphysics", in: Schilpp, P. A. (Hrsg.), *The philosophy of Ernst Cassirer*, New York, 121-147.
TESSITORE, F. (1971): „Storicismo hegeliano e storicismo crociano", in: Ders., *Dimensioni dello storicismo*, Neapel, 33-111.
TESSITORE, F. (²1996): *Introduzione a: Lo storicismo*, Rom/Bari.
TILGHER, A. (1914): „Il concetto della storia e della conoscenza nell'idealismo italiano contemporaneo", in: *Il Conciliatore* 1, 139-160.
TILGHER, A. (1935): *Critica dello storicismo*, Modena.
TRABANT, J. (a1985): „Die Einbildungskraft und die Sprache. Ausblick auf W. von Humboldt", in: *Neue Rundschau* 3/4, 161-182.
TRABANT, J. (b1985): „Humboldt zum Ursprung der Sprache. Ein Nachtrag zum Problem des Sprachursprungs in der Geschichte der Akademie", in: *Zeitschrift für Phonetik, Sprachwissenschaft und Kommunikationsforschung* 38, 576-589.
TRABANT, J. (1986): *Apeliotes oder der Sinn der Sprache. Wilhelm von Humboldts Sprach-Bild*, München.
TRABANT, J. (1987): „Dall'immaginazione al senso linguistico", in: Di Cesare, D./Gensini, S. (Hrsg.), *Le vie di Babele. Percorsi di storiografia filosofica (1600-1800)*, Casale Monferrato, 83-90.
TRABANT, J. (1990): *Traditionen Humboldts*, Frankfurt a.M.
TRABANT, J. (a1994): „E mâra", in: W. von Humboldt, *Über die Sprache. Reden vor der Akademie*, Tübingen/Basel, 201-217.
TRABANT, J. (b1994): *Neue Wissenschaft von alten Zeichen: Vicos Sematologie*, Frankfurt a.M.
TRABANT, J. (Hrsg.) (1997): *Sprache denken*, Frankfurt a.M.
TRABANT, J. (1998): *Artikulationen. Historische Anthropologie der Sprache*, Frankfurt a.M.
TRABANT, J. (1999): „Fünfzig Jahre nach Vossler: Geist und Kultur in der Sprachwissenschaft", in: *Deutscher Romanistenverband (DRV) Mitteilungen* 2, 29-51.
TROELTSCH, E. (a1922): *Der Historismus und seine Probleme*, Tübingen.
TROELTSCH, E. (b1922): „Der historische Entwicklungsbegriff in der modernen Geistes- und Lebensphilosophie III: Phänomenologische Schule, Scheler, Croce, Bergson", in: *Historische Zeitschrift* 125, 377-438.
URBAN, W. M. (1949): „Cassirer's philosophy of language", in: Schilpp, P. A. (Hrsg.), *The philosophy of Ernst Cassirer*, New York, 401-442.
VALENTINI, F. (1966): *La controriforma della dialettica. Coscienza e storia del neoidealismo italiano*, Rom.
VERENE, D. Ph. (1966): „Cassirer's View of Symbol and Myth", in: *The Monist* 50, 553-564.
VERENE, D. Ph. (1969): „Kant, Hegel, and Cassirer: The origins of the Philosophy of Symbolic Forms", in: *Journal of the History of Ideas* 30.1, 33-46.
VERENE, D. Ph. (1976): „Vico's Science of Imaginative Universals and the Philosophy of Symbolic Forms", in: Tagliacozzo, G./Verene, D. Ph. (Hrsg.), *Giambattista Vico's Science of Humanity*, Baltimore, 295-317.

VERENE, D. Ph. (1979): „Introduction. Cassirer's Thought 1935–1945", in: Ders., E. Cassirer: Symbol, Myth, and Culture. Essays and Lectures of Ernst Cassirer 1939–1945, New York/London, 1–45.
VERENE, D. Ph. (1982): „Cassirer's Philosophy of Culture", in: International Philosophical Quarterly 22, 133–144.
VERENE, D. Ph. (1985): „Vico's influence on Cassirer", in: New Vico Studies 3, 105–112.
VERENE, D. Ph. (1991): „Cassirer's ‚Symbolic Form' ", in: Il Cannocchiale, 1/2, 289–305.
VICO, G. (1990): Opere, hrsg. von A. Battistini, 2 Bde., Mailand.
VIRCILLO, D. (1970): „La fenomenologia del linguaggio nel pensiero di Ernst Cassirer", in: Rivista rosminiana di Filosofia 64, 187–202.
VÖGELE, W. (1999): „Die Gegensätze schließen einander nicht aus, sondern verweisen aufeinander": Ernst Cassirers Symboltheorie und die Frage nach Pluralismus und Differenz, Reburg/Loccum.
VOSSLER, K. (1904): Positivismus und Idealismus in der Sprachwissenschaft, Heidelberg.
VOSSLER, K. (1905): Die Sprache als Schöpfung und Entwicklung, Heidelberg.
VOSSLER, K. (a1914): Die Italienische Literatur der Gegenwart, Heidelberg.
VOSSLER, K. (b1914): „Das System der Grammatik", in: Logos 2, 203–223.
VOSSLER, K. (1923): Gesammelte Aufsätze zur Sprachphilosophie, München.
VOSSLER, K. (1925): Geist und Kultur in der Sprache, Heidelberg.
VOSSLER, K. (1928): „Der Kampf gegen den Abstraktismus in der heutigen Sprachwissenschaft", in: Die neueren Sprachen 28, 322–333.
VOSSLER, K. (1941): „Benedetto Croces Sprachphilosophie", in: Deutsche Vierteljahrschrift für Literaturwissenschaften und Geistesgeschichte 19.2, 138–166.
WANDSCHNEIDER, D. (1995): Grundzüge einer Theorie der Dialektik. Rekonstruktion und Revision dialektischer Kategorienentwicklung in Hegels „Wissenschaft der Logik", Stuttgart.
WANNER, D. (2003): „Romance Linguistics Is Alive and Well", in: La Corónica 31.2, 103–113.
WARTBURG, W. von (1940): La posizione della lingua italiana, Florenz.
WARTBURG, W. von (1943): Einführung in die Problematik und Methodik der Sprachwissenschaft, Halle a.d.S.
WARTBURG, W. von (1950): Die Ausgliederung der romanischen Sprachräume, Bern.
WELLEK, R. (1955): A History of Modern Criticism: 1750–1950, Bd. 2: The Romantic Age, New Haven.
WERKMEISTER, W. H. (1949): „Cassirer's Advance Beyond Neo-Kantianism", in: Schilpp, P. A. (Hrsg.), The philosophy of Ernst Cassirer, New York, 757–797.
WERLE, J. M. (1988): „Ernst Cassirers Nachgelassene Aufzeichnungen über ‚Leben' und ‚Geist'. Zur Kritik der Philosophie der Gegenwart", in:

Braun, H. J./Holzhey, H./Orth, E. W. (Hrsg.), *Über Ernst Cassirers Philosophie der symbolischen Formen*, Frankfurt a.M., 274-289.
WHORF, B. L. (1956): *Language, Thought and Reality*, Cambridge Mass.
WILDON CARR, H. (1917): *The Philosophy of Benedetto Croce*, London.
WILDON CARR, H. (1918): *The New Idealist Movement in Philosophy*, London.
WIREBACK K. J. (2003): „From Romance to Linguistics? Should it Matter?", in: *La Corónica* 31.2, 115-125.
WITTGENSTEIN, L. (^{2}1995): *Tractatus logico-philosophicus. Tagebücher 1914-1916. Philosophische Untersuchungen*, in: Ders., *Werkausgabe [in 8 Bänden]*, Bd. 1, hrsg. und neu durchges. von J. Schulte, Frankfurt a.M.
WITTGENSTEIN, L. (1993-): *Wiener Ausgabe*, hrsg. von M. Nedo, Wien.
WITTGENSTEIN, L. (2001): *Philosophische Untersuchungen: kritisch-genetische Edition*, hrsg. von J. Schulte in Zusammenarbeit mit H. Nyman, Frankfurt a.M.
WOLANDT, G. (1964): „Cassirers Symbolbegriff und die Grundlegungsproblematik der Geisteswissenschaften", in: *Zeitschrift für philosophische Forschung* 18, 614-626.
WRIGHT, R. (2003): „Historical Romance Linguistics: The Renaissance of a Discipline", in: *La Corónica* 31.2, 127-134.
WUNDT, W. (1900): *Völkerpsychologie. Eine Untersuchung der Entwicklungsgesetze von Sprache, Mythos und Sitte*, Leipzig.
ZALLA, T. (1996): „Coscienza senza linguaggio. Una teoria modulare dei processi superiori", in: Gambarara, D. (Hrsg.), *Pensiero e linguaggio. Introduzione alle ricerche contemporanee*, Rom, 127-160.

Personenregister

Aarsleff, Hans W.: *142*
Abbagnano, Nicola: 43
Abrams, Meyer H.: *114*
Alfieri, Vittorio: 63
Alighieri, Dante: 233
Alonso, Amado: 216, *229*
Amendola, Giovanni: 35, *65*
Ammann, Hermann: *28*
Antoni, Carlo: 43
Apel, Karl-Otto: *50*, 51, *67*, 93, *93*
Aristoteles: 77, *132*, 148
Aster, Ernst von: *100*
Aubenque, Pierre: 47, 49
Auerbach, Erich: 42
Bacon, Francio: 146
Badoglio, Pietro: 35, *65*
Banfi, Antonio: 53, *53*
Bartoli, Matteo: 43
Battistini, Andrea: *114*
Bergson, Henri: 128, *189*
Berkeley, George: 146
Bernstein, Eduard: 59
Bertoni, Giulio: 43
Bloch, Ernst: *96*
Blumenberg, Hans: 50
Bobbio, Norberto: 43
Bodammer, Theodor: *38*
Boll, Franz: 127
Bonetti, Paolo: 37, 43
Borchardt, Rudolph: *33*, 42
Borgese, Giuseppe Antonio: 41
Borsche, Tilman: 29, *113*
Boucher, Sandy: *150*
Braun, Hans-Jürg: 50
Bréhier, Émile: *48*
Buber, Martin: *28*
Bublitz, Siv: *27*
Buchenau, Artur: *57*
Buek, Otto: *57*
Bühler, Karl: *28*, 45, 52, *52*, 174, *174*, *176*, *190*

Calogero, Guido: 42, *48*
Cantoni, Remo: *53*
Capeillères, Fabien: 50
Carnap, Rudolf: 128
Cassirer, Bruno: 31, *57*
Cassirer, Fritz: 31
Cassirer, Paul: 31
Cassirer, Richard: 31
Cassirer, Toni: 30, 32, *32*, *192*
Caussat, Pierre: 50
Cavaciuti, Santino: 120, *120*, *169*
Chabod, Federico: 42
Chomsky, A. Noam: 150, *150*, *231*
Christmann, Helmut: *231*
Citanna, Giuseppe: 42
Clapin, Hugh: *150*
Cohen, Hermann: 30, *31*, 47, 51, *56*, *57*, *63*, *68*, 103, 108, *108*, 110, 128f., *168*, *189*
Collingwood, Robin George: 42
Contini, Gianfranco: *41*, *115*
Cook, Daniel J.: *38*
Copeland, B. Jack: *150*
Coseriu, Eugenio: *40*, 44f., *135*, *141*, 164, 208
Craddock, Jerry R.: *20*
Cusanus (Nikolaus von Cues): 127
D'Angelo, Paolo: *38*, *114*, 120, 136f., *138*
De Launay, Marc B.: 54, 68
De Mauro, Tullio: 39, *40*, 43, 44ff., *66*, *67*, *98*, 116, *135*, 137, 164, *176*, *183*, 200, *200*, 201, 208, *210*, 212, *213*, *227*, 233, *236*
De Ruggiero, Guido: 56, *56*, 63, 100, *100*
De Sanctis, Francesco: 34, 42, *65*, *66*, *114*, 212
Declève, Henri: 47

Deneckere, Marcel: 37, *38*, *39*, 40, *40*, 44ff., *61*, *66*, *114*, 120, *120*, *169*, 174, *213*, 216, *229*
Derbolav, Josef: *38*
Derrida, Jaques: *38*
Descartes, René: *31*, 56, 73, 128, 146
Dessì Schmid, Sarah: *38*, *71*, *115*, *116*, *176*
Devoto, Giacomo: *40*, 44, *135*
Dewey, John: *99*
Di Cesare, Donatella: *113*, *132*
Dilthey, Wilhelm: *123*, 128, *169*
Dirven, René: *153*
Doherty, Joseph E.: 47
Dondoli, Luciano: *134*
Dubach, Philipp: *189*
Dworkin, Steven N.: *20*
Echenique-Elizondo, María Teresa: *20*
Einstein, Albert: 57, 72, 128f., *129*
Engler, Winfried: *114*
Feilke, Helmut: 150f., *150*
Ferrari, Massimo: 29, 37, 50ff., *50*, 52, 54, *56*, *68*, 108, *108*, 110, *110*, *112*, 114, *123*, *127*, *129*, *132*, *149*, *168*, *169*, *170*, *197*
Ferretti, Silvia: 50, 54
Fiesel, Eva: *28*
Figal, Günter: *29*, 47, 51
Flora, Francesco: 42
Formigari, Lia: *183*, *224*
Fraenkel, Alexander Maria: 42
Frege, Gottlob: 27, *78*
Fubini, Mario: 42
Funke, Otto: *28*
Galasso, Giuseppe: 33, *33*, 36f., 44, 65
Gambarara, Daniele: *150*
Gamble, Denise: *150*
Garin, Eugenio: 39, 41, *41*, 43, *66*, 74, *212*, 234f., *236*,
Gawronsky, Dimitry: *31*, *48*, *127*, *170*

Gentile, Giovanni: 34, *35*, 39, 41f., *48*, *53*, 60, *65*, *66*, 116, *116*, 136, *136*, 138
Gerrans, Philip: *150*
Gilbert, Katharine: *48*
Gilson, Étienne: *48*
Gipper, Helmut: *113*
Giuliani, Fabrizia: *40*, 46, *67*, *183*, *213*
Goethe, Johann Wolfgang: 91, 127, 129, 132, 159, 220
Gold, Ian: *150*
Goldstein, Kurt: 128
Göller, Thomas: 50, 54, *68*, *110*, *191*
Görland, Albert: *57*,
Graeser, Andreas: *31*, 50, *123*, *129*, *132*, *157*, *196*
Gramsci, Antonio: *41*, 43
Gröber, Gustav: *120*, *136*
Gumbrecht, Hans Ulrich: *21*
Gumperz, John J: *153*
Günther, Werner: 42
Gutmann, James: *48*
Habermas, Jürgen: *50*, 52
Hägerström, Axel: 32, *189*
Hamann, Johann Georg: *93*, *110*, 147
Hamburg, Carl H.: 47, *48*, *52*, *132*
Harris, Errol E.: *96*
Harris, James: 146
Hartman, Robert S.: *48*
Hartmann, Klaus: *96*
Hassler, Marianne: 30
Hausmann, Frank-Rutger: *21*, *30*
Hegel, Georg Wilhelm Friedrich: 19, 22f., *33*, *33*, 38, *38*, 39, 42, 50, 54, 60, 62, *62*, 66, 68, 69, 74, 81, *81*, 83f., 86, 94ff., *95*, *96*, 97, 99f., 113, *120*, *122*, 127, 132, *161*, 165, *203*
Heidegger, Martin: 28, 29, 32, 47, 49, *52*, *54*, *68*, 128, *157*, *189*
Henrich, Dieter: *96*
Helmholtz, Hermann von: 127

Henry, Barbara: *19*, 54ff., *55*, *56*, *63*, *68*, *96*, *99*,
Herder, Johann Gottfried: *93*, *110*, 128, 147, 149f.
Hertz, Heinrich R.: 127, 132
Hobbes, Thomas: 146
Hoberg, Rudolf: *113*
Hoffmann, Thomas Sören: 38
Hogrebe, Wolfram: 38
Hölderlin, Friedrich: 62, *62*, 69
Holzhey, Helmut:50f.,
Hönigswald, Richard: *28*, *51*
Hösle, Vittorio: *96*
Hübner, K.: 49
Huizinga, Jan: *48*
Humboldt, Wilhelm von: 23f., 38, 93, *93*,107, *107*, 110, *110*, 112ff., *112*, *113*, *114*, 121, 127f., 130, 132, *132*, 134, 139ff., 141,142,144ff., *144*, *149*, 150, 155, 157, *157*, 166, *168*, 188, 191, 196, 217f., 221, 231
Hume, David: 98, *98*
Husserl, Edmund: *51*, 77, *78*, *123*, 128, *169*
Ipsen, Gunter: *28*
Jackson, Frank: *150*
Justi, Carl: 127
Kabatek, Johannes: *20*
Kaegi, Dominic: 29, 50
Kainz, Friedrich: *28*
Kajon, Irene: 54
Kant, Immanuel: 19, 23, 30, 38, *38*, 51, 54, 56f., *57*, *68*, 71f., *72*, 86, 93ff., *93*, *95*, *96*, 98, *100*, 109f., *114*, 122, *123*, 127, *127*, *128*, 129, 147, 158, *158*, *168*, 190, 196, 234
Kaufmann, Felix: *48*
Kaufmann, Fritz: *48*
Kellermann, Benzion: *57*
Kittsteiner, Heinz D.: *234*
Klibansky, Raymond: *48*
Knoppe, Thomas: 50, *108*
Koch, Anton Friedrich: *96*

Koch, Peter: *20*
Krois, John Michael: 37, 47, *49*, 50f., *50*, *52*, 56, *56*, *57*, *58*, *93*, *132*, 175, *175*, 188, *188*, *189*
Kuhn, Helmut: *48*
Labriola, Antonio: 34, *65*
Lambert, Johann Heinrich: *79*
Lancellotti, Marco: 54
Langer, Susanne K.: 48, *48*, 74, 100, *163*
Lask, Emil: 56, *99*
Lazzari, Riccardo: 19, 37, 48, *50*, *52*, 54, *67*,*68*, *157*
Leander, Folke: *19*, 48f., *48*, 55, *156*
Leibniz, Gottfried Wilhelm: 23, 38, 57, *100*, 123, *123*, 127, *129*, 131, *131*, 134, 146, *157*, *169*, *170*, *194*, *197*
Lerch, Eugen: 42
Levy, Heinrich: 19, 47, *53*
Liebrucks, Bruno: *38*, 50, *113*
Lindorfer, Bettina: *38*
Litt, Theodor: 49
Locke, John: *78*, 146, 150
Lombardi, Franco: 43
Lombardo Radice, Giuseppe: *63*
Lönne, Karl-Egon: 44
Loporcaro, Michele: *20*
Lotze, Hermann: *79*
Lucy, John A.: *153*
Lüdtke, Jens: *20*
Lugarini, Leo: 47, 53f., *68*
Lyotard, Jean-François: 150
Mach, Ernst: 127
Maggi, Michele: 164, *164*, 204
Marcondes, D.: 54, *68*
Marc-Wogau, Konrad: 47
Markis, Dimitrios: *38*
Marx, Karl: 34, 38, 43, 59, *114*, *212*, 231
Marx, Wolfgang: 47, 50
McGeer, Victoria: *150*
Meillet, Antoine: 184, *216*, *229*
Menéndez Pidal, Ramón: 184, *216*, *229*

Menze, Clemens: *113*
Merleau-Ponty, Maurice: *49*
Momigliano, Arnaldo: 42
Morris, Charles: 174, *174*
Mortensen, Chris: *150*
Motluk, Alison: *153*
Mussolini, Benito: *35, 65*
Naguschewski, Dirk: *38*
Natorp, Paul: *63*, 108, 128, *189*
Negri, Antimo: *38, 43*
Nencioni, Giovanni: *43, 141*
Neumann, K.: 50
Niemeier, Susanne: *153*
O'Brian, Gerard: *150*
Ogden, Charles K. : 174, *174*
Ortega y Gasset, José: *48*
Orth, Ernst Wolfgang: 47, 50f., *51*, 56, *189*
Paci, Enzo: 43, 53, *128*
Paetzold, Heinz: 50, *189*
Pagliaro, Antonino: 43, *128*
Panofsky, Ervin: 31, 47, *48*, 128
Papi, Fulvio: *53*
Papini, Giovanni: 41f., *42, 66, 67*
Paton, Herbert J.: 48
Paul, Hermann: *114*, 134, *134*, 221
Peirce, Charles Sanders: 51f., *52, 67, 93, 132*, 174f., *174, 175,*
Pellen, René: *20*
Penny, Ralph: *20*
Penzenstadler, Franz: *114*
Peters, Jens-Peter: 50
Pettit, Philip: *150*
Philonenko, Alexis: 50
Pinkard, Terry: *96*
Pippin, Robert B.: *96*
Platon: 128, *128*, 131, 146
Preti, Giulio: 53, *53*, 72
Proudfoot, Diane: *150*
Pütz, Manfred: *153*
Puntel, Leo Bruno: *96*
Puppo, Mario: *114*
Raimondi, Ezio: *114*
Raio, Giulio: 37, 47, *52*, 72, 127
Reichenbach, Hans: 53, *71*, 128

Richards, Ivor A.: 174, *174*
Ricoeur, Paul: *49*
Riedel, Manfred: *38, 113*
Rini, Joel: *20*
Roe, Nicholas: *114*
Rorty, Richard: *27*
Rosenzweig, Franz: 47
Rossi, Pietro: *41*
Rossi, Adele: *35*
Rousseau, Jean-Jacques: *128*
Rudolph, Enno: 29, 47, 50f.
Russo, Luigi: 42
Salucci, Marco: *38, 40, 46, 66, 92, 105, 174, 176*, 177, *177, 182, 198, 203, 204, 224*
Sandkühler, Hans Jörg: 50
Sapegno, Natalino: 42
Sasso, Gennaro: 44, *74, 203*
Saussure de, Ferdinand: 25, 141, *141, 171*, 174ff., *174, 175*, 177
Saxl, Fritz: *31*, 32, *48*, 127f.
Scharf, Hans-Werner: *113*
Scheler, Max: 128, *189*
Schelling, Friedrich Wilhelm: 127, 132
Schick, Friederike: *96*
Schiller, Friedrich: 127, 129
Schilpp, Paul Arthur: 48, 162
Schleicher, August: 147
Schlick, Moritz: 128
Schlieben-Lange, Brigitte: *21, 52, 190*
Schmidt, Siegfried J.: 150f., *150*
Schwarzschild, Steven S.: 51
Schwemmer, Oswald: 50, 152, 189, *189*, 195
Seidengart, Jean: 50
Shaftesbury, Anthony Ashley: 146
Simmel, Georg: *51*, 128, *159*
Simon, Josef: *38, 113*
Simone de, Carlo: 44
Slezak, Peter: *150*
Smith, John Charles: *20*
Snell, Bruno: 31
Sorel, Georges: 59

Spaventa, Bertrando: *33*
Spaventa, Silvio: 34
Spirito, Ugo: 42
Spitzer, Leo: 42, 184, *216, 229*
Spranger, Eduard: *108, 168*
Steinthal, Hugo: *114*, 134, *134*
Stenzel, Julius: *28*
Stephens, I.K.: *48*
Sutton, John: *150*
Swabey, William Curtis: *48*
Tilgher, Adriano: 41
Trabant, Jürgen: 21, *21, 27, 28, 112, 113, 128, 142, 144,* 145, *150, 157*
Troeltsch, Ernst: 42
Urban, Wilbur M.:*48*
Usener, Hermann: 127
Valentini, Francesco: *43*
Vera, Augusto: *33*
Verene, Donald Philip: 47, 50, *50,* 53, 56, *59, 128, 129,* 162, *163*
Verspoor, Mariolijn: *153*
Vico, Giambattista: 23, 34, 38, 50, 53, 73, *104, 115,* 128, *128*,134, *134*, 147, *170*
Vignoli, Tito: 127
Vischer, Friedrich Theodor: 127
Vögele, Wolfgang: *234*
Vossler, Karl: 20, 24, *28*, 35, 37, 40, *41*, 42, 46, 60, *98,* 107f., *107, 108, 120,* 128, 134, 136f., *136,* 147, 155, *155,* 162, 183f., *183, 201,* 210, *210, 211, 216,* 220f., *224, 225, 229*
Wandschneider, Dieter: *96*
Wanner, Dieter: *20*
Warburg, Aby: 31f., *31,* 127f.
Wartburg, Walter von: 184, *216, 229*
Weisgerber, Leo: *28*
Wellek, René: *114*
Wertheimer, Jürgen: *30*
Wildon Carr, Herbert: 42
Wireback, Kenneth J: *20*
Wittgenstein, Ludwig: 150
Wolandt, Gerd: 50

Wright, Roger: *20*
Wundt, Wilhelm: *149*

Geistesgeschichte

Karl-Egon Lönne

Benedetto Croce

Vermittler zwischen deutschem und italienischem Geistesleben

2002, 230 Seiten, € [D] 38,–/SFr 65,30
ISBN 3-7720-3332-6

Der Band behandelt das Werk des italienischen Philosophen und Historikers Benedetto Croce in verschiedenen Perspektiven und mit unterschiedlicher Akzentuierung. Er macht vor allem deutlich, daß Croce in ständiger Auseinandersetzung vor allem mit der Philosophie des deutschen Idealismus eigene philosophische und historiographische Positionen entwickelte, auf Grund derer er in lebenslanger intensivster geistiger Aktivität zu aktuellen Problemen von Philosophie, Historiographie, Literatur und Politik Stellung nahm. Er realisierte damit seine eigene Konzeption der gegenwartsbezogenen Geschichte im Sinne der Begegnung von Geschichte und Gegenwart in Reflexion und Aktion der Menschen.

Narr Francke Attempto Verlag
Postfach 2567 · D-72015 Tübingen · Fax (07071) 75288
Internet: http://www.narr.de · E-Mail: info@narr.de

Linguistik und Wissenschaftstheorie

András Kertész

Philosophie der Linguistik

Studien zur naturalisierten Wissenschaftstheorie

2004, 439 Seiten, € [D] 68,–/SFr 115,–
ISBN 3-8233-6047-7

Bekanntlich spielten wissenschaftstheoretische Überlegungen bei der Entstehung der modernen theoretischen Linguistik eine fruchtbare und konstruktive Rolle. Heute dagegen sind die beiden Denkrichtungen durch eine tiefe Kluft voneinander getrennt: Während in der Wissenschaftstheorie radikale und progressive Veränderungen vor sich gehen, nimmt die theoretische Linguistik diese kaum zur Kenntnis und hält an Vorurteilen fest, die im Lichte heutigen wissenschaftstheoretischen Denkens nicht mehr zeitgemäß sind. Das vorliegende Buch setzt sich zum Ziel, diese Kluft durch eine Heuristik zu überbrücken, welche die Anwendung unterschiedlicher Ansätze zur Wissenschaftstheorie der Linguistik ermöglicht. Dabei wird die Leistungsfähigkeit u.a. wissenssoziologischer, kognitionswissenschaftlicher, pragmatischer, argumentationstheoretischer sowie logischer Ansätze anhand zahlreicher Fallstudien veranschaulicht. In der Summe ergibt sich so eine grundsätzliche Neubewertung vieldiskutierter Probleme in beiden Bereichen: in der gegenwärtigen Wissenschaftstheorie ebenso wie in der linguistischen Theoriebildung.

Narr Francke Attempto Verlag
Postfach 2567 · D-72015 Tübingen · Fax (07071) 75288
Internet: http://www.narr.de · E-Mail: info@narr.de

Grundlagen der Sprachphilosophie

Eugenio Coseriu

Der Physei-Thesei-Streit

Sechs Beiträge zur Geschichte der Sprachphilosophie

Herausgegeben von
Reinhard Meisterfeld
Teil der Werkausgabe Coseriu

2004, X, 231 Seiten, div. Tab.,
€ [D] 39,–/SFr 67,50
ISBN 3-8233-6041-8

Im Zusammenhang mit ihrem Fragen nach den Grundlagen und dem Wert des menschlichen Wissens sahen die alten Griechen auch in der Tatsache, daß die Wörter eine bestimmte in der Sprache gegebene Bedeutung haben, ein besonderes Problem. Der Disput um den Sinn des Verhältnisses Name – Sache, ob es natürlich oder konventionell bedingt sei, bezeichnet daher den Beginn der abendländischen Sprachphilosophie. Coserius hier versammelte Arbeiten stehen in Bezug zu diesem Thema. In seinen meisterhaften Analysen – darunter die bisher unveröffentlichte Studie „Die sprachphilosophische Thematik bei Platon" – zeigt er, dass die Fragestellung keineswegs so schlicht ist, wie sie oft aufgefasst und dargestellt wird, sondern schon in der Antike eine vielfache Facettierung aufwies. Zugleich aber geht es Coseriu darum, die frühen Worte im Zusammenhang mit dem heutigen sprachtheoretischen Diskurs zu sehen. Und er macht deutlich, dass gewisse unüberholbare Wahrheiten vom Wesen der menschlichen Sprache schon in der Antike entdeckt wurden und über verschiedene thematische Pfade bis in die Gegenwart nachwirken. Die Besinnung auf dieses Gültige aber könnte angesichts mancher Abwege und Versuchungen, denen sich das moderne Sprachdenken ausgesetzt sieht, durchaus wegweisend und heilsam sein.

Narr Francke Attempto Verlag
Postfach 2567 · D-72015 Tübingen · Fax (07071) 75288
Internet: http://www.narr.de · E-Mail: info@narr.de

*Die Geschichte des philosophischen Denkens
über Sprache von der Antike bis zur Aufklärung*

Eugenio Coseriu
Geschichte der Sprachphilosophie
Von den Anfängen bis Rousseau

Neu bearbeitet und erweitert von Jörn Albrecht
Mit einer Vor-Bemerkung von Jürgen Trabant

UTB 2266 M, 2003, XX, 410 Seiten, div. Tab., € 24,90/SFr 43,70
UTB-ISBN 3-8252-2266-7

Coserius breit angelegte Darstellung der Geschichte der Sprachphilosophie zeigt ein faszinierendes Panorama des sprachphilosophischen Denkens von den Anfängen bis zur Mitte des 18. Jahrhunderts. Auf grundsätzliche theoretische Erläuterungen folgt eine chronologisch geordnete Übersicht, die sowohl die wichtigsten Stationen markiert als auch die sprachphilosophisch relevanten Äußerungen der behandelten Autoren sammelt und interpretiert. Damit ist der Band eine unentbehrliche Textsammlung zur europäischen Sprachphilosophie. Das Spektrum der vorgestellten Autoren reicht von namhaften Vertretern der klassischen Antike bis zu den Philosophen der Aufklärung.

»Hier ereignete sich tatsächlich die Vermählung der Philosophie mit der Philologie, die als ›Liebe zur Sprache‹ wieder Glanz, Weite und Tiefe bekam.«   *Süddeutsche Zeitung*

UTB

A. Francke